安徽经济发展研究(2020 年)

安徽省经济研究院　著

合肥工业大学出版社

图书在版编目(CIP)数据

安徽经济发展研究.2020 年/安徽省经济研究院著.—合肥:合肥工业大学出版社,2021.10

ISBN 978 - 7 - 5650 - 5249 - 1

I.①安… Ⅱ.①安… Ⅲ.①区域经济发展—研究—安徽—2020　Ⅳ.①F127.54

中国版本图书馆 CIP 数据核字(2020)第 260805 号

安徽经济发展研究　（2020 年）

安徽省经济研究院　著　　　　　　　　责任编辑　王钱超

出　版	合肥工业大学出版社	版　次	2021 年 10 月第 1 版
地　址	合肥市屯溪路 193 号	印　次	2021 年 10 月第 1 次印刷
邮　编	230009	开　本	710 毫米×1010 毫米　1/16
电　话	人文社科出版中心:0551 - 62903205	印　张	24
	营销与储运管理中心:0551 - 62903198	字　数	403 千字
网　址	www.hfutpress.com.cn	印　刷	安徽昶颉包装印务有限责任公司
E-mail	hfutpress@163.com	发　行	全国新华书店

ISBN 978 - 7 - 5650 - 5249 - 1　　　　　　　　定价：78.00 元

编辑委员会

序

    2020 年是"十三五"规划和全面建成小康社会的收官之年，也是极不平凡、具有里程碑意义的一年。这一年，面对百年不遇的新冠肺炎疫情和历史罕见的大范围严重汛情，全省上下认真学习贯彻习近平总书记在安徽考察时的重要讲话精神，全面落实党中央、国务院决策部署，统筹推进常态化疫情防控、灾后恢复重建和经济社会发展，扎实做好"六稳"工作，全面落实"六保"任务，实现了经济发展稳定向好、社会大局和谐稳定，与全国人民一起如期全面建成小康社会。

    一年来，安徽省经济研究院作为全省重点智库和政府参谋助手，积极服务于省委、省政府和省发展改革委中心工作，坚持目标导向和问题导向，重点围绕新冠肺炎疫情影响分析、服务构建新发展格局、长三角一体化发展、合肥都市圈建设、制造业高质量发展、碳达峰碳中和、"六稳""六保"等经济社会发展重大战略和热点难点问题，加大调查研究力度，形成了一批具有较强指导作用和应用价值的研究成果，很多发展思路和政策建议已经被各级党委政府或相关部门吸纳采用，转化为具体政策措施，产生了较强的经济、社会和生态效益。

    2021 年是"十四五"规划和开启全面建设社会主义现代化国家新征程的开局之年。安徽省经济研究院将紧紧围绕省委、省政府和省发展改革委中心工作，不断强化党对经济研究工作的领导，加强人才培训培养，创新调研方式方法，不断提高宏观服务和对策研究水平，着力打造具有发改特色的省级重点智库品牌，为加快打造"三地一区"、建设新阶段现代化美好安徽提供智力支持。

编辑委员会

2021 年 9 月

目　录

上篇　专题研究

安徽省以高质量供给适应引领创造新需求研究

——关于全省消费型产业发展思路建议

2020 年，中央经济工作会议要求，加快构建新发展格局，紧紧扭住供给侧结构性改革主线，注重需求侧管理，形成需求牵引供给、供给创造需求的更高水平动态平衡。习近平总书记视察安徽时强调，安徽要牢牢把握扩大内需这个战略基点，努力探索形成新发展格局的有效路径。高质量供给是实施扩大内需战略的重要抓手，是保持供需循环畅通的关键环节，对推动形成新发展格局意义重大。其中，消费型产业①是实现高质量供给的重要途径，直接影响或决定高质量供给。

安徽是全国重要的制造业中心，世界第一台 VCD、中国第一台国产空调、中国第一台国产微型电脑都诞生在这里，已形成家电、汽车、农副食品、文化、旅游、大健康等一批优势消费型产业，成为全国甚至全球的重点商品供应基地。新阶段，有必要进一步发挥商品供给优势，加快发展优势消费型产业，以高质量供给适应引领创造新需求为突破口，大力实施扩大内需战略，积极探索新发展格局的安徽路径。

一、加快高质量供给意义重大

一是服务于构建新发展格局战略的重要举措。当前，我国发展的内外部环境面临诸多严峻挑战，以习近平同志为核心的党中央站在时代、历史和人民的高度，深刻把握世界大势和发展规律，根据我国发展面临的机遇和挑战的新变化，着眼于经济社会的中长期发展，作出加快形成以国内大循环为主体、国内国际双循环相互促进的新发展格局的重大战略部署。推动国内大循环，必须坚持供给侧结构性改革这一主线，提高供给体系的质量和水平，以新供给创造新需求，推动

---

① 目前，国内学术界和官方均未对消费型产业进行严格定义，也表述为消费型行业、消费行业、消费产业，结合消费发展实际和我省消费发展现状，本书中的消费型产业主要是指"直接用于居民消费或服务居民消费的产品或服务行业"，主要包含消费品工业和生活性服务业，为便于研究分析，部分产业上下游业态也纳入重点优势产业分析中。

实现供给和需求的更高水平动态平衡，促进产业结构和消费结构"双升级"，形成强劲的内需市场，加快服务于构建新发展格局的进程。

二是新时期实施扩大内需战略的必由之路。商品的两头，一头连着供给，一头连着需求，供给适配需求，需求牵引供给；供给本身也能创造需求，需求也需要供给予以支撑。因此，保持经济循环畅通，要求供需两方面互促共进、相辅相成。从适应新需求看，要针对已有消费需求升级的新变化，通过提升生产标准和供给质量，提高内销产品质量，解决相关产品在境内"买不到"的问题。从引领新需求看，重点是让国内居民"愿消费"，突出创意，完善消费软硬环境，提升居民在境内消费的意愿。从创造新需求看，重点是让国内市场"有新意"，重点满足个性化需求的中高端消费品生产。只有实现高质量供给，新时代扩大内需才能避免走简单扩大规模的老路，真正从"扩规模"向"提质效"转变。

三是实现经济社会高质量发展的必然要求。深化供给侧结构性改革，是当前和今后一个时期经济工作的主线，重点是要用深化改革的方法，扩大中高端供给，增强供给结构对需求变化的适应性和灵活性，提高全要素生产率。我国已经初步建立了门类齐全、独立完整的工业体系，但高质量发展的水平和层次还不高。在行业产能上，低端产品过剩明显，自2010年起，我国制造业占全球的比重稳居世界第一，但多数处于中低端水平。在行业细分上，多样化、个性化、高端化的需求难以得到较好满足，不少细分领域仍然处于明显的跟跑阶段。从行业服务看，缺乏优质高效的服务，文旅、健康等"幸福产业"发展很快，但其品质、品位及品牌的知名度还相对不高，因此，加快优化产品产能、增加优质便捷的服务，是高质量发展的应有之义。

四是满足人民日益增长的美好生活的内在要求。我国社会主要矛盾已经转化为人民日益增长的美好生活需要和不平衡不充分的发展之间的矛盾，对物质文化生活提出了更高要求。从消费能力看，居民收入大幅提高，追求更高品质消费，人们对文化体育、健康养老等发展型的品质消费大幅增加。从收入群体看，我国拥有超大市场规模优势，具有世界规模最大且还在不断扩大的中等收入群体，为消费型产业发展提供了新技术、新业态、新模式等多元试验场。当前，大力推进高质量供给，既是满足居民消费升级需求，更是充分利用超大规模市场优势的重要内容，是发挥市场优势的保障。

五是发挥安徽优势率先形成新发展格局的着力点。安徽是长三角地区重要的消费品生产基地，在新发展格局中承担着重要的消费品供应使命。从发展要求看，习近平总书记在长三角一体化发展座谈会上强调，长三角地区要积极探索形成新发展格局的路径，对安徽努力探索形成新发展格局的有效路径提出明确要求。从优势条件看，安徽四大家电等生产在国内占有重要位置，新能源汽车产量超江苏、浙江总和，茶叶等优质农副食品供给能力处于长三角领先位次，文化、旅游、大健康等逐步实现与沪苏浙"并跑"。总体来看，安徽在长三角率先形成新发展格局中承担着重要的商品供应使命，服务于长三角率先形成新发展格局具有较强的可行性。

二、安徽高质量供给发展现状

近年来，得益于市场需求的持续扩大、居民消费水平的显著提高，工业消费品生产能力快速增强，生活性服务业提质增效，全省消费型产业快速发展，高质量供给成效显著。但也还面临优质供给不足、知名品牌不多等突出问题。

一是产业规模持续扩大，成为经济发展的重要推动力。近年来，安徽消费品工业和生活性服务业规模均呈现出上涨态势，形成家电、汽车、文旅等七大优势消费型产业。家电产业稳步发展，2019 年家用洗衣机产量占全国比重达到 31.3%，比 2015 年高 7.6 个百分点；合肥、滁州、芜湖三市的产业基地已成为全球重要的家电制造中心。汽车产业发展势头良好，2020 年全省汽车产量 116.1 万辆，其中，新能源汽车实现产销 11.6 万辆，2020 年占全国总产销量的比重达到 13% 左右。农副食品稳定增长，目前有食品生产企业 8000 多家，产值过万亿元，皖北、合肥都市圈、沿江和皖南四大农副食品加工密集区初见规模。文化产业快速发展，文化产业及相关产业增加值占 GDP 的比重超 4.51%，高于全国平均水平，合肥、芜湖入选国家文化消费试点城市。旅游产业发展势头良好，全省旅游总收入从 2015 年的 4120.2 亿元增长到 2019 年的 8525.6 亿元，年均增长 19.9%。大健康产业持续加快发展，生物医药等重点领域发展迅速，目前，产值达到 8000 亿元左右。电商物流产业呈爆发式增长，2019 年，全省 877 家限额以上批发零售企业开展网络零售业务，比 2015 年增加 699 家，网上零售额是 2015 年的 5.6 倍。

二是产品结构持续优化，加速向智能化、线上化转型。消费产品加快向智能化转型。家电行业以用户和产品为中心，推动效率提升与产品升级，加快智能产品开发与电商渠道布局，推进技术创新、智能工厂建设，家电生产成本、不合格品率、交付周期均缩减 50%。江淮汽车智能辅助驾驶系统（ADAS）、奇瑞汽车智能网联技术加速产业化。2019 年 9 月，全省首条自动驾驶汽车 5G 示范线在合肥正式开通。消费场景加速向线上转移。随着互联网特别是移动互联网普及率的提高，网购用户规模不断扩大，网上零售额占全社会消费品零售总额的比重从2015年的1.3%增长到2019年的4.8%。"十三五"以来，全省农村产品网络销售额连跨百亿元台阶，2019年，农产品网络销售额达536亿元，年均增长40%。

三是企业主体加速成长，市场活力显著增强。文旅企业发展强劲。省新华发行集团和省出版集团入选"全国文化企业30强"。2019年，全省共创建5星级休闲农业和乡村旅游园区10个，累计发展民宿2425家。汽车企业发展迅速。目前，全省汽车制造业企业接近1000家，主营业务收入超2500亿元。新能源汽车领域，2019年快速发力，蔚来、大众、威马等造车新势力积极在安徽布局。健康卫生养老服务企业快速增长。截至2019年年末，全省各类卫生机构有26 436个，比2015年增长6%。目前，医健企业总数达到8万家以上，上市公司超30家，5家药企入选"医药百强品牌企业"，且企业位次持续前移。

四是重大平台不断壮大，国家级平台逐渐增多。汽车产业支撑平台不断完善，拥有2个国家级工业设计中心、6个国家级企业技术中心、2个工程技术研究中心，对汽车行业发展形成有力支撑。电子商务平台发展迅速，全省拥有合肥、芜湖、安庆三个国家级跨境电子商务综合试验区，合肥（蜀山）国际电子商务产业园等多家国家级电子商务示范基地，以及濉溪县等36个国家电子商务进农村综合示范县。文化体育产业平台快速增长，目前，文化、体育和娱乐业法人单位超2万家，是2015年的1倍以上。

五是区域消费品牌逐步形成，具有一定的全国影响力。家电产业品牌影响力全国领先。安徽家电产业实力雄厚，其中合肥聚集惠而浦、三洋等7个国内外知名品牌，拥有美菱、荣事达等7个本地国内知名品牌，以及华凌、惠科、万和等知名品牌，是全国品牌家电企业集中度最高的城市。食品产业品牌种类较多。2017年被财政部和国家粮食局认定为"中国好粮油"行动计划重点支持省份之一，2019年年底共有32家粮油类农业产业化国家重点龙头企业，拥有芜湖大米、怀远糯米等地方区域公共品牌。省内白酒品牌众多，企业达400余家，特别是皖北知名品牌较为集中。

与此同时，与居民日益增长的美好生活需要相比，与全国及长三角地区各省市比较，我省消费型产业发展不平衡不充分问题较为突出，距离高质量发展仍有较大差距。一是规模仍然偏小，消费水平还比较低。我省消费品工业与生活性服务业体量不大。2019 年，全省社会消费品零售总额分别为江苏的 37.9%、浙江的 49.2%，旅游收入仅为江苏的 59.5% 和浙江的 78.1%。二是结构仍然不优，重点领域亟须加快发展。我省工业消费品技术含量相对较低，对工业品的研发投入相对不足，目前全省制造业企业研发经费支出还不到江苏的 20%。商贸、餐饮、住宿等传统消费型产业仍占主导地位，信息服务、金融等新兴消费型产业规模偏小，科技服务不足。三是市场主体偏弱，龙头企业带动效应有待增强。大规模工业企业数量少，食品制造业、医药制造业、汽车制造业企业资产仅为江苏的一半左右。服务业企业品牌力与竞争力明显不足，在中国服务业企业 500 强榜单中，我省仅入围 11 家，数量远低于上海（53 家）、浙江（46 家）、江苏（44 家），而且多集中在商贸、房地产、交通、文化传媒等传统消费领域，信息服务、科技服务、商务服务等新兴领域缺乏龙头企业。

三、安徽优势消费型产业概况

为有针对性提出高质量供给思路建议，我们综合产业体量、集聚水平、创新能力、龙头企业、未来潜力等因素，筛选出智能终端设备、新能源汽车和智能网联汽车、农副食品、文化产业、旅游产业、大健康产业、电子商务七大优势消费型产业，整体反映全省高质量供给近年来发展的水平（见表1）。

表 1 安徽省七大优势消费型产业概况

产业领域	产业体量	产业集聚	产业创新	龙头企业	发展前景
智能终端设备	2019 年，主营业务收入约 5000 亿元，产量居全国第二	2 个国家战略性新兴产业集群，2 个省级战略性新兴产业基地	4 家国家级企业技术中心，21 家省级企业技术中心	科大讯飞、海尔、美的、格力、长虹、美菱、TCL、荣事达等	体量大、高成长
新能源汽车和智能网联汽车	2019 年，主营业务收入约 2500 亿元，新能源汽车占全国 10%	2 个国家级汽车及零部件出口基地，2 个省级战略性新兴产业基地	2 个国家级工业设计中心，6 个国家级企业技术中心，2 个工程技术研究中心	大众、江淮、奇瑞、蔚来、威马等	体量大、高成长、带动强

（续表）

产业领域	产业体量	产业集聚	产业创新	龙头企业	发展前景
农副食品	2019 年，规模以上食品企业 2700 多家，产值超万亿元	15 个国家农业产业化示范基地	4 个技术研发专业中心，109 个国家和省部级创新平台	国家级龙头企业 49 家，古井集团营业收入超百亿元	体量大、增长稳定
文化产业	2019 年，规模以上文化企业 2449 家，营业收入 2700 亿元	5 个国家级文化产业示范园区（基地），2 个省级战略性新兴产业基地	重点骨干企业创新能力居全国前列	省出版集团、新华发行集团入选"全国文化企业 30 强"	体量大、高成长
旅游产业	2019 年，旅游总收入 8510 亿元	5 家国家全域旅游示范区，12 家 5A 级景区	都市休闲、主题公园、生态旅游、健康养生持续培育	省旅游集团、黄山旅游集团、祥源集团为中国旅游集团 20 强	体量大、高成长、带动强
大健康产业	2019 年，总产值 8000 亿元左右	2 个省级战略性新兴产业基地，1 家国家级旅游度假区	多项技术产品居国内外领先水平	贝壳制药、美亚光电、同仁堂亳州饮片等	体量大、高成长、带动强
电子商务	2019 年，网上零售额 641.9 亿元	3 个国家级跨境电商综合试验区，4 个省级跨境电商产业园	新业态、新模式加快创新发展	三只松鼠等	高成长、带动强

（一）智能终端设备

家用电器、电子消费产品等智能终端设备是我省重点消费型产业，集聚了一批行业龙头企业，形成了较大规模的产业集群，全省拥有一批关键核心自主技术，在国内、国际有较大的市场占有率，产业在全国乃至全球具有一定影响力（见表 2、表 3）。

——产业规模体量。2019 年，全省家电"四大件"产量连续 2 年突破亿台（10 142.5 万台），占全国的 18%，仅低于广东省。其中，电冰箱（2506 万台）、洗衣机（2328 万台）产量均居全国首位，空调器产量（3366 万台）、彩电产量（1942 万台）均居全国第二位；家电实现主营收入 2000 亿元左右。

——产业集聚水平。合肥、滁州、芜湖三市的产业基地已成为全球重要的家电制造中心。我省拥有合肥高新区智能语音产业集聚发展基地、滁州市经开区智能家电产业集聚发展基地。同时，全省家电品牌集中度居全国第一，集合了全球几乎所有知名品牌。一是外资独资的国际品牌，如博世、西门子、惠而浦、日立、三洋。二是外省的驰名品牌，如海尔、美的、格力、TCL、长虹、康佳等。三是本省的驰名品牌，如美菱、荣事达、扬子等。

——产业创新能力。我省拥有合肥、滁州 2 个家电国家级新型工业化示范基地，拥有国家家电产品质量监督检验（合肥）中心、中国家电研究院滁州分院等国家级平台，建有惠而浦、美菱、扬子空调、晶弘电器 4 家国家级企业技术中心，晶弘电器、荣事达电子电器等 21 家省级企业技术中心，拥有美菱股份、扬子空调、康佳电子等 3 家国家级绿色工厂。

——重点龙头企业。目前，全省家电领域集聚一批优势突出的龙头企业，已形成"13+1000"的"龙头+配套"产业集聚发展格局，"13"即海尔、美的、格力、长虹美菱、TCL、扬子、博西华、惠而浦、荣事达、康佳、奥克斯、创维、尊贵等 13 家龙头企业，"1000"即上千家配套企业。

——行业发展前景。近年来，以家电基本属性为基础的智能家电、智慧家居、新零售设备、可穿戴设备、车载电器等兴起，"家电+互联网"人工智能化明显。特别是近年来我省人工智能领域加快布局发展，一批国家级重大产业基地、产业集群、试验区落地达效，合肥市新型显示器件、集成电路、人工智能等 3 个产业集群成功入选首批国家战略性新兴产业集群，合肥获批建设国家人工智能试验区，对推动家电行业智能化发展具有较强的支撑作用，未来潜力巨大。

表 2　重点产业集聚平台

序号	名　称	备　注
1	合肥经开区新型工业化家电产业示范基地（2010）	国家级（国内第一家）
2	滁州市经开区新型工业化家电产业示范基地（2014）	国家级

（续表）

序号	名　称	备　注
3	滁州市经开区智能家电产业集聚发展基地（2015）	省级战略性新兴产业基地
4	合肥高新区智能语音产业集聚发展基地（2015）	省级战略性新兴产业基地
5	合肥人工智能国家战略性新兴产业集群（2019）	国家级
6	合肥集成电路国家战略性新兴产业集群（2019）	国家级
7	合肥国家新一代人工智能创新发展试验区（2019）	国家级

表3　重点产业创新平台

序号	名　称	备　注
1	国家家电产品质量监督检验（合肥）中心	国家级
2	中国家电研究院安徽分院（滁州）	国家级
3	惠而浦国家级企业技术中心（合肥）	国家级
4	美菱国家级企业技术中心（合肥）	国家级
5	扬子空调国家级企业技术中心（合肥）	国家级
6	晶弘电器国家级企业技术中心（合肥）	国家级
7	语音及语音处理国家工程实验室（国内唯一）	国家级
8	类脑智能技术及应用国家工程实验室（国内唯一）	国家级

（二）新能源汽车和智能网联汽车

我省汽车产业经过60多年的发展，已形成较为完整的产业体系，在传统汽车领域拥有一批核心技术，在新能源领域走在全国前列，在造车新势力领域进行了一批优质企业项目布局，在汽车智能化趋势下，消费增长潜力较大（见表4、表5）。

——产业规模体量。汽车产业是我省重要的支柱产业，体量大、链条长。2019年，全省实现汽车生产92.1万辆，增长8.7%，汽车制造业主营业务收入达2500亿元左右。同时，我省新能源汽车布局早、发展基础好，目前在全国已形成一定先发优势，近年来产销规模占到全国的10%以上，位居中部省份第一，且产业链较为完善。2019年，我省新能源汽车实现生产和销售12万辆，占全国的10%，2020年达到13%左右。

——产业集聚水平。汽车长期是我省的主导产业，产业链条长，规模以上整车制造企业有5家，集聚了一批整车制造企业和大量汽车管理配套企业，合肥、芜湖新能源汽车产业集聚发展基地是省内首批战略性新兴产业基地。新能源领域集聚了一批行业引领型企业，蔚来、威马、吉利等一批行业引领型企业积极布局。2020年，蔚来累计交付43 728台，同比上涨112.6%。

——产业创新能力。我省拥有一批较好的创新平台，即国家级工业设计中心（江淮汽车、奇瑞汽车）、国家级企业技术中心（江淮汽车、奇瑞汽车、华菱汽车、中鼎股份、全柴动力、国轩高科）、奇瑞汽车国家节能环保汽车工程技术研究中心、江淮汽车国家电动客车整车系统集成工程技术研究中心等，对行业发展形成了有力支撑。合肥市发放了首批智能网联汽车开放道路测试牌照，长三角地区三省一市将共同推动区域内智能网联汽车道路测试的数据共享与测试结果互认，促进了智能网联汽车产业链的发展。

——重点龙头企业。我省集聚了以江淮汽车、奇瑞汽车、合肥长安汽车、蔚来、华菱等为代表的龙头企业。新能源领域企业加快成长，已形成了整车—电池—电机—电控的全产业链。关键核心零部件配套集聚以国轩高科、中盐红四方锂电、华霆动力为代表的动力电池及系统企业（国轩高科的动力电池出货量居国内第3位），以巨一动力、奇瑞安川为代表的电机及控制系统生产企业，以国网电力、普天新能源、特来电、易开租车为代表的充电设施建设运营服务企业。

——行业发展前景。以新能源汽车、智能网联汽车为主的智能汽车是未来发展的重要趋势，我国国情带来了智能汽车较大的需求潜力。一方面，根据测算，中国汽车保有量有可能超过6亿辆，市场空间比较大；另一方面，人口密度高，无人驾驶大车队的适宜场景就是人口高密度区。同时，共享势头强劲，未来将与高级别自动驾驶汽车形成有益互动。

表4　重点产业集聚平台

序号	名　称	备　注
1	合肥国家级汽车及零部件出口基地	国家级
2	芜湖国家级汽车及零部件出口基地	国家级
3	合肥、芜湖新能源汽车产业集聚发展基地	省级战略性新兴产业基地
4	宣城宁国经开区核心基础零部件产业集聚发展基地	省级战略性新兴产业基地

表5 重点产业创新平台

序号	名 称	备 注
1	江淮汽车国家级工业设计中心（2015年）	国家级（国内第一家）
2	奇瑞汽车国家级工业设计中心（2018年）	国家级
3	江淮汽车国家级企业技术中心	国家级
4	奇瑞汽车国家级企业技术中心	国家级
5	华菱汽车国家级企业技术中心	国家级
6	中鼎股份国家级企业技术中心	国家级
7	全柴动力国家级企业技术中心	国家级
8	国轩动力国家级企业技术中心	国家级
9	奇瑞国家节能环保汽车工程技术研究中心	国家级
10	江淮国家电动客车整车系统集成工程技术研究中心	国家级

（三）农副食品

安徽是农业大省和国家粮食主产区，小麦、水稻、油菜籽和棉花等大宗农产品总产量均居全国前五位，畜牧、水产品产量居全国前列。近年来，随着居民生活水平的显著提高，农业生产条件大幅改善，农副食品行业快速发展（见表6、表7、表8、表9）。

——产业规模体量。安徽省食品行业深化供给侧结构性改革，不断调整产品结构，大力开拓市场，实现了较快发展。目前，安徽省食品生产企业有8000多家，产值超过万亿元，其中规模以上食品工业企业有2700多家，产值近5000亿元。产品品种较多，已形成了4大类（畜产品、粮油制品、发酵食品、水产品）、22个中类、57个小类，共计2万余种食品。

——产业集聚水平。皖北、合肥都市圈、沿江和皖南四大农副食品加工密集区初具规模：拥有国家农业产业化示范基地15个、省级农业产业化示范区66个，其中年加工产值50亿元以上的农业产业化示范基地（区）超30个、年加工产值超5亿元的产业化集群150个。产业集中度稳步提高，白酒行业排名前10的企业销售收入占我省白酒行业收入的70%以上，拥有4家白酒上市公司，属全国最多。2019年，新认定了135家长三角绿色农产品生产、加工、供应示范基地。

——产业创新能力。2010 年以来，共制定、修订地方食品标准200 余项，拥有7 个国家级出口农产品质量安全示范区。国家和省部级各类农业科技创新平台达109 个、农业院士工作站达65 家。创新体系不断完善，成立了以首席专家领衔的16 个农业产业技术创新团队。以安徽省农科院为主体，全面推进23 个创新团队和20 个技术服务团队建设。产品品牌持续增多，国家地理标志产品达到81 个。

——重点龙头企业。2019 年，全省省级以上龙头企业近200 家，其中国家级龙头企业超过50 家；全省规模以上农产品加工企业超过5000 家，规模以上农产品加工产值较 2015 年增长近25%。作为安徽食品行业的龙头企业，2018 年古井集团成为省内第一个营收迈入百亿元的农副食品生产企业。

——行业发展前景。农副食品行业是居民消费的基础性行业，在消费领域不可或缺。随着人们生活水平的持续提升、消费能力的不断改善，农副食品产业逐步向精深加工领域拓展，更加注重绿色、安全，呈现出品质化、高端化等特征。从行业发展潜力看，我省仍有较大增长空间，特别是高端领域。同时，在长三角一体化背景下，我省长三角绿色农产品生产加工供应基地定位将助力产业增长，加速我省潜力释放。

表6　重点产业集聚平台

序号	名　称	备　注
1	安徽省砀山县果蔬食品特色产业集群（基地）	县域特色产业
2	安徽省阜南县柳木特色产业集群	县域特色产业
3	安徽省怀远县绿色农产品特色产业集群	县域特色产业
4	安徽省临泉县农副食品加工特色产业集群	县域特色产业
5	安徽省霍山县大别山生态食品特色产业集群	县域特色产业
6	安徽省芜湖市繁昌区健康食品特色产业集群	县域特色产业

表7　重点现代农业产业园

序号	名　称	备　注
1	安徽省和县现代农业产业园	国家级
2	安徽省宿州市埇桥区现代农业产业园	国家级
3	安徽省金寨县现代农业产业园	国家级
4	安徽省天长市现代农业产业园	国家级
5	安徽省宣城市宣州区现代农业产业园	国家级

表8 重点产业创新平台（2018 年新增）

序号	名 称	依托建设单位	类 型
1	国家面制品加工技术研发专业中心	安徽青松食品有限公司	食品加工
2	国家面制品加工技术研发专业中心	安徽盼盼食品有限公司	食品加工
3	国家芝麻加工技术研发专业中心	合肥燕庄食用油有限责任公司	油料加工
4	国家坚果加工技术研发专业中心	洽洽食品股份有限公司	果品加工

表9 安徽省农产品加工产业技术支撑单位

序号	名 称	依托单位
研发中心		
1	粮油加工	安徽省农业科学院
2	肉类加工	合肥工业大学
3	果蔬特产加工	合肥工业大学
4	三产融合	安徽省农业科学院
综合试验站		
1	合肥特产加工	安徽农业大学
2	合肥小浆果加工	合肥学院
3	合肥稻谷加工	安徽粮食工程职业学院
4	合肥焙烤食品加工	安徽柏兆记食品股份有限公司
5	安庆菌类加工	安庆师范大学
6	亳州发酵酒加工	亳州学院
7	太和蔬菜加工	阜阳师范学院
8	阜阳小麦三产融合	阜阳职业技术学院
9	芜湖电商	三只松鼠股份有限公司
10	马鞍山肉类加工	马鞍山雨润食品有限公司
11	来安水稻三产融合	来安县双丰精米制品有限责任公司
12	宿州牛肉三产融合	宿州市草源牧业股份有限公司
13	当涂水稻三产融合	安徽盛农农业集团有限公司
14	滁州休闲食品加工	安徽盼盼食品有限公司
15	宣城禽肉加工	安徽华卫集团食品有限公司
16	宣城果品加工	安徽华科宣木瓜生物科技有限公司
17	舒城茶油加工	安徽新荣久农业科技有限公司
18	淮南豆制品加工	淮南白蓝企业集团有限公司

（四）文化产业

安徽文化底蕴深厚，近年来，大力实施"文化强省"战略，积极推进文化产业优化升级等"三大工程"，文化产业综合实力不断提升，文化产业对国民经济增长的贡献持续增强，在促进经济转型升级和提质增效、满足人民精神文化生活新期待、增强安徽文化影响力等方面发挥了重要作用（见表10、表11）。

——产业规模体量。2019年，我省规模以上文化企业有2449家、营业收入达2700亿元。2017年，实现文化及相关产业增加值1088.3亿元，首次突破千亿元大关，比上年增长11.5%，占GDP的比重为4.03%，居全国第10位、中部地区第1位。文化消费不断升温，持续开展文化惠民消费季等活动，近年限额以上文化娱乐体育类商品零售额保持两位数增长。

——产业集聚水平。随着文化消费的持续扩大，文化产业加速兴起，产业集聚化水平也在不断提升，形成了一批文化产业园区、基地。总体上，文化产业园区（基地）类型众多，现有省重点扶持文化产业示范园区20家、省级文化产业示范基地80家、全省出版影视产业园区（基地）7家、省级文化产业集群专业镇18家，其中，国家级文化产业示范园区（基地）5家、省战略性新兴产业集聚发展基地2家。合肥、芜湖、铜陵入选国家首批文化和旅游消费试点城市。

——产业创新能力。文化消费的扩张催生文化产业加快发展，具有创新性、适应性、引领性的产品成为市场需求，产业的创新能力起到重要作用。省内文化产业的快速发展支撑了一批文化创新型企业、平台、机构崛起；省出版集团、安徽新华发行集团等企业创新能力在行业领先。合肥市包河经济开发区创意文化产业集聚发展基地、黄山市现代服务业产业园文化旅游产业集聚发展基地成为省级战略性新兴产业基地，引领省内文化产业创新发展。

——重点龙头企业。2019年，全省有文化产业法人单位8.13万个、规模以上文化企业2449家，其中入选"全国文化企业30强"的企业有2家。安徽出版集团有限责任公司在"全国文化企业30强"中居第17位，累计获国家出版"三大奖"超百项，承担国家级重大出版工程300余项，版权输出连续10年位居全国前列；安徽新华发行（集团）控股有限公司在"全国文化企业30强"中居第18位，公司重点读物发行位居全国前列。

——行业发展前景。进入新时代，经济社会发展呈现出更多依靠消费引领、服务驱动的新特征，文化产业内涵更加丰富、分工更加细化、业态更加多样、模式更加创新，在稳定经济增长和满足人民群众美好生活需求中的作用更加突出。特别是在长三角一体化背景下，安徽明确提出共筑文化产业发展高地、强化重点领域合作、壮大文化市场主体、打造国际交流平台，未来产业具有较大的增长潜力。

表 10　重点产业基地园区

名　　称	批　　文
合肥市包河经济开发区创意文化产业集聚发展基地	《安徽省人民政府关于确定第二批省战略性新兴产业集聚发展基地的通知》（皖政秘〔2016〕150号）
黄山市现代服务业产业园文化旅游产业集聚发展基地	《安徽省人民政府关于确定第二批省战略性新兴产业集聚发展基地的通知》（皖政秘〔2016〕150号）
合肥、芜湖国家数字出版基地	《新闻出版总署关于同意安徽省建设国家数字出版基地的函》（新出字〔2012〕336号）
合肥国家文化与科技融合示范基地	《科技部、中共中央宣传部、文化部等关于认定首批国家级文化和科技融合示范基地的通知》（国科发高〔2012〕631号）
合肥国家广播影视科技创新实验基地	《广电总局办公厅关于同意设立广播影视科技创新实验基地的批复》（广办发办字〔2012〕152号）
芜湖国家广告产业园	2014年4月，国家工商总局认定芜湖等地为新一批国家广告产业试点园区（召开了新闻发布会，无批文）
蚌埠大禹文化产业示范区	《文化部关于命名第五批国家级文化产业示范（实验）园区的决定》（文产发〔2014〕51号）

表 11　安徽文化产业主要指标数量

主要指标	数量（个）
国家文化产业示范基地	10
国家艺术基金资助项目数量	28
国家级非物质文化遗产代表性项目名录	88
国家级非物质文化遗产生产性保护示范基地	3
博物馆	221

（五）旅游产业

安徽省生态环境优良、文化底蕴深厚、旅游资源富集，是全国乃至世界上有重要影响、特色鲜明的文化旅游区域。我省拥有国家批准建设的皖南国际旅游文化示范区，明确打造"美丽中国建设先行区、中国优秀传统文化传承创新区和世界一流旅游目的地"，积极走出一条具有安徽特色的道路（见表12、表13、表14）。

——产业规模体量。2019年，全省接待入境游客390万人次、国内游客8.2亿人次，实现旅游总收入8510亿元，人均旅游消费支出首次突破1000元。截至目前，我省拥有旅游生产经营单位3.3万个，星级饭店302家、旅行社1496家，其中五星级旅游饭店23家，"全国旅游集团20强"和"全国百强旅行社"各有3家。

——产业集聚水平。省内旅游业主要集中于皖南地区，特别是人文自然景观领域，拥有国家全域旅游示范区2家、国家级文化产业集聚区7个、国家5A级旅游景区12家、国家级旅游度假区1家，特色文化小镇、旅游小镇、研学旅行基地等300多处。黟县、霍山县荣获首批国家全域旅游示范区。采石矶景区通过国家5A级景区景观价值评估。

——产业创新能力。"十三五"以来，我省大力推进旅游创新发展，聚焦长三角一体化发展，借力打造世界级旅游目的地。积极培育旅游新业态，发展都市休闲、游轮观光、主题公园、生态旅游、工业旅游、健康养生等适应新需求的业态。大力开发精品旅游线路，加快建设杭黄国际黄金旅游线，协作推进皖浙闽赣生态旅游区建设，建设皖江城市文化黄金旅游带，打造皖北历史和中医药文化黄金旅游圈。

——重点龙头企业。2019年，安徽省旅游集团、黄山旅游集团、祥源集团连续跻身"中国旅游集团20强"。其中，安徽省旅游集团连续多年荣登"中国旅游集团20强""中国服务业500强""安徽省百强企业"排行榜，相继获得"中国旅游投资企业百强""享誉中国的100个安徽品牌""中国旅游投资金奖""安徽十大信用企业"等诸多荣誉称号。

——行业发展前景。目前，旅游业仍然是新兴产业、朝阳产业，随着居民消费的升级，旅游市场规模仍在持续扩大。安徽是旅游资源大省，但不是旅游业大省，未来发展潜力较大，特别是长三角一体化发展将催生带动旅游业发展壮大，旅游业特色化、现代化、国际化、标准化步伐加快，推动长三角建成世界级文化旅游目的地的空间潜力将加速释放。

表 12　安徽主要旅游发展指标数量

主要指标	数　量
5A 级景区（个）	12
国家级旅游度假区（个）	1
4A 级景区（个）	195
国家级全域旅游示范区（个）	2
国家级生态旅游示范区（个）	4
五星级饭店（个）	23
全国百强旅行社（个）	3
国家旅游服务标准化单位（个）	3

表 13　安徽 5A 级景区情况

序　号	名　称	获批年份
1	黄山风景区	2000
2	古徽州文化旅游区	2014
3	西递宏村	2011
4	八里河风景区	2013
5	绩溪龙川	2012
6	天堂寨	2012
7	万佛湖	2016
8	天柱山	2011
9	九华山	2007
10	三河古镇	2015
11	方特旅游区	2016
12	长江采石矶	2020

表 14 "十三五"期间建设旅游休闲园区

类 型	园区名称
提升类	合肥滨湖新区文化旅游产业集聚区、合肥三河文化旅游集聚区、合肥汤池温泉文化旅游集聚区、灵璧县奇石文化产业园、马鞍山和县文化旅游产业园、安庆市太湖县五千年文博园文化产业集聚区、黄山文化旅游产业园、齐云山生态文化旅游服务集聚区、宏村乡村旅游产业园、屯溪老街特色产业园、黄山歙县徽州古城文化旅游产业集聚区
完善类	合肥庐阳区三十岗文化园、淮北烈山区四季榴园旅游发展集聚区、淮南毛集实验区文化旅游园、六安兴茂悠然蓝溪文化旅游景区、滁州古城文化旅游园、滁州市文化旅游产业园、马鞍山当涂县大青山文化旅游产业园、马鞍山博望区横山文化旅游产业园、芜湖大浦乡村文化旅游服务业集聚区、芜湖雨耕山文化旅游集聚区、宣城市绩溪登源文化旅游园、宣城市泾县桃花潭文化旅游园、铜陵江南文化园、石台县牯牛降文化旅游服务业集聚区、安庆岳西天堂文化旅游园、安庆天柱山文化旅游度假区、黄山区太平湖现代旅游服务业示范园、黄山耿城镇现代文化旅游产业园、休宁县万安古镇现代服务业集聚区、利辛县天香颐园休闲观光产业园
新建类	重点围绕皖南国际文化旅游示范区、合肥都市圈休闲旅游区、大别山自然生态旅游区、皖北文化生态旅游区四大板块，建设一批旅游休闲集聚区

（六）大健康产业

大健康产业是指与人的身体健康密切相关的产业体系。近年来，安徽省大健康产业快速发展，具有"大基地、大创新、大文化"等独特优势。生物医药是我省大健康产业核心领域，呈现出蓬勃发展势头，带动省内产业发展（见表15、表16、表17）。

——产业规模体量。大健康产业主要包括以治疗疾病、延缓衰老、维护生命安全为目标的产业，以预防疾病、维护生命健康为目标的产业，以及为大健康核心产业提供支撑的产业。目前，我省大健康产业以生物医药、医疗服务、养老服务为主，是以预防疾病、维护生命健康为目标的产业。2017年，《安徽省人民政府办公厅关于加快健康产业发展的指导意见》出台，强调要支持医疗服务、现代医药、健康养老、休闲旅游、健康体育、健康养生和健康食品等产业发展，到2020年，健康产业总产值达到8000亿元，成为全省重要的支柱产业。

——产业集聚水平。目前，省内大健康产业领域重点是生物医药领域，形成了以合肥、亳州、阜阳三地为集聚区的大健康产业集群，建有阜阳太和经开区现代医药产业集聚发展基地、合肥市高新技术产业开发区生物医药和高端医疗器械产业集聚发展基地2家省级战略性新兴产业集聚基地。全省于2016年、2020年先后两批认定了22个"十大皖药"产业示范基地。此外，蚌埠在生物制造产业领域形成了一定产业规模，安庆在医药化工领域形成了一定体量的医药产业。此外，我省还拥有5家国家中医药健康旅游示范基地。

——产业创新能力。省内大健康产业集聚形成了一批产业创新能力突出的研究平台，在全国具有一定影响力。以合肥高新区为例，以合肥离子医学中心有限公司、合肥中科干细胞再生医学有限公司等企业为主体的精准医疗技术水平国内领先，以中加健康工程研究院等为支撑的医用强磁场产业异军突起，生物医药领域诸如安徽安科生物工程（集团）股份有限公司的主导产品重组人干扰素 α2b 注射液等多个核心产品，其技术创新水平跻身全国行业前列。

——重点龙头企业。大健康领域逐步集聚形成了一批规模较大的龙头企业，特别是在生物制药领域，具有一定的规模。2017年，生物医药制造业产值超过10亿元的企业达10户，占全省总量的比重约25%，其中贝克制药、美亚光电、同仁堂亳州饮片、源和堂药业、广印堂中药、华润金蟾等知识产权创造能力突出的龙头企业规模快速扩张。全省医药流通销售收入超10亿元的企业达7户，其中安徽华源医药股份有限公司医药批发收入跻身2017年全国前10名，成为集医药生产、批发、物流、零售于一体的全国性龙头企业。

——行业发展前景。大健康产业与人们的生活息息相关，随着人们的收入改善、生活水平提升，产业发展空间较大，具有良好的发展前景，它将会是一个风口产业、蓝海产业、国家战略产业、全球化产业。

表15 重点产业集聚平台

序号	名　称	备　注
1	阜阳太和经开区现代医药产业集聚发展基地	省级战略性新兴产业基地
2	合肥高新区生物医药和高端医疗器械产业集聚发展基地	省级战略性新兴产业基地
3	安徽省金寨县中医药大健康特色产业集群	县域特色产业
4	安徽省芜湖市繁昌区健康食品特色产业集群	县域特色产业

表16　国家中医药健康旅游示范基地

序号	名　　称	依托单位
1	安徽霍山大别山药库	天下泽雨生物科技发展有限公司
2	安徽潜口太极养生小镇	黄山太极文化有限公司
3	安徽亳州华佗故里文化旅游基地	亳州文化旅游发展有限责任公司
4	安徽丫山风景区	丫山花海石林旅游股份有限公司

表17　安徽省"十大皖药"产业示范基地名单

序号	品种	基地名称	建设单位	获批年份
1	天麻	天麻产业示范基地	金寨县金山寨食（药）用菌种植专业合作社 安徽皖西生物科技有限公司 安徽亚泰天热植物科技有限公司 金寨九州天润中药产业有限公司 金寨县业豹天麻种植专业合作社 金寨县金博园天麻种植专业合作社	2020
2	太子参	宣州太子参产业示范基地	宣城市金泉生态农业有限责任公司 宣城市峰山太子参专业合作社	2020
3	前胡	宁国前胡产业示范基地	宁国通济中药材销售有限公司 宁国市天目山农林专业合作社 宁国市宁川中草药专业合作社	2020
4	葛根	葛根产业示范基地	安徽世纪绿药生态农林有限公司 安徽省葛根农业科技发展有限公司	2020
5	百蕊草	百蕊草产业示范基地	安徽九华华源药业有限公司	2020
6	菊花（贡菊）	菊花（贡菊）产业示范基地	绩溪县马道悠然种植专业合作社 绩溪县菊花种植协会	2020
7	霍山石斛	霍山石斛产业示范基地	安徽中升生物科技有限公司 霍山县中升石斛种植专业合作社	2020

（续表）

序号	品种	基地名称	建设单位	获批年份
8	灵芝	灵芝产业示范基地	安徽中信康药业有限公司 安徽省金寨县山中宝食用菌开发有限公司 安徽金寨仙灵芝生物科技有限公司 安徽省康美大别山生物科技有限公司 金寨县力源食用菌种植专业合作社 安徽芝神堂药业有限公司	2020
9	亳白菊	亳白菊产业示范基地	亳州市谯城区天齐富种植专业合作社 安徽亳药千草国药有限股份公司 亳州谯城区亳药千草中药材种植专业合作社	2020
10	黄精	黄精产业示范基地	泾县联芳中药材种植专业合作社 绩溪县板桥头中药材种植推广示范场 安徽千草源生态农业开发有限公司 黄山仙寓山农业科技有限公司	2020
11	茯苓	茯苓产业示范基地	安徽天赋生物科技有限公司 岳西县天泉家庭农场 岳西县感恩特色农产品专业合作社	2020
12	宣木瓜	宣木瓜产业示范基地	宣城华科宣木瓜生物科技有限公司 宣城市永超生态农业有限责任公司	2020

（七）电子商务

电子商务的迅猛发展，激发出新的消费和投资需求，促进电子商务与制造业和服务业融合，推动服务业转型升级，催生新兴业态模式。近年来，安徽电子商务保持快速发展，市场规模不断扩大，市场主体快速成长，发展环境持续优化，电子商务应用不断深化，已成为传统产业转型升级的重要助力器（见表18、表19、表20）。

——产业规模体量。近年来，安徽省大力推进"电商安徽"建设，推动传统商贸流通企业发展电子商务，积极发展农村电子商务，促进电子商务与制造业和服务业融合发展，加快构建现代物流快递配送体系，电子商务产业规模持续壮大，影响力快速提升，各类专业市场加速网络化转型。2019年，全省877家限额以上批发零售企业开展网络零售业务，比2015年增加699家，实现网上零售额641.9亿元，是2015年的5.6倍。网上零售额占限额以上消费品零售额比重超过

10%。跨境电商交易额突破 10 亿美元。快递业务收入 2018 年突破百亿元，2019 年达 138.4 亿元。

——产业集聚水平。我省加强电商平台建设，加快形成产业链条完善、功能多元、绿色生态的电子商务产业集聚区，建成电商产业园超 100 家，创建了安徽春潮飞天电商文创园等一批省级电子商务示范园区，安徽青年电子商务产业园等 3 家国家级电子商务示范基地。跨境电商企业超过 4800 家，建成国家级跨境电商综试区 1 个、省级跨境电商产业园 4 个、线上综合服务平台 2 个，行业集聚水平和影响力跃上新台阶。

——产业创新能力。随着电子商务产业的不断壮大，企业创新能力持续提升，新业态新模式快速涌现。安徽省上街去网络科技股份有限公司通过建设县城 O2O 体验馆、电商众创空间，实现农产品上行和工业品下行的共用渠道，打通农村电商最后一千米。三瓜公社以"互联网+三农"为路径，积极探索一、二、三产融合和农旅结合的电商发展新模式。云伙计提供以品牌电子商务为核心的一站式商业解决方案，业务已涉及电商策略咨询、线上线下会员活动策划、社会化营销、数据库营销、IT 系统研发等多项领域。合肥恩讯打造基于 B4C 服务理念的互联网营销操作系统，为客户提供一对一的个性化解决方案。此外，社交、短视频电商等快速发展。

——重点龙头企业。我省积极引进和承接国内外知名电商企业，大力培育本土电商品牌，支持中小电商企业发展，培育了一批具有行业影响力的重点龙头企业。安徽省上街去网络科技股份有限公司等一批企业获批国家电子商务示范企业，安徽苏宁易购销售有限公司等多家企业获批省级电子商务示范企业。传统商贸企业合肥百大集团转型开拓跨境电商业务，跻身"长三角三省一市百强企业"。荣电集团不断优化以荣电为核心的产业生态布局，完成了传统企业向互联网平台企业的转型升级。永辉、华联、世纪联华、苏宁等大型连锁企业纷纷开拓线上市场，占据一定的线上市场份额。

——行业发展前景。从政策环境来看，国家积极提出逐步形成以国内大循环为主体、国内国际双循环相互促进的新发展格局，这为我省电子商务产业发展提供了前所未有的机遇。从行业来看，直播电商、农产品电商、跨境电商等领域蓬勃发展，前景广阔。2019 年社交电商交易额突破 2 万亿元，2020 年跨境电商交易规模有望突破 10 万亿元。新业态加速兴起，激发出更多新的增长点，行业将持续处于快速增长通道。

表18 重点产业平台

序号	名 称	备 注
1	安徽青年电子商务产业园	国家电商示范基地（2015）
2	安庆智慧产业园	国家电商示范基地（2015）
3	中国（肥东）互联网生态产业园	国家电商示范基地（2019）

表19 "十三五"期间建设电子商务园区

类 型	园区名称
提升类	安徽（合肥）青年电子商务产业园、宿州砀山县电商示范产业园、安徽蚌山跨境电子商务产业园、芜湖新芜电子商务产业园、马鞍山青年电子商务产业园、宣城市绩溪县电子商务产业集聚区
完善类	合肥瑶海都市科技工业园电子商务集聚区、安徽（蚌埠）国际互联网智慧产业园、阜阳市颍泉区青年电子商务产业园、阜阳市颍上县电子商务产业园、滁州电子商务产业园、滁州天长市电子商务产业园、滁州定远县电子商务产业园、安徽（铜陵）铜草花电子商务产业园、安徽（安庆）556电子商务产业园
新建类	重点推进电子商务进农村综合示范县建设，培育打造一批地方特色电商集聚区、电子商务特色小镇和"电商村"，加快建设一批电子商务集聚区

表20 "十三五"期间建设现代物流园区

类 型	园区名称
提升类	合肥商贸物流园、合肥港物流园、亳州天运物流集聚区、蚌埠商贸物流园、安徽华源现代物流园、阜阳汽贸物流园、马鞍山慈湖高新区港口物流基地、芜湖县商贸物流园、芜湖港朱家桥综合物流园、芜湖三山物流园、马鞍山经开区钢晨物流园
完善类	合肥高新区南岗科技园现代物流业集聚区、淮北濉溪县百善物流园、宿州宿马物流产业园、宿州埇桥区汴北现代物流集聚区、滁州琅琊区城北商贸物流园、滁州市鸿耀物流产业园、滁州市汊河商贸物流园、明光市现代物流园、花山区沿江物流集聚区、马鞍山示范园区现代物流园、马鞍山郑蒲港新区临港现代物流产业园、芜湖皖南快递产业集聚区、宣城郎溪县现代物流园产业集聚区、广德经济开发区现代综合物流园、池州现代物流园、安庆市大观区现代物流园、安庆桐城飞腾物流园、六安城南物流中心
新建类	重点在国家级物流园区布局城市和全省重要物流节点城市，整合、建设一批货运枢纽型、商贸服务型、生产服务型、口岸服务型等综合服务型物流园区

四、安徽消费型产业发展思路

目前，国内消费发展整体已经进入个性化、品质化、高端化阶段，催生出更多的消费新需求。消费已经不仅仅满足人们基本的生活功能需求，更多的是关注产品绿色、健康、营养等多方位的功能。高质量供给是适应引领、创造消费新需求的关键。消费的新需求，对消费型产业发展能产生重要影响，产业水平、产业创新、产业形态等均需实现更高质量发展。产品的品质更为关键，只具有简单的基本消费功能的产品已经不能适应新需求，产业必须向更高品质延伸；产业的创新更为突出，只有具有自主核心竞争力的消费产品才能够引领消费行业的新需求，带动产业发展；只有产品的形态更为丰富，才能够适应消费者的消费需求，适应性更强、形态更丰富。

我省消费型产业发展必须加快扩大高质量供给，以高质量供给适应引领创造新需求。聚焦七大重点消费型产业领域，注重个性化、品质化、高端化，进一步提升供给体系的质量和水平，适应持续涌现的消费新需求；聚焦自主性、关键性、核心性，加快形成一批拥有关键自主核心技术的消费产品，引领新需求的持续发展；融入新技术、新业态、新模式，努力开拓创造新的商品消费领域，挖掘创造一批潜在的新需求。

（一）适应新需求，注重个性化、品质化、高端化

聚焦智能终端设备、新能源汽车和智能网联汽车、农副食品、文化、旅游、大健康、商贸流通等七大领域，重点是注重品质、高端、个性。一是支持行业对标、适应需求。引导七大行业，全面对标国际、国内一线质量标准，特别是国外高标准消费品要求，全面推进生产消费品尽快达到甚至超过国外质量，引导行业适应品质发展的新需求，打造一批优质的消费型产业。二是支持企业对标、提升品质。引导行业龙头企业，全面对标国内外一流企业，加强企业现代化管理，注重并加强产品质量管控，提升企业知名度，打造一批产品优质的企业。三是支持产品对标、快速替代。围绕消费品性能、品质、稳定性等要求，支持企业开展品质提升进口替代行动，全面参与全球竞争，积极适应国内市场品质化的新需求。

——智能终端设备。把握消费升级风口，围绕高端化、智能化、绿色化方向，推动家电行业品质化提升，加快传统家电产品更新换代，在外观、设计、工

艺、材料、功能、适用性等方面加快升级。深耕细分领域和中高端市场，支持发展智能坐便器、洗碗机、扫地机器人、净水机、空气净化器等高端小家电，促进新兴家电品类发展，满足多样化的细分需求。适应个性化定制趋势，推动行业开发大数据平台和移动终端，链接用户个性化订单和供应链工厂，支持用户全流程参与设计、制造，实现大规模定制和个性化生产。

——新能源汽车和智能网联汽车。围绕"电动化、智能化、轻量化"三大方向，对标国际一流，推动智能网联汽车高端化发展。以蔚来、大众新能源汽车为引领，推动整车企业提质赋能。引导江淮、奇瑞进一步提升产品质量和服务水平，加强品牌建设。围绕多元化生产与多样化应用需求，通过开放合作和利益共享，培育形成全国智能网联汽车领域生态主导型企业。充分发挥省内整车、关键零部件、应用、配套的完整产业链优势，引导企业加强设计、制造、测试验证等全过程可靠性技术开发应用，充分利用互联网、大数据、区块链等先进技术，建立健全产品全生命周期质量控制和追溯机制，构筑良好的智能交通产业生态。

——农副食品。坚持走绿色化、品牌化、高端化的发展道路，着力推进农副食品加工产业向安全健康、营养方便、休闲养生和功能保健等方向发展。开展农副食品质量安全、绿色和有机认证，促进产品的天然绿色、环保、安全有效，注重品类细化、系列化、标准化和规范化等。积极开发适应不同消费群体的旅游食品、航空食品、速冻食品、即食食品、营养快餐等品类，不断提高营养方便食品的比重。适应多元化健康发展需求，加快开发特医食品、中老年保健食品、婴幼儿特殊膳食食品及其他功能性食品。支持果品、蔬菜、茶叶、菌类和中药材等营养功能成分萃取、提炼、加工等环节关键技术研究，加快发展精油、调料、饮料等产品。

——文化产业。适应大众消费新趋势、新特征，深入挖掘优秀传统文化资源，推动文化产业转型升级。改造提升徽剧、庐剧、泗州戏、花鼓灯、贵池傩戏等特色戏曲，以国家级"非遗"代表性项目为重点，扶持曲艺开展驻场演出。大力开发适宜互联网、移动终端等载体的数字文化产品，大力发展数字出版和绿色出版，打造具有全国影响力的文化产品。深入挖掘重大革命和历史题材、当代现实题材、安徽本土题材，支持发展工艺美术、传统戏剧、特色节庆、特色展览等特色文化产业，打造一批徽文化名片。充分依托特色小镇、特色老街等新型产业空间载体，打造皖茶、皖酒、皖食、皖品等"安徽系"产业品牌。深入推进文化演艺精品和原创作品创作，重点打造有安徽风格、中国气派，在国际市场适销对路的戏曲、民乐、杂技等文化演艺作品，丰富优质产品供给。

——旅游产业。坚持多样化和个性化的统一，推动旅游产品向观光、休闲、度假并重转变，旅游服务向优质高效转变，提升全省旅游业国际化、信息化、标准化、特色化水平。鼓励各地深度挖掘自然、人文、生态等方面特色，以观光旅游为基础、文化旅游为特色、多元化开发为重点，着力打造一批特色突出、品位高、市场竞争力强的休闲度假旅游、文化旅游、乡村旅游、生态旅游等产品。全面推进景区提品提质，持续完善道路、服务、保障、景观、教育等设施和功能，着力加强3A级以上景区建设，优化5A级景区布局。完善旅游基础设施和公共服务体系，推广"互联网+"旅游服务，培育一批智慧景区、智慧酒店、智慧旅行社、智慧乡村等。

——大健康产业。面向国内特别是长三角巨大的健康消费市场空间，大力推动全省各地因地制宜发展特色大健康产业，满足人民群众多样化、个性化、高品质的健康市场需求。依托独特的气候和生态优势，降低政策门槛，引入社会优质养老服务力量，融合"互联网+"，推动健康养老供给侧结构性改革，重点引进一批国内外知名的健康养老品牌企业，积极发展社区居家养老服务，创新推进医养结合，不断丰富健康养老服务业态。串联皖北医药养生康养、皖西皖南森林康养、皖中温泉康养，打造高水平康养经济带。强化个人全程健康管理理念，对标国际健康管理服务标准，积极推广应用个性化健康管理服务，打造一批技术和服务水平领先的知名品牌。

（二）引领新需求，聚焦自主性、关键性、核心性

依托我省在消费品工业领域积累的创新资源优势，聚焦消费创新发展需要，进一步加快形成一批具有自主性、关键性、核心性的消费产品。一方面，加快新技术新产品攻关。针对消费新需求，依托重点消费型产业创新平台，加强创新能力建设，支持消费型产业技术产品攻关，积极研究推出一批能够引领消费需求的新产品、新技术、新服务，加快新兴消费领域产品和市场布局，从技术创新上加快实现消费品行业的进一步壮大。另一方面，强化产业链供应链自主可控。在中美经贸摩擦、华为被断供等系列事件教训启示下，进一步增强关键核心技术必须自主可控意识，通过自主研发、知识产权交易等方式，保障企业核心技术的独立自主、重点消费型行业产业链供应链逐步向国内转移，支持国内国外供应链逐步

实现双重供应保障。

——智能终端设备。依托家电生产基地优势以及人工智能产业集群、国家试验区、重大创新平台等创新资源，加快智能家电、可穿戴设备、智能语音设备产品研发攻关。重点围绕智能芯片识别、智能传感、物联网通信等领域，突破一批关键核心技术。支持美的、惠而浦等家电龙头企业以提升用户与智能家电产品交互式体验为主旨，研发适应不同应用场景的家庭互联互通协议、接口标准，提高数据感知、传输、交互和智能分析能力。

——新能源汽车和智能网联汽车。围绕新能源汽车和智能网联汽车产业链实施链强链补链延链工程，抓住优势领域，在新能源动力电池、车载智能语音等领域力争快速突破。以自主辅助驾驶技术关键技术研发为主线，围绕动力电池与管理系统、驱动电机与电力电子、网联化与智能化技术，积极开展共性关键技术研究和应用。开展先进模块化动力电池与燃料电池系统技术攻关，探索新一代车用电机驱动系统解决方案，加强智能网联汽车关键零部件及系统开发，突破计算和控制基础平台技术等瓶颈，提升基础关键技术、先进基础工艺、基础核心零部件、关键基础材料等研发能力。

——农副食品。面向产品升级、产业转型等需求，着力突破超临界萃取、生物技术等食品重大关键技术和共性技术，在新型保鲜储存、精深加工、安全检测等领域取得一批重大实用技术成果。支持省农科院、安徽农业大学等院校牵头组建省级农产品加工技术研发联盟，以粮油、果蔬茶、畜产品和水产品等农产品精深加工为重点，开展科技攻关。引导地方农副食品加工企业加大产品创新投入，推出适应市场新需求的消费产品。

——文化产业。加快推进文化和科技深度融合，提升文化产业科技支撑水平。围绕文化产业发展的重大需求，运用数字、互联网、新材料、人工智能、虚拟现实、增强现实等技术，提升文化科技自主创新能力和技术研发水平。加快文化产品数字化、协同化步伐，加强文化领域重要装备、工艺、系统、技术平台等相关研究。鼓励文化企业加大研发投入，探索建立"企业+高校+基地"的产学研模式。支持建立文化科技创新联盟及区域性文化科技协同创新平台，争创一批文化重点实验室。

——旅游产业。重点是提升旅游产品的创新性，增强旅游景点的新奇性、吸引力。引导地方积极打造旅游精品线路，在省、市、县、区层面引导不同需求的消费者消费。支持省旅游集团、黄山旅游集团等龙头企业开发旅游创新产品。

——大健康产业。聚焦健康医疗前沿领域，强化创新链，丰富产品链，提升流通链，加快健康产品和技术规模化发展。对标国家实验室，加快组建大健康研究院，重点开展大健康领域具有前瞻性、战略性的应用研究，加速创新成果转移转化，加快形成一批具有自主产权的创新产品，形成一批具有核心技术的大健康产业企业。依托省级生物医药和高端医疗器械战略性新兴产业基地，围绕生物医药、高端医疗器械、精准医疗、高端医疗服务等领域，构建集新药研发、成果孵化、制造销售、专业服务等于一体的生物医药产业高地。

（三）创造新需求，融入新技术、新业态、新模式

在创新驱动战略引领下，新技术、新业态、新模式风起云涌，持续创造出一批得到大众接受的新消费需求。我省消费型产业的壮大必须积极融入新技术、新业态、新模式，创造出适应大众消费的新需求。一是融入新技术。当前，大数据、云计算、物联网广泛应用，消费型产业发展离不开融入适应居民需求的新兴技术，我省智能设备、智能汽车等必须加快新技术应用步伐，加快在人工智能、大数据领域拓展消费产品。二是拓展新业态。新技术与传统行业相融合产生的新业态持续涌现，电子商务、移动支付、共享经济、高铁网络等引领世界潮流，文化、旅游、智能设备、智能汽车等领域，必须加快适应和拓展新兴业态，创造出新消费需求。三是探索新模式。"无人零售""新零售"等新经济模式将迅速崛起，传统产业将与互联网深度融合，我省七大消费型产业要加快以新零售、新服务等为代表的新模式探索，从创造新需求角度，积极拓展新模式对消费的重要带动作用。

——智能终端设备。智能家电、智能穿戴等智能设备行业正从单纯的功能性产品向智能化服务系统转变，智能化、云端融合、人机交互已成为必然趋势。要加快先进传感器、互联网、人工智能、自动控制等技术应用，实时感知用户信息，通过平台化统一管理和信息交互，为用户提供全方位、定制化的家居体验，实现从"产品"向"产品+服务"再向"智能产品+信息增值服务+生态链服务"模式转型。支持拓展消费产品的业态和模式，借助新业态新模式扩大产品应用场景，将产品推向更多应用领域。支持可穿戴设备与运动健康、医疗健康、公共卫生、智慧社区等领域全方位融合，开展健康管理、运动识别、养老服务、智慧生活等消费服务，强化数据跨区域应用，不断创新融合模式和融合领域，满足日益增长的运动健康和智慧生活需求。

——新能源汽车和智能网联汽车。以 5G 商用为催化剂，推动车路协调发展，加快在无人驾驶领域的布局推广，支持合肥等地打造国内领先的试验场地。推进智能网联通信基础设施建设，形成连接车与云的车联网服务能力，推进智能网联汽车在公共出行、物流、环卫、港口码头、零售等领域的试点运营，构建多场景、多业态的测试及示范运营环境。开展城市道路普遍场景和特定场景的示范应用，实现"全域全员全场景"。打通路侧系统、车载系统和数据交互系统，整合"硬件+数据+服务"模式，推动汽车从单纯交通工具向移动智能终端、储能单元和数字空间转变。

——农副食品。大力推动"互联网+"现代农业行动，利用大数据、物联网、云计算、移动互联网等新一代信息技术，培育发展网络化、智能化、精细化的现代加工新模式。依托"三只松鼠"等大型线上销售平台，积极发展电子商务、网络直播等新型销售模式。依托"老乡鸡"等龙头企业，积极推进"生产基地+中央厨房+餐饮门店+团餐食堂+线上平台"一体化发展模式。引导农产品加工业与休闲、旅游、文化、教育、科普、养生养老等产业深度融合，发展体验农业、创意农业、健康农业等新业态。

——文化产业。适应群众多样化、分众化的精神文化需求，鼓励和支持培育基于大数据、云计算、物联网、人工智能等新技术的新型文化业态，发展数字创意、智慧广电、网络视听、数字出版、动漫游戏、绿色印刷等新兴文化产业。推动文化产业与相关产业深度融合，积极发展工业设计、文化旅游、在线教育、智能语音、移动电竞等新兴业态。大力实施"文化+互联网"，利用新技术、新渠道、新模式进行创意、制作和商业化运作，推动文化生产方式、传播方式和消费模式系统创新。积极推动众创、众包、众扶、众筹，鼓励企业采用个性定制、精准营销、社群共生、网络共享等模式提供文化产品和服务，推广政府向社会力量购买文化服务模式。

——旅游产业。结合乡村振兴战略，开发建设旅游民宿、休闲农庄、乡村酒店等业态。鼓励发展"夜间经济"，丰富"夜游、夜购、夜娱、夜食、夜读"等产品。以山水环境为依托，有机整合自行车、登山健行、拓展、溯溪、划船、垂钓、游艇等体育运动项目，开发建设一批以户外活动为特色的运动休闲产品。以旅游城镇、旅游景区和乡村旅游地为依托，加快推广房车旅游、户外露营等新型旅游产品。积极发展"云旅游"直播等新业态，推动线上线下融合发展。

——大健康产业。抓住国家 5G 网络部署机遇，充分运用云计算、物联网、大数据、人工智能等新一代信息技术，加强全民健康信息整合共享和智能应用，促进健康大数据应用发展，探索创新"互联网+健康"服务新模式、新业态。加强健康医疗海量数据存储清洗、分析挖掘、安全隐私保护等关键技术攻关，促进健康医疗业务与大数据技术深度融合，创新发展互联网医院、远程医疗、医疗人工智能、AI 辅助机器人手术、基于影响数据的辅助诊疗、药物筛选和挖掘、基因大数据、区块链应用等新业态。把握老龄化趋势，大力发展中医药保健和养生健康服务，开发与养老服务相关的文化服务、适老金融产品、老年用品、紧急救援、临终关怀等老年产品市场。前延后伸、高位嫁接、跨界融合，拓展全链条、全健康过程、全生命周期的大健康产业体系，实现健康资源全域优化、健康产业全域联动和健康成果全民共享。

——电子商务。大数据、云计算、人工智能、虚拟现实等数字技术快速发展，正在驱动新一轮电子商务产业创新。大数据和人工智能技术支持个性化场景，虚拟现实和增强现实技术缩短了视觉感知距离，提升了用户体验，新技术应用正加速催生新业态、新模式。推动行业以互联网为依托，运用先进技术手段，重塑业态结构与生态圈，对线上服务、线下体验以及现代物流进行深度融合，从无人便利店、零售体验店、智能门店、互联网门店、社交电子商务、跨境电商等方面积极拓展数字化电子商务新业态，推动电子商务向智能化、多场景化方向发展。加强无人机、无人仓、无人车等技术应用，提高电商物流整体服务水平。支持合肥百大、苏宁易购等龙头企业引领模式创新，积极引入网红业态、直播经济、首店经济、时尚 IP 元素。推进蜀山跨境电商园等重点园区建设，积极打造跨境电商孵化中心等平台载体，加快引进亚马逊、阿里巴巴等知名企业，提高跨境主体孵化率，培育一批龙头企业、自主品牌。鼓励传统店铺、企业通过电商数据赋能，实现 O2O 快速发展。

五、对策建议

聚焦七大优势消费型产业，以建设合肥国际消费中心城市为引领，加快推进"两个高地"建设，增加优质供给，健全要素保障，加快壮大我省优势消费型产业，在扩大内需中做出更大的安徽贡献，积极助力"双循环"新发展格局构建。

（一）聚焦新需求新期待，建设"一个中心"

借力新技术、新业态、新模式，加快建设合肥国际消费中心城市，打造消费大平台，在新兴消费领域创造适应大众消费的新需求。一是打破传统思维。摒弃传统消费中心城市建设思维，坚持互联网"买全球、卖全球"思路，依托自贸区、合肥线上经济创新发展试验区、跨境电商试验区等平台载体，充分利用国内外两种资源、两个市场，借助新技术、新业态、新模式强大力量，完全有条件、有可能建成新型消费中心。二是聚焦新兴领域。合肥在珠宝、服装等传统奢侈品领域不具备建设国际消费中心城市优势，重点攻坚新兴消费领域，如鼓励发展线上消费、线上教育、线上医养等业态，鼓励推广线上办公、线上商务、线上制造等业态。三是创新业态模式。依托国际消费中心城市建设，创新体制机制，支持新业态、新模式发展。加快在七大领域布局和拓展新兴业态，推进新技术与传统行业相融合产生的新业态，支持电子商务、移动支付、共享经济、高铁网络等创新引领。支持七大领域加快以新零售、新服务等为代表的新模式探索，从创造新需求角度，拓展新模式对消费发展的带动作用。

（二）聚焦引领需求发展，打造"两个高地"

聚焦七大消费产业创新引领发展需要，通过产业集聚、创新集聚、要素集聚，推进消费型产业进一步集聚创新发展。一是支持产业集聚，打造全球人工智能、新能源汽车高地。发挥家电产业基础优势，借助合肥国家人工智能产业集群、国家人工智能试验区，加快把人工智能产业打造成为全球生产高地。支持造车新势力进一步在安徽布局发展，依托蔚来、江淮、大众等造车新势力，加快建设成为全球新能源汽车产业高地。同时，围绕七大产业领域，进一步提高产业集聚发展水平。二是支持创新集聚，培育形成高端要素集聚高地。积极支持七大消费型产业重大创新平台建设，在智能设备、新能源汽车、食品加工领域，推进重点国家创新平台在安徽布局。支持文化、旅游、大健康产业创新投入，在省"三重一创"等资金安排中，进一步加大支持力度，引导创新发展。推进重点创新平台共建共享，发挥语音及语言信息处理国家工程实验室等创新资源优势，引导集群企业实现创新共享。

（三）聚焦增加优质供给，推进"三个对标"

聚焦七大领域，重点是注重个性、品质、高端发展。一是支持行业对标，制定 100 个左右行业领先标准。引导七大产业，全面对标国际、国内一线质量标准，全面推进生产消费品尽快达到甚至超过国外质量。积极探索形成高于全国平均水平的安徽标准，鼓励标准制定专业机构对企业公开的标准开展比对和评价，五年内支持指定 100 个以上行业领先标准。二是支持企业对标，培育 100 个左右领军企业。全面对标国内外一流企业，加强企业间合作，加强企业现代化管理，注重并加强产品质量管控，提升企业知名度，打造一批产品优质的企业，鼓励优势企业抢占细分市场。支持七大优势领域，五年内形成 100 家以上细分领域专精特新领军企业。三是支持产品对标，形成 100 个左右行业引领产品。围绕消费品性能、品质、稳定性等要求，支持企业开展进口替代行动，全面参与全球竞争，积极适应国内市场品质化新需求。发挥七大产业省级行业协会作用，完善品牌推介等公共服务体系。

（四）聚焦利用市场资源，打通"四个路径"

充分利用国内外两种资源、两个市场空间，特别是借助利用长三角一体化发展机遇，实现借力借智借势发展。一是加快国内资源整合。充分借助互联网技术优势，依托龙头企业，加大对国内产业资源的整合力度，推进国内各地优质资源为我所用、补我所短，通过资源整合扩大地方产业发展优势。二是推进国际资源整合。引导企业扩大国际合作，积极借助国际资源市场，推进重点消费品的生产，如绿色食品、大健康等领域，可以借助国际品牌，引进先进技术、高端生产设备，实现优势互补，推动消费产业加快发展。三是拓展国内市场份额。抢抓国内大力实施扩大内需的战略机遇，积极构建双循环新发展格局对消费型产业发展的刺激作用，以提高消费品品质、品牌为导向，加快推动重点商品扩大国内市场份额，特别是新兴消费领域的市场份额。四是推进国际市场空间布局。借助外贸企业、平台公司等力量，积极进行海外市场布局，拓展海外疫情期间的重点消费品市场。依托国家"一带一路"等发展，充分挖掘沿线国家的消费品市场增长潜力。

（五）聚焦优化发展环境，健全"五个保障"

围绕制约产业发展的重点领域和关键环节，深化改革，加大投入，强化保障，全面释放市场主体活力和创造力。一是加大资金保障力度。支持七大消费产业领域争取中央预算内投资、地方政府专项债等支持。鼓励金融机构围绕七大领域发展，开发知识产权质押、供应链融资等新型金融产品。二是加大宣传保障力度。精心策划和举办一批与现代服务业、重点城市功能密切相关的活动、赛事。借助央视、地方主流媒体，向消费者推介安徽商品和服务。三是加大人才保障力度。适应新经济对人才发展的需求，完善和落实人才引进、培养等政策措施。对消费领域高端人才，参照重点产业领域人才政策执行。四是加大创新保障力度。对新业态和新模式供给企业，在宣传、推广、应用上，地方政府要简政放权、消除垄断、降低税负与要素成本，从"管死"向"放活"转变。五是加大监督保障力度。建立健全高层次、广覆盖、强约束的消费后评价体系，强化消费领域企业和个人信用体系建设，提高消费者主体意识和维权能力，创建安全放心的消费环境。

指　导：樊明怀

执　笔：窦　瑾　余茂军　陈　香

　　　　张淑娟　江　鑫

长三角一体化下
合肥都市圈"十四五"发展研究

合肥都市圈位于长江中下游长三角地区西端，扼守长江淮河两大重要水道，是长三角城市群五大都市圈之一，处在"一带一路"、长江经济带、长三角一体化发展、中部崛起、淮河生态经济带等多重国家战略的交汇处，在全国区域发展格局中具有承东启西、连南接北、沿江达海的重要战略地位，在长三角地区具有联动长江中上游和中西部地区的桥头堡作用。合肥都市圈于2006年成立，经历了由"省会经济圈"到"合肥经济圈"，再到"合肥都市圈"的发展历程，目前包括安徽省合肥市、淮南市、六安市、滁州市、芜湖市、马鞍山市、蚌埠市、桐城市（县级市），国土面积占全省的45.3%，常住人口占全省的48.6%，区域经济总量占全省的比重达到63.1%，成为引领全省经济高质量发展的重要引擎，国内有重要影响力的区域增长极。合肥都市圈作为长三角一体化发展和中部崛起国家战略双重覆盖的唯一都市圈，是安徽发展的核心增长极，承担着引领带动新阶段现代化美好安徽建设、深度参与区域竞争合作的重大使命。研究"十四五"时期合肥都市圈发展的重大问题和对策建议意义重大：

一是有利于深入实施国家区域一体化战略，打造长三角西部强劲活跃增长极。进一步准确把握在长三角一体化发展格局中的战略定位，充分发挥区位优势和创新资源富集优势，更好地与沪苏浙发展相融，实现等高对接、跨越发展，提升都市圈参与全国乃至全球资源配置和竞争能力。

二是有利于充分发挥区域比较优势，构筑安徽加速崛起新格局。联动"一圈五区"，协调区域发展，打造安徽经济发展内核，解决区域、城乡发展不平衡不充分问题，优化人口和经济的空间结构，助推新型城镇化进程，激活有效投资和潜在消费需求，构筑双循环发展格局新优势，为推动中部地区崛起和长江经济带发展提供新的战略支撑。

三是有利于增强合肥长三角副中心城市辐射力和带动力，提升区域竞争地位。加快合肥都市圈建设，有利于大幅提升合肥核心城市能级和发展水平，更好地发挥其辐射带动作用，促进各成员城市发挥比较优势，优化资源配置，激发一体化内生发展动力，赢得与周边都市圈竞争的优势地位。

四是有利于探索内陆地区都市圈发展新路径，打造典型示范。有利于推动跨行政区产业分工协作、科技创新协同、基础设施及公共服务一体化、生态环保及对外开放协调联动等，为中西部地区建设现代化都市圈积累经验、提供示范，打造东中部区域协调发展的典范。

一、合肥都市圈发展历程和阶段性特征

（一）发展历程

从 2006 年省委、省政府提出建设"省会经济圈"的战略决策，到 2009 年更名为"合肥经济圈"的战略调整，再到 2016 年"合肥都市圈"的战略升级，合肥都市圈经历了省会经济圈、合肥经济圈和合肥都市圈三个阶段的发展历程，历经了两次较大规模的扩容升级，至 2019 年，前后历时 13 年。

第一阶段：省会经济圈。2006 年，合肥市第九次党代会提出构建省会经济圈的战略目标。在省第八次党代会上，省委、省政府明确提出要以合肥市为中心打造在全省范围内具有较强影响力的省会经济圈。2007 年，省十届人大五次会议明确以合肥为中心，以巢湖和六安两市为东翼、西翼门户，建设省会经济圈。2008 年 5 月，省政府颁布实施《安徽省会经济圈发展规划纲要（2007—2015 年)》。

第二阶段：合肥经济圈。2009 年 8 月，《中共安徽省委、安徽省人民政府关于加快合肥经济圈建设的若干意见》（以下简称《意见》）颁布实施，正式将"省会经济圈"改名为"合肥经济圈"，同时把淮南市和桐城市纳入合肥经济圈范畴，《意见》对经济圈建设的重点规划领域、长期发展目标等方面也做出规定，作为统一经济圈建设的顶层设计。2011 年，巢湖市行政区划调整，2012 年，定远县加入，2013 年年底，滁州市整体加入，至此合肥经济圈完成第一次扩容，扩容后合肥经济圈成员城市包括合肥、六安、淮南、滁州、桐城五市。

第三阶段：合肥都市圈。第一次扩容，2016 年 5 月，《长江三角洲城市群发展规划》发布，合肥都市圈纳入长三角城市群，上升为国家发展战略。2016 年 12 月，《长江三角洲城市群发展规划安徽实施方案》印发，标志着芜湖和马鞍山两市正式成为合肥都市圈成员。第二次扩容，2019 年 9 月，蚌埠市加入合肥都市圈。至此，合肥都市圈完成第二次扩容。此时，合肥都市圈包括合肥、淮南、六

安、滁州、芜湖、马鞍山、蚌埠、桐城八市，土地面积达 6.3 万平方千米，常住人口达 3093.6 万人，分别占全省的 45.3%、48.6%。2019 年，合肥都市圈地区生产总值达到了 23 402 亿元，占全省比重的 63.1%，正在成为全省核心增长极乃至国内有重要影响力的区域增长极（见表 1 所列）。

表 1　合肥都市圈历史沿革一览表

名称变化	年份	成员城市	国土面积		户籍人口		地区生产总值	
			规模（万平方千米）	占全省比重（%）	规模（万人）	占全省比重（%）	规模（万亿）	占全省比重（%）
省会经济圈	2007	合肥市、六安市、巢湖市	3.44	24.6	1629.4	24.4	0.22	29.6
合肥经济圈	2009	合肥市、六安市、巢湖市、淮南市、桐城市	3.86	27.7	1973.8	29.0	0.38	37.8
合肥经济圈	2012	合肥市、六安市、淮南市、桐城市、定远县	3.66	26.2	1838.3	26.6	0.62	35.9
合肥经济圈	2013	合肥市、六安市、淮南市、桐城市、滁州市	4.70	33.7	2196.9	31.7	0.78	40.9
合肥都市圈	2016	合肥市、六安市、淮南市、桐城市、滁州市、芜湖市、马鞍山市	5.76	41.1	2853.0	40.6	1.42	58.9
合肥都市圈	2019	合肥市、六安市、淮南市、桐城市、滁州市、芜湖市、马鞍山市、蚌埠市	6.34	45.3	3288.1	46.2	2.34	63.1

（二）阶段性特征

根据《中国都市圈发展报告 2018》对我国主要都市圈的评价结果，合肥都市圈位列发展型层级，快速发展的阶段性特征明显。

1. 人口加速向核心城市集聚

2019 年，合肥市常住人口达到 818.9 万人，突破 800 万大关，较 2015 年增加近 40 万人，人口增量远超同期南京市增量（26.4 万人），开启了向特大城市迈进的新征程。同时，圈内六安、芜湖、滁州、蚌埠等市"十三五"前四年人口增量也均超过 10 万人，马鞍山也由人口流出市转为流入市（见表 2 所列）。

表2　2015 年和 2019 年合肥都市圈常住人口　　　单位：万人

年份　　城市	2015	2019	2015—2019 人口增量
合肥市	779.0	818.9	39.9
六安市	474.1	487.3	13.2
滁州市	401.7	414.7	13.0
芜湖市	365.5	377.8	12.4
马鞍山市	226.2	236.1	9.9
淮南市	343.1	349	5.9
桐城市	67.4	68.6	1.2
蚌埠市	329.1	341.2	12.1

2. 核心城市经济实力显著增强

合肥市地区生产总值由 2015 年的 5660.3 亿元增加到 2019 年的 9409.4 亿元，在全国省会城市的 GDP 排名中由第 12 位上升到第 9 位，2020 年首次进入新一线城市名单。2019 年全市 GDP 总量占都市圈经济总量的比重超过 40%，高于南京都市圈核心城市占比 5 个百分点，合肥核心城市地位进一步凸显，要素资源集聚能力显著增强（见图 1 和表 2）。

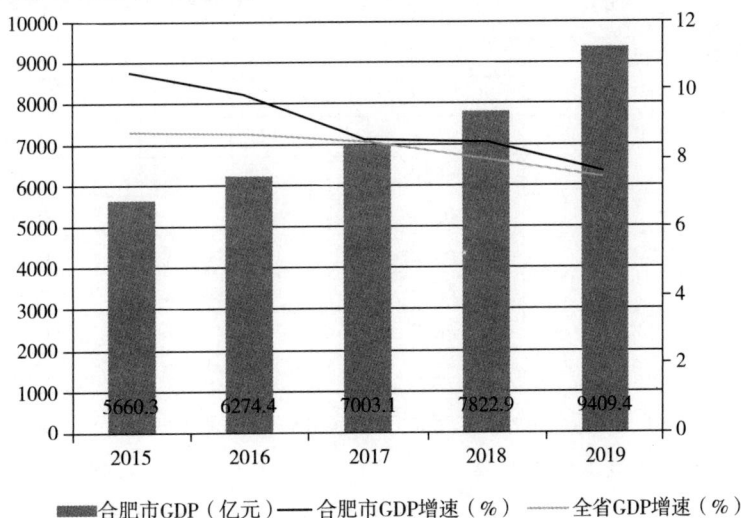

图 1　2015—2019 年合肥市地区生产总值及增速

表3　2019年合肥都市圈地区生产总值　　　　单位：亿元

城市	地区生产总值
合肥都市圈	23 402.2
合肥市	9409.4
六安市	1620.1
淮南市	1296.2
桐城市	380.9
滁州市	2909.1
芜湖市	3618.3
马鞍山市	2111.0
蚌埠市	2057.2

3. 都市圈城镇化水平高、增长快

2019年，合肥都市圈城镇人口为1957万人，常住人口城镇化率达到63.3%，高于全省平均水平7.5个百分点，"十三五"前四年年均增长接近1.1个百分点。除六安市外，都市圈成员城市城镇化率均超过50%，合肥市高达76.3%，都市圈全面进入城市型社会（见表4所列）。

表4　2015年和2019年合肥都市圈城镇化率　　　　单位:%

年份　　城市	2015	2019	年均增长百分点
安徽省	50.5	55.8	1.06
合肥都市圈	57.6	63.3	1.14
合肥市	70.4	76.3	1.18
六安市	42.8	47.1	0.86
滁州市	49.0	54.5	1.1
芜湖市	62.0	66.4	0.88
马鞍山市	65.2	69.1	0.78
淮南市	60.7	65.0	0.86
桐城市	48.2	52.0	0.76
蚌埠市	52.2	58.6	1.28

注：2015年合肥都市圈数据以合肥市、六安市、淮南市、桐城市、滁州市五市数据测算。

4. 区域一体化交通体系日益完善

随着商合杭高铁、合安高铁、庐铜铁路等铁路项目以及合巢芜、合宁、合六高速扩容等大能力交通项目的深入推进，圈内一体化交通体系日趋完善。合肥都市圈公路密度达到 154.4 千米/百平方千米，在长三角地区五大都市圈中位列第二，是 2015 年的 1.1 倍，圈内高速公路里程近乎翻番，由 1274 千米增加至 2263 千米，合肥成为全国重要的高速铁路枢纽，除马鞍山、滁州外，合肥与其他成员城市均可乘高铁直达。以合肥为中心，以合六、合滁宁、合淮、合安、合杭为主轴的城际交通网络加快构建，基本形成 1 小时通勤圈与 30 分钟生活圈。芜宣机场已开工建设，合肥港至芜湖港"港航巴士"已开通运行，公路、铁路、空运、水运立体衔接联动的都市圈交通网络初步形成。

5. 城市间产业合作日益加强

以合肥为中心、以合芜蚌为主轴、以交通干道为骨架的产业基地基本形成，产业集群一体化布局和项目合作不断加强。合六、合淮、合滁、合芜马、合桐产业带加快构建，蜀山—寿县、包河—舒城、包河—桐城、高新区—霍邱、肥西—明光、肥东—定远等园区共建稳步推进，成立了都市圈工业产业（链）联盟，在家用电器、汽车及零部件、电子信息、高端装备等领域形成了一批具有全国重要影响力的产业集群。9 个县（市）共建供肥蔬菜基地，积极开展"农超对接"和"农市对接"，共同开发区域内主题旅游产品，联合开展旅游营销和招商活动，推出圈内十佳精品旅游景区、八大精品旅游线路。

6. 一体化机制逐步建立完善

从省会经济圈到合肥都市圈建设至今，逐步构建起较为完善的多层次协调推进机制。目前，省委、省政府成立了合肥都市圈建设领导小组，下设办公室，办公室主任由安徽省发展和改革委员会主任和合肥市市长共同担任；建立了党政领导高层会商和互访制度，先后召开了九次都市圈城市党政领导会商会议，签订交通基础设施、产业发展、环境保护、公共服务一体化等 50 余项合作专题；建立了都市圈常务副市长协调会机制，相关部门分别建立了联席会议制度，以协调推进合作专题、项目协议落实；同时，建立了民间交流机制，组织企业相互考察、共创商机，都市圈协商合作、政策协同等实践经验日益丰富。

二、合肥都市圈空间结构比较分析

本研究选取长三角的南京、杭州、合肥三个以省会城市为核心的都市圈，以 1 小时通勤圈为基本范围进行空间形态的对比研究，以尝试科学合理地划定合肥都市圈的空间范围。

（一）合肥、南京和杭州都市圈空间范围比较分析

1. 按"1 小时通勤圈"方法比较分析

"1 小时通勤圈"是指以城际轨道、高速公路、铁路客运专线为主通道，实现 1 小时内从某核心城市到达周边城市的目标。都市圈"1 小时通勤圈"范围根据交通现状以及高铁、轻轨等交通基础设施规划情况测算得到。合肥、南京和杭州三大都市圈"1 小时通勤圈"的具体情况见表 5 至表 9 所列。

表 5　合肥都市圈"1 小时通勤圈"范围 1

			六安	淮南	滁州	芜湖	马鞍山	蚌埠	安庆	铜陵
合肥	交通工具		动车/高铁	动车/高铁	高铁	动车/高铁	巢马城际已开工建设	动车/高铁	高铁年内通车	动车/高铁
	通勤时间（分）	范围	28～43	26～54	预估	43～59	预估	45～73	预估	36～67
		均值	29	36	33	47	50	57	50	52

表 6　合肥都市圈"1 小时通勤圈"范围 2

			阜阳	宣城	宿州	池州	黄山	亳州	淮北
合肥	交通工具		高铁	高铁	高铁	高铁	高铁	高铁	高铁
	通勤时间（分）	范围	59～93	74～95	69～102	81～89	81～131	89～135	150～186
		均值	76	78	81	84	105	112	168

注：本文采用高铁开通后时间计算。合安高铁已开通运营，巢马城际铁路已开工建设，届时合肥与安庆、合肥与马鞍山之间通勤时间将缩短至 1 小时内，沿江高铁安徽段已开展定测，"十四五"时期，合肥与滁州之间通勤时间将有望缩短至 30 分钟以内。

表 7　南京都市圈"1 小时通勤圈"范围 1

			镇江	扬州	淮安	马鞍山	滁州	芜湖
南京	交通工具		高铁	高铁	高铁	高铁	高铁	高铁
	通勤时间（分）	范围	19～28	46～53	60	17～23	18～20	37～57
		均值	22	49	60	18	18	41

表8 南京都市圈"1小时通勤圈"范围2

			宣城	常州	蚌埠	泰州	宿迁
南京	交通工具		高铁	高铁	高铁	高铁	高铁
	通勤时间（分）	范围	68~80	31~70	40~57	82~99	90
		均值	73	50	45	87	90

注：淮安、宿迁与南京之间，目前每天仅有一班次高铁，且经滁州、蚌埠、徐州绕行，时长分别为184、153分钟。宁淮铁路预计2023年建成通车，将实现淮安1小时、宿迁1.5小时通勤。

表9 杭州都市圈"1小时通勤圈"范围

			湖州	嘉兴	绍兴	衢州	黄山	宣城	上饶	景德镇
杭州	交通工具		高铁	高铁	高铁	高铁	高铁	高铁	高铁	高铁
	通勤时间（分）	范围	21~38	23~43	14~25	60~151	81~123	50~85	88~142	174~248
		均值	23	31	19	92	100	63	112	199

结论：通过以上比较分析，按"1小时通勤圈"方法划分，合肥都市圈范围可进一步增加铜陵、安庆2市，由目前的7市扩容至9市。南京都市圈范围可进一步增加蚌埠、常州2市，由目前的8市扩容至10市。杭州都市圈范围可进一步增加宣城市，但目前都市圈范围中衢州、黄山2市不满足"1小时通勤"条件（见表10所列）。

表10 合肥、南京、杭州都市圈"1小时通勤圈"与现状范围对比

都市圈	目前范围	1小时通勤圈
合肥都市圈	合肥、淮南、六安、滁州、芜湖、马鞍山、蚌埠、桐城	合肥、淮南、六安、芜湖、蚌埠、安庆、铜陵
南京都市圈	南京、镇江、扬州、淮安、马鞍山、滁州、芜湖、宣城	南京、镇江、扬州、马鞍山、滁州、芜湖、蚌埠、常州
杭州都市圈	杭州、湖州、嘉兴、绍兴、衢州、黄山	杭州、湖州、嘉兴、绍兴、宣城

2. 按"城市引力模型"划分范围比较分析

（1）"城市引力模型"划分方法

采用城市引力模型计算都市圈中心城市与周边城市之间的场强、经济距离、经济联系强度及隶属度等4个综合指标，通过指标分布进行都市圈范围划分。

经济距离：表示都市圈中心城市与周边城市间交流强度大小，是空间距离修正后得出的时间距离，计算公式为 $C = t \times d$，其中，C 表示城市间经济距离，t 是通勤时间，d 是城市间空间距离。

场强、引力和隶属度：参考都市圈界定的相关研究，确定城市场强模型、引力模型和经济隶属度模型。

城市经济场强：$S_j = \sqrt[3]{P_j \times G_j \times R_j} / D_{ij}^2$

引力公式：$T_{ij} = \sqrt[3]{P_i \times G_i \times R_i} \sqrt[3]{P_j \times G_j \times R_j} / D_{ij}^2$

经济联系隶属度：$L_{ij} = T_{ij} / \sum_{i=1}^{n} T_{ij}$

其中，T 为城市间的引力（经济联系），S 为城市场强，i 是周边城市，j 是中心城市，P 为城市总人口，G 是城市GDP，R 是行政区划面积，D 为城市间经济距离（km），L_{ij} 为经济联系隶属度。

（2）合肥、南京和杭州都市圈空间范围比较

分析相关指标可发现，都市圈中心城市之间的场强、经济距离、经济联系强度、隶属度，存在较明显的分界线。

合肥都市圈表现为：经济距离<150、经济联系强度>5000、场强>0.1、隶属度>0.03；南京都市圈表现为：经济距离<110、经济联系强度>15000、场强>1、隶属度>0.01；杭州都市圈表现为：经济距离<50、经济联系强度>25000、场强>0.9、隶属度>0.05。

合肥都市圈。在合肥都市圈7大城市中，六安经济距离最短，场强、经济联系强度、隶属度最高。淮南、滁州、芜湖、安庆经济距离较短，场强、经济联系强度、隶属度较高。马鞍山、蚌埠经济距离相对较长，场强、经济联系强度、隶属度较低。在场强、经济联系强度、隶属度等指标的数值分布中，合肥、六安、淮南、滁州、芜湖、安庆6市与其他城市之间存在较为明显的自然断点，形成了分级界线（见表11和图2）。

表 11　合肥与周边城市的经济距离、场强、经济联系强度及隶属度

	六安	淮南	滁州	芜湖	马鞍山	蚌埠	安庆	铜陵
经济距离	36	62	76	117	128	143	142	141
经济联系强度	85 777	7656	19 049	5075	1459	2042	6310	514
场强	1.62	0.33	0.37	0.14	0.08	0.07	0.11	0.04
隶属度	65.07	5.81	14.45	3.85	1.11	1.55	4.79	0.39

	阜阳	宣城	宿州	池州	黄山	亳州	淮北
经济距离	275	274	320	266	560	599	790
经济联系强度	1711	813	908	254	65	178	16
场强	0.03	0.02	0.02	0.01	0.003	0.005	0.001
隶属度	1.3	0.62	0.69	0.19	0.05	0.14	0.01

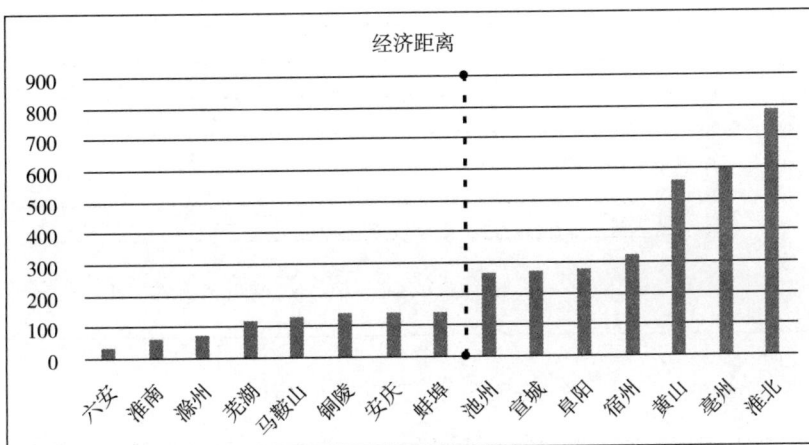

经济距离

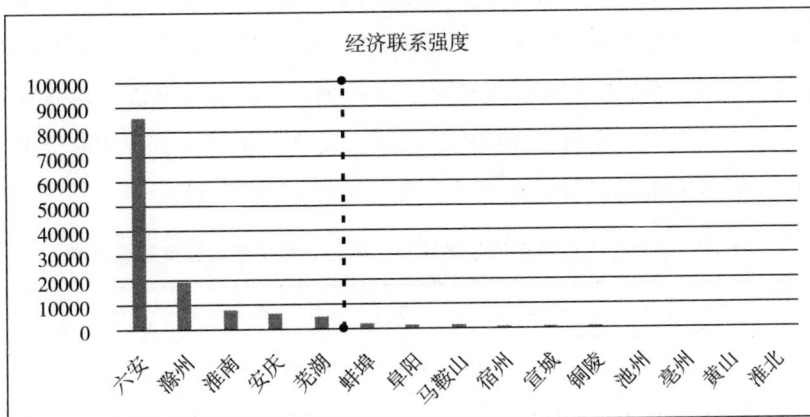

经济联系强度

场强

隶属度

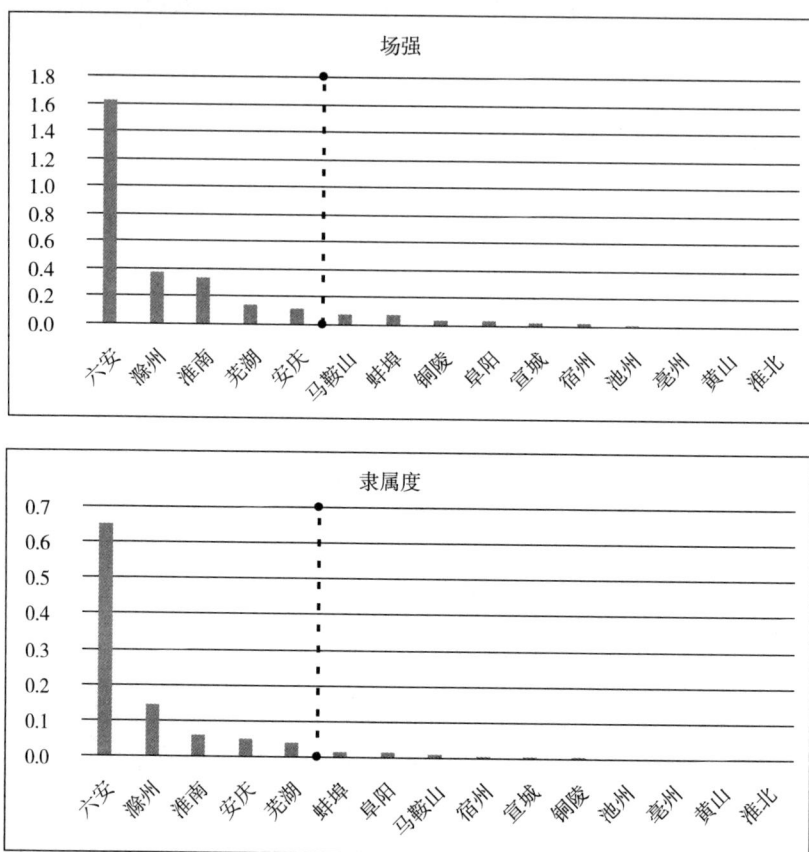

图 2　合肥都市圈城市引力指标

南京都市圈。在南京都市圈8大城市中，马鞍山、滁州、镇江3市经济距离较短，场强、经济联系强度、隶属度较高。扬州、淮安、芜湖、宣城经济距离较长，场强、经济联系强度、隶属度较低。在场强、经济联系强度、隶属度等指标的数值分布中，南京、滁州、马鞍山、镇江、扬州、芜湖6市与其他城市之间存在较为明显的自然断点，形成了分级界线（见表12和图3）。

表 12　南京与周边城市的经济距离、场强、经济联系强度及隶属度

	镇江	扬州	淮安	马鞍山	滁州	芜湖
经济距离	29.33	81.67	195.00	18.00	19.50	74.48
经济联系强度	53 009.35	18 090.33	3864.90	73 198.43	288 596.26	12 461.75

（续表）

	镇江	扬州	淮安	马鞍山	滁州	芜湖
场强	1.98	0.38	0.07	3.76	5.65	0.35
隶属度	0.1142	0.0390	0.0083	0.1577	0.6219	0.0269

	宣城	常州	蚌埠	泰州	宿迁
经济距离	194.67	106.67	154.50	217.50	379.50
经济联系强度	1613.66	8575.28	1737.38	2173.16	724.73
场强	0.04	0.21	0.06	0.05	0.02
隶属度	0.0035	0.0185	0.0037	0.0047	0.0016

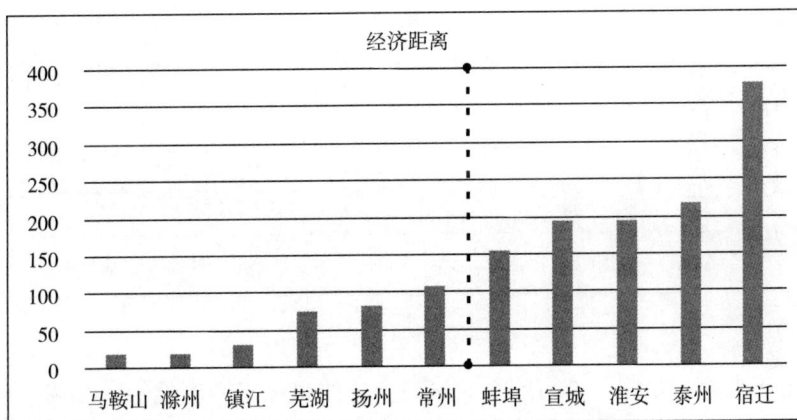

经济距离

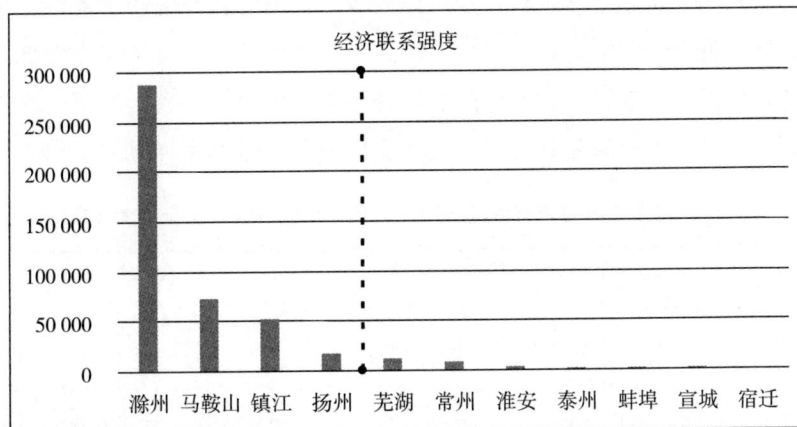

经济联系强度

场强

隶属度

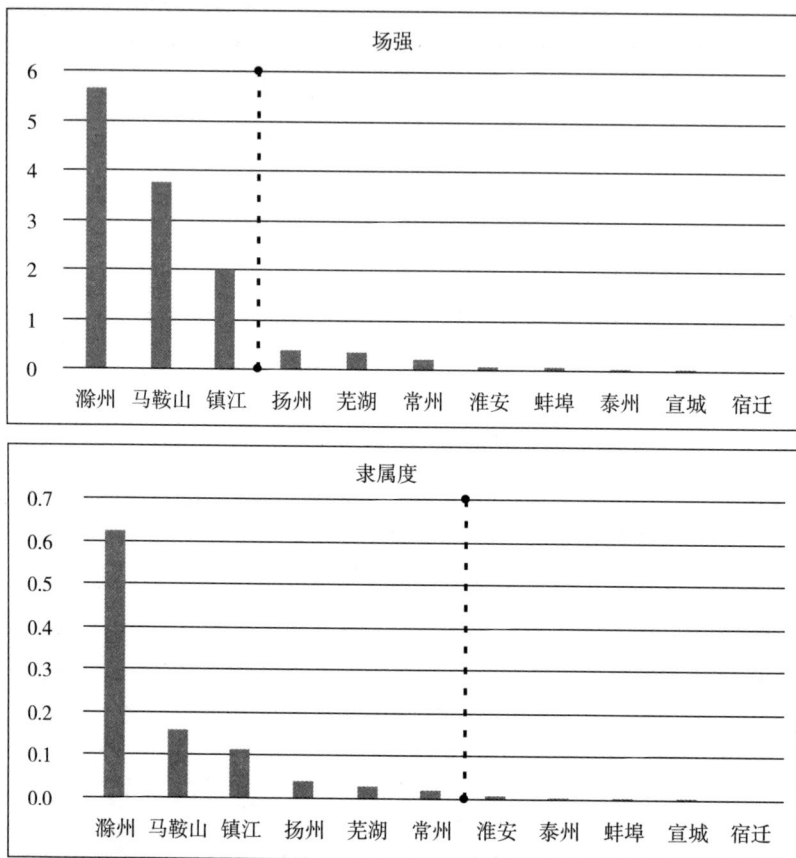

图3 南京都市圈城市引力指标

杭州都市圈。在杭州都市圈6大城市中，绍兴经济距离最短，场强、经济联系强度、隶属度最高。湖州、嘉兴经济距离较短，场强、经济联系强度、隶属度较高。衢州、黄山经济距离相对较长，场强、经济联系强度、隶属度较低。在场强、经济联系强度、隶属度等指标的数值分布中，杭州、绍兴、湖州、嘉兴4市与其他城市之间存在较为明显的自然断点，形成了分级界线（见表13和图4）。

表13　杭州与周边城市的经济距离、场强、经济联系强度及隶属度

	湖州	嘉兴	绍兴	衢州	黄山	宣城	上饶	景德镇
经济距离	36.80	45.47	17.42	341.93	368.33	223.65	625.33	1293.50
经济联系强度	34720.04	29734.49	492291.89	396.36	150.91	1222.52	766.12	8.60
场强	1.19	0.94	8.96	0.01	0.01	0.03	0.01	0.00
隶属度	0.0621	0.0532	0.8802	0.0007	0.0003	0.0022	0.0014	0.0000

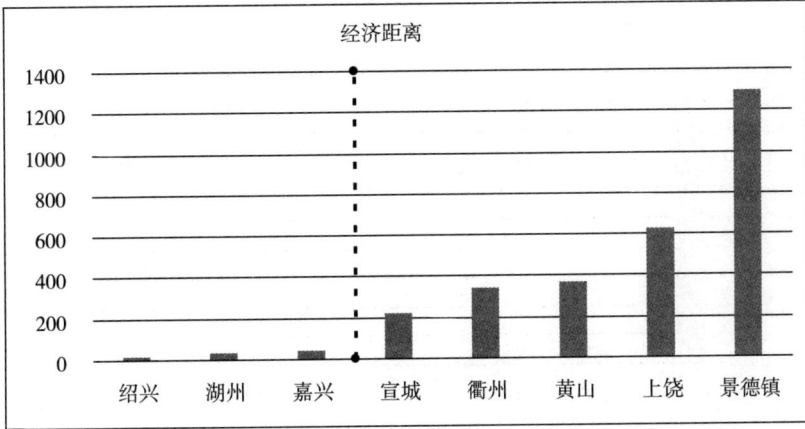

经济距离

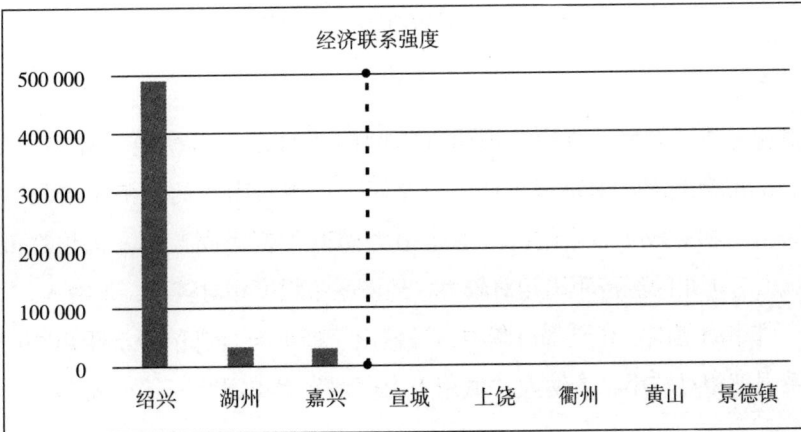

经济联系强度

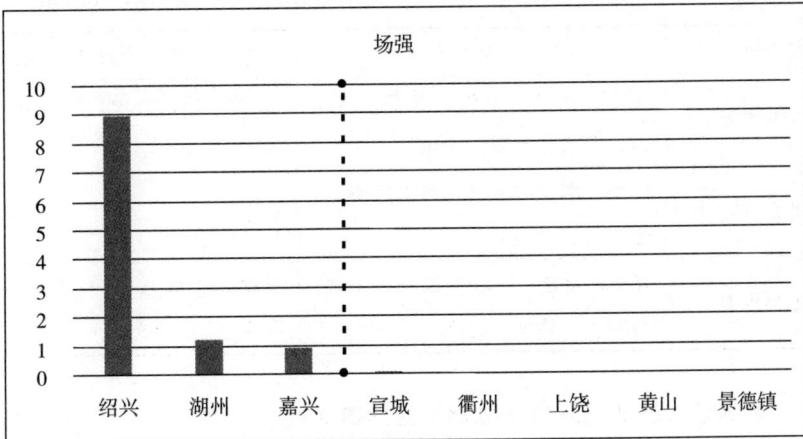

场强

隶属度

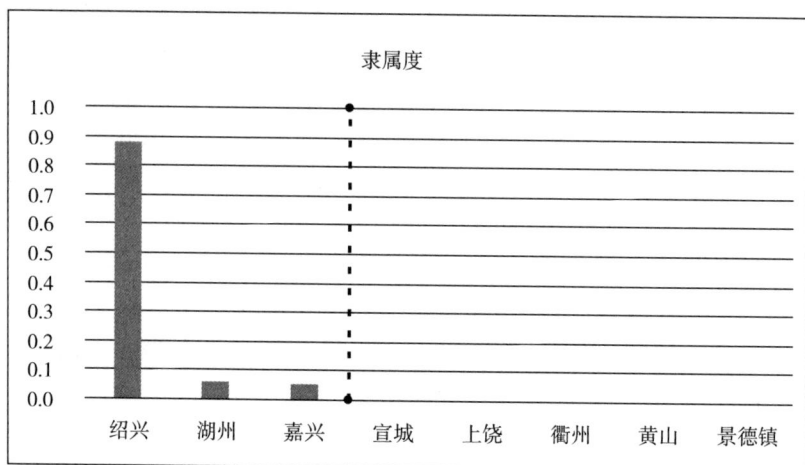

图4　杭州都市圈城市引力指标

（3）结论

经对比分析，合肥、南京、杭州都市圈的"城市引力模型"都市圈范围均小于现有都市圈范围。南京都市圈中，芜湖、宣城与南京的经济距离相对较大，经济联系强度相对较小，未纳入"城市引力模型"都市圈范围。杭州都市圈中，衢州、黄山与杭州的经济距离相对较大，经济联系强度相对较小，未纳入"城市引力模型"都市圈范围。合肥都市圈中，马鞍山、蚌埠与合肥的经济距离相对较大，经济联系强度相对较小，未纳入"城市引力模型"都市圈范围（见表14所列）。

表14　合肥、南京、杭州都市圈"城市引力模型"范围与现状范围对比

都市圈	目前范围	"城市引力模型"范围
南京都市圈	南京、镇江、扬州、淮安、马鞍山、滁州、芜湖、宣城	南京、镇江、扬州、马鞍山、滁州
杭州都市圈	杭州、湖州、嘉兴、绍兴、衢州、黄山	杭州、湖州、嘉兴、绍兴
合肥都市圈	合肥、淮南、六安、滁州、芜湖、马鞍山、蚌埠、桐城	合肥、淮南、六安、滁州、芜湖、安庆

3. 适度前瞻、着眼未来的合肥都市圈范围建议

通过对比可以看出，都市圈现状范围通常比"1小时通勤圈"或者"城市引

力模型"确定的范围大。这主要是随着交通基础设施的不断完善,部分城市虽然现在未达到都市圈通勤条件,但在"十四五"期间即将实现"1小时通勤",也为都市圈扩容提供了现实基础。

基于以上考虑,我们将场强、经济距离、经济联系强度及隶属度等指标值范围进一步扩大,并结合合肥都市圈扩容意向,得到合肥都市圈建议范围(见表15所列)。

表15　合肥都市圈建议范围

都市圈	目前范围	建议范围
合肥都市圈	合肥、淮南、六安、滁州、芜湖、马鞍山、蚌埠、桐城	合肥、淮南、六安、滁州、芜湖、马鞍山、蚌埠、安庆、铜陵

(二) 合肥、南京、杭州都市圈空间结构比较分析

为进一步分析都市圈空间范围和结构,依据都市圈中心城市与周边城市间经济联系强度和隶属度,将都市圈分为核心圈、紧密圈、机会圈3个圈层。

核心圈。主要包括都市圈中心城市所辖区(市)县。核心圈重点在于提高城市能级,提升引领辐射带动周边地区共同发展的能力与层次,使核心圈成为周边城市经济发展的动力引擎。

紧密圈。将中心城市周边经济联系强度较高的区域划为紧密圈。紧密圈重点在于承接核心圈非中心功能外溢,与核心圈开展多领域合作,加强综合交通一体化建设,作为核心圈发挥辐射带动作用的"二传手",带动市域各县区发展。

机会圈。将经济距离相对较高、经济联系强度相对较低的都市圈外围区域,划为机会圈。机会圈重点在于承接核心圈辐射带动,加强与核心圈、紧密圈合作,打通与核心圈、紧密圈经济联系通道。

通过分析,我们对合肥、南京、杭州都市圈圈层结构得出如下结论。合肥都市圈圈层结构为:以合肥为核心城市,以六安、淮南、滁州为紧密圈,以芜湖、马鞍山、蚌埠、安庆、铜陵为机会圈。南京都市圈圈层结构为:以南京为核心城市,以镇江、滁州、马鞍山为紧密圈,以扬州、淮安、芜湖、宣城为机会圈。杭州都市圈圈层结构为:以杭州为核心城市,以绍兴、湖州、嘉兴为紧密圈,以衢州、黄山为机会圈(见表16和图5)。

表16 合肥、南京、杭州都市圈空间结构

都市圈	核心圈	紧密圈	机会圈
合肥都市圈	合肥	六安、淮南、滁州	芜湖、马鞍山、蚌埠、安庆、铜陵
南京都市圈	南京	镇江、滁州、马鞍山	扬州、淮安、芜湖、宣城
杭州都市圈	杭州	绍兴、湖州、嘉兴	衢州、黄山

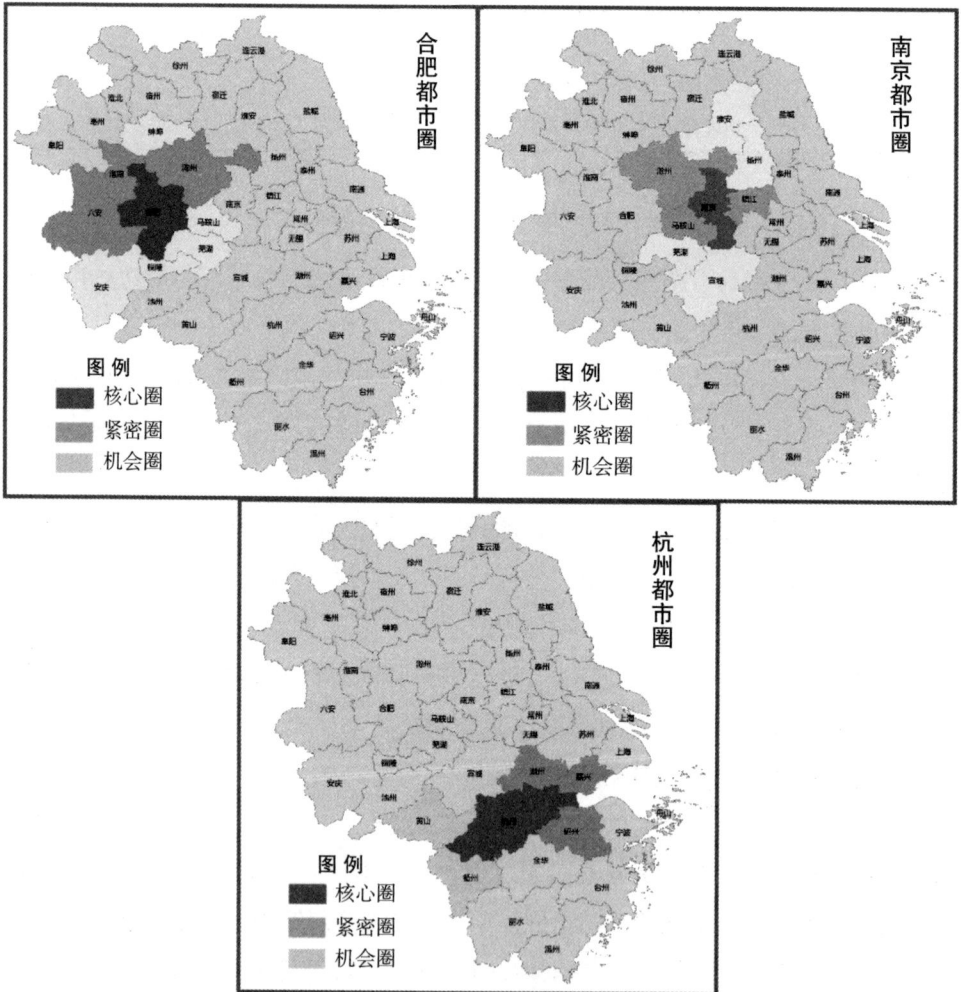

图5 合肥、南京、杭州都市圈空间结构示意图

三、合肥都市圈与长三角及中部都市圈比较分析

本部分从综合经济实力、空间形态和城镇体系、产业发展比较等七个方面重点分析比较与长三角及中部都市圈发展的差距，推动合肥都市圈高水平高质量发展。

（一）综合经济实力比较

在5个省会都市圈中，南京都市圈经济总量、面积和人口均排名第一，合肥都市圈面积居于第二、人口处于中等，经济规模和人均水平均最低（见表17所列）。

从经济总量来看，2019年，合肥都市圈地区生产总值为2.3万亿元，分别为南京、杭州都市圈的59%、73%，与南京都市圈相差1.7万亿元。同时，合肥都市圈人均地区生产总值为7.56万元，分别为南京、杭州、武汉、郑州都市圈的67%、64%、87%和96%，经济实力较弱。

从财政实力来看，2019年，合肥都市圈财政收入3441亿元，分别为南京、杭州、武汉、郑州都市圈的78%、55%、88%、126%，仅为杭州都市圈的一半左右。

从居民收入来看，2019年，合肥都市圈城镇常住居民人均可支配收入为38576元，分别为南京、杭州都市圈的81%、70%，高于武汉城市圈和郑州大都市区。

表17　2019年都市圈经济状况

区域	地区生产总值		财政收入		城镇常住居民人均可支配收入（元）
	总量（亿元）	人均（万元）	总量（亿元）	人均（万元）	
合肥都市圈	23 401	7.56	3441	1.11	38 576
南京都市圈	39 919	11.26	4438	1.25	47 514
杭州都市圈	32 038	11.90	6304	2.34	55 760
武汉城市圈	27 682	8.67	3896	1.22	36 347
郑州大都市区	23 887	7.85	2734	0.90	35 070

（二）空间形态和城镇体系比较

从都市圈城镇化水平来看，2019年，合肥都市圈城镇化率达63.2%，低于南京、杭州、武汉都市圈1.6个、6.9个和1.1个百分点，比郑州大都市区高2.2个百分点。

从都市圈城市结构来看，南京、杭州、武汉、郑州都市圈城镇体系较为完

备，形成以南京、武汉特大城市为中心、大中小城市协同发展的格局。合肥都市圈核心城市能级相对偏小，100万～300万Ⅱ型大城市密集，中小城市培育不足（见表18所列）。

表18　2018年都市圈城市规模等级划分及比较

城市规模等级		城区人口（万人）	合肥都市圈	南京都市圈	杭州都市圈	武汉城市圈	郑州大都市区
特大城市		500～1000	—	南京	—	武汉	—
大城市	Ⅰ型大城市	300～500	—	—	杭州	—	郑州
	Ⅱ型大城市	100～300	合肥、芜湖、淮南	扬州、淮安、芜湖	绍兴	—	—
中等城市		50～100	蚌埠、马鞍山	镇江、马鞍山	湖州、衢州	黄石、孝感	开封、新乡、焦作、许昌
小城市	Ⅰ型小城市	20～50	滁州、六安、巢湖	滁州、宣城、仪征、高邮、丹阳、溧阳	嘉兴、衢州、黄山、平湖、桐乡、诸暨、嵊州	鄂州、黄冈、咸宁、天门、潜江、仙桃、大冶、汉川、麻城、武穴、赤壁	巩义、新密、新郑、辉县、禹州
	Ⅱ型小城市	<20	桐城、天长、明光	扬中、句容、天长、明光、宁国	建德、海宁、江山	应城、安陆	荥阳、登封、卫辉、沁阳、孟州、长葛

注：城区人口数据来自中华人民共和国住房和城乡建设部《2018年城乡建设统计年鉴》。

从都市圈城市空间拓展形式看，在长三角三大副中心城市都市圈中，南京、杭州都市圈都跨省建设，合肥都市圈成员城市均为本省城市，成员城市在地理空间虽较为紧密，但合肥都市圈核心城市合肥的辐射带动力不强，合肥对圈内成员城市的虹吸效应大于辐射带动力。同时，周边都市圈的不断发展壮大，周边都市圈核心城市的激烈竞争，都对合肥都市圈发展形成挤压。如南京都市圈纳入芜湖、马鞍山、滁州等市，导致合肥都市圈内部分城市同属两大都市圈，短期内区域间的合作会有所侧重，优质要素资源集聚、配置和使用会不同程度受到影响。

南京都市圈。正在构建以南京为龙头，共建宁镇扬、宁马滁两个同城化片区，以南京为中心向外辐射形成的沪宁合、沿江、宁淮宣、宁杭滁四条发展带的"一极两区四带"空间格局。

杭州都市圈。构建"一脉三区，一主五副，一环多廊，网络布局"的空间格局，其中"一主五副"是指一方面提升杭州核心竞争力和辐射带动力，另一方面推进湖州、嘉兴、绍兴、衢州、黄山五大副中心城市特色发展。

武汉城市圈。采取"核心+廊道+节点"的空间模式，形成"一核、四带、六心"的开放式空间格局，构建 1 个核心区（武汉大都市核心区）、4 条城镇带（武鄂黄黄、汉孝、武仙、武咸等四条城镇带）和 6 个区域副中心（黄石、黄冈、鄂州、孝感、咸宁、仙桃等设区市为主的副中心）。

郑州大都市区。构建"一核、四轴、三带、多点"空间格局。"一核"即郑汴港核心引擎区，是郑州大都市区发展的核心增长极。"四轴"即完善主要交通干线和综合交通运输网络，提升南北向沿京广、东西向沿陇海等区域发展主轴辐射带动能力，建设郑焦、开港登功能联系廊道，打造特色鲜明、布局合理的现代产业城镇密集带。"三带"即黄河文化生态带、嵩山—太行山区文化生态带和农区田园文化生态带，共同构成郑州大都市区外围绿环。"多点"即由次级中心城市、新兴增长中心、重点镇和特色小镇等构成的郑州大都市区多层次发展空间。

从核心城市规模看，南京、杭州、武汉、郑州均为特大城市或Ⅰ型大城市，合肥只为Ⅱ型大城市。合肥市 GDP 仅分别为南京、杭州、武汉、郑州的 67%、61%、58% 和 81%；常住人口为武汉的 73%，为杭州、郑州的 79%，与南京大体相当；建成区面积仅为南京、武汉的 56%，为杭州、郑州的 70%。具体见表 19 所列。

表19 2019 年都市圈核心城市规模比较

城市	地区生产总值		建成区面积	常住人口
	总量（亿元）	人均（万元）	（平方千米）	（万人）
合肥市	9409	11.5	455.0	818.9
南京市	14 030	16.5	823.0	850.0
杭州市	15 373	14.8	648.5	1036.0
武汉市	16 223	14.55	812.4	1121.2
郑州市	11 590	11.31	647.6	1035.2

（三）产业发展比较

从产业结构看，2018 年，杭州都市圈第三产业比重较第二产业高 15.5 个百分点，服务经济主导型的"三二一"型产业结构特征明显；合肥都市圈、南京都市圈、武汉城市圈和郑州大都市区第三产业比重略高于第二产业，呈现出服务业和工业基本并重的"三二一"型产业结构。另外，合肥都市圈和武汉城市圈一产占比相对较高。杭州都市圈产业特色亮点突出，集聚了浙江 76% 以上数字经济规模总量和中国 70% 以上的云计算能力，培育形成了一批数字经济龙头标杆企业。合肥都市圈二产占比高，三产比重相对较低，高端制造和现代服务业发展均相对落后，整体产业结构有待进一步高级化与合理化。从合肥都市圈产业合作来看，由于合淮六产业结构差异明显，互补性较强，产业链分工合作有加强趋势。总之，圈内城市主导产业相似度较高，同质化现象较突出（见表 20 和图 6）。

表20　2018 年都市圈三次产业增加值及结构比较

产业类型	增加值（亿元）					结构（%）				
	合肥都市圈	南京都市圈	杭州都市圈	武汉城市群	郑州大都市区	合肥都市圈	南京都市圈	杭州都市圈	武汉城市群	郑州大都市区
第一产业	1390	1810	937	1750	1118	5.9	4.6	2.9	6.4	4.7
第二产业	9702	17274	13068	11116	10583	42.5	43.5	40.8	40.2	44.3
第三产业	11914	20642	18032	14756	12186	51.6	51.9	56.3	53.4	51.0

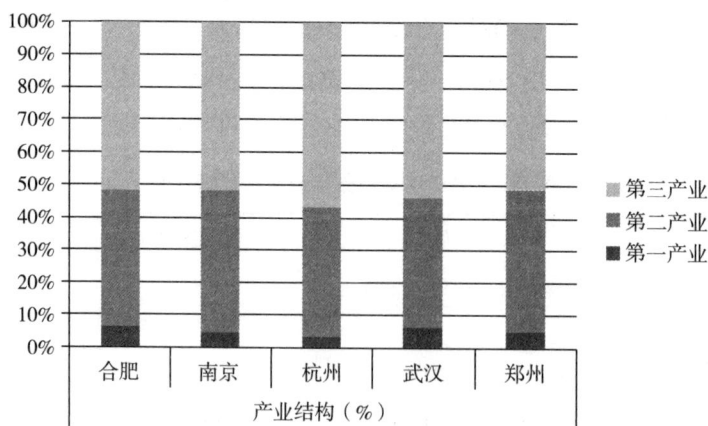

图6　各都市圈三次产业结构

注：图中合肥、南京、杭州、武汉、郑州分别表示所代表的都市圈。

从产业布局来看，合肥都市圈内至今未能形成特色鲜明的区域产业带和产业链，合六、合淮产业带主导产业不突出。南京、杭州、武汉、郑州都市圈区域产业发展导向清晰，如南京都市圈大力发展宁扬绿色化工产业带、南京–扬州（仪征）汽车产业基地等，杭州都市圈规划设计衢杭湖绿色创新走廊、杭黄衢生态文化旅游带等，武汉城市圈的"大光谷""大车都""大临港""大临空"四条产业带，郑州大都市区正在加紧建设沿陇海线、京广线两个产业密集带。

（四）创新能力比较

合肥、南京、杭州、武汉、郑州是我国重要的科技创新中心城市，五个城市的科技创新情况代表了各自都市圈的科技创新水平。

从研发经费投入来看，2018 年，合肥市全社会研发经费投入总量为256.7 亿元，在全国省会城市中位列第8，位列杭州（464.3 亿元）、武汉（451.5 亿元）、南京（416.6 亿元）之后，高于郑州（185.3 亿元），合肥市研发经费投入不及杭州的六成，与武汉、南京的差距也较大。

从全社会研发投入强度来看，合肥市为 2.98%，在全国省会城市中位列第5，前 4 位城市分别是西安（5.01%）、杭州（3.25%）、南京（3.20%）、武汉（3.02%）。

从科技投入资金来源来看，2018 年，合肥市财政科技支出为91.97 亿元，占财政支出比重9.2%，南京市、杭州市、武汉市、郑州市财政科技支出分别为80.54 亿元、118.21 亿元、104.62 亿元、36.2 亿元，占财政支出的比重分别为5.3%、6.9%、5.7%、2.1%，合肥市比南京市、杭州市、武汉市、郑州市分别高3.9、2.3、3.5、7.1 个百分点，可以看出合肥财政对科技创新的支持力度大。

从科技产出来看，2018 年，合肥市全年专利申请量为65 814 件，其中发明专利申请量32 831 件，分别是杭州（98 396 件、36 539 件）的66.9%、89.9%，南京（99 070 件、40 652 件）的66.4%、80.8%；全年授权专利量为28 438 件，其中发明专利授权量5597 件，分别是杭州（55 379 件、10 267 件）的51.4%、54.5%，南京（44 089 件、11 090 件）的64.5%、50.5%；合肥创新能力与南京、杭州存在较大差距。另外，2018 年，合肥授权专利量只有武汉（32 397）和郑州（31 585）的88%、90%，差距也比较明显。

从创新平台来看，以国家级实验室数量为例，2018 年，合肥为 17 个，南京、杭州、武汉、郑州分别为 31 个、12 个、22 个和 16 个，合肥位列第三，优势不突出。

从协同创新来看，圈内城市间科技创新合作不紧密，合肥国家科学中心引领作用未得到有效发挥。南京都市圈通过组建产业创新联盟抱团合作，推进扬州新兴科创名城、淮安智慧谷、滁州高教科创城等平台机构协同创新。杭州都市圈按照"研发在中心城市、制造在周边区域、孵化在中心城市、转化在周边区域"的思路，推动节点县市积极对接杭州创新资源。

（五）区域交通比较

从公路密度来看，合肥都市圈公路网密集，公路密度达 154.4 千米/百平方千米，比南京都市圈稍高，是杭州都市圈的 1.4 倍。但是高等级公路密度相对较低（见表 21 所列），其中南京、杭州都市圈高速公路密度分别是合肥都市圈的 1.3、1.4 倍，一级公路密度分别是合肥都市圈的 1.9、1.4 倍。

表 21　2018 年都市圈公路密度比较

单位：千米/百平方千米

区域	公路密度	高速公路密度	一级公路密度	二级公路密度
合肥都市圈	154.4	3.57	4.18	9.32
南京都市圈	143.4	4.53	7.97	13.65
杭州都市圈	109.9	4.81	5.87	9.77
郑州大都市区	171.5	5.78	3.98	25.65

在交通一体化方面，合肥都市圈内，合肥与马鞍山、滁州尚未开通高铁或城际铁路，相邻城市之间的通勤时间仍较长，交通一体化建设滞后。杭州都市圈形成了"一小时半交通圈"，相继建成申嘉湖杭高速、杭长高速、嘉绍大桥及南北接线等重大跨区域项目，相继开通沪杭、杭宁、杭甬、杭长、杭黄等多条高铁线路。南京都市圈主要节点城市间"一日工作圈""半日生活圈"基本形成，基本实现"区至区高速公路，区至镇（街）干线公路"的连通格局，南京与滁州、马鞍山、宣城均开通跨省公交，宁淮、宁滁城际铁路已开工建设，宁扬、宁马、宁宣城际铁路签署共建协议。武汉城市圈"一小时通勤圈"已经形成。武汉至咸宁、黄石（经鄂州、黄冈）、孝感城际铁路相继建成通车。武汉城市圈环线高速公路基本建成，串起了武汉周边 8 个城市，相邻两市之间最快车程将缩短至 40

分钟以内。郑州大都市区以高速公路为基础基本形成了"一小时半交通圈"，以铁路为基础基本形成了"一小时交通圈"，郑州到圈内各市基本通高铁。郑州大都市区"三环六纵六横六联"高速公路网络正在加速形成。

（六）开放发展比较

合肥都市圈对外开放程度不及南京、杭州都市圈。从对外贸易来看，2018年合肥都市圈对外贸易总额仅为482亿美元，分别为南京、杭州、郑州都市圈的42.2%、27.5%、72%，只比武汉城市圈高4%；合肥都市圈对外贸易依存度仅为13.6%，比南京、杭州、郑州都市圈分别低5.3个、22.6个、5.7个百分点，只比武汉城市圈高2.2个百分点，总体来说差距明显。

在对外开放平台建设方面，南京、杭州、合肥、武汉、郑州都先后设立了自由贸易试验区、综合保税区、跨境电子商务产业园等一批国家级开放平台。以连接"一带一路"沿线国家的重要纽带中欧班列为例，合肥中欧班列在全国62个城市中位居第7，位列长三角区域第1，合肥都市圈对外开放存在着较大的上升发展空间。

（七）公共服务比较

与南京、杭州、武汉都市圈相比，合肥都市圈基本公共服务水平偏低。2018年，合肥都市圈每千人拥有医疗卫生机构床位数5.4张，比南京、杭州、武汉都市圈分别低0.1、0.3、1.2张。在公共服务便利共享方面，南京与区域城市共享优质教育资源，签订教育一体化合作协议，南京多所高校在镇江、扬州、淮安、马鞍山、滁州等地设立高新技术研究院；开通都市圈统一预约挂号服务平台，南京的多家三甲医院采用集团化运营、设立分院、建医联体、专科联盟、远程会诊等形式与圈内城市开展合作；放开养老户籍限制，都市圈老年人入住南京市社会力量运营的养老机构，可享受同等运营补贴；推进文体旅游合作，成立南京都市圈"博物馆联盟"、宁镇扬公共图书馆区域合作联盟，与马鞍山携手打造"燕子矶—采石矶"全域水上旅游品牌。当前，武汉城市圈正在积极推动武（汉）鄂（州）黄（冈）黄（石）四市公共服务"一卡通"，加快形成教育、医疗、社保、公共交通、通信、金融、环保等公共服务领域的共建共享，武汉的华中师范大学等高校正在鄂州建设分校区。合肥都市圈公共服务资源扩展不足，共建能力不强，共享水平不高。

四、国内外都市圈发展的经验做法与启示

（一）国外都市圈发展的经验做法

1. 东京都市圈

东京都市圈原指包括东京都、神奈川县、千叶县、埼玉县在内的"一都三县"，《首都圈整备法》则将首都圈的定义范围扩大至整个关东地方"一都七县"（东京都、茨城县、栃木县、群马县、埼玉县、千叶县、神奈川县、山梨县），面积约为3.69万平方千米，约占国土面积的9.8%，人口为4040万，占全国总人口的32%。2015年，东京都市圈GDP约1.9万亿美元，占日本全国GDP总量的30%左右，呈现出"多极多圈层"的城市化空间结构；主导产业为新材料、生物工程、磨具铸造、数控机床、节能环保等高新技术产业，集中了日本一半以上的大型制造业企业总部，是日本的政治、经济、文化中心。

（1）从一极独大到多核均衡发展

20世纪20年代，东京依托港口优势发展成为京滨工业带的核心城市。加之首都的政治中心地位、交通便利等多重优势叠加，大量人口、产业和资源向东京地区集聚，1962年东京都人口突破1000万，东京呈现出一极独大的局面。为缓解城乡二元发展不均衡现象，日本在东京都以外建立业务核心市，以"业务核心市"推动国家行政机关外迁、人口外流。20世纪70年代以后，东京地区产业结构由资本密集型逐步向知识密集型升级，制造业开始向周边地区转移。原先的神奈川、埼玉、千叶等业务核心市通过承接产业转移，逐渐成长为区域性的核心城市，多核的首都圈结构逐渐形成。

（2）与时俱进不断优化产业布局

日本都市圈发展十分注重顺应世界潮流选择主导产业，重工业、外贸加工业、汽车制造等都曾先后作为东京地区的主导产业。随着20世纪80年代电子信息技术异军突起，东京都市圈开始积极培育发展以微电子产业为代表的知识密集型产业，并将制造业向高端化、精细化、智能化方向发展。目前东京地区的高端制造和微电子已经成为其支柱产业，具有全球竞争力。随着产业结构的不断升级，中心城区的土地、人力资源价格逐渐上升，大量低附加值企业开始向城市郊区迁移。东京周围地区依靠自身禀赋条件，主动开展产业承接，不断提升特色产业专业化水平和产业聚集度，逐渐形成了多核心、体系化、协同化的产业集群。

（3）积极建设以轨道交通为核心的现代交通网

东京都市圈半径范围约为100千米，都市圈以轨道交通为核心建立起了一套比较完善的公共交通体系，保证了都市圈一小时通达。东京根据人流、需求的不同设计了不同的轨道运输方式。地铁环线高密度设站覆盖核心城区，地铁和私营铁路无缝换乘为近郊城市化地区提供服务，市郊铁路、独轨等则向远郊区域提供辐射。各站点还建有大型公共汽车停靠站和停车场，保证人们出行便捷。目前轨道交通占圈内机动化客运交通比重达70%以上，在东京中心区的客运出行中更是达到了85%以上，高峰期达90%以上，有效满足了人们的出行需求。

（4）多种方式拓展都市圈的发展空间

近年来，东京都市圈先后规划建成了新宿、涩谷、上野·浅草等七个副功能新区以及筑波科学城、八王子大学城等18个功能性卫星城。这些功能新区和卫星城逐步形成支撑东京作为国际化大都市的战略性空间框架。东京地区还通过主动将东京都核心城区功能转移分散到周围城市，进一步带动区域整体发展。将部分首都行政职能转移到埼玉县，打造东京都副都心；将东京都大部分的重工业企业转移至神奈川县，打造区域工业中心；充分发挥千叶县港口和机场等基础设施优势，打造区域货运中心。这些副中心城市成为东京都市圈发展的重要支撑点。

2. 伦敦都市圈

伦敦都市圈以伦敦和利物浦为核心，伯明翰、谢菲尔德、曼彻斯特为主要城市，总面积约为4.5万平方千米，约为国土面积的18.4%；2017年，都市圈人口总数约为3650万；经济总量约占全国的八成左右；在产业结构上以服务业为主，其中金融业及商业服务业占据主导地位，产值超过四成。

（1）良好的规划奠定了都市圈发展的基础

积极且有效的城市规划在伦敦都市圈的形成过程中起到了基础和关键作用。为合理规划城市发展方向，伦敦在1952年成立专门的城市规划机构"巴伦委员会"。该机构根据城市不同阶段的特点、问题和需求，制定了同心圆、八大卫星城、反磁力吸引中心等城市发展规划。这些城市发展规划有效缓解了城市发展过程中产生的人口过度集中等问题，极大地扩展了伦敦城的发展空间和影响范围，也奠定了都市圈的发展基础。如同心圆规划造就了目前伦敦都市圈中心层、伦敦市区、内圈、外圈四大圈层的基本框架。而反磁力吸引中心规划的实施有效转移了伦敦市区的产业和人口，在建成了三座产业新城的同时，也为老城区更新和保护提供了条件。

（2）城市间产业特色鲜明、错位发展

伦敦都市圈四大城市主导产业各异，形成了一个特色鲜明的产业空间布局。近年来伦敦开始打造"创意之都"，创意、艺术、设计等相关产业将成为伦敦未来重要的产业发展方向。英国第二大城市曼彻斯特以电子、化工和印刷为中心，主要发展新兴工业，在金融、教育、旅游、商业、制造业等行业中有着极强的影响力。伯明翰地区是都市圈主要的产业承接地，有大量的工业企业集聚。目前伯明翰是英国主要的制造业中心之一，拥有全世界最大最集中的工业区、最大的金属加工区和规模非常庞大的汽车工业区等。利物浦是英国的船舶制造中心，随着近些年对历史文化的挖掘，商业和旅游业正逐渐成为利物浦的重要经济支柱。

（3）统筹推进新城建设和老城改造和谐发展

伦敦在城市发展过程中发现只有产城融合才能激发新城活力，吸引和留住人才，因此修建了三座具有产业吸引力的"反磁力吸引中心"城市，通过产业转移构建产业新城。产业新城建立以后，伦敦老城区大量人口和产业迁出，大量房屋空置。伦敦市政府以传统英伦文化为特色，制定多层次、多维度、高度精细化的城市景观保护方案，推进伦敦老城区的更新和保护，让伦敦再次成为英伦文化最佳体验目的地。

（4）积极推进产业转型，确保经济健康可持续发展

二战以后，伦敦的金融业和传统制造业均受到冲击，为保持自身的核心优势，伦敦市积极培育创意产业，为其提供产业咨询、战略规划、融资指导等专业化配套服务。目前创意产业已经成为伦敦第二大产业、新的经济增长点。伦敦周围的一些老城工业经济也实现了传统制造业向现代服务业的迅速转型。如利物浦通过对传统造船文化和历史的挖掘，目前已经发展成为区域商业和旅游业中心。

3. 纽约都市圈

纽约大都市位于美国东北部、大西洋沿岸，包括波士顿、纽约、费城、巴尔的摩和华盛顿五座核心城市，以及一些卫星城镇，总面积约为14万平方千米，占美国国土面积的1.5%；人口约为7000万，占全国总人口的20%左右。2015年纽约都市圈生产总值近1.6万亿美元，占全美的8%以上。金融、国际贸易、传媒、房地产、生物技术和高端制造业是都市圈主要的支柱产业，纽约是世界最大的国际金融中心。

（1）从"点"到"面"轴向扩展

纽约都市圈空间扩展模式是沿着以纽约、费城两大城市为核心的城市发展轴线方向向外扩展，经过数十年的发展，最终形成了如今的网状空间组织结构。1920 年之前，受产业规模和交通条件局限，各城市孤立发展。二战以后，美国社会经济快速发展，城市化水平不断提高，城市规模进一步扩大，并不断向周边郊区扩展，逐渐形成了纽约-费城城市发展带，形成了都市圈的雏形。随着科学技术、交通和通信革命以及产业结构转变等多重因素的影响，圈内各城市的形态演化以及枢纽功能逐渐走向成熟，纽约都市圈最终形成。

（2）城市功能分工明确联动发展

纽约都市圈分工明确。纽约是经济和金融中心，为都市圈发展提供经济和融资功能；华盛顿是政治中心，为都市圈带来政治影响力；波士顿依托哈佛大学、麻省理工学院和波士顿大学等知名学府，为都市圈发展提供智力支撑；费城作为老工业基地，为都市圈提供制造业产业基础；巴尔的摩国防工业基础雄厚，为都市圈带来了大量的就业岗位和军方订单。

港口定位上错位发展。纽约都市圈位于大西洋沿岸，天然良港众多，大港口主要有纽约港、费城港、巴尔的摩港和波士顿港。纽约港主要发展集装箱运输；费城港主打近海货运；巴尔的摩港作为大宗商品的转运港口；而波士顿港则兼有商港和渔港的性质。这些港口间合理分工，错位发展，构成了规模庞大、功能齐全的美国东海岸港口群。

（3）产业上各有所长协同发展

各大城市主导产业不同。纽约的金融、贸易功能独占鳌头，费城重化工业十分发达，波士顿的微电子工业基础雄厚，而巴尔的摩的军工产业全球领先，华盛顿的首都功能则为纽约都市圈带来了旅游资源和政治影响力。同时，各大城市主导产业间又有很强的互补性，产业上的协作推动了城市间的协同发展，增强了整个都市圈的经济稳定性。如纽约华尔街的金融支持和波士顿周边众多高校提供的智力保障使得 128 号公路两侧聚集了大量的研究机构和高科技企业，这些机构和企业为纽约都市圈的科技创新提供了科研平台和实践基地。

（4）高密度运输网络，保障交通运输便捷

纽约具有全球历史最悠久的公共地下铁路系统，在站点数、铺轨长度上均为世界第一。目前，纽约地铁拥有线路 27 条，全长 443.2 千米，共设有 504 个车站。在曼哈顿市区，平均每平方千米有 3.83 个车站。同时，纽约也十分注重对外交通基础设施建设。目前纽约拥有 14 条铁路、3 个现代化航空港、15 条洲际高速公路、5 条海底隧道，纽约港是美国东部第一大港口，交通十分便利。作为私人小汽车保有量最大的地区，纽约都市圈内的交通主要依靠高速公路网。目前，纽约都市圈高速公路总里程、密度均为国外都市圈第一。

（二）国内都市圈发展的经验做法

1. 南京都市圈

南京都市圈包含南京、镇江、扬州、淮安、马鞍山、滁州、芜湖、宣城 8 个市 2 个县（溧阳、金坛），总面积 6.55 万平方千米。截至 2019 年，城内常住人口为 3546 万，地区生产总值为 39 919 亿元，是长三角世界级城市群的重要组成部分，是长三角辐射带动长江中上游乃至广大中西部地区发展的重要开放门户，形成了以先进制造业为主体、服务经济为特色、现代农业为基础的现代产业体系。主导产业包括电子信息、生命健康、新材料、智能装备、节能环保、新能源汽车、智能家居等。

（1）积极推进都市圈跨省建设

早在 2007 年 4 月，南京都市圈即推进江苏的南京、镇江、扬州、淮安 4 市，以及我省马鞍山、滁州、芜湖、巢湖 4 市共 8 市共同签署《南京都市圈共同发展行动纲领》，形成都市圈跨省建设雏形。之后，2013 年 8 月，都市圈吸纳我省宣城市加入；2018 年 12 月，吸纳常州市的金坛区和溧阳市加入。南京都市圈是我国跨省建设时间最早、跨省范围最大的都市圈。

（2）积极打造跨省合作园区

南京都市圈以高技术园区为突破口，积极创新跨区域产业合作模式，鼓励通过总部—生产基地、产业链合作等多种形式共建产业园区。目前宁淮现代服务业集聚区等共建园区已建成并投入使用，顶山—汊河、浦口—南谯、江宁—博望毗邻地区新型功能区正在全力建设。积极促进产业链供应链上下游沟通对接，强化区域优势产业协作，共同促进大中小企业协同合作，细化供需要求，形成对接实效。

（3）积极推进跨省综合交通网建设

南京都市圈以南京为中心构建起了"米"字形高铁网络和"两环两横十五射"的放射状高速公路网格局。通过干线铁路、城际铁路、市域（郊）铁路、城市轨道交通"四铁融合",形成了以南京为中心的30分钟的快速通勤圈、1小时的休闲旅游生活圈、1小时的生产要素物流圈。通过持续实施省际"断头路"畅通工程和"瓶颈路"拓宽工程,进一步提高路网密度。开通南京至马鞍山等跨省城际公交,探索构建都市圈同城化交通服务体系。南京禄口机场在都市圈7市建立异地候机楼,扩大禄口机场的服务范围,实现异地航空服务无缝对接。南京都市圈通过加强宁镇扬组合港、芜马组合港、宣州综合码头、定埠港港口群联动,共同开辟海上丝绸之路近洋航线。

（4）推进实施跨省公共服务便利共享

南京都市圈通过合作办院、组建专科联盟、远程医疗协作网等形式,打造跨省健康都市圈。如启用统一预约挂号服务平台,东南大学附属中大医院与南京都市圈七市达成医共体合作协议,南京鼓楼医院、南京儿童医院等尝试通过设立分院、建立转诊治疗通道、专家异地坐诊等方式,与我省马鞍山、滁州等城市开展广泛合作。教育方面,南京充分发挥本土教育资源优势,采取教育集团、学校联盟、结对帮扶等方式开展跨区域合作办学,推进管理干部、专业教师交流学习,促进都市圈中高校全方位开展合作。南京外国语学校淮安分校、琅琊路小学滁州分校、南京航空航天大学溧阳校区先后投入使用。南京都市圈还通过举办跨省区域性大学毕业生招聘会、青年大学生创业大赛等活动,推动城市间人才优势互补。

（5）建立都市圈跨省协调机制

南京都市圈通过组建区域城市发展联盟,构建了党政领导决策层、分管领导协调层、职能部门执行层3级都市圈运作机制,定期召开党政领导联席会议、市长联席会议,形成了高层常态化沟通机制。围绕基础设施、产业发展等5大领域,成立17个推动合作的专业委员会,先后达成科技创新、产业协同等6个专项合作协议。

2. 杭州都市圈

杭州都市圈以杭州市区为中心,湖州、嘉兴、绍兴、衢州、黄山为重要节点,杭州市域5县市及德清、安吉、海宁、桐乡、歙县等杭州相邻7县市为紧密层,规划面积5.32万平方千米。截至2019年,杭州都市圈常住人口为2692万人,地区生产总值为32 038亿元,是长三角地区重要的"金南翼",形成了电子商务、云计算、大数据、网络通信设备等世界级产业集群,集聚了浙江全省

76%以上的数字经济规模总量，全国70%以上的云计算能力。

（1）数字经济引领

近年来，都市圈各市围绕"数字产业化"和"产业数字化"，大力发展数字经济。杭州发挥龙头带动作用，围绕三化融合，加快打造"全国数字经济第一城"；湖州将数字经济列入市委工作体系；嘉兴每年召开数字经济强市建设大会，打造数字经济高地；绍兴提出数字经济五年倍增计划，推进数字绍兴建设；衢州作为浙江省首批政府数字化转型试点市，努力实现"数字经济"绿色腾飞；黄山全面建设全域智慧城市。目前杭州都市圈城市云计算、大数据、物联网等新一代信息技术产业发展全国领先，人工智能、区块链等新兴领域快速兴起，政府服务数字化转型走在全国前列。

（2）共创区域文旅品牌

杭州都市圈积极开展跨城市区域资源整合，在项目共建、资源共享、市场共拓、产业共兴等方面深度合作，共创区域文化旅游品牌。杭州、衢州、黄山三市的文旅部门联手推广杭衢黄世界遗产经典游、"名城—名湖—名江—名山—名村"等国际顶级旅游产品和线路，提升杭衢黄核心旅游产品的吸引力。杭州和黄山联手打造国际黄金旅游精品线路。此外，杭州都市圈还联合举办大型文旅推介活动，全面提升杭州都市圈文旅品牌知名度。

（3）推进流域生态环境共管

杭州都市圈以新安江生态补偿机制试点为抓手，持续推进生态环境联防共治，携手建设新安江—千岛湖国家生态补偿机制示范区，为长三角地区提供重要的生态屏障，着力打造美丽中国先行区、践行"两山理论"样板地。杭州都市圈持续推进东苕溪饮用水源地长期保护工作，淳安县与临近的安徽省县市环境监测站开展多次联合监测，穿越省级水域延伸湖区垃圾打捞。持续开展"保护清洁水源"联合执法行动，共同治理钱塘江、苕溪、太湖三大流域，推动都市圈生态环境质量持续改善。

（4）努力实现公共服务同城化

杭州都市圈着力推动城市优质医疗资源下沉和优秀医务人员下基层，杭州市中医院桐乡分院、杭州口腔医院诸暨分院、邵逸夫医院安吉院区先后设立。优质教育资源加速区域布局，浙工大德清新校区、浙农大暨阳学院、浙传大桐乡校区等先后建成。杭州通·都市圈德清卡、诸暨卡先后发行，两地居民可在杭州实现公交同城化。杭衢两地还通过疗休养资源互推、疗休养职工互送、疗休养基地互设等方式开展职工疗休养同城化合作。

（5）多层次协调推进机制

杭州都市圈建立了以市长联席会议决策机制、政府秘书长工作会议协商机制、协调会办公室议事机制、专业委员会项目合作执行机制为框架的都市圈建设政府协调机制，形成了层次分明、多方联动的区域合作机制。截至目前，先后设立规划、产业、旅游、交通、环保、宣传、教育等 15 个专业委员会，成立了工商、民政、科技、文化等 8 个联席会议制度，形成了各方参与的工作格局。为保证合作项目落地实施，杭州市还成立了推进都市圈建设工作领导小组，对都市圈合作项目的推进情况进行督察和考核，确保项目进展顺利并取得实效。

3. 武汉城市圈

武汉城市圈，又称武汉"1+8"城市圈，是指以中部最大城市武汉为圆心，覆盖黄石、鄂州、黄冈、孝感、咸宁、仙桃、潜江、天门等周边 8 个大中型城市所组成的城市群，武汉为中心城市，黄石为副中心城市。武汉城市圈占地面积 5.78 万平方千米，约占湖北总面积的 31.2%。2019 年，常住人口 3162 万，占全省总人口的 53.6%；地区生产总值 26 609 亿元，约占全省总产值的 58%，是湖北经济社会发展的核心区域。2007 年，武汉城市圈被国务院批准为全国资源节约型和环境友好型社会建设综合配套改革试验区。2015 年，经国务院批准，武汉城市圈成为国内首个科技金融改革创新试验区。

（1）完善圈域城市规模和空间结构

武汉城市圈形成了较为完善的圈域城市等级规模结构，形成以特大城市武汉为中心、以大城市黄石为骨干、以其他中小城市（镇）为网络节点的圈层结构。武汉城市圈构建了"一核一带三区四轴"的区域发展框架："一核"即作为城市圈发展极核的武汉都市发展区；"一带"即以武汉东部组群、鄂州市区、黄石市区、黄冈市区为主体，共同构成的武鄂黄城镇连绵带；"三区"即西部仙潜天、西北孝应安、南部成赤嘉 3 个城镇密集发展协调区，为武汉城市圈的重要支撑；"四轴"均以武汉为起点，分别向鄂东、西部江汉平原、鄂西北、鄂西南发展延伸，是以交通为导向、以城镇为依托、以产业为支撑点的 4 条区域发展轴，是区域发展的脊梁。武汉城市圈以此为空间结构，形成密切合作、整体发展的良好态势。

（2）全力做大做强武汉国家中心城市

2016 年，国家发改委正式复函要求武汉加快建成以全国经济中心、高水平科技创新中心、商贸物流中心和国际交往中心四大功能为支撑的国家中心城市。武汉市总面积为 8569.15 平方千米，常住人口为 1108 万，约占武汉城市圈总人口的33%。武汉 GDP 总量 10 年来增长近 5 倍。2019 年，武汉 GDP 超 1.6 万亿元，约占城市圈经济总量的 61%。目前，光电国家研究中心、国家信息光电子创新中心、国家数字化设计与制造创新中心均落户武汉。全市高新技术企业超过 3500 家，高新技术产业产值突破 1 万亿元，科技进步对经济发展的贡献率超过 60%。同时，武汉市积极打造制造业创新中心矩阵，已形成两个国家制造业创新中心和 3 个省级制造业创业中心。

（3）以城际铁路为重点打造"一小时通勤圈"

为加深城市圈内城市间融合发展，武汉城市群以城际铁路为重点打造"1 小时通勤圈"。目前，武汉至咸宁、武汉至黄石、武汉至孝感、武汉至黄冈的四条城际铁路已全部通车，武汉至周边 8 市半小时内即可到达。2020 年 8 月，历经 12 年建设、全长 560 千米的武汉城市圈环线高速正式"画圆"贯通。武汉城市圈环线高速公路是《湖北省省道网规划纲要（2011—2030 年)》中"九纵五横三环"高速公路网中的一环。该环线"画圆"，对进一步完善"1+8"城市圈交通功能、促进城市圈发展起到积极的作用。

（4）以园区共建方式推进城市圈产业一体化

强化城市间产业分工协作，推进园区共建。武汉开发区、东湖开发区与周边城市共建了"武汉经济技术开发区新滩工业园""中国·光谷黄冈产业园"等 20 多个"园外园"。一大批武汉企业在圈内城市布局，光谷生物城企业禾元生物在仙桃新建了我国规模最大的植物源白蛋白产业基地，长飞光纤在潜江打造全球最大的光纤预制棒生产基地，东湖开发区 40 多家企业在鄂州葛店高新区投资 30 多个项目。武汉传统产业积极向圈内城市转移，1300 余家武汉服装企业入驻汉川，武汉三环内的 127 家化工企业大部分向应城、云梦聚集。

（5）以"两型"社会建设为引领，推进城市圈绿色转型发展

武汉城市圈充分利用"两型"社会建设的先行先试机遇，将体制机制改革创新作为推进两型社会试点的主要抓手，建设美丽城市圈，以推动城市圈生态环境协同共治、源头防治为重点，强化生态网络共建和环境联防联治，在一体化发

展中实现生态环境质量同步提升。通过建立联合探索跨区域水生态修复与保护机制，推动城市圈循环经济规模化、规范化、便捷化发展。探索污染治理的有效模式，长江大保护工作走在全国前列。在武汉探索建立全国碳金融交易中心，率先在全国开展碳排放权质押贷款和碳保险业务。发挥政府在"两型"产业发展中的重要作用，成立武汉城市矿产交易所。

4. 成渝地区双城经济圈

成渝城市群，以成渝高速公路为轴线，主要包括北翼的遂宁、南充、合川、绵阳、德阳，中轴的成都、重庆、简阳、资阳、内江，以及南翼的永川、自贡、宜宾、泸州、乐山、江津等城市，总面积 18.5 万平方千米，占四川省和重庆市总面积的 35.75%。2018 年常住人口约 9500 万，占四川省和重庆市总人口的 83%，占全国总人口的 7.2%，是西部人口最为稠密、产业最为集中、城镇密度最高的区域。2019 年成渝地区实现 GDP 近 7 万亿元，经济总量占西部比重达 33.3%，是继长三角、粤港澳大湾区和京津冀之后，我国又一个大的区域经济体。2020 年，中央财经委会议明确提出，推动成渝地区双城经济圈建设，在我国西部形成高质量发展的重要增长极，建设具有全国影响力的重要经济中心、科技创新中心、改革开放新高地、高品质生活宜居地。建设成渝地区双城经济圈对健全区域协调发展机制以及带动西部地区高质量发展具有重大意义。

（1）建立健全合作机制

为推动成渝地区双城经济圈建设，川渝两地不断推进多层次、宽领域、全方位的交流合作。2018 年，两省市签署《深化川渝合作深入推动长江经济带发展行动计划（2018—2022 年）》，贯彻实施 29 个重大合作事项。2019 年，川渝共同签署 "2+16" 合作协议，建立和完善双边多层次、常态化务实合作长效机制；成立了成渝轴线区（市）县经济协同发展联盟，多次召开协作会、联席会，促进两省毗邻的区县市之间的全方位合作；务实推进潼南、广安两个合作示范区建设，深入推进万州与达州、潼南与遂宁等毗邻地区合作。2020 年，重庆和四川两省市相关合作签订协议总计达 200 余份。

（2）完善交通运输网络

成渝双城经济圈综合交通运输网络不断完善，加速推进成渝中线、兰渝、渝西、渝昆等高铁项目和大足—内江、合川—安岳等高速项目建设，达开、渝蓉、荣泸、渝广（安）等高速建成通车。两地交通部门共同研究制定《2020—2022

年跨省城际公交线路规划方案》及川渝毗邻地区跨省城际公交线路开行指导意见，21 个重大交通合作项目中，铜梁至安岳、江津至泸州北线高速公路等 12 个项目已经开工。

（3）整合发展特色产业

近年来，川渝两地在工业、互联网、汽车产业、能源和经济运行监控方面签署了一系列有影响力的整合协议，促进了产业集群的一体化发展，双方共同引导产业融合发展，支持汽车整车及零部件生产企业和科研机构的创新合作，促进成渝双城经济圈内的城市轨道交通、生物医药等领域的深度合作与协调发展，共同打造具有全国影响力的"二基地+三中心"，即数字化战略产业新兴产业基地、上市公司区域总部基地、天使和风投基金中心、资本市场智库中心和营商环境友好中心。

（4）联合治理生态环境

为促进生态环境治理，四川与重庆签署了大气污染联合防治和联合执法等协议，夯实了川渝绿色发展基础，建立了环境治理和监测一体化的联合防治机制，并加快沿长江、嘉陵江和乌江的生态走廊建设，联合摸底排查四川和重庆的 81 条跨界河流，以改善生态环境质量。

（5）构建协同创新体系

为了加快构建协同创新体系，成渝两地积极推动区域协同创新，相互开放国家级和省级科技创新基地、科研仪器设备、科技文献；为了推动科技成果交易，共建西部技术转移联盟，共建国家技术转移西南中心重庆分中心。西部（重庆）科学城建设动员大会召开，科学大道、科学谷、科学城生态水系示范工程等一批重大项目陆续开工。成渝两地联合签署《科技创新中心框架协议》，以共建川渝综合性国家科学中心为目标，积极推进具有全国影响力的科技创新中心建设。

（6）打造改革开放新高地

为了推进改革开放，川渝共同制订了《川渝自贸试验区协同开放示范区工作方案》，研究提出了川渝自贸试验区协同开放示范区 50 个重点项目。加快建设成渝国际航空枢纽，双流机场和江北机场开通国际航线 217 条，货运量 77 万吨以上；成渝拥有 7 个国家对外开放口岸、15 种指定和监管方式基地、6 个综合保税区和 7 个保税物流中心，涵盖水路、铁路、航空和公路运输方式，港口保税功能的加快完善成为建设成渝双城经济圈打造改革开放新高地的有力支撑。

5. 郑州大都市区

郑州大都市区是中原城市群的核心区域，主要以郑州为中心，推动与开封、焦作、新乡、许昌四市深度融合，深化与洛阳、济源、漯河、平顶山等城市联动发展。郑州大都市区国土面积约 1.59 万平方千米，2019 年，GDP 总量达到 1.8 万亿元，常住人口 1920 万，占全省土地面积近 9.6%，集聚了全省近 20% 的人口和超过 30% 的经济总量。

（1）健全"1+N+X"规划政策体系

郑州大都市区健全"1+N+X"政策规划体系，统筹编制三类规划工作。"1"即统领大都市区建设的发展规划。推动《郑州大都市区空间规划》落地实施，促进都市区各类规划信息互联互通和归集共享，实现"多规合一"。"N"即都市区专项规划和城际一体化规划。加快制定实施交通、公共服务、产业、生态、水资源等领域专项规划。"X"即重点产业带和重点区域规划。选择有一定基础的产业发展走廊，如郑开双创走廊、郑新、许港等，率先出台产业带规划，探索和推进相关毗邻区联合编制区域发展规划，协同开展国土空间规划编制工作。

（2）打造轨道上的大都市区

为发挥综合交通体系在郑州大都市区一体化发展中的先行作用，突出核心带动，不断强化机场与轨道交通、高速公路的衔接，河南对郑州机场至郑州南站城际铁路等项目建设多次提速，并进一步加密郑开、郑焦、郑机城际开行车次，建成了开港大道、许港大道等一批城际快速通道。同时加密都市区的高速公路、国省道的骨干交通线的建设。实施四网连通，地铁网、城际网、市域铁路网、交通公交网的有效转接换乘、衔接，推进公交客运和高速 ETC 一卡通。持续加快轨道上的交通建设，统筹协调跨区域道路的连通，推进郑开、郑焦城际公交化运营，加强郑州市同周边的联系，加速建设郑新、郑许承接城际铁路，构建郑州大都市区"通道+枢纽+网络"的全链条物流体系。推进交通互联互通是大都市区发展的基础，河南着力强化郑州国际门户枢纽功能，提升辐射带动能力，以增强都市区基础设施连接性、贯通性为重点，织密网络、优化方式、畅通机制，积极构建外畅内联的综合立体交通网络。

（3）推进产业链高端化、现代化、完整化

随着郑州大都市区的建设发展，产业协作成为区域发展的重点之一。构建分工协作的高成长性城市产业圈层，以重点产业走廊为主体，主要包括信息网络、新能源、智能网联汽车、生物医药、汽车整车制造、大数据、5G 等重点产业，推进产业链高端化、现代化、完整化，共同培育"十大主导产业集群"。以跨区域线性基础设施工程和产业园区开发为重点，以郑开双创走廊、郑新产业带、许港产业带等为纽带，对都市区的开封、许昌等重要的产业集群加强衔接，优化制造业与生产性服务融合发展布局，提升经济支撑能力。统筹推进产业协同错位发展，依托都市区的兰考、原阳等县城建设承接产业转移先行区，实现"飞地经济"发展，既有垂直分工，又有水平分工，保证错位布局、融合发展。

（4）高标准打造"绿色生命体"

郑州大都市区根据规划蓝图构筑"一轴、一心、一带，双环、多廊、多点"的网络化区域生态格局："一轴"，打造黄河绿色发展轴；"一心"，高标准建设郑汴港生态绿心；"一带"，全面提升南水北调生态带功能；"双环"，协同建设都市圈双层绿环；"多廊"，贯通多层多维区域生态廊道系统；"多点"，布局均衡协同的生态节点。大力推进黄河南北两岸生态文化带建设，高标准建设开封新区、新乡平原、郑州花园口等生态廊道，加速三门峡、新乡、济源等地生态功能区建设，建立完善生活垃圾、高值废弃物等再生资源回收利用网络，推进许昌节能环保产业集群、兰考国家资源循环利用基地建设，全面开展土壤、水、大气污染以及矿山生态修复"3+1"协同治理工程。

（5）资源共建共享储备高素质人才

推动都市区优质教育资源共建共享，加强区内高等院校开放合作，鼓励推行校间课程互选、校际学分互认。协同构建资源共享中心和内部资源共享协作平台，推动区内高校开展图书管理、实验室器材等方面资源共享合作；加强都市区网络信息技术和人工智能应急管理体系建设，完善应急领导与管理机构，加强相互通报合作，建立健全都市区联防联控机制；探索区域信用建设，加强信用信息归集共享、联合奖惩等方面合作，积极开展"信用+"产品跨区域推广应用。实施高端领军人才（团队）引进计划，依托中国郑州航空港引智试验区、郑州国家海外高层次人才创新创业基地、国家级河南留学人员创业园等载体，引进立足科技前沿和产业高端、拥有自主创新成果的产业技术领军人才（团队）。在郑洛新国家自主创新示范区、中国（河南）自由贸易试验区、郑州航空港经济综合实验区建设人才管理改革试验区。

（三）主要启示

1. 强化中心城市的极核作用

从国内外都市圈发展历程可以看出，都市圈的形成和发展，往往取决于中心城市的发展。都市圈能级的大小也往往取决于核心城市的能级大小。随着纽约从美国重要的港口城市发展成为世界经济、贸易、金融中心，纽约市集聚了大量的跨国公司总部、世界银行总部、大型研发机构总部，为整个都市圈发展带来了丰富的产业、资金和人才资源，使得纽约都市圈成为世界著名的都市圈。

2. 建立城市之间合理的分工协作

城市之间合理的分工协作可以让资源和技术在更广的范围内进行分工和布局，从而促进了整个都市圈经济效率的提高。经济效率的不断提高又带动了区域经济持续发展和一体化进程，带动区域整体发展。以东京市为例，东京市除了保留自身金融、房地产等核心产业外，将主要产业转移至周围地区，在周围形成了新的工业与物流中心、副首都与运输中心、商务与货运中心，从而在都市圈范围内建立起了明确且关联的产业分工。

3. 尊重市场也重视规划

各都市圈在建设的过程中，既尊重市场规律，也注重政府指导。都市圈通过市场竞争机制，通过城市间分工合作发展优势产业，提高城市集群的整体竞争力。同时，政府通过颁布法规、制定规划、沟通协作等方式推动和引导着都市圈长期健康发展。如伦敦都市圈的反磁力中心发展规划就是在尊重产业发展规律的情况下合理规划产业布局，从而收到了很好的效果，奠定了目前伦敦都市圈的发展框架。

4. 重视都市圈的公共交通网络的建设

国内外都市圈的发展经验证明，都市圈的发展都以构建完善的综合、快速和网络化交通基础设施为前提和基础条件。构建便捷的交通基础设施便于都市圈的城市间在信息交流、人才交往、商业合作等方面加强协作，提升区域整体运营效率。同时，公共交通系统还促进了都市圈空间扩展并改变着城市外部形态，对城市空间扩展具有促进和引导作用。东京都市圈沿着城际铁路和轻轨不断扩张，在沿线建设和发展卫星城镇。

5. 推进优质公共服务便利共享

现代化都市圈的建设过程中需要重点关注公共服务的规划与配置，充分考虑市政基础、公共服务设施、生活配套等的空间分布与功能优化，为人口流动、产业重构等创造条件。在保障基本公共服务全覆盖的基础上，推动区域内优质公共服务便利共享，同时强化节点城市在医疗、养老、教育等方面的地方特色，增强人口的吸引力，带动都市圈整体发展。

6. 建立有效的跨区域协商解决机制

都市圈发展是典型的跨行政区区域协同发展，在发展过程中不同行政区划间的利益冲突等问题需要建立相应的机制予以协调解决。欧美成熟的都市圈目前均已建成了以地方政府协调为主体、民间组织协调为补充的区域协调模式。南京和杭州都市圈也建立起了覆盖决策层、协调层、执行层的多层次区域合作机制。

7. 因地制宜扩展城市空间布局形态

都市圈在发展过程中，往往需要通过核心城市产业转移、功能分散等方式推动多中心、郊区化发展，有序推动都市圈空间优化，逐步扩大都市圈范围，形成都市圈区域整体发展。西方国家一般采取新建卫星城镇的模式，而我国更加注重与周围城市的组团式发展，形成多中心、多层级、多节点的网络型城市群结构。

五、"十四五"时期合肥都市圈发展环境和总体思路

（一）面临的机遇

1. 长三角一体化等多重国家战略叠加，有利于提升合肥都市圈枢纽地位

长三角一体化发展、长江经济带、中部崛起、"一带一路"等多重国家区域发展战略在我省交汇，合肥都市圈是全国唯一四大国家战略覆盖的都市圈，国家战略和枢纽地位不断凸显。特别是《长江三角洲区域一体化发展规划纲要》中明确提出"加快南京、杭州、合肥、苏锡常、宁波都市圈建设，提升都市圈同城化水平"。合肥都市圈作为长三角地区五大都市圈之一，成为推进长三角一体化发展的核心区域和长三角世界级城市群的重要组成部分。未来五年，合肥都市圈高质量发展将面临良好的政策环境和更广阔的发展空间。

2. 科技自立自强成为战略支撑，有利于增强合肥都市圈科技创新策源能力

《中共中央关于制定国民经济和社会发展第十四个五年规划和二〇三五年远景目标的建议》明确提出："坚持创新在我国现代化建设全局中的核心地位，把科技自立自强作为国家发展的战略支撑"，自主创新在我国"十四五"高质量发展中的地位进一步提升。合肥都市圈创新活跃强劲，中心城市合肥是全国首个科技创新型试点城市、世界科技城市联盟会员城市、国家四大综合性国家科学中心

城市之一，拥有合芜蚌国家自主创新示范区等国家级创新平台，以及中科大、中科院合肥研究院等一批"国字号"研究机构，大科学装置数量位居全国前列，国家实验室加快建设。"十四五"时期，国家将健全社会主义市场经济条件下新型举国体制，打好关键核心技术攻坚战，合肥都市圈作为国家科学中心将承担重要使命，也面临着更高要求，将有利于合肥都市圈加快提升创新平台能级，培育壮大国家战略科技力量，全面增强自主创新能力和科技创新策源能力。

3. 实施扩大内需战略，有利于拓展合肥都市圈发展空间

"十四五"时期，国家将扩大内需作为战略基点，加快培育完整内需体系，积极构建以国内大循环为主体、国内国际双循环相互促进的新发展格局。合肥都市圈居中靠东，高铁、物流、航空等交通枢纽地位持续提升，以"芯屏器合""集终生智"为标志的新兴产业集群特色鲜明，城镇化还处于快速提升阶段，消费市场广阔，内需潜力亟待释放。实施扩大内需战略，构建新发展格局将有利于合肥都市圈扩大有效投资，加快消费升级，着力打造国内大循环的重要节点。

4. 中国（安徽）自贸区建设，有利于提升合肥都市圈对外开放水平

中国自贸试验区是我国最高层次的对外开放平台。2020 年 9 月，中国（安徽）自由贸易试验区正式获批建设，包含合肥、芜湖、蚌埠三大片区，全部位于合肥都市圈范围内，合肥都市圈开放平台能级实现跃升；同时，合肥国际航空货运集散中心和国家级中欧班列集结中心加快建设，对外开放大通道不断畅通，有利于合肥都市圈发挥"一带一路"重要节点作用和先进制造业基地优势，加快发展开放型经济，打造具有重要影响力的改革开放新高地，建设国内国际双循环的战略链接。

5. 推进"一圈五区"协调发展，有利于巩固合肥都市圈核心增长极

"十四五"时期，我省将优化国土空间布局，推动"一圈五区"协调发展，加快形成核心引领、板块联动、多点支撑、特色鲜明的区域发展新格局。省会合肥是省域中心城市，合肥都市圈是支撑全省发展的核心增长极，合肥都市圈建设必将得到省委、省政府的大力支持。同时，合芜蚌国家自主创新示范区、皖江城市带承接产业转移示范区、皖北地区、皖西大别山革命老区和皖南国际文化旅游示范区在成员上均与合肥都市圈全部或部分重合，这些区域加快发展都有利于提升合肥都市圈的发展水平，建设具有较强影响力的国际化都市圈。

6. 中心城市合肥发展加速，有利于增强对都市圈的带动辐射力

"十三五"以来，中心城市合肥综合实力快速增强，GDP、人口等发展指标

增速均居全国城市前列，经济总量迈上万亿元台阶，进入全国省会 10 强。未来五年，省委、省政府将大力支持合肥加快"五高地一示范"建设，不断完善长三角世界级城市群副中心功能，积极争创国家中心城市，跻身特大城市行列，在全省经济中首位度将超过 30%。合肥作为都市圈核心城市的综合实力不断增强，能更好地发挥辐射带动功能，引领都市圈加快发展壮大。同时，合肥都市圈成员城市全部在省内，行政壁垒较低，政府层面的统筹协调推进更为有力。在政府和市场共同发力下，合肥都市圈必将进入一个加速发展的新阶段，在长三角世界级城市群中地位将显著提升。

（二）主要挑战

1. 国际环境不确定性不稳定性增加带来的挑战

当今世界正经历百年未有之大变局，国际环境日趋复杂，不稳定性不确定性因素明显增加，世界进入动荡变革期，严峻的国际环境对合肥都市圈提升国际化水平和大力发展战略性新兴产业带来挑战。一方面，单边主义、保护主义呈上升趋势，经济全球化遭遇逆流，世界经济增长短期内难以复苏，国际贸易和投资增长持续放缓，不利于合肥都市圈提升对外开放水平，打造内陆开放新高地；另一方面，中美关系走向不明朗，关键核心技术和装备的"卡脖子"问题短期内难以缓解，这些都对合肥都市圈加快打造集成电路、人工智能等世界级新兴产业集群产生不利影响。

2. 中心城市和都市圈竞争加剧形成的压力

在长三角五大都市圈中，合肥都市圈和核心城市合肥的综合实力较弱。2019年，合肥都市圈 GDP 仅分别为南京、杭州、苏锡常、宁波都市圈的 59%、73%、61%、96%，合肥 GDP 仅分别为南京、杭州、苏州、宁波的 67%、61%、49%、79%，在发展基础、营商环境、要素保障、产业配套、公共服务等方面与南京、杭州等都市圈相比仍有较大差距，在优质资源的竞争中处于不利地位。随着长三角一体化的深入，沪苏浙中心城市和都市圈对合肥都市圈的虹吸效应呈强化趋势。

3. 圈内发展不平衡问题导致的困境

圈内城市间发展差距明显，呈不断加大趋势。当前，合肥整体上仍然处于加快发展和集聚发展阶段，对周边城市和地区仍然具有较强的虹吸效应，对外辐射带动能力有限，这些都不利于调动各成员城市加强合作的积极性，对于下一步推动都市圈高质量一体化发展会产生不利影响。

4. 一体化机制不健全造成的制约

与杭州、南京等成熟的都市圈相比，合肥都市圈一体化体制机制还有待完善，缺乏重大项目或事项的有效协调和推进落实机制，同时行业协会、产业联盟、专业委员会等都市圈行业组织发展不足，企业和社会主体参与机制不健全，市场主体参与的积极性不高，亟须构建更加顺畅有效、互利共赢的都市圈协调推进机制。

（三）总体思路

1. 发展思路

要以习近平新时代中国特色社会主义思想为指导，紧扣一体化和高质量两个关键词，毫不动摇地支持合肥做大做强，推进芜湖副中心城市建设，着力提升圈内各节点城市能级，着力推进基础设施、产业发展、科技创新、城乡融合、开放合作、生态环境、公共服务、市场体系等领域一体化，加快同城化步伐，深化与长三角都市圈协调联动，努力建设具有国际影响力的科技创新策源地、全国重要的先进制造业基地、长三角联通中西部的开放枢纽和全省高质量发展的核心增长极，基本建成全国具有重要影响力的国际化、现代化都市圈，在服务于构建新发展格局、推进长三角更高质量一体化发展和加快建设新阶段现代化美好安徽中实现更大作为，作出更大贡献。

2. 发展导向

——坚持各扬所长、协同发展。着眼于一盘棋整体谋划，进一步发挥合肥的龙头带动作用，充分发挥各成员城市比较优势，优化区域功能布局，推动城乡区域融合发展和跨界区域合作，形成分工合理、优势互补、各具特色的协调发展格局，提升区域整体竞争力。

——坚持互惠互利、共赢发展。坚持全面深化改革，坚决破除制约一体化发展的行政壁垒和体制机制障碍，营造市场统一开放、规则标准互认、要素自由流动的发展环境，构建互惠互利、求同存异、合作共赢的一体化体制机制。

——坚持系统观念、统筹发展。加强前瞻性思考、全局性谋划、战略性布局、整体性推进，统筹推进基础设施、产业发展、科技创新、城乡融合、开放合作、生态环境、公共服务、市场体系等领域一体化，率先在重点领域和重点地区实现突破，引领带动都市圈一体化发展。

——坚持协调联动、开放发展。深化与长三角及周边都市圈协调联动，加快融入以国内大循环为主体、国内国际双循环相互促进的新发展格局。依托中国（安徽）自由贸易试验区等高水平开放平台，对接国际通行的投资贸易规则，放大改革创新叠加效应，培育国际竞争合作新优势。

——坚持民生为本、共享发展。坚持人民主体地位，坚持共同富裕方向，增加优质公共服务供给，扩大配置范围，不断保障和改善民生，使改革发展成果更加普惠便利，让都市圈居民在一体化发展中有更多获得感、幸福感、安全感，不断实现人民对美好生活的向往。

（四）战略定位

具有国际影响力的科技创新策源地。深入实施创新驱动发展战略，以国家实验室为内核、以合肥综合性国家科学中心为基石、以合肥滨湖科学城为载体、以合芜蚌国家自主创新示范区为外延、以全面创新改革试验省为网络，共同建设"五个一"创新主平台和"一室一中心"分平台升级版，完善协同创新体系，构建区域创新共同体，全面增强科技创新策源功能，共同打造全球创新网络重要节点、长三角科技创新共同体的重要成员和安徽科技强省的核心支撑。

全国重要的先进制造业基地。坚持把发展经济着力点放在实体经济上，贯彻落实制造强省战略，突出数字化、网络化、智能化方向，推进先进制造业和现代服务业深度融合，大力发展新一代信息技术、人工智能、新能源汽车、智能家电、新材料、生物医药等战略性新兴产业，加快煤炭、钢铁、建材等传统优势产业转型升级，共同打好产业基础高级化和产业链现代化攻坚战，提升产业链供应链稳定性和竞争力，共同打造具有重要影响力的新兴产业集聚地和先进制造业基地。

长三角联通中西部的开放枢纽。充分发挥长三角一体化、长江经济带、中部崛起等多重国家战略叠加的优势，加快合肥、芜湖、蚌埠全国性综合交通枢纽和国家物流枢纽承载城市建设，统筹推进现代综合交通运输体系和流通体系建设，高质量建设中国（安徽）自由贸易试验区，持续优化"四最"营商环境，深度融入以国内大循环为主体、国内国际双循环的新发展格局，着力建设改革开放新高地，打造长三角辐射中西部、链接全世界的开放枢纽。

全省高质量发展的核心增长极。全面贯彻创新、协调、绿色、开放、共享的新发展理念，加快合肥"五高地一示范"建设，支持芜湖建设省域副中心城市和现代化区域中心城市，推动都市圈高质量一体化发展，加快打造空间结构清晰、城市功能互补、要素流动有序、产业分工协调、交通往来顺畅、公共服务均衡、环境和谐宜居的现代化都市圈，在全省率先实现更高质量、更有效率、更加公平、更可持续、更为安全的发展，引领"一圈五区"协调发展，增强对全省经济发展的影响力和带动力，打造支撑全省高质量发展的主引擎。

（五）发展路径

一是着力提升省会合肥城市能级。把合肥打造成为具有国际影响力的创新之都及国家区域性中心城市。二是加快同城化步伐。建设合芜马跨市合作区，加快合六经济走廊、合淮蚌产业走廊建设，积极建设合芜、合马、芜滁、淮滁、合铜等发展带。三是深化与周边都市圈合作联动。积极参与区域产业分工与国际要素分工，利用有利的区位优势，形成核心引领、组团联动、多点支撑、特色鲜明的空间发展格局。

六、对策建议

（一）适时推进合肥都市圈扩容升级

把合肥都市圈作为全省区域格局核心，推进合肥都市圈与皖江地区联动发展，从而带动全省发展。一是推进合肥都市圈扩容升级。近年来，合宁、合武、合蚌、合福、商合杭高速铁路先后建成运营，使合肥与周边主要城市和城镇间通勤条件大为改善。根据"1小时通勤圈"范围，合肥都市圈存在扩容的基础条件，特别是铜陵、安庆两市，产业特色鲜明，与合肥互补性强、经济联系紧密，可适时吸纳铜陵、安庆加入合肥都市圈。二是优化都市圈空间结构，推进紧密圈层结构形成。抓住商合杭铁路通车和G60科创走廊建设的机遇，加快推进合肥与芜湖同城化发展，共同打造合肥都市圈"双核"。加快建设合芜马、合六、合淮蚌、合滁产业和城镇发展轴带，率先在主要轴带上推进产业协作发展和城镇空间对接。三是推进都市圈各城镇网络化发展。培育以合肥为核心、其他大中小城市和小城镇网络化发展的城镇体系，加快构建极核化、组群化、网络化的都市圈发展格局，将都市圈内部层次不同、功能有别的大中小城市和小城镇打造成都市圈梯级增长节点。

（二）提升核心城市辐射带动力

都市圈的发展，关键在于核心城市的带动和辐射能力。当前，应着力提升合肥的综合实力和发展能级，增强其带动力和辐射力。一是进一步做大合肥城市规模。进一步放宽落户条件，大力吸引各类人才和外来人口落户，做大城市人口规模。适时推进肥西、肥东等撤县并区，加快将上派、店埠、双墩等周边城镇纳入城区范围，改区扩城，扩大城区范围。二是发挥合肥综合性国家科学中心的引领作用。争取更多重大科学基础设施落户合肥，促进更多前沿科技研发"沿途下蛋"，不断增强合肥创新发展动能。三是增强合肥金融实力。提升合肥国际金融后台服务基地建设水平，积极引进地方金融机构总部或大型金融机构的区域和功能总部，加快发展互联网金融、金融外包、金融小镇等新业态，打造滨湖区域性金融中心。四是提升教育医疗卫生等公共服务功能。推进安徽省国家医学中心和区域医疗中心建设，建成高水平的临床诊疗中心。鼓励合肥各级各类学校通过集团化办学、学校联盟等方式"走出去"，扩大优质教育资源的辐射面。

（三）构建都市圈新型产业分工体系

充分发挥各城市产业特色和优势，推进都市圈产业优化布局、产业协同发展、产业链深度融合。一是协同推进产业轴带化布局。按照产业轴带发展导向，切实推进增量产业项目向合淮产业走廊、合六经济走廊布局。尽早出台相关发展规划或行动计划，明确合肥与芜湖、马鞍山、滁州等市的产业合作重点，加快推进合滁、合芜马经济发展带或产业走廊的建设，从而增强城市相向发展的动力，强化都市圈城市间的联系。二是强化主导产业协同。强化发展规划战略引领，共同研究制定都市圈城市主导产业空间协同与发展战略，细化各市优先发展的产业目录和引导优化调整的产业目录，引导区域产业转移和新增项目特色化布局，从而构建优势互补、错位发展的区域产业发展格局。三是合作共建产业发展平台。充分发挥合肥产业层次高、大企业和大项目多等特色，以高技术园区为重点，鼓励通过总部—生产基地、产业链合作、园区共建、整体搬迁等多种形式共建产业园区，推进寿县蜀山现代产业园、高新区霍邱现代产业园等现有合作园建设，稳步推进包河区与舒城、桐城共建园区、肥东与定远共建盐化工业园、肥西与明光共建园区等。推进合芜马、合六、合淮等毗邻地区合作共建，推动合芜马在电子信息、机器人、智能网联汽车，合六在高端装备制造、电子信息等产业领域深度合作。

（四）增强合肥都市圈创新协同能力

一是发挥合肥综合性国家科学中心的引领作用。推进合肥与圈内城市科创共建，共同建立交叉前沿研究平台、产业创新转化平台和新型研发机构等，加强合肥综合性国家科学中心"高、新、基"全产业链项目体系建设，促进更多前沿科技研发在周边区域"沿途下蛋"。二是深化创新资源共享共用。鼓励合肥、芜湖等地高等院校、科研院所去圈内其他市开设分支机构，推动都市圈内大型科研仪器、重点实验室、科技信息机构、科技经济基础数据等科技资源的开放与共享。推动圈内的众创空间、科技孵化器等创新服务平台加强互动交流，提高创新服务水平，鼓励高水平的创新服务机构跨地区开展创业创新服务。开展人才资源的互通有无，鼓励相关地区的技术人才对圈内急需和紧缺人才的地区开展科技服务、技术咨询，最大程度发挥人才功效。三是协同打造高能级创新平台。根据都市圈经济社会发展所需，联合共建科技信息网、大型公共仪器服务平台、标准数据库、专利数据库和专家库等，完善区域基础创新体系。针对产业升级目标和广大企业技术需求，科学规划、合理布局、联合共建一批研究院、工程技术中心、研发中心、重点实验室等创新平台。四是共同推进创新链与产业链协同。积极探索"政产学研用金"六位一体的科技成果转移转化机制，着力打造具有全球影响力的产业创新中心引领区。充分发挥都市圈协作机制作用，强化对中小企业创新服务，加快完善科研成果产业化机制，实现创新链与产业链的深度对接。鼓励和支持圈内高等院校、科研机构与企业围绕区域产业发展中的重大关键、共性技术开展跨区域联合攻关，构建都市圈产业技术创新战略联盟，加速科技成果转化，从而推进都市圈产业整体上台阶。

（五）加快建设轨道上的合肥都市圈

抢抓"新基建"机遇，全面推进合肥都市圈内外交通基础设施建设，加快打通东西南北多方向、陆水空立体化对外主通道，积极推进都市圈内轨道交通一体化建设，将区位优势转化为经济优势。一是强化合肥都市圈多向立体交通枢纽地位。发挥京港台、沿江等国家综合运输通道十字交汇优势，加快推进北沿江和南沿江高铁建设，提升长江航道和港口功能，向西加强与长江中游、成渝等城市群的联系。加快推进安九高铁、六安—安庆铁路建设，向北强化与京津冀地区、向南与粤港澳大湾区以及海峡西岸等城市群的联系。优化提升合肥新桥机场航空枢纽功能，建设国家临空经济示范区，打造国际化航空港。二是加快构筑都市圈轨道交通体系。推进都市圈市域（郊）铁路建设规划衔接和建设协同，加快推进干线铁路、城际铁路、市域（郊）铁路、城市轨道交通融合发展。加快建设合六、合淮蚌、合芜、合马、合滁宁、合桐安城际铁路或市域铁路，实现都市圈城市全部通行高铁或城际铁路，积极推进合肥城市轨道交通向周边县城和重点城镇延伸，加快构建以合肥为中心的"1小时通勤圈"，实现都市圈内主要城市半小时高铁通达。

（六）构建多层次开放发展格局

一是充分发挥安徽自贸区的作用。借鉴国际国内先进自贸区发展经验，对标国际标准，探索建立稳定、公平、透明、可预期的国际一流营商环境，培育发展对外贸易新业态新模式，加快形成国际经济合作竞争新优势，推进都市圈对外开放向更大范围、更宽领域、更深层次拓展。二是强化开放大通道大平台大通关建设。发展合肥、芜湖、蚌埠等中心城市作用，优化功能组合，推进综合保税区、空港保税物流中心等开放平台建设，构建区域对外开放承载体系。深化服务业对外开放，巩固传统出口市场，加快开拓新兴市场，推动优势企业走出去，提高外向型经济发展水平，提升世界制造业大会办会水平，力争主办更多行业和综合性国际展会，提升全球影响力。三是充分发挥圈内海关特殊监管区作用。围绕加工制造中心、研发设计中心、物流分拨中心、检测维修中心、销售服务中心等"五大中心"建设，加强制度创新，着力培育海关特殊监管区域产业配套、营商环境等综合竞争新优势，促进海关特殊监管区域高水平开放、高质量发展，推进圈内项目向特殊监管区集聚，使其在都市圈对外开放中更好地发挥引领和带动作用。四是深化长三角合作。把推动合肥都市圈发展作为推进长三角一体化的重要抓手，以沪宁合发展主轴带、G60创新走廊等为重点，加快与南京都市圈、杭州都市圈联动发展，强化合肥都市圈与沪苏浙等地的经济联系，尽快成为国内国际双循环中的重要节点。

（七）完善都市圈公共服务功能

一是深化医疗资源协作联动。发挥合肥、芜湖、蚌埠等市医疗优势，以集团化、企业化运作模式，设立医疗分支机构，促进都市圈医疗联合体建设，建立疑难重症会诊和转诊绿色通道，建设都市圈智慧医疗平台，扩大优质资源覆盖面。完善都市圈预约挂号平台建设，推进医疗卫生大数据开放共享，推动都市圈医院检验结果共享和互认，促进医疗资源便利共享。二是深化教育合作。积极开展都市圈城市优质学校结对帮扶，推进干部教师交流。以教育集团、学校联盟等方式开展区域基础教育合作办学。加强中高层次技能型人才联合培养与交流，在师资力量、实习基地以及产学研等多方面深入推进职业教育协同发展。三是构建一体化的交通服务体系。建设都市圈一体化交通信息服务系统，推进公共客运资源信息库共建共享，逐步实现交通信息一体化服务。推进都市圈各市客运线路无缝对接，逐步增加城市间公共交通班次和线路站点，深入推进都市圈公共交通"一卡通"。加快发展以城际快巴和城际公交为主的都市圈骨干网络，探索开行城市间小编组、通勤化城际列车。四是推动就业与社会保障深度合作。加快应用大数据、云服务技术，建立信息互联互通机制，搭建共享发布平台，加快建设都市圈一体化的公共就业信息服务体系。加快建立都市圈劳动保障协作机制，加强区域劳动人事争议化解、劳动保障监察协作联动，促进劳动力规范有序合理流动。推进都市圈养老服务体系建设和市场化合作，鼓励中心城市核心养老服务机构向周边区域和农村延伸服务范围，加快发展区域性养老服务基地和养老产业集群。

（八）促进生态环境共治互保共享

一是推动环境联防联治。建立区域环境信息共享发布和环境协同保护常态化制度，推进都市圈环境监测网络互联互通和共建共享，推进都市圈多领域、深层次的环境保护合作与交流，推进区域性大气污染和水环境污染联防联控和联合执法，统筹进行饮用水源地、备用水源地布局，推进重要水源地协同保护，使都市圈碧水蓝天常在。二是构建都市圈一体化生态网络。统筹都市圈城镇、产业发展和生态空间系统性要求，编制实施都市圈生态环境管控方案，联合实施生态系统保护和修复工程，加强区域生态廊道、绿道衔接，实现生态空间一体化保护，构建一体化生态网络，打造绿色都市圈。三是推进生态环境协同共治机制创新。加快建立都市圈大气污染和水污染综合防治和利益协调机制，深化流域水环境生态补偿机制，积极探索建立区域大气环境保护生态补偿机制、生态区域保护性开发模式以及都市圈环境资源交易中心，逐步建立生态产品价值实现机制。

（九）推进都市圈体制机制创新

充分借鉴长三角区域合作机制的经验，以都市圈一体化中重大问题解决和重大项目实施为重点，加快推进体制机制创新。一是健全规划协调机制。加快编制都市圈发展规划或重点领域专项规划，强化都市圈规划的引领作用，推进各城市规划与都市圈规划有机衔接，确保圈内各市的长期发展能够协调配合、协同发力。二是建立城市间多层次合作协商机制。切实发挥好都市圈决策层、协调层、执行层三级运作机制作用，形成高层常态化沟通机制，促进项目信息定期沟通和交流。实质性推动都市圈各专业委员会工作，聚焦科技创新、产业发展、交通基础设施建设等领域，搭建高水平区域分工协作体系，共同做好规划编制、项目推进等工作。通过政府、市场、公众等多主体，建立共建项目的协商对话平台，在互动调整中寻找解决问题的方法和途径，消除矛盾、减少分歧、化解危机。三是建立成本共担利益共享机制。建立跨区域产业转移、重大基础设施建设、园区合作等领域成本分担和利益共享机制，鼓励探索建立重大经济指标协调划分的政府内部考核机制。积极构建都市圈税收分享机制和征管协调机制，加强城市间税收优惠政策协调。构建税收信息沟通与常态化交流机制，完善区域税收利益争端处理和稽查协作机制。四是强化重大项目推进机制。加快都市圈重大项目储备库建设，滚动编制都市圈年度合作项目清单，明确所涉各市重大项目实施时序、责任范围和项目衔接方式，推进都市圈重大项目一体化实施。面向基础设施建设、产业合作等重大事项或重点领域，以资金、土地、人才等各类资源以及用地、用能、排放等各类控制性指标为重点，探索跨区域共享合作机制建设，破解区域发展面临的发展能力不平衡问题，推进都市圈一体化发展。

指导、审稿：樊明怀

执　笔：夏兴萍　徐振宇　王　斌

　　　　孙京禄　吕朝凤　娄　径

　　　　周燕林　程洪野　李　晔

新发展阶段下安徽制造业高质量发展的经验借鉴和路径建议

制造业是一个国家经济社会发展的根基所在。在不同时期、不同场合，习近平总书记多次强调制造业的重要作用、重要地位，明确指出发展实体经济，就一定要把制造业搞好。近年来安徽高度重视制造业的发展和转型升级，经过持之以恒的发展，制造业规模显著扩大，质量加快提升，综合实力迈上新台阶，但与国外和周边发达省份对比，安徽制造业还处于后进追赶阶段。本书着眼国内国际双循环发展新格局的大背景，分析和总结近年来安徽制造业发展的趋势性特征和经验，充分借鉴国内其他省份制造业升级的新动向、新策略，通过问题导向、目标导向，对安徽制造业转型升级方向、实现路径提出建议，助推安徽制造业加快破除瓶颈制约，增强新动能，抢占制高点，更好地参与长三角产业高质量一体化发展。

一、安徽制造业发展的趋势性特征及主要经验

安徽省很早就提出实施制造强省战略。2015 年 11 月，省政府印发《中国制造 2025 安徽篇》，明确打造制造强省方向；2017 年，出台支持制造强省建设若干政策，全面推动从制造大省向制造强省迈进；2018 年，省政府工作报告首次提出，安徽将打造更高质量的供给体系，将建设制造强省作为推动高质量发展的重要抓手。随着工作的扎实推进，安徽制造业影响力不断增强，在工信部首次开展的全国制造业高质量发展综合评价中，安徽居全国第 9 位、中部第 1 位。

（一）安徽制造业发展趋势性特征

1. 由加速追赶向质量引领转变

自 2015 年以来，安徽制造业呈现出加速追赶的明显态势（见表 1），规上工业增加值增速、制造业固定资产投资、高技术产业增加值增速等主要指标在长三

角和中部地区始终保持着较高水平。尤其是 2020 年，面对新冠肺炎疫情冲击和国内外风险挑战明显上升的复杂局面，前三季度全省规模以上工业增加值同比增长 3.9%，高于全国 2.7 个百分点，居全国第 6 位，保持在全国第一方阵中。在保持规模加速追赶的同时，制造业部分细分指标呈现引领态势。在国家工信部发布的有关制造业高质量评价指标中，安徽拥有三项全国第一，共 19 户企业入选首批国家级专精特新"小巨人"企业，居全国第 1 位；争取国家小微企业融资担保奖补资金 3.02 亿元，居全国第 1 位；工业数字化指数居全国第 1 位。制造业由加速追赶向质量引领的特征逐步显现。

表 1　2015 年和 2019 年安徽与长三角以及中部部分省份制造业相关数据对比

分类指标	年份	安徽省	江苏省	浙江省	湖北省	湖南省	河南省
规上工业增加值增速（%）	2015	8.6	8.3	4.4	8.6	7.8	8.6
	2019	7.3	6.2	6.6	7.8	8.3	7.8
制造业固投增速（%）	2015	13.1	12.8	11.0	13.2	18.8	8.7
	2019	10.1	4.6	12.9	11	18.4	8.2
高新技术产业增加值增速（%）	2015	11.8	—	6.9	12.5	13.3	20.0
	2019	13.7	6.8	8.0	14.4	14.3	9.2

2. 由传统支撑向新兴主导转变

多年来，安徽始终坚持传统产业升级和新兴产业发展并重，以往以"铜墙铁壁"为主导的制造业格局现如今已经发生了翻天覆地的变化。近五年来，战略性新兴产业产值年均增长 17.2%。2019 年，全省规模以上高新技术企业实现产值 11 691.8 亿元，同比增长 11.2%，高新技术产业增加值占规模以上工业增加值的比重超过 40%。对比 2010 年和 2019 年全省以钢铁、有色为代表的"铜墙铁壁"产业与装备制造、电子信息为代表的新兴产业主营业务收入变化情况（见表 2），2010 年"铜墙铁壁"产业与新兴产业主营业务比例为 1∶1.4，到了 2019 年这一比例变为 1∶1.7；"铜墙铁壁"产业占全部工业的比重也由 23.4% 降为 18.6%，以装备制造、电子信息为代表的新兴产业比重则由 31.3% 升至 33.6%。

表2 2010年和2019年安徽"铜墙铁壁"产业与新兴产业主营业务收入变化情况

产业类别		2010年	2019年
"铜墙铁壁"产业	黑色金属矿采选业（亿元）	178.7	187.3
	有色金属矿采选业（亿元）	57.7	43.2
	非金属矿采选业（亿元）	100.2	158.3
	黑色金属冶炼及压延加工业（亿元）	1462.4	1932.3
	有色金属冶炼及压延加工业（亿元）	1291.2	3233.6
	金属制品业（亿元）	470.8	1372.3
	合计（亿元）	3561.1	6927.3
	占全部工业主营业务收入的比重（%）	23.4	18.6
新兴制造业	通用设备制造业（亿元）	861.7	1480.3
	专用设备制造业（亿元）	478.0	1113.8
	汽车制造业（亿元）	1623.3	2409.1
	铁路船舶航空航天和其他运输设备制造业（亿元）		156.5
	电气机械和器材制造业（亿元）	1757.5	3689.8
	计算机通信和其他电子设备制造业（亿元）	263.6	2613.2
	仪器仪表制造业（亿元）	91.1	151.7
	合计（亿元）	5075.4	11614.6
	占全部工业主营业务收入的比重（%）	31.3	33.6

3. 由要素推动向创新驱动、数字赋能转变

"十二五"以来，安徽着力实施创新驱动战略，积极应用互联网、数字化新技术新模式，催生经济发展新动能，实现了经济增长由依赖劳动力投入和能源资源消耗，向依靠自主创新和信息化带动转变。通过分析2010年至2019年全省GDP与就业人口、能源消耗、R&D经费支出和计算机互联网宽带接入户数等指标联动关系（见图1），我们可以发现，"十二五"以来，在能源消耗逐年下降、就业人口基本稳定的前提下，GDP增长与研发投入、数字经济增长保持了较为一致的正相关关系。这在相关数据排名上得到了有力印证：2019年，全省研发投入强度跃居全国第8位，全省数字经济增加值位列全国第11位，带动全省GDP升至全国第11位。

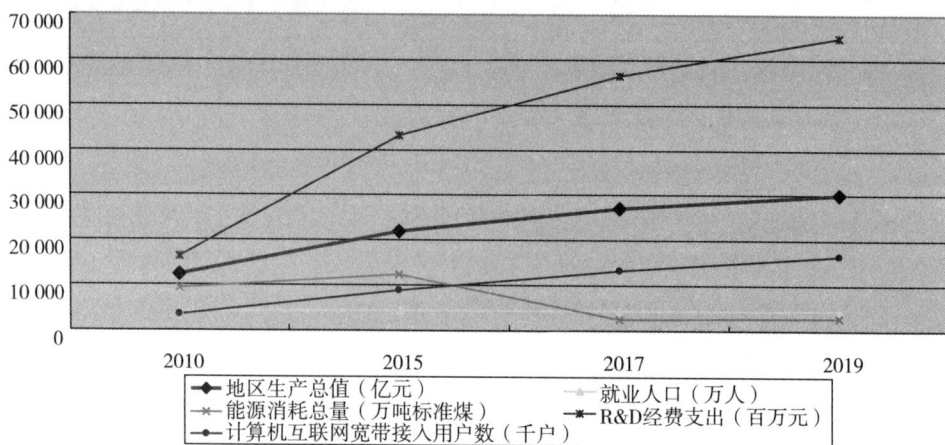

図 1　2010 年至 2019 年安徽 GDP 与创新、数字化等指标联动关系

4. 由制造环节主导向两业深度融合转变

随着工业化的深入推进，安徽制造业与服务业融合发展趋势也在不断增强。工业增加值占 GDP 的比重由 2010 年的 43.7% 变为 2019 年的 30.9%，下降了近 13 个百分点；服务业则由 33.8% 变为 50.8%，上升了 17 个百分点。造成这一变化的主要原因之一就是制造业服务化。分析对比 2012 年和 2019 年安徽制造业与服务业相互投入的数据（见图 2），我们可以看出，服务业在制造业中的投入和制造业在服务业中的投入均呈现上升趋势，两者融合程度逐步加深。安徽制造业在服务业中的投入值从 2012 年的 3126 亿元增加到 2019 年的 9036 亿元，增长了近 2 倍。服务业在制造业中的投入值由 2012 年的 2286 亿元增加到 2019 年的 4218 亿元，增长了 85%。

两业融合的领域不断扩大，由最初的以轻工食品、家电等消费品工业，向汽车、装备、医药、建材等先进制造业快速延伸，催生了如研发、设计、实验等专业化服务，检测检验、部件定制、工程总包、方案集成等融合型新业态，培育形成了合肥通用院、阳光电源、容知日新、欣创节能、安徽合力、荣事达电子电器等一批两业融合骨干企业。截至 2020 年 8 月底，全省共有省级服务型制造示范企业 123 个、省级服务型制造示范平台 51 个、国家级服务型制造示范企业 3 个、国家级服务型制造示范项目 6 个、国家级服务型制造示范平台 3 个，示范总数位居全国第 4、中部地区第 1。

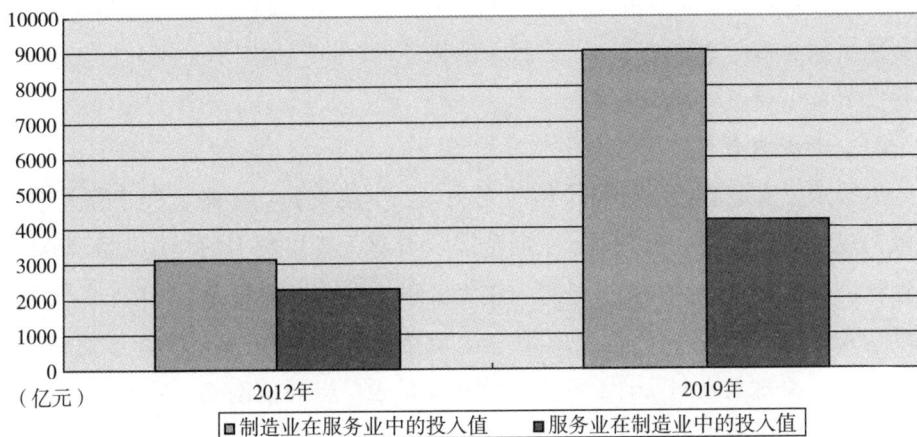

（亿元）

■ 制造业在服务业中的投入值　■ 服务业在制造业中的投入值

图 2　2012 年和 2019 年安徽制造业与服务业相互投入

5. 由粗放低效向精明增长转变

开发区对安徽经济发展起到了极为重要的作用，但遍地开花的模式也导致了对土地资源和能源资源的较大消耗，同时对生态环境造成了一定程度的破坏。2017 年，安徽出台了《关于促进全省开发区改革和创新发展的实施意见》，大力整合区位相邻相近、产业关联同质的开发区，对小而散的各类开发区进行清理、整合、撤销，建立统一的管理机构、实行统一管理。县（市、区）原则上实行"一县一区"。截至目前，全省开发区数量已削减至 131 家。除了对开发区进行整合外，开发区土地集约利用也加快由粗放向集约转变，以合肥经开区为代表的省内先进开发区不断创新"退低进高""退劣进优"的用地评价和激励机制，为优势产业发展腾挪空间。在开发区带动下，全省土地集约利用呈现出良好态势。

（二）安徽制造业发展主要经验

1. 抢抓"芯屏器合"行业风口

抢抓行业风口，超前谋划和布局，已成为安徽推动制造业高质量发展的重要手段，正因如此，安徽才有了"芯屏器合"取代"铜墙铁壁"，成为引领全省经济高质量发展的支柱产业，成为在全国制造业中颇具优势的新名片。以不断成长的电子信息大产业为例，2019 年，全省电子信息制造业增速达 25%，对全省工业经济增长贡献率超过 20%，成为全省创新驱动、转型升级和经济发展的重要引擎。目前，全省已形成包括全球第四大 DRAM "长鑫存储"等一批骨干企业在内的集成电路企业群，拥有全球产业链条最完整、发展速度最快、生产规模最大的新型平板显示产业基地之一，六轴工业机器人产量居全国第一位，科大讯飞国内智能语音市场占有率排名第一。

2. 下好科技创新"先手棋"

近年来，安徽着力下好科技创新先手棋，围绕平台、金融、人才等关键点，积极构建制造业创新大生态圈，正向全球"具有重要影响力的科技创新策源地"加速迈进；推进新兴产业重大基地、重大工程、重大专项建设，"五个一"创新主平台和"一室一中心"建设取得突出成果；涌现出全球首颗量子通信卫星"墨子号"、全球首台量子计算机、全球首条量子保密通信网络"京沪干线"、全国首块自主研发的 8.5 代超薄浮法玻璃基板等一批"安徽首创"的重大成果；每万人发明专利拥有量由 2010 年的 1.1 件提高到 2019 年的 11.8 件，居全国第 8 位。

3. 大力激发民营经济发展活力

充分发挥民营经济在推进供给侧结构性改革、推动高质量发展、建设现代化经济体系中的重要作用，陆续制定实施了"民营经济上台阶行动计划""支持科创企业政策 20 条"等扶持政策，建立了省级领导联系民营企业"直通车"制度，33 位省级领导联系帮扶 67 户重点民营企业，"大中小"融通发展生态体系逐步构建。建成"小升规"企业培育库，累计入库企业 1800 多家；2019 年培育省"专精特新"中小企业 500 户、成长型小微企业 50 户，3 家企业入选制造业单项冠军企业，19 户企业入选首批国家级专精特新"小巨人"企业，数量居全国第一。设立中小企业（专精特新）发展基金并募集资金 35.45 亿元，完成基金投资 10.07 亿元，158 家企业挂牌"专精特新板"。截至 2019 年底，全省新增民营企业 32.6 万户，总数达 134.6 万户，同比增长 16.1%；民营经济总量首次突破 2 万亿元，实现增加值 22421.3 亿元，同比增长 7.7%，比全省 GDP 增速快 0.2 个百分点，占全省 GDP 的比重为 60.4%，对全省经济增长的贡献率达 62.6%。

4. 以开发区升级促制造业转型

大力实施制造"强区（开发区）"行动，通过鼓励园区升格国家级开发区，加快南北结对园区和重大新兴产业基地建设，以及县域特色产业集群（基地）等方式，促进制造业平台全面升级。在国家级开发区方面，截至目前，安徽拥有国家级开发区 22 家，数量居全国第 9 位。在重大新兴产业基地方面，近年来，省委、省政府以"三重一创"作为推动产业高质量发展的主抓手，以重大新兴产业基地建设为依托，着力推动战略性新兴产业集聚发展，自 2015 年启动重大新兴产业基地建设以来，全省 24 个重大新兴产业基地迈上了高速高质量发展的快车道，基地产值年均增速达 17.7%，基地内国家级创新平台累计达 104 家，平均每个基地拥有省级以上创新平台 19.4 家。在县域特色产业集群（基地）方面，2018 年，安徽省出台了《安徽省县域特色产业集群（基地）建设方案》，支持以省级产业集群专业镇为重点的县域工业园区和乡镇工业集中区转型升级，截至目前，已建成包括长丰汽车零部件、肥西电器机械等两批共 48 家县域特色产业集群（基地）。

5. 以改革开放释放要素新红利

通过一系列改革开放举措打破了束缚在市场主体、土地、资金、人才等关键要素上的羁绊，进一步释放了要素红利。在市场主体方面，"放管服"改革成效突出，首创"3+2"清单制度体系，实现省级行政许可事项全国最少，企业开办时间压缩至全国最短，省市县乡村五级政务服务网全面融合、一网通办。2019年，全年新登记各类市场主体接近 100 万户，同比增长 20% 以上。吸引境外资金方面，五年来累计复制推广了五批近 70 条自贸区改革试点经验，构建完善国内一流营商环境，吸引了大量优良境外资金。2019 年，全省制造业实际使用外资89.6 亿美元，同比增长 4.7%，占全省总量的 49.9%。在引进人才方面，充分借助长三角一体化条件，实施新时代"江淮英才计划"，鼓励在皖单位与沪苏浙有关单位联合成立长三角院士工作站，大力发展"星期天工程师""云端工程师"和"轨道人才"等人才共享模式。近五年来，全省引进各类人才近 20 万人，其中外国人才 2 万余人，排在中部地区第二位。

二、外省制造业高质量发展新动向、新策略及对安徽的借鉴

近年来，新一轮科技革命和产业变革深入推进，全球制造业竞争格局面临重大调整。我国已进入工业化后期向后工业化过渡阶段，制造业由粗放化、外延式发展转向集约化、内涵式发展，从规模速度竞争模式转向质量效益竞争模式。东部沿海省份作为国内制造业领域先行者，对制造业转型的动向把握早、工作实，学习借鉴其在制造业高质量发展方面的新动向和新策略对于安徽制造业发展具有积极的借鉴意义。

（一）打造优良制造业政策环境

一是科技创新政策。早在 2015 年，广东省就出台了《关于加快科技创新的若干政策意见》，其后又出台《激励企业研究开发财政补助试行方案》《广东省省级企业研究开发财政补助资金管理办法》《关于科技创新券后补助试行方案》等一系列鼓励科技创新措施；2019 年年初，出台了《关于进一步促进科技创新的若干政策措施》（"科创十二条"），鼓励科技创新深入发展，在全国率先提出一系列突破性政策措施，增强企业、高校、科研机构和科研人员的"获得感"，打造鼓励科技创新的发展环境。2018 年，广东省研发经费支出超过 2500 亿元、占地区生产总值的比重达 2.78%，PCT 国际专利申请量约占全国一半，有效发明专利量达 24.9 万件、稳居全国首位，技术自给率达 73%，区域创新综合能力排名连续两年居全国第一。江苏省 2016 年出台了《关于加快推进产业科技创新中心和创新型省份建设若干政策措施》，激发了全社会科技创新活力，推进有全球影响力的产业科技创新中心和有国际竞争力的先进制造业基地建设。

二是数字化转型政策。广东省 2018 年发布了《"互联网+先进制造业"发展工业互联网实施方案》及配套的扶持措施和政策，全面构建智能制造体系，制造业转型升级。浙江省 2018 年印发了《浙江省深化推进"企业上云"三年行动计划（2018—2020 年)》，推动制造业企业加快进行数字化转型；出台《关于加快发展工业互联网促进制造业高质量发展的实施意见》，构建资源集聚、开放共享、创新活跃、高效协同、具有特色的工业互联网生态体系。湖北省 2017 年出台了《关于深化制造业与互联网融合发展的实施意见》，构建制造业与互联网融合平台，深入发展网络制造新模式，提升深度融合发展的支撑能力。目前，湖北省制造业已初步形成了"一芯两带三区"的区域和产业发展布局，集成电路、智能制造等战略性新兴产业快速成长。2019 年，"芯屏端网"产业规模突破了 3000 亿元。

三是培育制造业集群政策。2019 年年底，广东省出台了《关于推动制造业高质量发展的意见》及配套培育先进制造业集群实施方案及专项行动计划，推进制造业高质量发展。江苏省 2018 年出台了《关于加快培育先进制造业集群的指导意见》，通过产业创新载体建设，突破重大关键核心技术和创新服务体系建设等途径，培育先进制造业集群，对标国际国内先进水平，持续推进一批重大关键技术突破，提升关键技术控制力，掌握产业发展主动权。浙江省政府于 2020 年印发了《浙江省实施制造业产业基础再造和产业链提升工程行动方案（2020—2025 年）》，提出聚焦十大标志性产业链，全链条防范产业链供应链风险，全方位推进产业基础再造和产业链提升。

四是提升营商服务环境政策。江苏省 2018 年出台了《关于进一步降低企业负担促进实体经济高质量发展若干政策措施》，进一步为企业降本减负 600 亿元。浙江省 2017 年出台了《关于实施促进实体经济更好更快发展若干财政政策的通知》，2019 年出台了《营商环境评价实施方案（试行）》，激发市场主体活力。广东省 2017 年发布了《广东省降低制造业企业成本支持实体经济发展若干政策措施的通知》，2018 年发布了《广东省降低制造业企业成本支持实体经济发展若干政策措施（修订版）》，从社保、用地、技改等 10 方面提出 61 项具体措施，截至 2019 年年底，累计为企业降低成本约 2873.8 亿元。湖北省 2017 年出台了《关于进一步降低企业成本振兴实体经济的意见》，2020 年印发了《关于更大力度优化营商环境激发市场活力的若干措施》，推动营商环境提升。

（二）多方位增强科技创新能力

一是锚定产业链构筑创新链。江苏省 2019 年出台了《江苏省促进大中小企业融通发展三年实施发展方案》，通过培育大企业带动中小企业，加强企业之间的协作和配套促进集群的发展，重点支持产业链龙头企业整合创新资源要素，组建"企业+联盟"协同创新的制造业创新中心，促进产业链水平整体跃升。位于苏州的国家先进功能纤维创新中心采用"公司+联盟"的发展模式，集聚行业领域顶尖院士领衔的科学家团队，聚集了长三角地区 15 家行业龙头、骨干企业和高校作为股东单位，拥有 100 多家创新联盟单位，形成了涵盖国内纺织纤维完整产业链的"最强创新协同平台"，产业链水平实现整体跃升。

二是强化企业技术创新主体地位。江苏省 2018 年发布了《关于深化科技体制机制改革推动高质量发展若干政策》等一系列办法，鼓励科技创新为企业赋能，制造业企业创新能力得到极大增强。目前，全国超 20% 的高技术产品来自"江苏制造"。浙江省从 2019 年起，每年实施 150 项由民营企业牵头的关键核心技术重点攻关项目，通过加大企业研发机构建设力度，加快推进规模以上工业企业的研发活动、研发机构、发明专利全覆盖，全面提升民营企业的科技创新能力；发挥财政资金撬动作用，全面落实研发费用税前加计扣除等支持创新财税政策，鼓励民营企业加强科技创新。近年来，浙江省围绕数字经济、智能装备、新材料、智慧医疗、智能光学感知、智能制造及优势传统制造业等 7 大领域，培育创建了 19 家省级制造业创新中心。

三是务实推进科技成果转化。江苏省 2018 年出台了《关于加快推进全省技术转移体系建设的意见》，加快完善技术转移体系的基础架构，拓宽技术转移转化通道，优化技术转移转化政策环境，强化技术转移体系建设保障；出台了《江苏省技术转移奖补资金实施细则（试行）》，对各市县、技术转移输出方和技术合同认定登记机构进行奖补。目前，江苏省级以上企业技术中心研发经费占主营业务收入的 3.98%，科技进步贡献率超过 64%。湖北省积极推进建设"湖北技术交易大市场"，打造"互联网+技术转移"服务平台，建成以武汉为依托、覆盖全省的"省中心+分中心+工作站"三级技术转移工作服务体系。

（三）加快改造和提升传统制造业

一是推进传统产业数字化转型。广东省 2019 年印发了《广东省产业集群工业互联数字化转型试点工作方案（试行）》，推动传统特色产业集群数字化转型，通过加强与阿里云合作，推进全省近万家中小企业数字化转型。浙江省将数字经济作为推动工业转型升级的重要支撑，目前已创建省级工业互联网平台 210 个，累计上云企业超过 41 万家，在役工业机器人超过 10.3 万台，不仅使高端制造业更"硬核"，同时也激发了传统制造业的活力。湖北省大力推进智能化改造提升计划，引导传统优势产业产品技术、工艺装备、能效环保、安全水平、服务能力等全流程全方位改造提升。

二是持续推进技术改造和设备更新。广东、江苏、浙江、湖北等省均设立了企业技术改造专项资金。广东省 2018 年出台了《广东省工业企业技术改造三年行动计划（2018—2020 年）》，推动工业技术改造发展。湖北省 2016、2017 年连续出台了《关于加快推进新一轮技术改造和设备更新促进工业转型升级的意见》《关于加快推进传统产业改造升级的若干意见》，2021 年又出台了《支持新一轮企业技术改造若干政策》，从重点项目技改、优化营商环境、加大资金投入、完善推进机制等四方面提出了具体支持措施。浙江省也正在实施新一轮重大技术改造升级工程，推动新一代信息技术在制造业领域的深度应用。

三是大力发展工业互联网平台。浙江省 2018 年印发了《浙江省"1+N"工业互联网平台体系建设方案（2018—2020 年）》，推动广大中小企业上平台用平台，利用工业互联网平台的强大赋能作用，低成本、大批量地解决中小企业的数字化转型难题。杭州汽轮动力集团建立起一套基于互联网的供应链管理体系，涵盖所有生产信息、原材料及零部件合作伙伴，将原材料采购、零部件采购、生产物料管理全部互联网化，加工生产的前端管理和后端管理效率大大提升。广东省美的集团通过旗下的工业互联网平台将生产信息发布到平台，使供应链企业在第一时间获得生产成品计划，大大节省了整个供应链的生产周期。

（四）推进生产性服务业与制造业深度融合

一是加大"两业融合"导向作用。广东省早在 2011 年就发布了《广东省生产服务业与制造业融合发展行动方案》。江苏省 2015 年在全国省级层面率先出台了《推进服务型制造发展的意见》。福建省先后发布了《关于加快推进主辅分离积极发展服务型制造的若干意见》和《福建省发展服务型制造实施方案（2017 年—2020 年）》。浙江省印发了《浙江省推动先进制造业和现代服务业深度融合发展的实施意见》，提出打造全国先进制造业和现代服务业深度融合发展引领区。

二是开展"两业融合"试点示范。2019 年 8 月，浙江省在全国率先开展现代服务业与先进制造业深度融合试点工作，首批确定了乐清市电工电气产业集群等 9 个产业集群类试点、实达实集团有限公司等 6 家龙头企业服务业制造化类试点和 10 家龙头企业制造业服务化类试点。2019 年年底，江苏省制定实施了《江苏省先进制造业与现代服务业深度融合试点工作方案》，研究确定了123 家龙头骨干企业、21 家产业集群和 15 家集聚区域作为首批"两业"深度融合试点单位。

三是打造"两业融合"平台载体。福建省早在 2015 年就在全国率先成立了省级服务型制造综合性公共服务平台，对全省制造业企业提供服务化转型调研诊断、技术咨询、项目对接、人才培养、政策宣贯等支持和服务，并运用云计算、大数据等技术打造了 SaaS 智能装备远程运维云服务平台，先后服务了 100 多家企业，其中省级示范企业有 30 余家。上海市着力加强生产性服务业功能区建设，重点推进总集成总承包、研发设计、供应链管理、电子商务及信息化服务等生产性服务业集聚发展。江苏省各地以建设平台为载体，为两业融合发展提供硬核支撑，连云港高新技术产业开发区与南京理工大学合作建设连云港科技大市场，目前已形成 266 万条的全国高校专利数据库、26 万条的高校成果数据库、40 万条的科研人员数据库、1 万条的高价值专利数据库。

四是培育"两业融合"新业态、新模式。在总集成总承包领域，上海积极培育"上海服务"供应商，将其作为十大生产性服务业重点领域之首。在个性化定制领域，广州加快建设"全球定制之都"，拥有全国 9 家定制家具上市企业中的 4 家，定制家具营业收入占全国的 10%。在供应链管理领域，泉州立足传统制造业优势，加快培育一品嘉、品尚电商、环球鞋网、辅城网等一批服务产业的供应链平台。在工业设计领域，厦门走在全国前列，共有国家级工业设计中心企业 9 家，数量排名全国城市前列，省级工业设计中心 22 家，市级工业设计中心企业 36 家。在工业互联网领域，青岛着力打造世界工业互联网之都。

（五）外省制造业发展策略做法对安徽的启示

一是要紧扣国家战略导向。在国内国际"双循环"新发展格局和长三角一体化等战略背景下，并充分考虑新冠肺炎疫情防控长期影响，找准安徽制造业转型升级的机遇，从政策环境、行业趋势、要素支撑、市场空间等多角度把握制造业升级的新动向、新趋势。

二是要不断铸牢产业基础。更大力度实施工业强基工程，发挥基础科研优势，做好顶层设计，立足具有战略性和全局性的产业链，支持上下游企业、研发机构加强基础技术、核心技术合作攻关。加快建立共性技术平台，解决跨行业、跨领域的关键共性技术问题。

三是要深入实施产业融合工程。打破传统行业定义，推动传统制造业与新兴制造业融合、制造环节和服务环节融合、新技术和传统优良技艺融合、多业态和多商业模式融合。围绕优势产业领域，引导制造业企业向产业链上下游延伸，打造若干在全国具有影响力的引领性、平台型产业。

四是要坚定数字赋能方向。加快运用互联网、物联网、大数据、人工智能等新技术改造传统制造业，提升生产型服务业，更大力度推动重点行业数字化转型，大力发展数字制造，推动制造业质量、效益、动力变革。

五是要完善"科创+产业"机制。着力破解创新成果转化难的问题，推动产业链、生产链、创新链、价值链"四链"融合机制，促进制造业与科技、高端人才等先进要素协同发展，构建创新型产业生态圈。

六是要继续做强产业集群和开发区。通过加强协调、补齐配套，打造制造与服务功能协同的产业链集合。与此同时，集成利用数据、信息、企业、产品等资源，创新打造线上经济开发区等新型虚拟制造业发展平台。

七是要深度融入长三角制造业产业链体系。对接长三角先进制造业资源，特别是平台资源、信息资源、创新资源，着眼于延链补链强链，推进长三角产业协同、利益共享，共同维护我国产业链的完整性、安全性。

八是要继续深化"放管服"改革。充分发挥企业主体在制造业转型升级中的核心地位，强化产业链龙头企业引领作用，发挥行业骨干企业示范效应，激发专精特新中小微企业发展活力，提升民营企业在制造业转型升级中的引领作用。

三、安徽制造业高质量发展的路径解析和对策建议

当前，安徽必须把握好第四次工业革命和产业变革的"窗口期"以及国内国际双循环新发展格局下的"机遇期"，找准制造业升级的方向，多角度、多层次推进制造业高端化转型、高质量发展，加快安徽制造在国内国际"双循环"中实现更大作为。

（一）依托科技与产业融合创新催生安徽制造新动能

习近平总书记强调，以科技创新催生新发展动能是形成以国内大循环为主体的关键。安徽要进一步放大原始创新优势，持之以恒地推进合肥综合性国家科学中心建设，同时将产业创新放到原始创新的同等高度，以合芜蚌为依托，争创综合性国家产业创新中心，实施国家科学中心和国家产业创新中心"两心同建"，促进丰富的科技成果加快转化为现实生产力。聚焦电子信息、智能家电、新能源汽车等主导产业和优势领域，加强行业"卡脖子"技术攻关，更多掌握行业发展的技术主导权。加快构建具有安徽特色的前沿科技研发"沿途下蛋"机制，聚焦人工智能、强磁场、量子通信等基础研究和前沿科技领域，及时将已经掌握的阶段性科技成果转化为现实产品、产业。突出发挥企业在技术创新中的主体作用，打造科技、人才、产业、金融紧密融合的创新体系。

（二）依托比较优势产业再升级锻造安徽制造新长板

将制造业融入"双循环"作为安徽争取取得"双循环"更大作为的主要抓手，通过打造一批产业链引领性产业、行业领军型企业，增强安徽产业在"双循环"新发展格局下的供给端话语权。依托安徽在"芯屏器合"领域积累的行业优势，瞄准智能化衍生的新需求空间，加快推动优势产业抱团延伸互促发展，打造"大人工智能"产业生态圈，培育"万亿级产业航母"。抢抓新能源汽车产业

的发展机遇，推动大众江淮、蔚来汽车等重大项目产业规模和技术水平同步提升，积极抢占国内市场。针对化工、有色、建材等传统行业，积极强化细分领域优势，打造更多的"单项行业冠军"。

（三）依托"两新一重"建设对接抢占安徽制造新空间

国内国际"双循环"新发展格局下，"两新一重"建设不仅能破除基础设施和公共服务设施瓶颈制约，也将激发更大的投资和消费需求空间，是"双循环"的核心推动力。安徽应积极对接"两新一重"衍生的产业发展新空间，推动更多的新朝阳产业、未来产业发展壮大。针对新基建机遇，大力发展5G及相关应用产业，积极推进5G组网，促进5G材料和设备研发生产，大力发展"5G+工业互联网""5G+高清视频""5G+远程运维""5G+车联网""5G+智慧能源""5G+智慧医疗""5G+智慧生态"等融合应用场景，促进组网、制造和应用融合。顺应新型城镇化发展趋势，瞄准医疗、康养、文化、旅游等消费升级新趋势，抢抓新冠疫情后补短板空间，积极开发适销对路的新产品和新设备，大力发展消费服务延伸型制造。抢抓交通、水利、生态治理等重大工程建设，推动轨道交通、氢能利用、新型建筑、生态环保等相关行业顺势而为、择机壮大。

（四）依托数字化和"两业融合"提升安徽制造新质效

坚定产业数字赋能方向，推动重点行业数字化转型，加快大数据、5G、人工智能等在制造业、生产性服务中的创新应用，大力发展数字制造，支持数字制造企业向工程设计、设备监控诊断、融资租赁、运行维护、市场营销等全生命周期服务领域拓展，打造若干数字制造产业集群。抢抓区块链技术突破产业风口，加大区块链企业的培育引进，探索区块链应用场景和商业模式。加强工业互联网体系建设，完善工业互联网基础设施，普及智能工厂，推进信息技术公共服务平台建设，推动企业上云和工业App应用。实施服务型制造行动计划，引导制造业企业向上下游延伸，加强制造业与生产性服务业深度融合，打造若干在全国具有影响力的引领性、平台型产业。大力发展线上新经济，将其作为技术场景赋能产业转型的发力点，推动线下制造和线上消费跨界融合。

（五）依托产业链的布局共塑长三角产业协作新格局

考虑到省内发展不平衡的客观现实，加强各区域产业谋划布局的重点方向研究，找准参与长三角制造业协作的空间和切入点，配套出台支持政策，推动在省内相对发达地区进行前沿和高端产业布局，在相对欠发达地区承接产业转移，形成全省产业梯度发展格局。加强人工智能、智能家电、电子信息、新能源汽车等重点产业补链式发展，提升产业集聚度和区域品牌显示度。推动各市县、各园区依托战略性新兴产业基地、工程等建设，打造若干区域特色明星产业，塑造行业内产业转移集聚首选、优选目的地。完善互利共赢的产业协作机制，推广园区合作共建、飞地经济、产能合作、市场渠道共享等模式，推动跨区域产业转移成本共担和利益共享。保持与上海"龙头"对接的渠道畅通，加快融入全球开放体系。

指导、审稿：樊明怀

执　笔：王业春　饶　磊　王　蕾

　　　　张　峰　吴葆红　夏　飞

安徽省生态文明试点示范提升路径研究

一、研究背景

随着工业化、城镇化进程的加速推进，人类也面临越来越严重的能源、资源、环境和生态问题。生态文明与可持续发展已成为全社会普遍关注的热点问题。建设生态文明，关系人民福祉、关乎民族未来[1]。党的十八大将生态文明纳入社会主义现代化建设"五位一体"总体布局。党的十九大提出坚持人与自然和谐共生的基本方略，将生态文明建设提升到中华民族永续发展的千年大计的新高度。安徽省高度重视生态文明建设，坚持生态优先绿色发展，实施绿色发展行动计划，着力打造生态文明样板、建设绿色江淮美好家园。

20世纪90年代提出生态示范区建设以来，我国相继实施了各类型、各层级的生态文明试点示范建设，形成全国生态文明体制改革的"试验田"和"标杆"。2016年，关于设立统一规范的国家生态文明试验区的政策出台，福建、贵州、江西、海南等省相继进行试点，生态文明试点示范建设进入新的历史阶段。

安徽生态文明试点示范建设起步较早，早在20世纪90年代即已开始进行国家生态示范区建设，目前已获批国家级试点示范40余个，建设省级生态文明示范县（区）19个。2016年4月，习近平总书记在安徽考察时称赞，安徽山水资源丰富，自然风光美好，并叮嘱要把好山好水保护好。安徽省贯彻习近平总书记视察安徽的重要讲话精神，以"三河一湖一园一区"生态文明示范创建为引领，打造生态文明建设的安徽样板。

新时代生态文明试点示范建设面临新形势，为贯彻落实习近平总书记考察安徽的重要讲话精神，进一步提升安徽生态文明示范建设水平，创建国家生态文明

---

① 习近平：《在十八届中央政治局第六次集体学习时的讲话》（2013年5月24日），载《习近平关于全面建成小康社会论述摘编》，中央文献出版社2016年版。

试验区，需要科学解读生态文明试点示范建设政策，梳理安徽生态文明试点示范建设成果，对标新时代生态文明新趋势新要求，分析安徽生态文明试点示范建设的优势与短板，提出安徽省创建国家生态文明试验区建设目标、战略和路径。

二、国内外研究现状

20 世纪后半叶全球工业文明得到前所未有的发展，资源环境问题越来越严峻，人类开始反思工业文明的发展道路，提出可持续发展思想和战略。1972 年联合国通过《人类环境宣言》，强调人类对环境的权利和义务。自此开始，生态文明、生态文明试点示范建设开始进入国内外学术研究视野。党的十八大以来，我国加快推进生态文明顶层设计，将生态文明建设纳入中国特色社会主义"五位一体"总体布局，生态文明和生态文明试点示范建设逐渐成为国内研究的焦点。国内相关学者从生态文明概念、评价方法、政策体系、生态产业发展、生态文明试点示范建设路径等角度开展了大量研究。

（一）生态文明概念辨析研究

从已有文献来看，学者多从两个维度对生态文明概念进行阐述和辨析。一是纵向维度，有学者认为生态文明是继原始文明、农业文明、工业文明之后的新的社会文明形态。二是横向维度，有学者认为生态文明是现代文明体系的一部分，是在生态环境领域，与物质文明、精神文明、政治文明相对应的文明。此外，俞可平从科学发展观角度阐述了生态文明概念和特征。

（二）生态文明建设评价研究

生态文明建设评价指标体系和评价方法研究是生态文明研究的另一个重要方向。一是评价方法，国内学者根据生态文明的特征，提出全面性、系统性、区域性、动态性、可操作性、定量定性结合和创新性等评价原则，认为资源环境承载力是评价基础。二是评价实践，国内研究者应用 DSR 模型、PSR 模型、灰色决策分析、DEA 分析等方法，开展了大量实践研究。如刘某承采用 PSR 方法开展全国各省生态文明建设评价，胡卫卫对福建生态文明先行示范区生态效率进行分析评价。

（三）生态文明试点示范建设研究

近年来，国内学者围绕生态文明先行示范区、生态文明试验区等国家级生态文明试点示范的建设模式路径开展了大量研究。李敏琪分析提出巢湖生态文明示范区建设的优势、短板和对策建议。吴思慧从生态经济、环境保护和民生改善等角度提出湖南省创建国家生态文明先行示范区的对策建议。郭瑞分析安徽省生态文明先行示范区绿色发展现状，并提出生态观念体系、生态文明建设制度体系和生态技术体系等对策建议。蔡俊煌、邹晓明、潘家华分别对福建、江西、贵州三个国家生态文明试验区建设路径进行了深入研究。

综上所述，目前省内外众多研究者已经对生态文明概念进行了详细阐述，并对生态文明和生态文明示范区建设路径、配套政策和评价方法进行了大量研究。但安徽省生态文明试点示范建设研究多集中于具体的单个生态文明试点，针对全省生态文明示范建设的系统性梳理研究相对较少，本研究将从安徽省生态试验区建设政策体系、建设基础、经验成效、存在短板、模式路径等方面开展系统性研究。

三、我国生态文明试点示范建设脉络

生态文明试点示范，是以生态经济学基本原理为基础，以生态文明建设和绿色发展为导向，以探索生态文明建设经验、推动生态文明体制改革、形成生态文明示范样板为重点，由相关部门批准设立，并进行统一规划建设的试点示范型区域。规划建设生态文明示范区，是我国充分发挥制度优势，加快生态文明建设的亮点，也是我国在实现经济腾飞奇迹的同时，实现生态治理奇迹的重要经验。本研究将重点解读 20 世纪 90 年代以来我国重要的生态文明试点示范政策。

（一）国家相关部委主导的生态文明试点示范

我国自 20 世纪 90 年代提出生态示范区建设以来，国家各相关部委相继规划实施了各类型、各层级的生态文明试点示范，取得了良好的建设效果和示范效应。近年来，由各部委主导建设的生态文明试点示范主要有国家生态文明建设示范区、国家生态文明先行示范区、水生态文明试点、水土保持生态文明试点、"绿水青山就是金山银山"实践创新基地和海洋生态文明示范区等。

表 1　国家相关部委主导实施的生态文明试点示范（部分）

试点类型	相关文件	发布时间	发布单位
海洋生态文明示范区	《海洋生态文明示范区建设管理暂行办法》和《海洋生态文明示范区建设指标体系（试行）》（国海发〔2012〕44 号）	2012 年	国家海洋局

（续表）

试点类型	相关文件	发布时间	发布单位
水土保持生态文明试点	《关于开展国家水土保持生态文明工程创建活动的通知》	2011 年	水利部
水生态文明试点	《关于加快推进水生态文明建设工作的意见》（水资源〔2013〕1 号）	2013 年	水利部
国家生态文明建设示范区	《关于大力推进生态文明建设示范区工作的意见》（环发〔2013〕121 号）	2013 年	原环保部
国家生态文明先行示范区	《国家生态文明先行示范区建设方案（试行）》（发改环资〔2013〕2420 号）	2013 年	国家发改委等六部委
国家生态文明试验区	《关于设立统一规范的国家生态文明试验区的意见》	2016 年	中共中央办公厅、国务院办公厅
"绿水青山就是金山银山"实践创新基地	《"绿水青山就是金山银山"实践创新基地建设管理规程》	2016 年	生态环境部

1. 国家生态文明建设示范区

国家生态文明建设示范区由生态环境部（原环保部、国家环保局）主导建立，是国家部委主导的、开展得最早、持续时间最长的生态文明建设试点工程，开启了我国生态文明试点示范建设的肇端。它主要经历了全国生态示范区建设阶段（1995—2013）、国家生态文明建设示范区阶段（2013—2016）、国家生态文明建设示范市县和"绿水青山就是金山银山"实践创新基地阶段（2016 年后）。

2. 国家生态文明先行示范区

国家生态文明先行示范区由国家发改委主导建设。2013 年，国务院发布了《关于加快发展节能环保产业的意见》，提出在全国范围内选择有代表性的 100 个地区开展国家生态文明先行示范区建设，探索符合我国国情的生态文明建设模式。同年 12 月，国家发改委联合财政部、国土资源部、水利部、农业部、国家林业局等部委发布《国家生态文明先行示范区建设方案（试行）》，启动国家生态文明先行示范区工作。

（二）国家生态文明试验区

近年来，国家各部委和各省市相继开展了各类型、各层级的生态文明试点示范，在探索生态文明建设经验、发挥示范引领作用中发挥了积极作用。《生态文明体制改革总体方案》和《"十三五"规划纲要》中均明确提出整合各部门的生态文明试点示范，设立统一规范的国家生态文明试验区。2016年，中共中央办公厅、国务院办公厅印发了《关于设立统一规范的国家生态文明试验区的意见》，在国家层面上实现了各类生态文明示范区的统一设立和统筹管理。其他部门未经批准，不再设立各种以"生态文明"冠名的试点示范。目前已设立了4个"国家生态文明试验区"。

表2　国家生态文明试验区战略定位和试点任务

	福建	贵州	江西	海南
战略定位	国土空间科学开发的先导区； 生态产品价值实现的先行区； 环境治理体系改革的示范区； 绿色发展评价导向的实践区	长江珠江上游绿色屏障建设示范区； 西部地区绿色发展示范区； 生态脱贫攻坚示范区； 生态文明法治建设示范区； 生态文明国际交流合作示范区	山水林田湖草综合治理样板区； 中部地区绿色崛起先行区； 生态环境保护管理制度创新区； 生态扶贫共享发展示范区	生态文明体制改革样板区； 陆海统筹保护发展实践区； 生态价值实现机制试验区； 清洁能源优先发展示范区
试点任务	健全国土空间规划和用途管制制度； 健全环境治理和生态保护市场体系； 建立多元化的生态保护补偿机制； 健全环境治理体系； 建立健全自然资源资产产权制度； 开展绿色发展绩效评价考核	绿色屏障建设制度创新试验； 促进绿色发展制度创新试验； 生态脱贫制度创新试验； 生态文明大数据建设制度创新试验； 生态旅游发展制度创新试验； 生态文明法治建设创新试验； 生态文明对外交流合作示范试验； 绿色绩效评价考核创新试验	构建山水林田湖草系统保护与综合治理制度体系； 构建严格的生态环境保护与监管体系； 构建促进绿色产业发展的制度体系； 构建环境治理和生态保护市场体系； 构建绿色共治共享制度体系； 构建全过程的生态文明绩效考核和责任追究制度体系	构建国土空间开发保护制度； 推动形成陆海统筹保护发展新格局； 建立完善生态环境质量巩固提升机制； 建立健全生态环境和资源保护的现代监管体系； 创新探索生态产品价值实现机制； 推动形成绿色生产生活方式

四、安徽省生态文明试点示范建设基础与成效

多年来，安徽省把生态文明建设放在突出的战略位置，融入经济、政治、文化、社会建设各方面和全过程，着力优化国土空间开发格局，全面促进资源节约利用，加大自然生态系统和环境保护力度，积极探索绿水青山和金山银山有机统一的有效途径，为生态文明试点示范建设奠定了良好的发展基础。

（一）从"生态省"到"安徽样板"的战略演进

纵观我省经济社会发展的历程，生态文明建设一直是与我省经济建设并行并进的一条主线。20 世纪 70 年代，安徽成为全国率先实行污染物排放许可证制度的唯一试点省份；90 年代，安徽又率先推出环境保护污染防治项目一揽子计划，生态文明制度建设走在全国前列。21 世纪以来，安徽省生态文明建设战略更加系统化、科学化和精细化，实现了生态省、生态强省、生态文明建设安徽样板的战略演进，为生态文明安徽样板建设提供了正确的战略方向。

1. 生态省

2003 年，安徽省委、省政府作出"建设生态安徽"的战略决策，安徽成为中西部首个生态省建设试点省份。2004 年，安徽省十届人大七次会议批准《安徽省生态省建设总体规划纲要》，拉开我省生态省建设的大幕。生态省建设成为贯穿"十一五"和"十二五"前期我省生态文明建设的重要战略任务。

2. 生态强省

2011 年，安徽省第九次党代会提出努力打造"三个强省"的发展战略，"生态强省"是其中之一。2012 年，安徽省委、省政府出台《生态强省建设实施纲要》，指出全面提升生态文明水平，走出安徽特色低碳环保、持续发展的新路子，创造良好的生产生活环境，打造宜居宜业宜游的生态强省。

3. 生态文明安徽样板

党的十八大把生态文明建设纳入中国特色社会主义事业"五位一体"总体布局。为贯彻落实生态文明体制改革总体方案，2016 年，安徽省委、省政府制定并出台《安徽省生态文明体制改革实施方案》。2016 年 4 月，习近平总书记视察安徽时强调："要把好山好水保护好，着力打造生态文明建设的安徽样板，建设绿色江淮美好家园。"同年 7 月，省委、省政府印发《关于扎实推进绿色发展

着力打造生态文明建设安徽样板实施方案》，明确提出打造"生态文明建设安徽样板"的战略思路，生态文明建设进入新的发展阶段。

（二）安徽省生态文明试点示范建设成效

安徽省依托各类生态文明试点示范建设平台，践行"两山"重要理论，着力解决突出的环境问题，大力发展生态经济，积极探索生态文明建设的新模式、新路径，取得了良好的建设成效。近年来，全省生态环境底色更靓、生态经济底气更足、生态文化底蕴更厚、生态制度底线更牢，为全面建成小康社会构筑了坚实的生态文明基础。

1. 环境质量全面改善

近年来，安徽省在保持经济9%左右较高速增长的同时，水、大气、土壤环境质量全面改善。

一是水环境质量显著提升。水环境提升是安徽环境治理的重要内容，早在20世纪七八十年代，我省就已颁布《巢湖水源保护条例》《安徽省淮河领域水污染防治条例》，实施重点流域水环境治理。党的十八大以来，我省深入实施水污染防治工作方案，全面推进河湖长制、湖长制，大力治理黑臭水体，全面打造水清岸绿产业优美丽长江（安徽）经济带，水环境质量显著提升。全省地表水优良水质（Ⅰ—Ⅲ类）比例由2012年的66.7%提升到2019年上半年的70.0%，重度污染水质（劣Ⅴ类）比例由2012年的11.4%下降到2019年上半年的2.2%。各市集中式饮用水源地水质达标率达97.7%，城市黑臭水体消除比例超90%。优劣水体比重的此升彼降，正是我省水环境质量显著提升的重要表现。

二是大气环境质量稳中趋好。党的十八大以来，我省严格实行环境空气质量和大气污染防治工作"双考核"制度，深入实施燃煤电厂超低排放改造，超额完成黄标车、老旧车、燃煤小锅炉淘汰任务，严格落实秸秆禁烧和综合利用，大气环境质量稳中趋好。全省二氧化硫浓度下降显著，2019年上半年降至2013年以来最低点，远优于环境空气质量一级标准限值。二氧化氮浓度常年达环境空气质量二级标准，平均浓度近三年逐年下降。细颗粒物浓度降低至$46\mu g/m^3$，达到监测记录以来的最好水平。可吸入颗粒物浓度降低至$78\mu g/m^3$，接近环境空气质量二级标准。城市空气质量优良比例下滑趋势得到遏制。

三是土壤环境质量管理机制初步建立。我省围绕实施"土十条"，着力抓好土壤污染状况详查、农用地土壤污染状况详查和重点行业企业用地污染状况调查。截至 2018 年年底，已完成全省农用地土壤污染状况详查，摸清我省土壤环境质量家底，进一步加强建设用地土壤环境管理，实施"清废行动"，对固体废物非法转移、倾倒、处置进行专项整治，推动建立长效机制，切断了非法转移倾倒固体废物的链条。

2. 生态屏障日益牢固

生态屏障是生态文明建设的基底。构筑牢固的绿色生态屏障对保障区域生态安全意义重大。我省围绕"三河一湖一园一区"、国家重点生态功能区等重点区域，逐步筑牢绿色生态屏障。

一是国土开发格局优化。我省在主体功能区战略指引下，不断优化国土空间开发格局，先后出台了《安徽省主体功能区规划》《安徽省新型城镇化发展规划（2016—2025 年）》等重大规划，推动省内各区域按照主体功能定位，构建科学合理的城镇化战略格局、农产发展战略格局、生态安全战略格局，逐步形成人口、经济、资源环境相协调的国土空间开发格局。

二是生态空间质量提升。生态空间具有必需性，是不可或缺的，如果缺失，会导致空间秩序紊乱。我省大力开展千万亩森林增长工程、林业增绿增效行动、湿地资源保护工程、长江经济带"建新绿"等工程行动，林地、湿地、草地等生态空间规模保持稳定，质量持续提升。2014 年以来，我省生态用地面积基本稳定在 5.5 万平方千米以上，占全省国土空间 40% 左右。全省森林覆盖率由2012 年的 27.53% 提升到 28.65%，位居长三角地区第二位。全省共划定 2.12 万平方千米生态保护红线，占国土面积的 15.15%，制定严格的生态保护红线管控政策。建成国家级森林公园 35 处，为生物多样性保护和生态系统修复提供了重要保障。

3. 生态经济蓬勃发展

安徽省在守护好"绿水青山"的前提下，以生态先行文明示范区为引领，产业结构不断优化、生产生活更加绿色、生态经济蓬勃发展。美丽的"绿水青山"正在向富民的"金山银山"高质量转化。

一是产业结构不断优化。我省近年来加快产业结构调整，服务业贡献率从2012 年的 29.9% 提升到 2018 年的 43.4%。2019 年上半年，我省一、二、三产比重优化调整为 7∶45∶48，三产首次超过二产，产业生态化、轻型化趋势明显。

二是产业生态化加快推进。2012—2018 年六年间，我省资源和能源集约利用效率大幅提升，单位 GDP 建设用地累计降低 40%，单位 GDP 能耗和单位工业增加值用水量累计降低 35% 以上。2012—2017 年，安徽省工业废水排放量总量累计下降 36%，其中 COD 下降近 70%；工业废气中二氧化硫排放总量累计下降近 60%，对环境影响显著减小；固体废弃物综合利用率大幅提升，实现了废弃物的资源化利用。

表 3　2012—2017 年安徽省工业"三废"排放基本情况

年　份	2012	2013	2014	2015	2016	2017
工业废水排放总量（万吨）	67 175	70 972	69 580	71 436	49 625	43 010
工业废水 COD 排放量（万吨）	8.94	8.71	8.18	8.29	3.93	2.95
工业废气排放总量（亿标立方米）	29 645	28 335	29 233	29 188	25 367	31 444
工业 SO_2 排放量（万吨）	46.98	45.02	44.06	42	23.24	18.96
一般工业固体废物产生量（万吨）	12 022	11 937	12 000	13 059	12 653	12 002
一般工业固体废物综合利用率（%）	81.5	83.9	84.44	88.48	82.62	90.90

三是生态产业逐步壮大。生态产业化重点在于盘活生态资源、连接一、二、三产业，通过市场化的手段实现生态资源保值增值。安徽省在产业结构优化，生产方式生态化、绿色化基础上，生态产业也在逐步壮大。2019 年，全省节能环保企业已达 794 家，产值占规上工业的 5.5% 左右，对全省经济贡献率达 13.5%。截至 2018 年，安徽省共有国家生态旅游示范区 5 个、国家全域旅游示范区 2 个，4A 以上景区近 200 个，居全国第五。2019 年上半年，全省接待入境游客 282.6 万人次、国内游客 4 亿人次，实现旅游总收入 4006 亿元，旅游业已成为安徽省生态产业的重要支柱。

四是生态经济新模式蓬勃发展。各地也因地制宜地探索形成生态经济发展的新模式。如黄山市大力发展原生态泉水鱼，实现市场价格 10 倍提升；六安市依托资源优势，打造"茶谷""果岭""药库"，实现综合收入 150 亿元以上；砀山县积极发展"互联网+生态农业"，打响"砀山酥梨""砀山黄桃"等公共品牌，带动 10 万多人从事农产品电商产业。

4. 体制机制逐步健全

安徽省生态文明试点示范建设的另一重要成效和亮点是生态文明制度建设。林长制改革、流域生态补偿、大气生态补偿、生态环境损害赔偿、重点生态功能区建设、排污许可制度改革等方面均走在全国前列。安徽省生态文明制度体系正在逐步建立健全，并为全国生态文明建设提供了安徽智慧和安徽经验。

五、安徽省生态文明试点示范建设存在的不足

安徽省生态资源丰富、生态环境良好，多年来依托各类生态文明试点示范建设，在生态环境保护、生态经济发展方面开展了大量工作，在生态文明体制机制和建设模式方面进行了一系列有益的探索，为我国生态文明制度体系贡献了"安徽经验"。但对标国家生态文明试验区建设的新要求，对标新时代生态文明发展的新趋势，安徽省生态文明试点示范建设仍然存在以下不足。

（一）示范平台亟待升级

1. 国家级平台不足

国家设立统一规范的国家生态文明试验区之后，生态文明体制改革的各项试点任务将优先放在国家试验区内进行。未经党中央、国务院批准，各部门将不再新设立批复生态文明试点示范。安徽省目前已获批准正在实施的各类国家级示范区最晚将在 2020 年到期结束，届时安徽省会面临国家级生态文明试点示范缺失的局面，相关生态文明体制机制改革将缺少国家级平台的支撑。

2. 省域尺度平台缺失

由于政策制定执行、生态系统、文化传统等方面的相对独立性，省域尺度的试点被认为是更理想的示范尺度选择①，福建、江西、贵州、海南等国家级生态文明试验区开展了大量省域尺度的生态文明体制机制和发展模式创新实践。目前安徽省的各类示范区以市县尺度和流域尺度为主，尚无省域尺度的生态文明示范平台。

3. 平台分布不均衡

从空间上来看，平台主要分布于皖南和皖西地区，其他地区分布较少。从区

---

① 郇庆治. 三重理论视野下的生态文明建设示范区研究［J］. 北京行政学院学报，2016（1）：17-25.

域分布上来看，试点示范建设主要集中在生态功能区，农产品主产区和重点开发区分布较少。对发展和保护矛盾突出的城市化地区以及面积广大的农业地区，生态文明发展支撑不足。

（二）局部生态环境有待提升

安徽省各区域间资源禀赋差异较大，生态环境质量也呈现出显著的分化特征。皖南、皖西等生态功能区，生态环境质量已居全国前列，2020年一季度黄山市空气质量在全国位列第6位。但全省其他地区尚存在资源环境承载能力已经超载的现象，成为生态文明试点示范建设必须解决的突出问题。

1. 皖北地区水环境和水生态问题交织

该区域单位面积地表水资源量仅相当于全省平均水平的30%～70%，淮河北岸支流水质达Ⅲ类水标准的不足30%，"缺水""缺好水"严重影响生产生活，威胁着人民群众的身体健康。

2. 城市化地区资源环境超载压力凸显

以市辖区为代表的城市化地区，在相对狭小的国土空间内承载了极高的资源环境压力，合肥、芜湖等部分市辖区国土开发强度已突破30%的警戒线，各市城区空气质量仅黄山市达二级标准。

3. 沿江沿淮和环巢湖区域国土开发保护矛盾突出

该区域开发建设、粮食安全保障和生态安全保护三类需求高度叠加，开发强度失控、开发空间越位、开发结构失衡问题凸显，局部地区资源环境压力已接近承载上限。

（三）生态价值实现机制有待创新

生态价值实现是通过市场交易或者政府管理将生态系统服务转化为经济价值的过程，我省虽然在生态价值实现方面进行了大量积极有效的探索，但价值实现的路径较少且偏传统。

1. 生态补偿机制仍不健全

虽然已出台相关文件将补偿范围拓展到各类生态产品，但补偿标准相对较低，补偿形式仅限于政府间的资金补偿，多元化市场化机制发挥不足，实际补偿额度与理论生态服务价值差距较大，以新安江和大别山生态补偿为例，目前横向生态补偿额度不到水生态服务价值的8%。

2. 生态资源产业化经营形式偏传统

安徽省生态产业化主要集中在特色农副产品加工、旅游景区开发等方面，经营形式单一、同质化程度高、品牌影响力不强、生态经济新业态发展不足，生态产品溢价能力较弱。

3. 生态产权交易机制相对滞后

近年来，我国相继开展节能量、碳排放权、排污权和水权等四大生态产权交易试点，目前全国碳排放权交易金额已突破 15 亿元，福建省排污权交易金额累计已达 12 亿元。安徽省虽然已出台《安徽省水权交易管理办法》《合肥市节能量交易（试行）办法》等相关制度，建有环境能源交易所等交易平台，但目前仍"有场无市"，尚未进行有效的交易实践。

（四）资金保障能力有待增强

生态文明试点示范建设需要充足的资金投入作为支撑保障。目前我省各地区生态文明试点示范建设均面临不同程度的资金压力，特别是在生态地区和农业地区，生态文明建设任务重、地方财力相对较弱，存在较大的资金短缺压力。生态产业对地方财政贡献率低，生态地区和农业地区普遍存在"生态强县、农业大县、财政穷县"的困境。随着未来相关产业准入和退出政策严格落实，地方经济从土地开发和工业化发展中获得财政收入能力可能进一步降低。生态补偿、财政转移支付虽在一定程度上缓解了财政压力，但资金投入远远不足。基层政府在生态文明试点示范建设中面临较大的财政资金压力。此外，目前生态文明建设多元化投入机制尚不健全，生态产业项目投资回报周期较长，社会资本参与生态文明试点示范建设的积极性也有待增强。

六、新时代安徽省生态文明试点示范升级思路

（一）新时代生态文明建设趋势

我国生态文明处于压力叠加、负重前行的关键期，已进入提供更多优质生态产品以满足人民日益增长的优美生态环境需要的攻坚期，也到了有条件有能力解决生态环境突出问题的窗口期①。面对"三期叠加"的新形势，生态文明试点示

---

① 习近平. 推动我国生态文明建设迈上新台阶［J］. 当代广西，2019（3）：10-14.

范建设既要坚持"两山论""以人民为中心"等基本原则，也要适应新时代生态文明建设新趋势特征。

1. 始终坚持"两山论"

"绿水青山就是金山银山"重要论断是习近平生态文明思想的基本内核，也是新时代生态文明试点示范建设的价值遵循。从"方法论"角度来看，"两山论"深刻揭示了人与自然、社会与自然的辩证关系，为生态文明试点示范的制度创新和模式探索提供理论依据。从"目的论"角度来看，"两山论"生动描绘了生产发展、生活富裕、生态优良的"美丽中国"新图景，以及生态文明试点示范的重要建设内容和奋斗目标。新时代生态文明试点示范建设，也必须继续坚持并践行"两山论"，实现生态优先、绿色发展。

2. 始终坚持"以人民为中心"

习近平总书记指出"良好的生态环境是最公平的公共产品，是最普惠的民生福祉"。以人民为中心是新时代生态文明试点示范建设的出发点和落脚点。一方面，生态文明试点示范建设需要回应人民群众日益增长的优美生态环境的需要，增加优质生态产品供给，增强人民群众对生态文明建设成效的获得感；另一方面，生态文明试点示范建设需要回应人民群众日益增长的富民惠民的期待，通过探索建立绿色发展机制，让人民群众获得实实在在的生态收益。

3. 更加强调整体系统示范

随着生态文明体制改革进入"深水区"，分散探索模式下的部门化、碎片化问题凸显，亟待加强顶层设计，进行整体性系统性示范。新时代生态文明试点示范建设将更加突出以整体性思维协同推进，破除"分散探索"时期的各类藩篱，推动部门间、区域间的协同治理，形成政策合力，统筹进行一批综合示范平台布局，形成广泛的示范效应。

4. 更加强调生态价值实现

生态产品是与生态密切相关的、社会共享的公共产品，往往会陷入"公地悲剧"困境。探索生态产品价值实现机制，是当前急需研究的重大理论问题，也是生态文明改革的重要任务之一。新时代生态文明试点示范建设，不仅仅需要着力提升生态产品质量，更需要充分发挥试点示范作用，破解生态文明建设难题，探索环境外部成本内部化的绿色发展机制，构建生态产品价值实现的长效机制。

5. 更加强调市场机制作用

长期以来，政府在我国生态文明建设中发挥了绝对的主导作用。随着生态环境资源稀缺性的日益提升，自然资源产权制度和有偿使用制度逐步成型，市场机制将发挥越来越重要的作用。新时代生态文明试点示范建设将由单一行政手段推动，向"政府主导、市场化运作、社会参与"转变，相关制度创新也将更加凸显"市场化"特色。

（二）生态文明试点示范升级总体考虑

升级安徽省生态文明试点示范，应以习近平新时代中国特色社会主义思想为指导，全面贯彻落实"绿水青山就是金山银山"重要理论，打造一个示范平台，坚持两大建设原则，处理好三对重要关系，聚焦七大战略方向。

1. 打造一个示范平台

创建"国家生态文明试验区"主平台。整合现有各类示范平台，升级为统领全省生态文明建设的载体。一是整合已有的综合试点和专项试点。二是打造高能级平台。围绕生态文明建设的各领域，设计形成符合安徽省情和生态文明体制改革需要的统一的平台建设体系。三是打造典型样板。充分考虑安徽省各板块间资源环境和经济社会发展差异较大的特点，围绕生态文明制度创新重点和创新难点，选择特色区域，集中力量打造几个较系统、集中的生态文明建设的示范样板，加快形成一批可学习、可复制、可推广的案例，助力安徽省乃至全国生态文明建设实践。

2. 坚持两大建设原则

与现有的国家生态文明试验区和其他典型区域相比，安徽省属于经济基础相对薄弱但增速快、生态环境本底好但压力大的区域，生态与发展矛盾相对突出。因此要充分考虑安徽实际，从"生态"和"发展"两个维度，提出升级生态文明试点示范，建设安徽省生态文明试验区的目标原则。

表4 不同区域生态文明试点示范建设目标侧重点

代表性省份	经济基础	经济增速	生态环境	建设目标侧重点
福建、浙江	优	中	良—优	重在生态升级。利用生态经济基础，进一步提升生态环境和生态产业质量
北京	优	中	中—较差	重在环境改善。利用经济基础，加快改善生态环境
海南、贵州	较差	中高	优	重在资源利用。守护生态环境，利用生态资源发展经济

（续表）

代表性省份	经济基础	经济增速	生态环境	建设目标侧重点
甘肃、宁夏	较差	中	较差	重在突破困局。通过改善生态环境质量，为经济发展提供支撑
安徽	中—良	中高—高	良	重在"两山"转化。一方面解决绿水青山中的结构性超载，一方面解决绿水青山如何转化为高质量的"金山银山"

一是坚持生态优先。安徽正处于工业化中期向后期过渡阶段，经济增长保持中高速水平，在资源环境承载持续加大的同时，资源环境问题对发展的约束作用也在加大。在生态文明试点示范建设中，必须秉承"生态理性优于增长理性"的生态优先理念。把生态文明建设放在突出的战略位置，融入全省经济、政治、文化、社会建设各方面和全过程。二是坚持绿色发展。安徽省迎来长三角一体化千载难逢的发展机遇，未来很长一段时间内，发展依然是安徽各地工作的重心和主题。绿水青山需要绿色发展，生态优先不是不要发展。常葆绿水青山，需要科学的经济发展方式。安徽生态文明试验区建设中，需要始终将高质量发展、绿色发展作为奋斗目标，在保持中高速经济增长的同时守护好"绿水青山"，加快"绿水青山"向"金山银山"转化。

3. 统筹三对重要关系

升级生态文明试点示范，创建国家生态文明试验区，安徽省需要正确处理好以下几对重要关系：一是政府与市场的关系。各级政府是生态文明试验区建设的主体和主导力量，市场机制也是创建生态文明试验区的重要力量。在生态文明试验区建设中，政府需要发挥好主导和调控作用，为市场机制的发挥"定规则""优环境"，弥补公共领域的"市场失灵"。市场要找准可以市场化的领域，在生态环境治理、生态资源利用、生态产品转化中探索新路。二是整体与局部的关系。创建生态文明试验区是一项系统性工程，需要对全省各地区统筹考虑、统一部署。同时，我省生态环境的结构性、区域性问题突出。在生态文明试验区创建和建设中，需要重视制约生态环境最突出的问题和人民群众反映最强烈的问题，对于全面推开难度较大的试验任务和局部地区有紧迫需求的试验任务，选择部分区域率先开展，以重点领域和关键环节的突破带动全省生态文明试验区建设。三是省内与省外的关系。安徽省处于长三角、长江经济带、淮河生态经济带三大国家战略的叠加覆盖区，与周边省市间存在经济、资源、环境的复杂而紧密的联系。创建生态文明试验区，既要重视省内各领域、各区域的生态文明建设，也要从长三角、长江经济带乃至全国的视角加以审视，打造区域相接的生态空间、联保共治的环境管理制度，加强与周边地区的生态协同。

4. 聚焦七大战略方向

升级生态文明试点示范，创建国家生态文明试验区，应从安徽省生态文明实践基础和生态资源优势出发，从新时代人民群众生态环境需要和安徽省经济社会发展需求出发，聚焦打造长三角生态协同示范区，打造多元生态补偿示范区，打造生态价值实现示范区，打造全国林长制改革示范区，打造河湖生态治理示范区，打造美丽乡村升级版示范区，打造绿色技术应用示范区。

七、国家生态文明试验区创建路径

（一）优化空间格局，实现国土空间科学开发

1. 优化国土空间格局

2013 年，安徽省印发《安徽省主体功能区规划》，该规划公布实施以来，在优化开发格局、规划开发秩序、推动区域协调和绿色发展等方面发挥了重要作用。然而该规划毕竟诞生于几年前，正处于皖江大开发的历史背景下，对"长江大保护"和"长三角一体化"等国家战略考虑相对不足。安徽省应借助国土空间规划和"十四五"规划编制契机，进一步贯彻主体功能区理念，优化国土空间战略和格局。

2. 形成空间规划体系

依托主体功能区及其优化调整成果，根据主体功能定位明确开发导向，完善开发政策，控制开发强度，规范开发秩序，形成与主体功能区战略相适应的分功能区国土开发保护方向。建立国土空间规划体系并监督实施，将主体功能区规划、土地利用规划、城乡规划等空间规划融合为统一的国土空间规划，实现"多规合一"，强化国土空间规划对各专项规划的指导约束作用，是党中央、国务院做出的重大部署①。安徽省应从形成规划协同机制、形成分级国土空间规划体系、探索规划"留白"机制三个方面加快形成国土空间规划体系。

---

① 《中共中央 国务院关于建立国土空间规划体系并监督实施的若干意见》（中发〔2019〕18 号）

（二）提升生态质量，筑牢示范建设绿色基础

生态环境质量是生态文明建设的基础，安徽省有"好山好水"的生态环境优势，也存在部分群众反映强烈的生态环境短板。打造安徽省生态文明试验区，需要从资源环境承载能力出发，巩固和提升生态优势，补齐生态短板，夯实生态文明绿色样板的基础。

1. 降低资源环境承载压力

生态文明建设须秉承底线思维，将各类开发活动限制在资源环境承载范围内。实施生态文明试验区建设，也必须从资源环境承载的这条底线出发，发现资源环境承载"短板"，定位发生超载的问题区域。坚持资源环境承载刚性约束，探索分区"泄压降警"路径，寻求保护改善生态环境、提升承载能力的路径，探索经济发展与环境承载相协调的发展模式。

2. 聚焦重点领域污染防治

在蓝天、碧水、净土三大攻坚战基础上，进一步强化对大气、水、土壤等重点领域的污染防治，重点解决社会关注度高、涉及人民群众切身利益的资源环境问题，建设天蓝地绿水净的美好家园，增强人民群众对生态文明建设成效的获得感。

3. 提升重点流域生态质量

围绕安徽省长江、淮河、新安江三大流域以及环巢湖地区，贯彻山水林田湖草系统治理思想，修复河湖、森林生态系统，提高重点流域生态质量。

一是长江流域。加快打造水清岸绿产业优美丽长江（安徽）经济带。从生态系统整体性和长江流域系统性出发，重点开展"禁新建、减存量、关污源、进园区、建新绿、纳统管、强机制"七大行动。二是淮河流域。建设淮河生态大走廊，强化大别山生态保育，加强生态修复和水资源保护，加快重点水利工程建设。三是新安江流域。严格产业准入，加强优质水源保护，加强湿地保护，筑牢森林生态屏障，探索建设"大黄山国家公园"。四是巢湖流域。推进巢湖综合治理，加快环巢湖生态保护与修复，加强入湖河流综合治理，修复河流生态功能，提升河流自净能力。

4. 完善生态环境保护制度

一是推广完善河（湖）长制。研究制定河湖等级划分和分级管理意见，建立河湖联席会议制度，推行"河（湖）长制"管理责任机制与考核机制。分类

制定各流域、各行政区差别化控制指标，研究建立河湖监测评价体系，提升河湖监管手段的科技含量及现代化水平。二是推广完善林长制。进一步完善林长责任体系，建立一山一坡、一林一园、一区一域有专员专营，责任到人。建立精准管理机制，实现一林一策、一林一档、一林一技、一林一警配套[①]。探索森林生态效益补偿机制、林区基础设施建设、森林资源监测体系、智慧林业建设、林业投融资等领域配套政策。推动形成保护森林和湿地资源的责任机制，出台林业管理评价指标体系与评价标准，探索建立省级考核实施细则，细化量化考核指标，制定管控指标，确保林长制工作科学化、制度化、规范化[②]。三是健全生态环境追责机制。编制自然资源资产负债表，对领导干部实行自然资源资产离任审计。建立领导干部任期生态环境质量考核制度、生态环保督察制度和生态环境损害责任终身追究制度。强化对党政领导的环境保护目标考核，实行严格的生态环境保护责任追究制度。加强环境损害鉴定评估能力建设，推动开展环境损害司法鉴定，对造成生态环境损害的责任者严格实行赔偿制度，依法追究刑事责任。建立环境信用评价制度，将环境违法企业列入"黑名单"，并向全社会公开，纳入社会信用体系。

（三）拓宽转化渠道，加快生态产品价值实现

习近平总书记强调要积极探索推广绿水青山转化为"金山银山"的路径，选择具备条件的地区开展生态产品价值实现机制试点，探索政府主导、企业和社会各界参与、市场化运作、可持续的生态产品价值实现路径。探索生态产品价值实现，是建设生态文明的应有之义，也是新时代必须实现的重大改革成果。一般认为生态产品价值实现途径包括生态补偿、转移支付、生态产权交易、生态资源产业化经营等方面。安徽省生态优势突出，但生态价值转化渠道相对单一，转化层次较低。安徽省创建国家生态文明试验区建设应将生态产品价值转化作为重要突破口。

1. 健全多元化市场化生态补偿机制

生态补偿是一种创新型环境政策，是实现环境外部成本内部化的一种经济手

---

①　曾凡银. 以林长制构建林业生态发展长效机制 [J]. 江淮论坛, 2019 (6)：62-67.
②　孙戎. 以林长制改革推进生态文明建设 [N]. 安徽日报, 2018-06-19 (006).

段与制度安排①，它可以有效地协调流域内各利益主体之间的经济利益关系。新安江流域生态补偿是我国首个跨省流域生态补偿试点，"新安江模式"已成为我国生态补偿的重要示范。创建国家生态文明试验区，需要在新安江生态补偿基础上，建立新安江流域上下游横向生态补偿机制"长效版""拓展版""推广版"，创造更多可复制可推广的经验。

建成归属清晰、权责明确、监管有效的自然资源资产产权制度和自然资源开发使用评估机制，为生态产品价值实现奠定基础性制度。完善生态补偿相关法律，加快新安江流域的立法建设，形成"责任共担利益共享"的流域良性合作新态势，加快出台与流域生态补偿相配套的法律，为生态补偿提供立法支持。拓展生态补偿范围，提升生态补偿标准，在总结新安江流域生态补偿机制经验的基础上，向多领域、多地区推广。创新生态补偿形式，贯彻党的十九大提出的"建立市场化、多元化生态补偿机制"的要求，拓展生态补偿方式，在流域上下游共建共享、产业融合发展、区域协同推进等方面实现创新和深化。

2. 构建生态产权交易制度体系

制定出台排污权、碳交易、水权等方面的地方试行条例，确保生态产品价值实现的合法性。探索建设政府主导，生态产品利用型企业参与的生态产品交易平台，完善森林、湿地、水资源交易制度，促进生态产品的价值实现。

推动水权确权登记改革试点，探索形成可复制、可推广的水权确权登记做法与经验，构建归属清晰、权责明确、监管有效的水权制度体系。建立水权交易市场，探索建立水权交易平台，在有条件的行政区域，引导支持开展水权交易，支持取水权人通过节约使用水资源有偿转让相应的取水权。加强对水权交易活动的监管，强化水资源用途管制。建立用能权和碳排放权交易机制。加强用能权、碳排放权的对接，共同引导资源的有效配置。建立重点企（事）业单位年度碳排放监测、报告和第三方核查制度。支持企业实施二氧化碳捕捉、可再生能源、造林等核证自愿减排项目。探索建立我省碳排放交易平台，引导支持企业参与碳排放权交易。

3. 构建绿色低碳的生态经济体系

生态经济是生态文明建设的核心内容之一，生态产品的产业化经营是生态产

---

① 蒋毓琪，陈珂．流域生态补偿研究综述［J］．生态经济（中文版），2016（4）：175–180.

品价值转化的重要途径。安徽省打造生态文明试验区，可以从产业生态化和生态产业两个方向，加快构建生态经济体系。一是加快推进产业生态化。加快工业转型升级，构建循环型产业链，优化能源消费结构。二是培育壮大生态产业。发展节能环保产业，做大做强生态旅游，积极发展生态农业，培育发展生态产业新业态。

4. 大力发展绿色金融

完善绿色金融认定制度、绿色金融激励制度以及绿色金融风险防范制度等配套管理制度，提高绿色金融服务水平。与金融机构、企业等社会资本广泛合作，建立包括绿色发展引导基金、绿色产业发展基金、环保基金、绿色担保基金、气候基金等在内的多种形式的绿色基金。鼓励企业、金融机构发行绿色债券，募集资金主要用于支持生态修复、污染治理、发展绿色产业等领域，出台支持绿色债券的财政激励政策，补贴绿债发行。加强绿色金融专业人才培养。引进国内外绿色金融中高级技术人员与高级管理人员，鼓励省内各大高校、院所加快相关人才培养。

（四）加强统筹协调，实现生态环境协同治理

1. 推动生态环境联保共治

强化大气、水污染联防联控。推动排放标准、环保规范和执法规范对接，加强跨界环境污染纠纷处置和应急联动，深化信息共享机制，建立重点区域环境风险应急统一共享平台，逐步实现区域环境治理政策法规和标准规范的统一和联合发布。一是推进水环境共治。积极参加长江、淮河等干流跨省联防联控机制，充分加强相关流域管理机构的对接合作。制定实施长江、淮河、新安江—千岛湖、巢湖等重点跨界水体联保专项治理方案。二是协同推进大气污染防治。推动华东电网公司、沪苏浙共同做好皖电东送机组的煤炭消费总量控制，同步参与安徽电网深度调峰。三是提升固废危废防治水平。建立涉固体废物单位清单，实行危险废物和工业固体废物产生、贮存、运输、利用、处置全过程申报登记，严格防范工业企业搬迁关停中的二次污染和次生环境风险。全面运行危险废物转移电子联单，健全固体废物信息化监管体系。严厉打击危险废物非法跨界转移、倾倒等违法犯罪活动。探索建立跨区域固废危废处置补偿机制。

2. 推进"长三角一体化"绿色发展

以"长三角一体化"区域发展国家战略为依托，推动长三角地区生态系统

和生态空间系统保护，加强区域环境协同发展，推动区域协同治理和产业战略布局，构建"高质量一体化区域"，打造区域绿色发展示范区，推动长三角区域生态环境协同改善。同时，通过改善区域能源结构和产业结构，优化经济发展和生态环境功能布局，按照产业发展梯度，加强长三角地区产业转移、要素流动和科技成果转化的便利化程度，确保"长三角"地区生态环境保护协作机制持续高效运行。

3. 共同守护"美丽长江经济带"

依据生态优先、绿色发展的原则，联合上下游省市，加快打通长江经济带上中下游生态环境保护治理体系，抓住水资源、水环境、水生态这个"牛鼻子"，推动流域上中下游协同保护；加快推动与中部省份合作发展进程，完善长江流域、淮河流域跨部门、跨区域监管与治理制度，健全流域考核和生态补偿机制，全面改善长江流域、淮河流域生态环境质量。推进长江经济带、长三角区域、中部经济带水环境协同治理，深入推进大气污染协同防治，进一步完善区域环保合作机制，形成大区域联防联控示范。

4. 加强区域生态经济合作

积极融入长三角高质量一体化发展格局，围绕安徽省生态和文化资源优势，以产业转移、产业帮扶、合作共建等形式，积极开展皖苏、皖浙间产业合作，提升安徽省生态经济发展水平。聚焦产业范围，重点承接沪苏浙新兴产业、绿色产业、生态产业；鼓励本地企业与沪苏浙企业建立产业联盟，强化分工合作，壮大数字经济、新能源及智能汽车、高端装备等创新产业集群。围绕主导产业、战略性新兴产业、绿色产业发展，将产业链招商作为主要抓手，积极对接沪苏浙地区企业、科研机构，加快相关配套保障，尽快形成产业链。

（五）依托科创优势，加快绿色技术创新应用

1. 培育壮大绿色技术创新主体

发挥企业绿色技术创新主体作用。支持符合国家标准规范的企业申报绿色技术创新企业认定。加大对企业绿色技术创新的支持力度，鼓励企业牵头或参与绿色技术研发项目。健全科研人员评价激励机制，激发高校、科研院所绿色技术创新活力。推进"产学研金介"深度融合。支持龙头企业整合高校、科研院所、产业园区等力量建立绿色技术创新联合体；依托现有产业技术联盟，鼓励建设一批绿色技术创新联盟，整合产业链上下游资源，加强产学研合作，开展绿色技术技术攻关研究。

2. 强化绿色技术创新导向机制

加强绿色技术创新方向引导，推广国家发布的绿色产业指导目录、绿色技术推广目录和绿色技术与装备淘汰目录，鼓励和引导社会资本投向绿色产业。对标国内外先进技术，布局实施一批省级科技计划项目，围绕资源再利用、污染治理、清洁生产、生态恢复、新能源的重点领域，推动研制一批具有自主知识产权、达到国内外先进水平的关键核心绿色技术。强化绿色技术标准应用。加强重点领域绿色技术标准宣贯，明确绿色技术关键性能和技术指标，开展绿色技术效果评估和验证。完善并贯彻实施污染物排放等强制性地方标准，倒逼企业进行技术绿色创新升级。推进绿色技术创新评价和认证。

3. 推进绿色技术成果转化

支持企业、高校、科研机构等建立绿色技术创新项目孵化器，研究制定推进绿色技术中试设施建设的相关制度，探索以政府购买服务等方式，健全绿色技术创新公共服务体系，扶持初创企业和成果转化。引导各类天使投资、创业投资基金、地方创投基金等推动重点绿色技术创新成果的转化及绿色技术研发团队的创新创业。依托安徽科技大市场，逐步开展绿色技术交易活动。

加强绿色技术交易中介机构能力建设，培育一批高素质的懂科技、懂法律、了解市场、善于经营、诚实信用的绿色技术市场"经纪人"队伍。利用安徽科技成果转化引导基金，促进更多绿色技术成果转化。支持企业、高校、科研机构等建立绿色技术创新项目孵化器，推动绿色技术创新转移转化综合示范。采用"园中园"模式，推动省级及以上开发区开展绿色技术创新转移转化示范，促进有条件的产业集聚区向绿色技术创新集聚区转变。

4. 推动绿色制造体系建设

加大研发投入力度，强化技术研发协同化创新发展，加强共性核心技术攻关，推动科技成果落地转化。依托《中国制造2025》和"互联网+"，推进制造业智能化绿色化转型发展，落实物联网、机器人、自动化装备和信息化管理软件在生产过程中的应用，提高绿色装备制造业智能化和信息化水平。促进绿色装备产品多元化发展，挖掘提升品牌效应，促进绿色装备产品结构进一步优化，拓展细分领域，逐步开发形成符合市场需求的成套化、系列化产品。

5. 提升绿色产品和服务供给水平

以供给侧结构性改革为主线，扩大现有绿色产品标准的覆盖面，完善绿色产品评价体系，实施动态化、公开化绿色产品清单管理，建立健全第三方评价机制。鼓励和引导创新能力较强的高等院校、科研院所及企业开展绿色产品研发和创意设计。支持和引导行业龙头、骨干企业率先生产绿色产品，形成"以大带小、以点带线"的绿色产品发展格局。重点扶持绿色服务机构建设，扩大现有服务范围，提升绿色产业项目咨询、能源管理、水权交易、排污许可及交易、碳排放权交易等服务质量。

（六）围绕人民需求，着力提升全民生态福祉

1. 打造生态宜居城市

强化城市园林绿地系统建设，以服务和促进城市可持续发展、提升城市发展品质和城乡居民生活质量为主要功能，重塑城市生态空间，推动城市组团间山体水系、生态廊道建设，构建富有特色的、低碳生态的城市布局结构和城市空间形态。发挥耕地的生态、景观、农耕文化体验等功能，规划建设以耕地、林带、水域为主要载体的城市绿带、绿洲、绿心，形成生态屏障，防止城市无序蔓延，促进城市组团式、跳跃式、理性、内涵集约发展。充分利用城市及社区空闲地，加强城市中心区、老旧城区、商业区等人口密集、绿化薄弱地区的绿地建设，增加城市绿地面积和绿色空间，均衡绿地系统布局，改善城市热岛效应。以城市山体、水系、湿地为基础，加强老城区和城郊接合部绿地、湿地建设，突出生物多样性，对城市现有河流、湿地加强保护。

2. 打造生态美丽乡村

大力发展村庄周边绿化、庭院绿化，对古树名木采取保护措施，改善村容村貌和人居环境。提升绿化水平，重点强化道路沿线、乡镇出入口、空置地块等主要节点绿化，大幅增加乡镇绿量。统筹区域和城乡基础设施，重点加强供水、排水等基础设施建设，一体化推进农村垃圾、污水、厕所专项整治的"三大革命"。加强村庄整体风貌保护与设计，注重保留当地传统文化，切实保护自然人文景观及生态环境。坚持不破坏自然环境、不破坏自然水系、不破坏村庄肌理、不破坏传统风貌的原则，引导村庄合理布局，村庄修复整治与山水田林湖草融为一体，平原地区更具田园风光，丘陵地区更具错落有致风貌，水网地区更具水乡风韵，山区更具生态山村风貌。加强黟县西递村、黟县宏村、歙县渔梁村、旌德县镇江村、歙县棠樾村等国家级、省级历史文化名村和传统村落保护建设，加强文物及非遗项目保护、传统建筑利用示范，使传统村落得到有效保护。

（七）弘扬生态文化，积极培育绿色生活风尚

1. 加强生态文明宣传教育

建立健全生态文明宣传教育网络，重点加强青少年生态文明意识教育，将低碳、绿色、环保、生态等理念渗透到学校的日常教学之中。将生态文明教育纳入党政干部培训体系中，公务员任职培训安排生态文明理念、知识、环保法律法规等方面的教育内容。深入开展生态文明主题教育实践活动，创新生态文明宣传形式，扩大生态文明宣传展示基地，开展群众喜闻乐见的环境宣传活动。加强生态环保法制专题宣传教育，不断提升全社会的生态环保法律意识。

开展全民绿色消费教育，将勤俭节约、绿色低碳理念融入家风传承教育，将绿色消费及环境保护等内容纳入学前教育、义务教育和高等教育体系中。广泛推进主题宣传，把绿色消费纳入节能宣传周、科普活动周、环境日等主题宣传活动，充分利用微博、微信公众号、报纸、广播等各种宣传媒介，普及绿色知识，倡导节约、绿色、低碳消费理念和消费方式。规范消费行为，引导消费者自觉践行绿色消费，打造绿色消费主体。推广"生态美"超市发展模式，探索建立绿色消费积分制度，鼓励消费者通过利用或购买绿色产品及服务获得相应积分，用于购买各类商品及服务。

2. 加快传统文化与生态文化融合

倡导尊重自然、顺应自然、保护自然的生态文明理念，做好老庄文化、徽州传统文化等安徽地域文化与生态文化的有机结合，将传统生态文化渗透到社会生产和人民生活的各个环节，成为大众自觉的文化意识。继续实施徽州古建筑保护工程，开展古民宅、古祠堂、古牌坊等徽州古建筑现状调查，建立文字、图片、录像等档案，实施分类保护。

3. 加快绿色产品推广

完善绿色技术产品推广机制，健全绿色产品和服务的标准体系，扩大标准覆盖范围，推动节能、低碳、节水、环境标志、资源综合利用等绿色产品标准、认证、标识在省内的使用和采信，鼓励认证机构对所认证的绿色产品提供担保并承担连带责任，加强绿色产品全生命周期计量测试、质量检测和监管。加强绿色产品生产和销售的对接，拓宽销售空间，大幅提升节能家电、绿色建材等绿色产品的市场占有率。全面推行绿色办公，实施绿色办公行动准则，落实政府对绿色产品的优先采购和强制采购制度，及时发布政府采购绿色产品清单。

4. 建立全社会共同参与机制

鼓励企业参与生态环境保护。以新安江生态补偿经验推广为契机，探索建立市场化的生态补偿机制，鼓励企业作为主体参与生态补偿；建立资金引导机制，通过财政贴息引导商业银行向从事生态环境治理的市场主体提供贷款，鼓励政策性银行提供优惠贷款，对符合条件的企业提供适当额度的财政补贴。积极发挥环保组织的专业性、灵活性和创新性的特点，依托环保组织开展居民环保教育和宣传工作，创新开展互联网+环保公益活动，提高公众积极性，依法规范境外环保组织的活动。强化公众监督。完善生态环境监测信息统一发布机制，全面推进大气、水、土壤等生态环境信息公开，重点依托互联网技术，健全公众参与环境监督的渠道和方式，对监督举报者加强鼓励和保护，构建公众参与环境治理决策的有效渠道和合理机制，鼓励公众对政府环保工作、企业排污行为进行监督。

指　导：蒋旭东

执　笔：张贝尔　孙京禄　陆贝贝

王淑文　朱竹墨　马金强

许　毅

安徽省煤炭消费峰值预测及减煤潜力分析

一、煤炭消费总量控制政策背景

随着工业化进程不断深入，大气污染形势日益严峻，环境保护和可持续发展成为人类社会发展的重大研究课题，以煤控为核心的能源转型在全球范围内受到极大的关注。英国、德国等发达国家均先后提出脱煤路线图或目标，强化政府引导和资金奖补，并使用市场化手段推动能源产业技术升级，促进能源高效利用。目前，英国煤电仅占电力的 2%，并计划在 2025 年完成脱煤；法国、意大利也将在 2025 年完成脱煤；德国对燃煤依赖较重，至今仍有 30% 电力来自煤电，计划于 2038 年脱煤，并将于 2026—2029 年检讨脱煤时程，讨论是否提前到 2035 年。

我国是煤炭生产和消费大国，煤炭消费总量控制是当前能源消费革命、能源结构调整的重中之重。自《2011 年全国污染防治工作要点的通知》提出"开展重点区域煤炭消费总量控制试点"开始，我国煤控经历了总量控制试点、煤炭等量替代、煤炭减量替代三个阶段，已形成政府统领、企业主导、市场驱动、社会参与的煤炭消费总量控制政策体系。当前，我国正处于煤炭减量替代阶段。《关于做好 2016 年度煤炭消费减量替代有关工作的通知》对煤炭消费减量替代工作提出具体落实的操作办法，在长三角、京津冀、珠三角的基础上，进一步将辽宁、山东、河南纳入试点范围，涉及项目也逐步由电力项目扩展到非电项目。《能源发展"十三五"规划》《打赢蓝天保卫战三年行动计划》等文件明确了到 2020 年全国煤炭占能源消费总量比重下降到 58% 以下的目标。"十三五"时期，我国以供给侧结构性改革为主线，针对煤炭、钢铁、电力等重点行业，大力推动"三去一降一补"各项政策措施，各行业发展规划也制定了能效提升、污染物减排、结构调整等具体约束目标，有效促进了煤炭减量替代。

安徽作为煤炭能源大省，煤炭消费总量大，能源消费结构中煤炭占比高，以煤为主的能源结构支撑了全省经济的高速发展，但部分地区空气污染等问题相对突出。开展煤炭消费总量控制对优化我省能源消费结构、推进生态文明建设、加快新旧动能转换和实现经济高质量发展，具有十分重要的现实意义。我省于 2017

年启动煤炭消费减量替代工作，印发《安徽省煤炭消费减量替代工作方案（2018—2020年)》《关于组织开展重点用能单位"百千万"行动有关事项的通知》《"十三五"节能减排实施方案》等文件，提出2020年煤炭消费总量比2015年下降5%的目标，并将任务分解落实到各市政府和重点用煤企业，大力推进淘汰落后产能和化解过剩产能，着力推进重点领域节煤提效。

二、安徽省"十三五"煤炭消费现状与特征

（一）从煤炭消费量变化来看，煤炭消费量占一次能源消费总量的比重不断下降，但消费总量仍呈上升趋势

1. 煤炭占能源消费比重逐年下降

"十二五"以来，在控制煤炭消费总量的大背景下，我省煤炭消费量占一次能源消费总量的比重逐年下降，由2011年的77.1%下降到2018年的70.9%。2018年，全球煤炭消费占一次能源的比重为27.2%，为15年来最低值；但我国煤炭消费占比仍然较高，达到了59%[①]，而我省煤炭占比仍高出全国11个百分点，能源结构"高碳"特征明显。2011年以来全球、中国及安徽煤炭消费占一次能源消费的比重如图1所示。

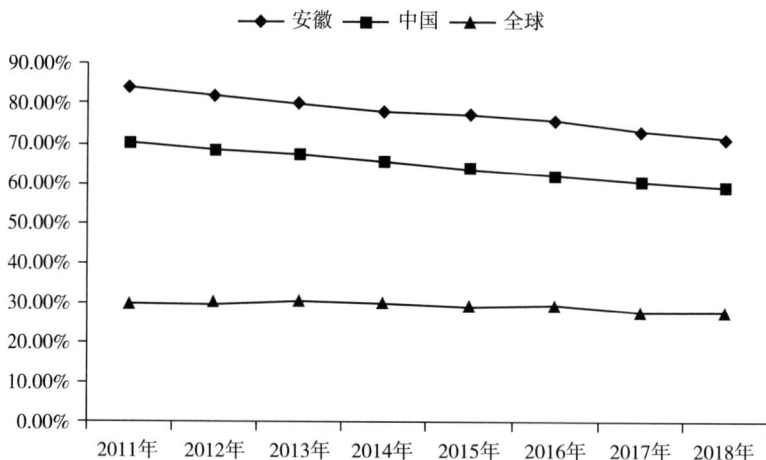

图1　2011年以来全球、中国及安徽煤炭消费占一次能源消费的比重

---

① 根据《世界能源统计年鉴（2019）》统计，全球煤炭占比超过50%的国家只有5个，分别是南非、爱沙尼亚、中国、印度和吉尔吉斯斯坦。美国、欧盟、日本和英国等主要经济体的煤炭占比分别只有13%、13.2%、25.9%和3%。

2. 煤炭消费量不断攀升

从总量看，我省煤炭消费量由 2011 年的 1.41 亿吨增加到 2018 年的 1.67 亿吨，年均增长 2.19%，如图 2 所示。在长三角地区和中部省份中，只有安徽、山西、江西三省 2017 年煤炭消费量比 2011 年高。从人均水平来看，我省 2017 年人均耗煤量为 2.57 吨，比全国人均水平低 7 个百分点，在长三角地区中，人均耗煤量低于江苏，但高于上海和浙江。随着生态文明建设和长三角高质量一体化发展不断推进，持续改善环境质量对我省"十四五"期间能源转型、环境治理和煤炭减排工作提出了更高的要求。

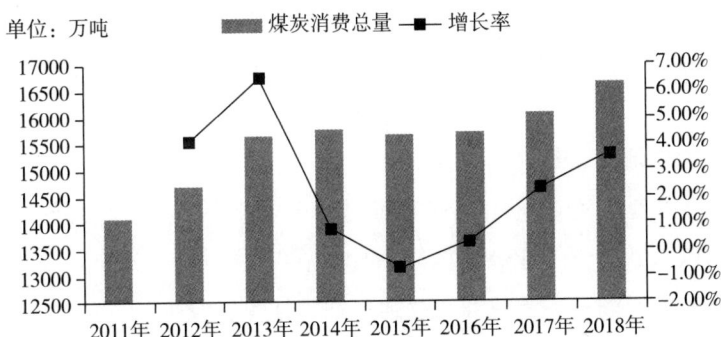

图 2　2011 年以来安徽省煤炭消费量情况

2011—2017 年全国及周边省份煤炭消费情况，见表 1 所列。

表 1　2011—2017 年全国及周边省份煤炭消费情况 （单位：万吨）

地区	2011 年	2012 年	2013 年	2014 年	2015 年	2016 年	2017 年	年均下降率（%）	2017 年人均耗煤量（吨/人）
全国	388961	411727	424426	411614	397014	384560	385723	-0.14	2.77
上海	6142	5703	5681	4896	4728	4626	4578	-4.78	1.89
江苏	27364	27762	27946	26913	27209	28048	26620	-0.46	3.32
浙江	14776	14374	14161	13824	13826	13948	14262	-0.59	2.52
安徽	14123	14704	15665	15787	15671	15729	16085	2.19	2.57
福建	8714	8485	8079	8198	7660	6827	7543	-2.38	1.93
江西	6988	6802	7255	7477	7698	7618	7761	1.76	1.68

（续表）

地区	2011 年	2012 年	2013 年	2014 年	2015 年	2016 年	2017 年	年均下降率（%）	2017 年人均耗煤量（吨/人）
山东	38921	40233	37683	39562	40927	40939	38165	-0.33	3.81
河南	28374	25240	25058	24250	23720	23227	22669	-3.67	2.37
湖北	15805	15799	12167	11888	11766	11686	11777	-4.78	2.00
湖南	13006	12084	11224	10900	11142	11444	12405	-0.79	1.81
山西	33479	34551	36637	37587	37115	35621	42942	4.24	11.60

（二）从煤炭消费结构来看，工业煤炭消费占主导地位，高能耗行业消费占比较高

1. 工业煤炭消费占绝对主导地位

目前我省仍处在工业化中期向后期过渡阶段①，工业发展延续了旧动能增长。2015 年以来，全省工业煤炭消费占比均在 97%以上，2018 年，全省工业耗煤占比达到 98%。农业、建筑业、交通运输等耗煤量较少。

2. 高耗能行业煤炭消费占比偏高

2019 年，我省电力热力生产和供应、非金属矿物制品、黑色金属冶炼和压延加工、化学原料和化学制品制造、石油煤炭及其他燃料加工、煤炭开采和洗选等重点耗煤行业占工业煤炭消费总量的比例为 98.05%。其中，电力热力生产和供应业煤炭消耗量占全省煤炭消费总量的比例最高，达到 62.82%；电力行业煤炭消费较 2015 年增加 2567 万吨。

3. 大部分工业行业煤炭消费减量空间有限

与 2015 年相比，2019 年煤炭生产、轻工、烟草、纺织、医药、机械制造等领域煤炭消费降幅明显，其中有色金属矿采选、烟草制品、家具制造、印刷和记录媒介复制、通用设备制造、专用设备制造、汽车制造、铁路船舶航空航天和其他运输设备制造、计算机通信和其他电子设备制造、仪器仪表制造等细分行业煤炭消费量已降至 1 万吨以下，行业煤炭消费减量空间有限。

---

① 按照钱纳里模型关于工业化发展阶段的划分标准，从人均 GDP 水平、产业结构、就业结构、城镇化率四项指标的发展趋势综合判断。

安徽省主要行业煤耗量变化表，见表2所列。

表2 安徽省主要行业煤耗量变化表

主要行业	煤炭消费2019年比2015年增减比例（+/-,%）
煤炭	-191.9
石化	41.1
冶金	26.8
有色	7.4
建材	-0.6
化工	-9.3
轻工	-44.5
烟草	-117.4
纺织	-38.0
医药	-481.4
机械	-4096.4
电力	25.3
其他	1.1

（三）从煤炭消费区域来看，区域差异比较明显，与GDP增长不匹配

1. 煤炭消费区域差异较大

一是资源型城市和老工业城市"老大难"依然存在。2015—2017年，淮南、淮北、马鞍山、铜陵四市煤炭消费量占我省煤炭消费总量的56.6%，年均增速为1.75%，高于全省年均增速1.31%，其中铜陵、淮北两市煤炭增长较快，年均增长分别为6.50%和5.94%。二是合肥、芜湖等经济发达地区煤炭消费量居高不下。合肥、芜湖经济总量持续多年居前二位，煤炭消费量分别位于第四位和第六位。2015—2017年，合肥市煤炭消费量保持稳定，芜湖市煤炭消费量保持增长态势，年均增长2.61%。三是亳州、安庆等地煤炭消费量增长迅速。亳州、安庆市经济发展较快，拉动煤炭消费量的快速增长，2015—2017年年均煤炭消费量分别增长48.27%、14.08%，增速位居全省前列。四是黄山、六安、池州等生态资源较好地区煤炭消费量保持低位。2015—2017年，黄山、六安、池州煤炭消费量相对较低，且基本保持负增长态势。煤炭消费量最少的黄山2017年为54.03万吨，与煤炭消费量最多的淮南相差近60倍。

2. 煤炭消费与GDP产出不平衡

对比2017年各市煤炭消费和GDP占比情况可以看出，我省煤炭区域消费存

在与 GDP 产出不匹配、不平衡现象。从地市来看，淮南、淮北消耗了全省 20.1% 和 13.1% 的煤炭，仅贡献了 3.4% 和 3.9% 的 GDP。从区域来看①，皖北地区煤炭消费量占全省的 52.0%，GDP 占全省的比重仅为 28.6%；皖南地区煤炭消费量占全省的 37.1%，GDP 占全省的比重为 30.4%；皖中地区煤炭消费量占全省的 20.3%，GDP 占全省的比重为 42.5%。

三、安徽省"十四五"煤控面临的形势

（一）面临的挑战

1. 新建重点行业重大项目用能快速增长，煤炭消费需求仍将维持高位水平

"十四五"期间，我省节能减排的压力仍不容忽视。年综合能耗 30 万吨标准煤及以上的重大项目主要集中在石化及化工、电力热力生产供应、燃气生产和供应、钢铁、有色、非金属矿物制品业等行业。其中，石化及化工是能耗量最大的行业领域；其次是电力热力生产供应行业、以煤炭为主要能源的建材和钢铁项目。总体来看，"十四五"期间我省新建重点行业重大项目对煤炭需求依旧保持在较高水平，短期内煤炭减量难度较大。

2. 产能过剩矛盾仍然存在，去产能工作更需科学精准

目前，我省去产能工作主要是通过行政化手段层层分解指标，将压减产能的总任务、年度任务按标分解到各市，各市再将压减任务依企业规模大小按比例分配。简单"按区域分配、按企业分解"的硬性方式去产能，或者按照企业规模和装备容量大小来划分，并不能真正反映企业实际市场竞争力，可能会造成大量效益较好的中小规模企业被"误伤"，致使产能严重过剩的矛盾没有得到根本性的解决，主要问题已从过去产能严重过剩，向部分地区产能过大、产能集中度低、环境能耗难以承受三方面问题转化。因此，"十四五"期间如何根据我省发展实际，科学制定更加精准的去产能实施方案显得尤为重要。

3. 能源消费新动力不断积聚，把握用电增长态势更加困难

"十四五"时期，受基础设施投资增长拉动，去产能带来的效益改善和电改

---

① 皖北指安徽省淮河以北地区，包括宿州、淮北、蚌埠、阜阳、淮南、亳州六市；皖中指安徽省长江以北淮河以南地区，包括合肥、六安、滁州、安庆四市；皖南指安徽省长江以南地区，包括黄山、芜湖、马鞍山、铜陵、宣城、池州六市。

释放的降本红利的影响，在一定时期内一些高耗能行业的产量和用电量还会继续上升。以新型制造业和第三产业为代表的新动能用电增长较快，比重不断提高。我省 2018 年信息传输/软件技术等服务业用电同比增长了 25.5%。"十四五"期间，电力需求维持较高增速是大概率事件，而我省电力生产又以火力发电为主，2015 年，火力发电占全省电力生产总量的 96.5%，2018 年占比仍达到 92.4%，用电需求的增长势必给我省煤炭消费减排工作带来负向阻力。

（二）面临的机遇

1. 绿色低碳发展提供新动力

"富煤、贫油、少气"是我省能源结构的基本特征，以煤炭为主的资源禀赋是基本省情。"十四五"时期，经济发展更加注重绿色低碳和生态文明建设，为能源消费结构转型、提高煤炭利用效率提供了宝贵的战略机遇，有利于加快我省天然气、石油，非化石能源替代煤炭进度，提升煤炭清洁利用技术水平，为我省非化石能源的能源跨越式转型提供新动力。

2. 区域战略实施增加新合力

长三角一体化发展上升为国家战略，与京津冀协同发展、粤港澳大湾区建设等国家战略相互配合，共同构成我国改革开放的空间布局，这是我省当前最重大的历史机遇。下一阶段，长三角区域内资源禀赋有望进一步结合，创新、高端制造、人才等将加速汇聚，必将产生更大的质变，有利于我省"十四五"时期推动能源高质量发展打破行政区划界限和壁垒，有利于破解煤炭消费总量上升、生态环境管理碎片化问题，形成共保联治、统筹协调的区域协调发展新机制，为我省煤炭消费总量控制增添新的合力。

3. 能源体制改革释放新活力

建设清洁低碳、安全高效的能源体系，是我国能源改革发展方向。自从《中共中央国务院关于进一步深化电力体制改革的若干意见》发布后，地方政府、电力企业和社会各方面对电力体制改革高度关注，安徽、湖北、宁夏、云南、贵州等地开展输配电价改革试点；售电侧改革试点稳步推进，以电力体制改革综合试点为主、多模式探索的改革试点格局已经初步建立。同时，能源领域从发展策划、生产制造到市场模式全产业链上都有着巨大的创新发展空间，技术原创性持续增强将促进能源高质量发展。

四、煤炭消费达峰预测分析

（一）国内研究现状

自党的十八大报告中首次提出"推进绿色发展、循环发展、低碳发展"以来，煤炭产业发展面临环境保护和节能减排的双重约束日益趋紧，预测煤炭消费峰值，提前做好产能规划和发展部署已逐渐成为研究热点之一。如，李维明基于计量经济学理论，通过构建基于煤炭需求的误差修正模型（ECM）预测出我国煤炭的需求在 2020 年达到峰值，峰值水平为 45 亿吨，到 2030 年预计下降到 42 亿吨，并就应对煤炭需求峰值提出科学制定煤炭消费总量调控目标和策略、注重能源结构优化、加强煤炭清洁高效利用以及科学做好煤炭产能规划部署等相关建议；曾琳等人通过钢铁、建材、电力、化工等行业用煤历史数据，采用部门煤耗法预测出我国 2013—2030 年煤炭需求总量趋势，得出我国煤炭消费总量达峰时间为 2020 年，煤炭峰值水平为 47.6 亿吨，并测算出煤炭峰值期电力、钢铁、建材、化工及其他用煤消费占比，最后提出加强能源消费总量控制和能源战略规划、采用先进技术装备、提升企业精细化管理水平等相关措施建议；谢和平、吴立新、郑德志在总结分析近 20 年中国经济发展相关情况的基础上，采用弹性系数法预测中国 2025 年能源消费需求总量，提出了分能源增量贡献值（CVSI）的概念，并由此测算了 2025 年我国煤炭、石油、天然气等能源消费需求量，得出中国 2025 年能源消费总需求为 55 亿~56 亿吨标准煤。其中，煤炭消费需求量大约为 28 亿~29 亿吨标准煤。

（二）预测方程

相关文献指出能源消费和经济增长存在倒 U 形关系，即随着经济增长和技术的进步，能源消费量会随着 GDP 的增长呈现先升后降的趋势，能源消费量会在某个时点出现峰值。笔者参考相关文献，同时为消除原始数据有可能带来的异方差，提出以下预测方程。

$$\ln E = \ln a + b \ln A + c \, (\ln A)^2 + \ln e$$

其中 a 为常数。b、c 为弹性系数，表示当经济发展、经济发展二次项目每变化 1% 时，分别引起煤炭消费量的 $b\%$、$c\%$ 变化。e 为模型误差项。当 $b>0$、$c<0$ 时，煤炭消费量与经济增长呈现倒 2T 型关系。A 表示经济增长，用地区生产总值表示。

（三）数据来源和处理

选取 2000—2017 年安徽省煤炭消费量、地区生产总值数据。安徽省煤炭消费量数据来自《中国能源统计年鉴》中"分地区煤炭消费量"表。地区生产总值数据来自《安徽省统计年鉴》，并按照 2000 年不变价进行修正。

（四）数据检验

1. 单位根检验

考虑时间序列数据有存在非平稳性从而可能存在伪回归现象，需要对煤炭消费量和地区生产总值进行单位根检验。结果显示，煤炭消费量、地区生产总值的二阶差分序列为平稳序列，二者均为二阶单整变量。

2. 格兰杰因果关系检验

结果显示，经济增长、煤炭消费量存在单项的格兰杰因果关系，即经济增长是煤炭消费量的格兰杰原因。

3. 回归结果分析

回归结果为：

$$\ln E = -11.1077 + 4.0177 \ln A - 0.1930 \, (\ln A)^2$$

从表 3 中可以看出，$\ln A$ 系数大于 0，$(\ln A)^2$ 系数小于 0，煤炭消费量与经济增长存在倒 2T 型关系。

表 3　回归结果

模型	系数	标准误差	T 统计值	显著性	VIF	F 统计量	Sig.（F 统计量）	R^2
常量	−11.1077	0.6368	6.31	0.000				
$\ln A$	4.0177	0.0359	−5.38	0.000	1456.67	640.85	0.000	0.988
$(\ln A)^2$	−0.1930	2.8174	−3.94	0.000	1456.67			

4. 煤炭消费量的预测

2019 年我省地区生产总值为 37 114 亿元，2025 年我省地区生产总值力争达到 6 万亿元，剔除价格因素，我省"十四五"时期地区生产总值年均增速设定为 6.5%。在此情景下，2025 年我省煤炭消费量预测值为 17 926 万吨。若"十五五"时期，我省地区生产总值年均增速保持在 6.5%，则到 2027 年，我省煤炭消费量达到峰值，为 17 984 万吨；若"十五五"时期，我省地区生产总值年均增速保持在 6.0%，则到 2027 年，我省煤炭消费量达到峰值，为 17 983 万吨。煤炭消费量预测结果分析，如图 3 所示。

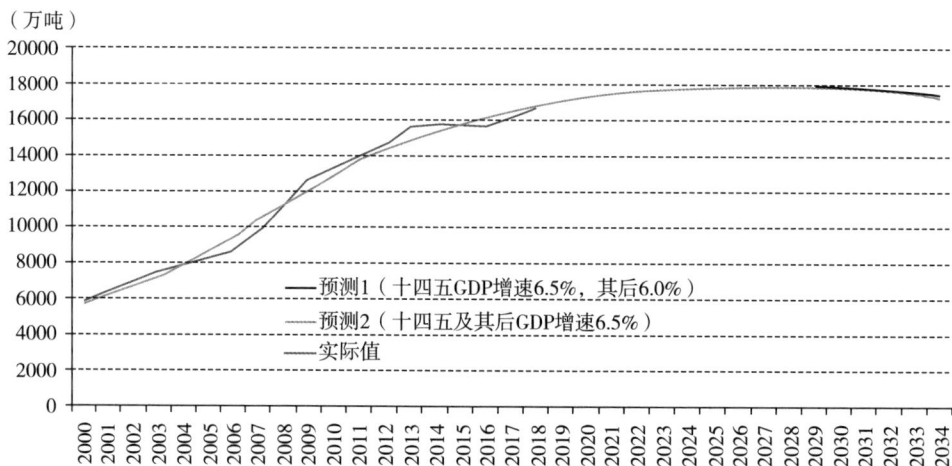

（万吨）

图中图例：
——预测1（十四五GDP增速6.5%，其后6.0%）
——预测2（十四五及其后GDP增速6.5%）
——实际值

图 3　煤炭消费预测结果分析

从全国范围来看，2013 年全国煤炭消费量达到 42.4 亿吨峰值，2017—2018 年煤炭消费量历经三连降后小幅上涨，但中长期下降的趋势不会逆转[①]。全国和部分省市（河南、上海等）煤炭消费量已经出现峰值。以目前的行业技术水平和能耗水平，根据估算，我省预计 2027 年煤炭消费量达到峰值，约为 17 983 万吨，达峰时间远远落后于全国达峰时间。

五、安徽省煤炭消费控制潜力分析

"十四五"时期，总体来说我省煤炭消费控制形势相对严峻，需加大控煤力度，提升行业技术水平，针对各行业煤炭消费量的主要环节"挖潜提效"，较大幅度降低高耗能行业的煤炭消费量。为此，笔者结合目前的"一企一策"煤控报告数据，具体分析各行业的减煤潜力。

---

① 《中国煤炭消费总量控制与研究项目'十三五'中期评估与后期展望研究报告》，"中国煤炭消费总量控制和政策研究"课题组，2019 年 3 月。

（一）电力行业

2019 年，我省全社会用电量为 2300 亿 kW·h，按照每年 6.8% 的用电增速，预计 2025 年，我省全社会用电量约为 3760 亿 kW·h。"十四五"时期，我省电力行业发展面临以下因素影响：一是火力发电资源约束加大。根据《国家能源局关于发布 2023 年煤电规划建设风险预警的通知》，根据大气污染物排放、水资源、煤炭消费总量以及其他相关资源的约束情况等指标分析，各省份被划分为红色、绿色等级（红色为资源约束大的等级），我省为红色等级。二是可再生能源发电量逐步增长。随着成本的降低，可再生能源电力规模不断增长。目前，全球可再生能源电力增长占发电量净增长的 1/3。我国可再生能源电力增长占全球可再生能源增长的 45%，超过经合组织所有成员的总和。三是可再生能源发电量消纳责任权重将不断加大。2019 年，我省可再生能源电力消纳量占全社会用电量的 15.7%，同比增长 0.8%，其中非水电可再生能源电力消纳量占全社会用电量的 12.3%，同比增长 1.3%。2020 年，我省可再生能源电力总量最低消纳责任权重为 14.5%（激励性消纳责任权重为 15.9%），非水电可再生能源电力总量最低消纳责任权重为 11.5%（激励性消纳责任权重为 12.7%）。可以预计"十四五"期间，可再生能源电力特别是非水电可再生能源电力消纳将处于快速发展阶段。

受此影响，我省新上火力发电项目难度较大，可再生能源电力消纳规模加大，同时结合火力发电机组技术水平的提升（全省统调公用燃煤机组供电煤耗力争控制在 300gce/kW·h 以内）、外电入皖等措施，我省"十四五"期间，电力行业煤炭消费减量空间较大，到 2025 年，预计电力行业煤炭消费总量比 2020 年减少 450 万吨左右，降幅为 3.9% 左右。

（二）煤炭行业

2019 年煤炭生产行业煤炭消费量为 551 万吨。"十四五"时期，我省煤炭行业发展面临以下因素影响：一是煤炭去产能成效显现。随着国家去产能政策由总量去产能向结构性去产能转变，先进产能的增量将大于去产能规模。二是全国煤炭供需形势预计趋于宽松。短期看，受新冠肺炎疫情影响，煤炭需求尚在恢复阶段。长期看，较长时间内，全球油价将趋于低位运行，拖累煤炭需求。三是煤炭行业技术提升加快。国家逐渐加大煤炭智能化生产和清洁煤炭利用要求，到 2025

年，实现大型煤矿智能化、井下重点岗位机器人作业、露天煤炭智能连续作业和无人化运输；高精度煤炭洗选加工、煤炭精细化加工配送能力不断提升。

受此影响，"十四五"时期，供需形势宽松有利于外煤调入，我省煤炭自给率有望有所下降；煤炭生产企业单位产量煤耗预计有较大幅度下降，煤耗有望较大幅度降低，预计到 2025 年，煤炭行业煤炭消费总量比 2020 年减少 100 万吨左右，降幅为 17.9% 左右。

（三）建材行业

我省是水泥大省，水泥产量一直位居全国前列，现有新型干法生产线中 4000~5000t/d 的生产线占据主流，产能比重达 62.6%，10 000t/d 及以上占 15.42%，是全国万吨以上生产线数量最多的省份。新型干法熟料产能利用率持续三年超过 85%，产能利用充分，即使是在水泥需求明显下滑的 2015 年，省内企业整体的产能利用率依然继续攀高。"十三五"期间，我省大部分水泥企业可比熟料综合煤耗低于标准先进值 103 千克标煤/吨[①]，达到国内先进水平，目前暂无合适的工艺措施来减少更多原煤消耗量，企业工艺减煤的潜力较低，这些水泥企业在"十四五"期间要在加强计量器具管理、制订检修计划、提高原煤品质、打造智能化工厂等环节，减少实物煤的投入。综合煤耗仍然较大的水泥企业，需继续压减落后产能，推进企业兼并重组，促进新工艺、新技术、新装备的研发和应用。我省玻璃、陶瓷行业单位产品综合能耗在国内居中等水平，可通过优化生产工艺、开展节煤技术改造、加强小石灰窑关停并转等措施，使能耗明显优于能耗限额。预计到 2025 年，建材行业煤炭消费总量比 2020 年减少 100 万吨，降幅为 4.7% 左右。

（四）钢铁行业

"十四五"时期，我省钢铁行业发展面临以下因素影响：一是去产能成效显现。严控"地条钢"死灰复燃，"僵尸企业"加快退出，过剩产能得到有效化解。二是废钢炼钢规模逐步扩大。2019 年，我国钢铁企业炼钢废钢比为 21.67%。工信部要求"鼓励推广以废钢铁为原料的短流程炼钢工艺及装备应用。到 2025 年，我国钢铁企业炼钢废钢比不低于 30%"。三是技术提升空间较大。

---

① 《水泥单位产品能源消耗限额》（GB16780-2012）

目前，我省重点钢企吨钢综合能耗高出全国重点钢企平均水平，仍有较大提升空间。

受此影响，"十四五"时期，我省可通过控产能、提升工艺装备和节能减排水平，大力推行废钢炼钢等措施，减少钢铁行业煤炭消耗。预计到2025年，钢铁行业煤炭消费总量比2020年减少60万吨左右，降幅为4.5%左右。

（五）化工行业

煤化工企业是化工行业耗煤大户。"十三五"前半期，全国煤化工行业仍处于恢复期，生产规模处在下行区间，煤炭消费量不断下降。"十四五"时期，我省煤化工行业发展面临以下因素影响：一是行业竞争加剧，盈利空间进一步收窄。近几年，在煤炭产能过剩、天然气供需矛盾加大、基础化工原料供不应求等因素带动下，煤化工产业开始出现"投资热"迹象。2019年，全国煤制油、煤制气产能维持不变，煤制乙二醇、煤制烃产能同比增长11.5%、21.5%；煤制油、煤制乙二醇、煤制烃、煤制气产量同比增长20.7%、29.9%、17.6%、43.5%；但仅有煤制烯烃产品盈利，煤制油、煤制气、煤制乙二醇均出现亏损。"十四五"时期，煤化工产业竞争加剧，低价油气将会对其产生较大冲击，盈利空间进一步收窄[①]。二是我省煤化工能耗水平较先进，但是产品同质化严重，新型煤化工规模较小。经过几十年的发展积累，合成氨、甲醇、纯碱等大宗产品单位综合能耗处于全国领先水平，低于国家标准20%以上。昊源化工、晋煤中能、中盐红四方等企业多次获评行业能效"领跑者"标杆企业称号。目前，我省煤化工产业以传统煤化工为主，主要产品为合成氨、氮肥、磷肥、硝酸、甲醇等传统产品，产品同质化严重，产品附加值低，产业链条短，抵抗风险能力较弱；新型煤化工产业规模较小，产值占比较小。

受此影响，"十四五"时期，我省应科学准确地把握煤化工新上产能的节奏，避免出现"投产就亏损"的现象，同时通过转变传统发展模式，将大型现代煤化工装置与发电系统有机集成，提高煤炭资源综合利用效率和能源转化效率；拓展化工基础原料来源，向下游延伸发展化工新材料、高端专用化学品等高

---

① 从项目经济性的角度看，当油价低于50美元/桶时，现代煤化工项目的经济竞争力都不理想；当油价达到60美元/桶时，煤制烯烃、煤制油、煤制乙二醇项目初步具有了经济竞争力；煤制芳烃暂无大规模工业化装置，其经济性略差于其他项目；当油价高于70美元/桶时，现代煤化工产业的经济竞争力将进一步提升。

附加值产品，实现产业一体化多联产、高端化发展。在此情况下，预计到2025年，化工行业消费总量比2020年减少150万吨左右，降幅为7%左右。

六、安徽省煤炭消费总量控制的路径和措施

（一）提高科学管理水平

加快能源管理体制改革。探索建立跨区域、跨行业用能权交易机制，实现行业和地区之间能源资源高效配置。加快长三角区域煤炭交易中心建设，利用市场机制实现煤炭供需稳定运行。结合深化财税体制改革，健全生态保护补偿机制，增加用于老煤炭基地的生态修复的生态转移保护基金。制定促进煤炭清洁利用技术应用的财税政策。加强实施一企一策耗煤、合同能源管理。坚持煤控目标约束。面对疫情冲击、国际贸易争端和投资增速下滑的形势，一些地区可能出台刺激投资增长的政策，加剧产能过剩矛盾，造成煤炭消费不降反升。因此，应加快研究出台全省、各地市"十四五"以及重点行业煤控目标，加快煤控目标约束。加强对重点耗煤行业的分类指导，严格落实节能提效、结构优化、能源替代各项措施，进一步完善市场化控煤政策机制。

（二）严控高耗能产业发展规模

从严控制煤电行业规模，清理整顿违规项目，继续加快淘汰落后产能，促进煤电转型升级和结构优化。加强需求侧管理，有效化解区域性、时段性电力供应紧张矛盾，保障电力可靠供应和系统安全稳定运行，实现电力供需动态平衡。加快清退钢铁行业"僵尸企业"，严禁新增产能，推动钢铁行业跨区域兼并重组。进行装备结构升级改造工程，加大淘汰退出装置要求。科学规划化工行业发展，依据区域生态保护红线、环境质量底线、资源利用上线和生态环境准入清单，制定化工园区入园项目评估制度，严禁不符合产业政策、工艺技术落后、污染环境的项目入园，对现有企业实行产业升级与退出机制。促进煤炭生产行业"瘦体强身"，严格安全、环保、能耗执法，分类处置30万吨/年以下煤矿、与环境敏感区重叠煤矿和长期停产停建的"僵尸企业"，加快退出达不到安全环保等要求的落后产能。坚持"上大压小、增优汰劣"，持续优化煤炭生产开发布局和产能结构，扩大优质增量供给，促进供需动态平衡。继续压减建材行业落后产能，淘汰2000t/d及以下通用水泥熟料生产线、直径3m及以下水泥粉磨装备。推进企业

兼并重组，促进新工艺、新技术、新装备的研发和应用。加快玻璃、陶瓷行业煤改气进程，做到应改尽改。

（三）加快用能结构优化升级

实施重点行业煤炭的减量替代和清洁利用。煤炭不仅是工业部门的燃料，也是重要的生产原料。为了优化工业部门的用能结构，在工业部门加快电气化进程，在重点行业通过气代煤、电代煤和使用更清洁高效的煤炭来实现工业用煤的部分清洁替代，支持上网电量抵扣用电量，加快地热能应用，使工业部门成为可再生能源的重要消纳领域。增加天然气利用规模。优先保障储气调峰设施用地需求，因地制宜地出台配套财税支持政策，拓宽融资渠道，推广政府和社会资本合作（PPP）等方式，吸引社会资本投资、建设、运营天然气基础设施，提高我省天然气储气、用气规模水平。谋划建设苏皖豫天然气联络线，配合中海油开展苏皖豫天然气联络线建设方案研究，力争尽早建成并与中俄东线和沿海干线等国家干线管道联通。加快能源供应的低碳清洁转型。开发可再生能源发电能力，加强风电、光伏发电、水电、核电的市场消纳工作，发展优先安排清洁能源发电的电力规划，力争实现"十四五"煤电发电量零增长。加快推行存量煤电机组灵活性改造和建设可再生能源输送电网，深入探索可再生能源电力调度机制的创新和电力市场化改革的实施，以接纳更多的可再生能源入网。

（四）注重关键领域技术创新

强化重点行业节能技术升级。引导重点行业企业以节能环保国际、国家行业先进值为标准开展煤炭减量技术升级，对于水泥、陶瓷、玻璃、煤电等企业，实施企业对标，对于化工、钢铁等行业，实施关键环节煤炭消耗对标。推动能源领域技术创新。加快煤炭生产智能化技术研发，推进煤炭洗选和提质加工，提升煤炭生产技术水平；加强分布式可再生能源系统关键技术研发，减低分布式能源系统部署成本；加强光伏发电基础研究、提升光电转换效率。加快清洁煤炭利用技术、煤炭减量化技术研发，实现煤炭清洁高效利用；加快储能技术等技术研发，提升可再生能源电力消纳能力；加快行业节能技术研发，加强行业智慧能源管理系统、能源管理中心建设；加强秸秆等生物质资源利用，利用先进技术改造生物质炉具、生物质锅炉。

（五）强化新兴领域用电、用气等需求侧管理

进一步完善峰谷价格、差别价格、阶梯价格政策，推动重点部门节约利用、

高效利用、有序利用、智能利用。完善价格收费政策。严格落实行业阶梯电价、气价政策。对能源消耗超过国家和地区规定的单位产品能耗（电耗）限额标准的企业和产品，实行惩罚性电价、气价，鼓励用户积极采用节电技术产品。优化用电方式。扩大峰谷电价、分时电价、可中断电价实施范围。发展"互联网+"智慧能源，鼓励发展智能家居、智能楼宇、智能小区和智能工厂，推动智能电网、储能设施、分布式能源、智能用电终端协同发展。

指　导：蒋旭东

执　笔：汤丽洁　邵　超　徐　鑫

　　　　王　涛　杨　庆

安徽宣纸及书画纸产业发展研究

一、研究目的和意义

宣纸，被誉为"纸寿千年、墨韵万变"，迄今已有 1000 多年历史。2009 年，宣纸传统制作技艺列入联合国教科文组织人类非物质文化遗产代表作名录。作为我国优秀传统文化的杰出代表和全人类共同的宝贵文化财富，宣纸承载了大量中华文明的知识和智慧，对其传承保护工作也被纳入国家文化事业乃至国际保护合作机制，发展宣纸产业意义重大。

目前，安徽宣纸书画纸产业尚处在"底部即将探明、迫切需要助力回升"的关键期。探索安徽宣纸产业振兴之路，深挖宣纸文化内涵，拓展产业功能和应用领域，丰富更多业态类型，做精做细宣纸产业，做大做强书画纸产业，加快融入新发展格局，不仅对推动我省文化产业发展具有重大的战略和现实意义，更对中华文明的继承和传播具有重大意义。

本专题研究目的在于，通过深入分析安徽宣纸书画纸产业发展现状、存在的问题，充分开发利用泾县的自然、历史和文化资源，明确产业发展方向、发展重点、空间布局和平台载体建设，推进实施重大行动计划，谋划和实施一批支撑性的重点项目，加快安徽宣纸书画纸产业发展步伐。

二、宣纸内涵

（一）宣纸的定义

"宣纸"一词最早出现于唐代学者张彦远在乾符年间所著的《历代名画记》中，"好事者宜置宣纸百幅，用法蜡之，以备摹写……"《辞海》从用途方面进行阐述，"宣纸是中国的一种高级毛笔书画用纸，原产于唐代宣州（今安徽宣城），故名"[①]。2008 年 6 月发布的《地理标志产品——宣纸（GB/T 18739—2008)》中华人民共和国国家标准对宣纸规范了定义："宣纸，采用产自安徽省泾县境内及周边地区的青檀皮和沙田稻草，不掺杂其他原材料，并利用泾县独有的山泉水，按照传统工艺经过特殊的传统工艺配方，在严密的技术监控下，在安徽省泾县内以传统工艺生产的，具有润墨和耐久等独特性能，供书画、裱拓、水印等用途的高级艺术用纸。"[②]

（二）宣纸的分类

宣纸按原料配比不同可分为三类：特种净皮类、净皮类、棉料类，也可根据合同要求或生产方特殊要求进行配比。特种净皮类是指原材料檀皮的含量达到80%以上，它吃墨均匀、托墨色、下笔见痕，画大写意层次分明、着色鲜亮，画小写意容易控制笔墨，用于书法则墨色鲜亮、经久不褪。净皮类是指檀皮含量达到60%以上的，另辅之以少量稻草精制而成的宣纸，纸性坚韧、柔软，宜书宜画。棉料类一般是指原材料以稻草为主，檀皮含量在 40% 左右的宣纸，较薄、较轻，纸性绵软、手感柔润、润墨性强、适用一般绘画和书法，但纸薄，不宜用力过重。总的来说，檀皮比例越高的纸，更能体现丰富的墨迹层次和良好的润墨效果。

（三）宣纸的原料

按照《地理标志产品——宣纸（GB/T 18739—2008)》的定义和古法宣纸制作工艺要求，宣纸对原料的要求十分苛刻，只能使用泾县青檀皮、沙田稻草和当地的山泉水，不掺杂其他原材料。青檀皮取自在泾县及周边地区喀斯特山地丘陵地带生长的青檀树三年左右嫩枝的韧皮组织，其特性是皮质嫩、纤维均匀丰富、易提炼和成浆率高等。沙田稻草取自泾县及周边地区河谷平原沙土上生长的纤维长、韧性强、不易腐烂的金黄色稻草。山泉水主要取自泾县境内的山泉水，水质优良，矿物质含量丰富，适宜宣纸制作。

---

① 辞海编辑委员会. 辞海［M］. 上海：上海辞书出版社，1999：2892.
② 中华人民共和国国家质量监督检验检疫总局、中国国家标准化管理委员会. 地理标志产品——宣纸（GB/T 18739—2008）［S］. 北京：中国标准出版社，2008：1.

宣纸原料

宣纸主要有三大原料：青檀皮、沙田稻草、山泉水。

宣纸一开始全部用青檀皮做原料，但青檀皮资源消耗太大，远达不到生产所需。经长期的摸索和反复实践，稻草代替部分青檀皮做原料，不仅解决了宣纸原料紧缺问题，还改善了宣纸的品质，增强了宣纸的绵软性。据史料记载和专家们对古宣纸的测试，青檀皮加入稻草配料制作宣纸始于清代。

榆科落叶乔木青檀萌芽力很强，枝皮富有较长纤维，茎皮优质，绵韧易剥，在宣纸中起到骨架作用；沙田稻草，一般指脱粒后的水稻秸秆，其纤维相对较短，可填充青檀皮纤维中的空隙，充实骨架。两者经过巧妙的配比结合，造就了宣纸"纸寿千年、墨韵万变"的突出优势。

高品质的水是制造宣纸的关键。泾县境内有大小河溪百余条，水源充足，水质清澈凉滑。尤其是乌溪水，适宜原料加工、制浆、成纸。乌溪水的特点：一是水的混浊度为零，这就减少了尘埃度和保持宣纸的洁白度；二是水中杂质少，所含氯盐、硫酸盐少，因此水的硬度低，从而使宣纸寿命大大延长；三是水温较低，这就使宣纸胶料不易发酵和变质。

（四）宣纸的主要特性

宣纸的主要特性被概括为"纸寿千年、墨韵万变"。"纸寿千年"主要指的是宣纸"色泽经久不变，不易蛀蚀，便于长期存放[1]"的特性。宣纸具有独特的耐久性和抗虫性，易于保存、经久不脆、不会褪色，至今大量古代宣纸的书画作品、印刷作品保存完好。"墨韵万变"指的是宣纸"韧而能润、光而不滑、洁白稠密、纹理纯净、搓折无损、润墨性强"，有独特的渗透、润滑性能。宣纸用于作画，可一笔落成，深浅浓淡，纹理可见，墨韵清晰，最能体现中国绘画艺术风格。

---

[1] 辞海编辑委员会. 辞海［M］. 上海：上海辞书出版社，1999：2892.

（五）宣纸的历史

宣纸的出现与中国古代造纸术的发明息息相关。公元 4 世纪，晋元帝司马睿建都南京，政治文化中心的偏移使得造纸业也由北向南转移。由于泾县特定的地理环境，适宜的原材料条件，宣纸在泾县地区发展起来。到唐朝，宣纸已成为书画主要用纸，被朝廷重视并采用。

在宋代，随着文化传播媒介的发展，宣纸需求大增，宣州各地所产宣纸供不应求。宋末元初，曹姓人迁徙至泾县西乡小岭一带以制造宣纸为生。自此，泾县小岭曹氏一族，逐渐发展成宣纸工业中的佼佼者，并且曾一度垄断了宣纸的生产经营。元代建立后，南北统一，经济文化有所发展，山水画派冲破传统宫廷画法的桎梏，提倡山水写意和泼墨豪放的技法，大大刺激了宣纸业的发展。

明代宣纸步入重要的发展阶段，工艺日趋成熟，品种花色日益增多，尤以宣德年间制造的宣纸最佳，赞誉宣纸的诗文屡见不鲜。

清代宣纸生产发展迅速，宣纸制造遍及全县所有适宜造宣纸的地方。但好景不长，咸丰年间，清军与太平军在泾县一带辗转征战 10 余年，纸槽大部分被毁坏，原料基地荒芜。同治年间宣纸业复苏，直到抗日战争爆发前，泾县宣纸业经历了由恢复到发展而繁荣鼎盛的时期。

抗日战争爆发后，宣纸生产销售一落千丈。至泾县解放前夕，宣纸只剩下 5 帘纸槽苟延残喘，1949 年已全部停业。

中华人民共和国成立后，政府积极扶持宣纸业的发展，在泾县城东乌溪建立了宣纸生产厂家，使宣纸业得到复苏并得到空前的发展。厂家也由开设的联营到公私合营，继而国营，1966 年被命名为"安徽省泾县宣纸厂"，注册了"红星牌"和"★"图文商标。此后，该厂一直是全国最大的宣纸厂，一度垄断了宣纸的生产经营，曾保持了 30 余年的独家经营史。1992 年 8 月，该厂改制后定名为"中国宣纸集团公司"。

三、产业发展现状

（一）产业集聚发展

安徽宣纸及书画纸生产主要分布在安徽泾县地区，宣纸及书画纸产业经过多年发展，已成为全国最大的宣纸及手工书画纸生产营销基地，主要分布在榔桥镇、丁家桥镇、泾川镇等地。

图 1 泾县宣纸及书画纸产业发展布局

目前，全县共有宣纸、书画纸生产及加工企业和个体户 1330 余家，其中规模企业 7 家，从业人员 1.2 万人。2020 年生产销售各类宣纸、书画纸 2.38 万吨，占全国的 15.1%；实现销售收入 8.2 亿元，占全国的 33.9%。宣纸及书画纸规模以上企业名单，见表 1 所列。

表 1 宣纸及书画纸规模以上企业名单

序号	企业名称	分布地址
1	中国宣纸股份有限公司	泾川镇
2	安徽省泾县汪六吉宣纸有限公司	泾川镇
3	安徽省泾县玉泉宣纸纸业有限公司	丁家桥镇
4	安徽常春纸业有限公司	丁家桥镇
5	安徽雨晨纸业有限公司	丁家桥镇
6	安徽省泾县崇星宣纸有限公司	丁家桥镇
7	安徽金华星宣纸艺术品有限公司	丁家桥镇

2015 年以来，随着宣纸市场环境的变化，礼品类宣纸销量下滑，全县宣纸产量由最高峰时的 1500 吨下降到 2020 年的 890 吨。书画纸因"书法进校园"、价格亲和、线上交易便捷、依托宣纸品牌等机遇迎来较好的发展期。2020 年，书画纸生产销售量 2.3 万吨，实现销售收入 4.84 亿元。全国各地建立经销网店 250 余处，初步形成了独具特色的宣纸、书画纸产业集群。

（二）应用领域不断拓展

通过优化产品结构，不断开拓宣纸个性化消费领域，加大宣纸产品文化创意力度，先后成功开发出历史古籍、书画装裱、木版水印、广告标牌、邮票、摄影、相片和具有防伪功能的名画家特供纸等专业类用纸，多款多彩镶金描边宣纸、礼品包装、纸扇、纸伞、多彩对联纸和电视墙、灯罩、泳装、摆件等家居类纸产品，以及五色信笺、艺术笔记本、重大节日纪念宣等纪念类产品，还与民生银行、南方文交所、重庆文交所、上海自贸区艺术品交易中心等合作推出"传世民宣、梅兰竹菊"系列理财、企业定制收藏等金融衍生类产品，开辟了新的效益增长点。

（三）文旅融合深入推进

通过深挖宣纸文化内涵，结合泾县特色优势，持续推进以宣纸为主题的文旅融合。投资1.5亿元的中国宣纸文化园获批国家4A级旅游景区，包含中国宣纸博物馆、宣纸古作坊、宣纸古籍印刷、文房四宝体验园、宣纸陈列室等部分，是集宣纸技艺展示、研学、写生、亲子、体验、休闲于一体的综合性文化旅游项目。2019年，该景区接待游客达20万人，单日最大接待量突破2000人。宣纸特色小镇项目投资24.8亿元，占地2.83平方千米，于2018年成功入选国家《2018文化产业项目手册》目录，目前正在全面建设中，建成后将会支撑宣纸文化旅游业迈上更高的台阶。

（四）核心竞争力不断提升

近年来，泾县不断加大对宣纸产业的科技创新投入，仅中国宣纸集团获得的专利就达81项，其中发明专利26项，巩固和提升了宣纸品质。中国宣纸集团参加制定宣纸和书画纸国标，主持制定燎草、古艺宣、宣纸邮票纸三项行业标准和宣纸用青檀毛皮地方标准，三丈三宣纸突破了宣纸的生产极限，行业话语权稳居全国第一。

（五）可持续发展得到加强

通过强化环保投入，投资2500万元兴建了檀皮集中蒸煮和黑液综合利用中心，实现了黑液和中水回收利用，彻底解决了全县宣纸产业污染治理中的最大难题，全面实现了废水达标排放。中国宣纸集团牵头实施相关无氯漂白试验，并已得到国家环保部门的许可。书画纸产业所需纸浆全部外购，杜绝了本地制浆带来的环境风险。此外，宣纸产业不断拓展上游产业链，投资 2 亿元建成万亩青檀林基地、100 万斤燎草加工基地和 400 亩杨藤基地，有效缓解了宣纸产业原料供求矛盾，确保了产业可持续发展。

四、有利条件及面临机遇分析

（一）有利条件

1. 原材料优势

泾县东西两部为山地丘陵，主要是喀斯特丘陵和侵蚀剥蚀丘陵，是青檀树的理想生长地。泾县中部河谷平原分布于青弋江两岸及其支流徽水、合溪、汀溪、漕溪和孤峰河的中、下游地区。泾县分布着适宜长秆沙田稻草生长的泥沙地，尤以榔桥地区、云岭地区为最。

泾县拥有优质的水资源保障。年降水量达 1500 毫米，雨量充沛，境内有大小河溪 146 条，江河面积 22 平方千米，水质优良，矿物质含量丰富，为宣纸生产提供了优质的水源。

泾县得天独厚的自然环境为宣纸的生产提供了原料资源，在具备生产宣纸天时地利的条件下，广大劳动人民在实践中不断探索和发展，生产技艺得到传承和发展，为宣纸生产创造了优越的产业链生态条件。

2. 品牌优势

泾县宣纸历史上口碑载道。早在 1910 年，在第一次南洋国际劝业会上，泾县"鸿记"牌宣纸便一举获得"超等文凭奖"；1915 年，在巴拿马国际纸张博览会上，泾县"桃记宣纸"荣获国际金奖。中华人民共和国成立后，泾县红旗、红星牌宣纸分别多次获得国家优质产品金奖。

21 世纪以来，泾县宣纸品牌进入新的发展阶段。2000 年 8 月，泾县被国家保护办批准为宣纸原产地。保护范围为泾县，保护名称为宣纸，将宣纸行业推荐性标准升格为强制性国家标准，改标准号 QB/3515—1999 为 GB 18739—2002，并于 2008 年 6 月 25 日发布了《地理标志产品——宣纸》中华人民共和国国家标准 GB/T 18739—2008。

近年来，泾县成功培育了一批驰名商标，拥有"红星""汪六吉""汪同和""曹氏""三星"等著名品牌。其中中国宣纸集团公司跻身首批"中华老字号"，获"全国重点文化进出口企业"，"红星"牌商标获"中国驰名商标"。

3. 文化优势

宣纸作为国家非物质文化遗产，承载了数千年中华传统文化，其文化价值主要通过宣纸的特殊品质、宣纸和绘画书法之间的关系以及同中国传统文化的关系体现出来，有独具特色的文化优势。曹天生教授认为：中国宣纸文化是以泾县小岭曹氏为代表的皖南人民千百年来在总结先前纸业文明基础上形成和发展起来的，以主要作书法和绘画载体的，并逐步超出地域文化而形成的一种中华文化，是一种集器物文化和精神文化于一体的创造性的雅俗共具的杰出文化①。

作为徽文化的代表，2006 年宣纸制作技艺被列入了首批国家级非物质文化遗产，2009 年又被联合国教科文组织列入人类非物质文化遗产名录，这是全世界对宣纸的认同和赞许。

郭沫若曾赞誉道："宣纸是中国劳动人民所发明的艺术创造，中国的书法和绘画离了它，便无从表达艺术的妙味。"宣纸作为我国国粹、书画艺术的重要载体，对中华民族传统文化的传承与弘扬都起到了巨大的作用。

4. 技术人才优势

宣纸是泾县的传统手工技艺产品，具有原创性和唯一性，是传统手工造纸的杰出代表。宣纸制作需要经过浸泡、灰掩、蒸煮、漂白、制浆、水捞、加胶、贴烘等十八道工序，历经一年方可制成。

在长期的生产实践中，泾县不仅宣纸工艺日趋成熟，也培养了大量人才。目前，泾县拥有宣纸技师和高级技师 100 多名，涌现大国工匠 2 名，中国文房四宝宣纸艺术大师 8 人，省级和国家级传承人 7 名，安徽省工艺美术大师 12 人，安徽省民间文化杰出传承人 1 人，安徽省民间文化传承人 11 人。除此之外，泾县还有一大批身怀绝技的老艺人，有捞纸工人、有晒纸工人、有原料制作工人、有宣纸纸帘编织工人、有宣纸剪刀打制工人，他们有的专于某一技术，有的集多种技艺于一身。根据调查统计，目前 60 岁以上的技艺精湛的宣纸生产师傅还有 1000 多人，他们为宣纸行业发展做出了巨大贡献。宣纸的制作工艺如图 2 所示。

---

① 曹天生．论"中国宣纸文化"的定义诸问题［J］，安徽教育学院学报，2007（1）：15.

檀皮

扎皮

水 → 泡皮

水、碱 → 蒸煮

水 → 洗涤

水
次氯酸钙 → 一段漂洗

选捡

水 → 打浆

水 → 二段漂洗

水 → 摇皮

水 → 皮浆池

燎草

切草

水 → 石碾

水 → 筛选

净化

水、次氯
酸钙 → 漂洗

水 → 草浆池

配浆

筛选 → 粗纤维回打浆

净化

成品浆池

捞纸+（杨桃藤）

晒纸 → 破损纸回打浆池

剪纸、检验 → 边角料回打浆池

成品

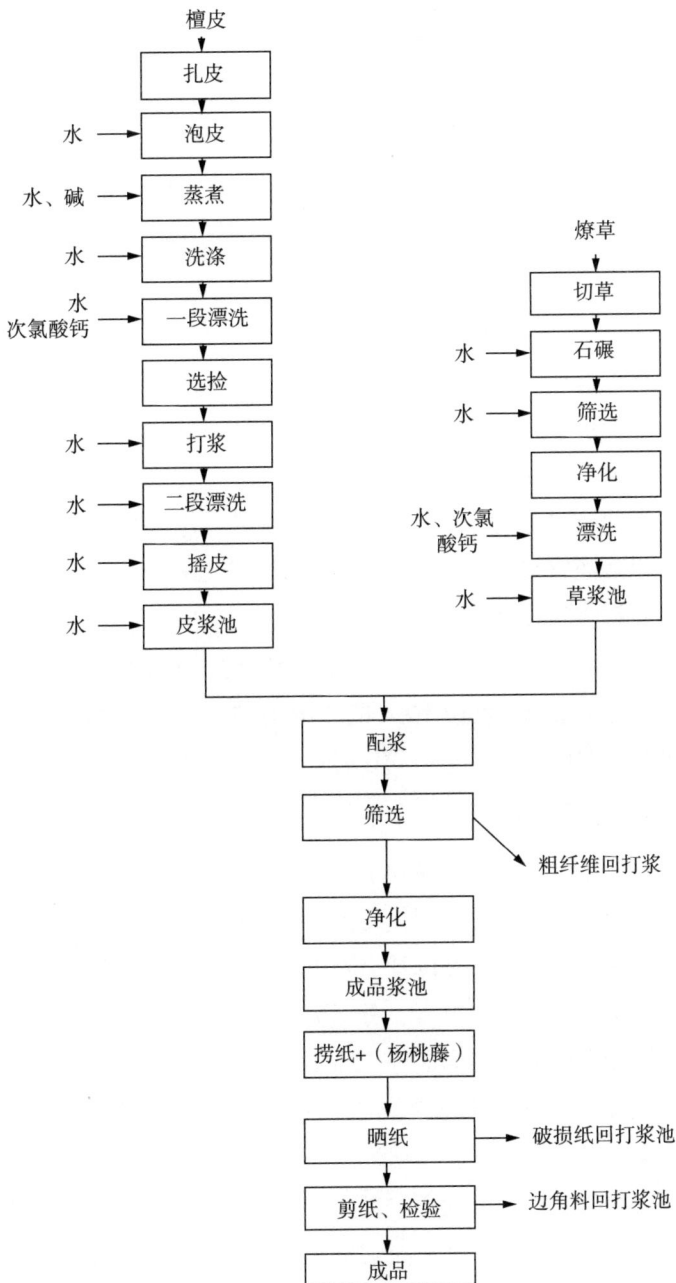

图2 宣纸制作工艺

5. 销售渠道优势

宣纸及书画纸产业经过多年的发展，已具备了一定的渠道优势。主要的销售渠道有实体店、展会、大客户以及线上销售等。

实体店渠道全国全覆盖，在全国各地建立经销网店高峰期达到 400 余处。其中，红星宣纸设立了 24 个区域总代理，下面再设立二、三级代理商合计 151 家[①]，销售区域基本实现了全国全覆盖。与总代理区域平行的还设立了如荣宝斋、朵云轩、西泠印社等直供店。由上述三级经销商构成红星宣纸经销网络，覆盖全国范围。

展会销售渠道。宣纸中的"红星宣""明星宣""汪同和""桃记"等品牌多次参加国际及省级展会，社会反响强烈。参展方通过以纸为媒，交流合作，弘扬了宣纸文化，开拓了市场空间，实现了宣纸产业和文化传承的双赢。

大客户销售渠道。目前，相关企业与民生银行、中投集团、淮北煤电等单位合作，定制宣纸的营销渠道取得了实质性的突破，代保管业务开展得也比较顺利，大客户销售已经成为高端宣纸产品的重要销售渠道。

线上渠道异军突起。目前，泾县宣纸及书画纸产业线上销售渠道发展迅速。宣纸及书画纸电子商务经营户超过 600 家，李园村、小岭村、红星社区先后入围"中国淘宝村"。丁家桥镇、泾川镇入选"中国淘宝镇"。红星宣纸在淘宝天猫、京东、抖音等各大互联网电商平台均设有官方旗舰店。

（二）面临的机遇

"十四五"时期是我国全面建成小康社会、实现第一个百年奋斗目标之后，乘势而上开启全面建设社会主义现代化国家新征程、向第二个百年奋斗目标进军的第一个五年。进入新时代，经济社会发展呈现出更多依靠消费引领、服务驱动的新特征，文化产业内涵更加丰富、分工更加细化、业态更加多样、模式不断创新，宣纸及书画纸发展环境持续向好，面临着难得的发展机遇。

1. "书法进课堂"等政策红利相互叠加，有利于宣纸及书画纸产业发展获得更多的政策支持

党的十九大报告提出建设社会主义文化强国的奋斗目标，明确要健全现代文化产业体系和市场体系，创新生产经营机制，完善文化经济政策，培育新型文化

---

① 根据《中国宣纸股份有限公司 2020 年度国内经销商名单》整理。

业态。近年来，国家围绕推动特色文化产业发展、支持小微文化企业发展、文化金融合作、文化创意和设计服务与相关产业融合发展等方面，密集出台了一系列文化产业政策。

教育部先后出台了《关于中小学开展书法教育的意见》《中小学书法教育指导纲要》《完善中华优秀传统文化教育指导纲要》等"书法进课堂"系列文件，对中小学开展书法课程做出了明确要求，并强调要增加书法在内的中华优秀传统文化内容在中考、高考升学考试中的比重。

《文化部"十三五"时期文化产业发展规划》明确提出"加强对长江经济带文化产业发展的规划指导，深挖长江流域文化内涵，支持依托中心城市和城市群，打造一批主业突出的文化产业园区和若干文化产业集群平台，促进长江经济带文化产业交流合作"，为做大宣纸文化产业指明了方向。

《工业和信息化部关于促进文房四宝产业发展的指导意见》（工信部消费〔2016〕433号）明确提出，"加快培育文房四宝领域特色品牌、区域品牌、全国品牌，鼓励文房四宝企业积极争创国际品牌。以宣纸、书画纸、徽墨、湖笔、端砚、歙砚等优势品类和品种为重点，完善品牌服务体系，发挥名人效应，推进大师品牌体系建设"。

省委、省政府高度重视文化产业发展，先后出台了《安徽省"十三五"时期文化发展改革规划纲要》《安徽省推进文化创意和设计服务与相关产业融合发展行动计划》等政策文件，大力支持文化及文创产业发展。宣城市及泾县从产业发展及布局、环境保护等多方面出台了一系列政策文件推动产业发展。如《宣城市"十三五"时期宣纸及书画纸产业发展规划》《宣城市文房四宝产业发展规划（2017—2025）》《泾县宣纸、书画纸产业发展规划》《泾县促进宣纸宣笔产业发展行动计划》《宣纸原料林发展规划》《关于加快泾县宣纸书画纸产业发展的意见》《泾县创建安徽省优质宣纸、书画纸生产示范区实施方案》《关于全县宣纸书画纸产业发展环保工作的意见》等。

2. 皖南国际文化旅游示范区建设持续推进，有利于为宣纸书画纸产业发展营造区域联动条件

皖南国际文化旅游示范区上升为国家战略，省委、省政府相继出台《关于加强皖南国际文化旅游示范区文化旅游人才队伍建设的若干意见》《关于将皖南国际文化旅游示范区打造成为全域旅游先行区》的实施意见和《皖南国际文化旅

游示范区 5 个 1 行动计划》等配套文件大力推进示范区建设，重点在创新体制机制、生态文明建设、产业融合发展、旅游国际化、推进区域合作、传承创新优秀文化等六大方面做好示范。

目前示范区建设深入推进。2019 年，皖南国际文化旅游示范区全年实现旅游总收入 4436.48 亿元，接待入境游客 546.95 万人次、国内游客 4.07 亿人次，同比分别增长 17.2%、9.3%、13.2%，占全省比重分别达到 52.0%、83.4% 和 50.0%。

泾县是皖南国际文化旅游示范区核心区，区位条件优越，生态环境优良，文化底蕴深厚，旅游资源富集，是全国乃至世界上有重要影响、特色鲜明的文化旅游区域。国家发改委批复的《皖南国际文化旅游示范区建设发展规划纲要（2013—2020 年）》明确提出突出文房四宝、生态休闲主题，充分发挥毗邻苏浙的区位优势，推进红色旅游、生态旅游、人文旅游等深度开发，提升旅游综合竞争力，建设成为面向长三角地区文化生态旅游休闲基地和苏浙皖交汇区域重要中心城市。中国宣纸股份公司被列为省级重点扶持文化改革发展示范企业，宣城宣纸文化产业园被列为文化产业示范园区，有力推动了宣纸产业融入文旅产业大发展。依托皖南国际文化旅游示范区，泾县发挥丰富的文化旅游资源优势，宣纸与文化、旅游、养老、研学等产业深度融合发展面临难得的战略机遇。

3. 消费基本盘稳步扩大，有利于拓展宣纸产业市场空间

我国教育文化消费逐步扩大。2019 年我国经济社会发展迈上新台阶，全国GDP 总量达 990865 亿元，人均 GDP 超过 70892 元，常住人口城镇化率超过60.60%，正处于跨越中等收入阶段的关键期。进入新发展阶段，消费结构也将逐步由生存型、传统型、物质型向发展型、现代型、服务型转变，创意文化、休闲旅游等文化产业需求潜力巨大。2019 年教育文化娱乐支出占 11.7%，比 2015年提高了 0.7 个百分点。2019 年我国居民人均消费支出及其构成，如图 3 所示。

"书法进课堂"有利于拓展市场空间。2019 年全国共有各级各类学校 53.01万所，各级各类学历教育在校生 2.82 亿人。根据在校学生人数以及每周课程设置，估算书画纸年用量约 36 万吨，并且随着"书法进课堂"深入推进，未来书画纸将有较大的发展空间。

老龄化带来的市场增量。到 2018 年年底，我国 60 岁以上老年人口已经达到2.49 亿人，占总人口的比重为 17.9%。人口老龄化是今后较长一个时期我国的

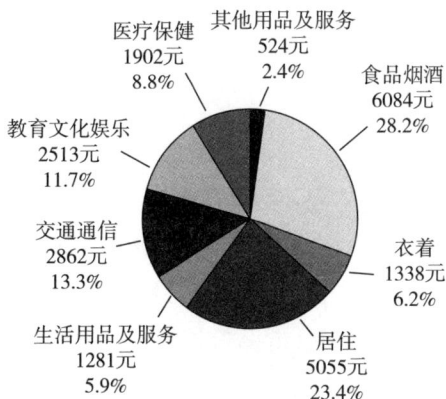

图 3　2019 年我国居民人均消费支出及其构成

基本国情。2019 年国家发布的《国家积极应对人口老龄化中长期规划》提出"打造高质量的为老服务和产品供给体系"目标任务。大力发展包括书法、绘画等在内的老年文化事业，满足老年人日益多样化的文化需求，是积极应对人口老龄化的重要举措。老龄人口有书法绘画需求的比例按 10% 测算，一年约需要书画纸 5 万吨。

专业美院人员高端市场空间。目前全国九大美院在校师生合计约 6.2 万人。美院学生和老师是专业书法绘画人才，日常用书画纸用量和档次均较一般书法爱好者高。经测算，美院师生一年书画纸用量约 0.5 万吨。但美院师生对书画纸质量要求较高，书画纸用量市场空间可作为未来宣纸主打的市场方向之一。

文创消费发展空间巨大。近年来，我国文创及文旅消费快速增长。国家于2018 年出台了《完善促进消费体制机制实施方案（2018—2020 年)》，提出了推动文化消费惠民、丰富产品供给、完善市场监管等措施。目前，我国博物馆文创市场呈现出高速增长态势。2019 年整体规模相比于 2017 年增长了 3 倍，故宫博物院文创产品销售额已突破 10 亿元，折射出文化消费市场的新气象。宣纸居于文房四宝之首，作为文化商品进入文化市场，不仅满足了人们对物质生活的需求，更是满足了人们对精神生活的需求。随着发展阶段的变化，以及市场空间的拓展，宣纸及文创、文旅产业发展空间巨大。

4. 长三角一体化加速推进，有利于借助沪苏浙要素资源加快发展

沪苏浙地区文化创意产业发展水平始终居于全国前列，基本形成了文化与创

意、文化与科技相融合发展的特色文化产业发展模式，新闻出版、广播影视、原创动漫、网络游戏以及文化旅游等重点门类在全国均具有较大的知名度和影响力。

上海市和杭州市文创产业在全国居于第一梯队，是长三角文化创意产业的引领。上海市文创产业居全国第二，2018年文创产业总产值达4227.72亿，占GDP比重达到12.9%，文化创意产业已成为上海市经济发展的支柱性产业之一。上海作为国际金融中心形成的庞大的资本体系和活跃的资本流动水平是支撑文创产业发展的重要动力。面向未来，上海市提出到2030年，文化创意产业增加值占全市生产总值比重达到18%左右，基本建成具有国际影响力的文化创意产业中心。

杭州市文创产业特点是以数字化、网络化为代表的新兴文创产业。2018年杭州市文创产业实现增加值3347亿元，同比增长11.6%，占GDP比重达24.8%，是全国唯一文创产业占比超过20%的城市。面向未来，杭州市提出加快建设竞争力强、特色鲜明、发展领先的国际文化创意中心。

长三角文化产业一体化发展深入推进，产业合作平台不断涌现。2019年沪苏浙皖签署了《长三角文化和旅游高质量发展战略合作框架协议》，成立了"长三角城市文化馆联盟""长三角文旅产业联盟"、上海及长三角地区公共文化和旅游产品与服务采购大会、长三角文博会等发展平台，文化产品与服务长三角区域化供给模式逐步建立。

显然，沪苏浙区域是文化创意产业人才、技术、合作平台、信息渠道最为密集的地区，又比邻安徽，靠近泾县。在国家大力推进长三角一体化重大战略引导下，泾县可利用沪苏浙的要素资源加快发展宣纸书画纸产业。

5. 新技术、新业态、新模式不断涌现，有利于培育新的产业增长点

近年来国内造纸机械行业取得了很大的进步，产品的技术水平、新产品开发、单机规模有了很大的提高。泾县依据宣纸传统制作工艺原理，结合机制纸生产工艺，已有机械生产书画纸的生产实践。未来，泾县进一步探索适用于宣纸及书画纸的高端造纸设备应用，通过先进的技术和全流程的解决方案，可为宣纸规模化、标准化、大众化探索出一条现实路径。

当前，新一轮信息技术革新浪潮在世界范围内蓬勃兴起、方兴未艾。在"互联网+"和人工智能新时代到来的背景下，以大数据、云计算、虚拟技术等为代表的新一代信息技术广泛应用，为宣纸及文创产业的内容生产、表现形式和商业

模式都带来了深刻变革。在新业态、新模式的变革推动下，泾县宣纸文创产业发展已经迈出了可喜的一步。此外，共有 3 个村、2 个镇入选 2019 年淘宝村、淘宝镇，线上交易十分活跃。这些都得益于不断涌现的新技术、新业态、新模式，也必将催生一批新兴产业增长点。

五、存在问题

（一）宣传及开放力度不够，内生动力亟须激活

宣纸在我国传统文化中具有举足轻重的地位。泾县是宣纸的唯一产地，也是书画纸重要产地。然而，宣纸行业本身缺乏宣传意识，宣传力度不够，企业未能充分利用好宣纸的品牌效应、利用新媒体拉近与消费者距离，导致除泾县外大多数地区并不知晓泾县是"宣纸之乡、世界唯一产地"，对宣纸了解甚少。在全国文房四宝艺术博览会以及北京、上海相关展会上，泾县宣纸及宣城文房四宝展厅所处位置一直不明显，非但起不到应有的宣传作用，反而削弱了品牌形象。更有甚者，少数商家在线上市场贬低泾县宣纸，严重降低了宣纸的声誉。

泾县宣纸书画纸企业数量多、分布广、规模小，多为家庭作坊式的生产单位，2020 年仅有中国宣纸股份有限公司年营业收入超过 1 亿元，其他规上工业企业平均产值规模仅在 1000 万元左右。全县尚没有一家县外、境外投资控股的企业。当前泾县宣纸行业仍缺少开放气息，多数企业小富即安，不主动开放，甚至抗拒对外合作。由于泾县宣纸行业封闭性较强，面对急剧变化的市场，反应较慢，内生动力亟须激活。

（二）延伸发展遇阻，产业生态亟须完善

泾县宣纸产业延伸拓展方向主要有两大重点：一是向名画家用纸、高端收藏纪念及金融衍生品、西洋画用纸方向拓展，每刀纸的价格可达 1 万元，单张在 100 元以上；二是向量大面广的文创产品市场拓展，多数增值率在 5 ~ 10 倍之间，有的甚至更高，市场需求空间大，前景广阔。产品结构调整、产业转型需要大量的资金、人才，更需要庞大的产业集群生态给予支撑。现有企业规模普遍偏小，投融资能力弱，研发创新人才匮乏，很难将上述思路付诸实施。

（三）后继乏人较为严重，人才培养十分迫切

宣纸生产至今仍保持传统的手工操作，每道工序习艺周期长，每个环节技术

要求高，每个工种劳动强度大，工人职业寿命短，易患腰椎间盘突出、腰肌劳损、关节炎、皮肤病等职业病，导致熟练技工流失，难以吸引年轻人从事相关行业。行业内一线员工老龄化情况日趋严重，技术工人青黄不接，宣纸制作技艺的传承面临后继乏人的窘境。

（四）土地瓶颈严重，发展空间亟须扩大

泾县宣纸书画纸产业集聚区主要在丁家桥镇、榔桥镇、泾川镇（县城）及黄桥镇。丁家桥镇以中小微企业为主，电商较多；榔桥镇拥有中国宣纸股份有限公司、宣纸文化产业园、宣纸特色小镇，宣纸文化旅游发展较好。主要产业平台有：已经建成尚未投入运营的占地面积40多亩的丁家桥宣纸书画纸大市场、谋划建设的占地面积200亩的丁家桥小微企业创业基地、城西智慧物流园内规划建设的占地面积50亩左右的宣纸书画纸仓储项目、拥有建设用地975亩的宣纸特色小镇项目等。"十四五"期间，宣纸书画纸工业新增用地和电商仓储新增用地十分紧张，已经严重影响了宣纸书画纸产业的良性发展。

（五）市场销售秩序混乱，亟待整治

宣纸与书画纸从外形上看，非专业人士很难辨别。因此，很多书画纸生产经营者为了牟取暴利，购进质次价低的书画纸，冒充宣纸销售；更有甚者在书画纸上贴上泾县宣纸原产地地理标志、国家非物质文化遗产等标志，打上宣纸或名牌宣纸商标对外销售，不仅严重损害了正宗宣纸的声誉，也造成整个宣纸市场秩序混乱，已经严重影响了宣纸产业的良性发展，打击销售假冒伪劣宣纸势在必行。

六、对策建议

（一）加强组织保障

为了加强组织领导，泾县成立县主要领导任组长，相关县领导任副组长，县各委、局、室、相关部门主要负责人为成员的泾县宣纸书画纸产业发展领导小组，负责宣纸书画纸发展的统筹、协调工作，制订年度推进方案，加大推进力度，落实各项政策和决策部署。明确责任分工，进一步细化分解领导小组任务分工，创新推进机制，上下联动，统筹推进产业发展。县有关部门立足自身职能，加强协调联动，落实任务分工，强化服务指导，协调推进工作实施。

（二）创新人才政策

改变重物质、重物理空间投入的观念，切实将投资理念转移到投"人"、养

"人"上来，营造尊重知识、尊重人才的社会氛围。明确将捞纸、晒纸、验纸、剪纸以及装裱、纸帘编织、纸刀打制列为特殊工种，对特殊工种岗位工人按月给予财政补贴，并允许提前退休。发挥大师工作室、大师的品牌效应，鼓励师傅多带徒弟，并按徒弟人数、时间、成效等给予补贴。常态化开展宣纸工艺大师和宣纸技师等的评定工作，在政治和经济上给予政策倾斜。对非遗传承人、文化传承人以及老艺人的绝技精活进行抢救性搜集和整理，并解决他们的社保和医保等问题。以县职高"宣纸工艺班"为基础，进一步扩大招生范围，形成比较固定的宣纸人才培训基地和宣纸技艺传习基地。扩大非遗专项资金规模，加大对人才的补贴力度。

（三）破解环保约束

加强与上级生态环境、产业政策等主管部门的对接，吃透政策实质性内容，积极地贯彻执行政策，把政策机遇用活用足。强化环保投入，提升檀皮集中蒸煮和黑液综合利用中心，完善黑液和中水回收利用项目。切实履行环境影响评价程序，提升污水废气处理设施，安装废水在线监控设施，实现排污许可证全覆盖和达标排放。构筑"两江"1千米防线，严禁新上书画纸纸浆产能项目，促进加工制造企业向合规园区集聚。鼓励企业集约节约用地，鼓励骨干企业兼并重组中小微企业，特别是有颜料、涂料污染的中小微企业，着力利用好环评和排污许可证允许产能限额。积极利用品牌优势，推动品牌输出，发展总部经济，提高"两头在外"书画纸销售比重。突出加强对县城和丁家桥、榔桥镇、黄村镇等城镇的空间规划编制工作，确保城镇规划建设的主方向和用地布局远离"两江"岸线，争取在丁家桥镇设立合规园区的专业分园。利用好宣纸被排除在"淘汰石灰法地池制浆设备"之外的政策机遇，积极寻找新增宣纸制浆产能的突破口。加大对无元素氯（ECF）和全无氯（TCF）化学纸浆漂白工艺的开发力度，力争取得突破。着力利用"文化纸"这一特殊用纸政策，破解低幅宽、低车速、低规模的政策瓶颈约束。

（四）加大资金支持

争取扩大宣纸文化产业发展引导基金规模，探索建立宣纸产业投资基金，优先投向中国宣纸小镇、关键环节技术研发、沙田长秆稻草生产、宣纸文化创意创作、品牌建设、非遗技艺保护、生态环境治理等重大项目和重点领域。加强政银企合作，发挥金融担保公司的作用，通过财政资金注入、股权众筹等方式，引导投资方向。支持中国宣纸股份有限公司上市、发债，增强资金保障能力。抢抓长三角高质量一体化发展机遇，切实转变固守资源的陈旧观念，利用比较优势，加大对沪苏浙的开放力度，吸引一批战略投资者，推动宣纸产业做精做细、书画纸产业做大做强。

（五）优化营商环境

坚持对各类市场主体一视同仁，营造公平竞争的市场环境、政策环境、法治环境，确保权利平等、机会平等、规则平等。全面优化发展环境，简化办事程序，减少办事环节，进一步提高行政效能。树立"项目定了干，一切手续我来办；项目开了工，一切服务我跟踪；项目投了产，一切困难我来管"的服务理念，确保项目早开工、早投产。假冒宣纸横行已经严重影响产业的良性发展，要充分认识假冒伪劣的危害性，加大市场监管力度，统筹线上线下监管，统筹异地合作监管，严厉打击假冒伪劣、盗用商标品牌、以次充好等扰乱市场秩序的行为。建立市场主体准入前信用承诺制度、产品信息溯源制度，建立并实施重点领域联合征信制度和黑名单制度。完善行业协会功能，切实履行组织、协调、自律、服务、宣传等职能，促进行业良性发展。主动参加国家级文化节活动，积极承接相关主题会展，常态化利用公共广场、展馆开展宣纸文化主题活动。鼓励企业"走出去"参加各类展览，争取提高展位费补助标准。

（六）注重规划引领

应在深入研究自身发展条件和宏观发展形势基础上，面对现实，立足长远，研究编制可操作性强的宣纸书画纸产业发展规划，作为有序发展的指导方针。规划编制要充分开发利用泾县的自然、历史和文化资源，深入分析泾县宣纸书画纸产业发展现状及存在问题，阐明宣纸书画纸产业发展的指导思想、基本原则、主要目标和功能定位，采用翔实可靠的数据和支撑资料，提出具备较强可操作性的实施方案。要加强对规划实施情况的跟踪分析，及时发现问题，认真分析产生问题的原因，提出有针对性的对策建议。

执笔：潘 淼 王 涛 王 燕

宁秀军 王淑文 邵 超

下篇 对策清样

关于我省创新型智慧园区试点建设情况调研报告

根据 2019 年度全省重点工作安排，2019 年 5 月，我省启动创新型智慧园区试点工作，合肥经开区等 10 家园区入选首批试点。为掌握试点建设情况、全面推进创新型智慧园区建设，近日省发改委地区经济处和省经济研究院组成联合调研组，赴试点园区开展调研。形成调研报告如下。

一、创新型智慧园区建设情况

调研结果显示，创新型智慧园区试点建设总体平稳有序，信息基础设施、政务服务平台、产业服务信息平台、安全环境监测预警平台、企业智能化服务信息平台、公共服务平台等建设稳步推进，已初见成效。

1. 试点建设投资情况

据不完全统计，10 个试点园区一期计划投资 5.7 亿元以上。投资超亿元的园区 1 个，投资 1000 万元~1 亿元的园区 5 个，投资 500 万元~1000 万元的园区 1

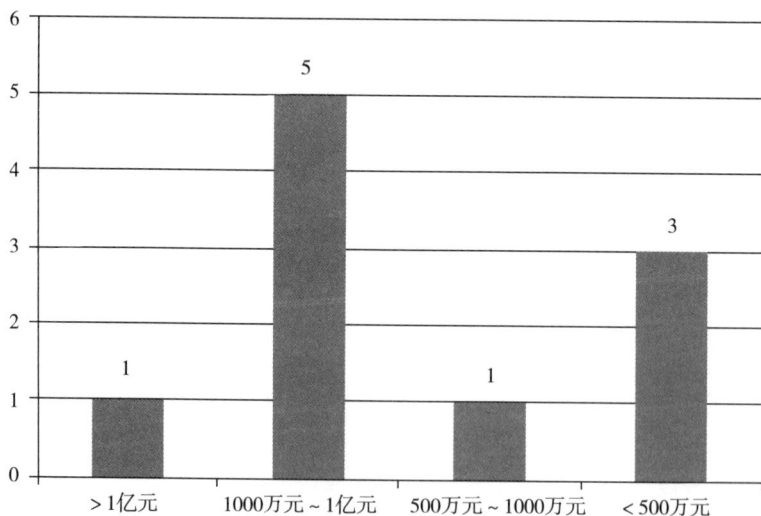

图1 智慧园区试点建设投资情况

个，投资 500 万元以下的园区 3 个，如图 1 所示。其中投资 1000 万元以上的园区，建设内容相对丰富，涵盖基础设施、数据中心（或云存储租赁）、调度中心、数据库整合和平台建设等；投资 1000 万元以下的园区，建设内容一般仅包括信息化平台。

2. 信息基础设施升级情况

信息基础设施升级前期投资大、建设周期长。各试点园区信息基础设施建设均相对滞后。一是 5G 通信网络已开展试点应用，但覆盖范围较小。虽然合肥经开区建成全省首个 5G 基站，但整体来看 10 个试点园区中，仅有 3 个园区建有 5G 基站，且仅覆盖部分试点片区，5G 通信覆盖率低。二是主干网络相对完备，但下一代信息基础设施存在短板。各园区三大运营商主导的骨干通信管道建设相对完备，均已实现光纤接入和 4G 覆盖，但物联网、工业物联网等企业级信息基础设施建设存在明显短板。三是智慧管理平台体系初步搭建，但市级平台存在缺环。依托"省级以上开发区信息数据报送系统"，省级智慧管理平台已初具雏形；各试点园区的开发区级别智慧管理平台已基本建成，但各市均未建立市级平台，三级管理平台共享协同机制尚未建立。四是数据中心均借力"云平台"搭建。各园区从投资成本、数据管理和数据安全等方面考虑，未在园区单独建设数据中心，而是采用服务器托管或租赁形式，依托市（县、区）数据中心、政务云平台或公有云平台实现数据存储管理。

3. 政务服务平台建设情况

各园区协同政务服务平台已基本建成、运行良好。一是信息门户平台功能完善。各园区在已有的门户网站基础上，进一步拓展政务公开、智慧党建、政策推送、政民互动、在线申报等应用功能，将过去单一新闻宣传门户拓展为政府服务门户。合肥经开区等已完成微信、微博和官方 App 等多终端开发。二是行政办公系统全面升级。各园区通过升级现有 OA 系统、新建 OA 系统、复用市（县）OA 系统等多种方式，均已完成行政办公系统建设或升级，重点整合升级城管执法、招商跟踪、要事督办等系统，初步实现远程办公和移动办公。三是行政审批系统基本建成。依托省市各级行政审批平台，各园区已基本建成一站式行政审批服务系统，园区本级政务服务事项基本实现不见面审批。但六安经开区等园区因缺少市级管理权限，项目审批无法在园区实现闭环，仍需向上级单位申请办理。

4. 产业服务信息平台建设情况

各试点园区在招商服务、项目管理和人才需求等服务方面开展了积极探索，但产业服务信息平台功能相对单一，局限于常规的信息化管理，对园区产业发展的智慧化支持能力依然较弱。一是探索建立招商和项目管理服务系统。各园区均已建立招商服务和项目管理服务应用平台，基本可实现招商线索、洽谈跟踪、项目选址、签约落地、项目建设投产的全生命周期监测。合肥经开区、黄山高新区、博望高新区、马鞍山保税区等园区在招商和项目日常管理基础上，运用大数据分析，对园区企业、招商项目和相关行业数据进行智慧化采集和深度挖掘，初步实现招商项目、要素资源的智能匹配。二是科创、产业和人才服务功能较弱。仅有博望高新区、宣城高新区等少数园区建有科技云平台、闲置生产要素交易平台、劳动力市场信息系统等相关应用平台，其他大部分园区在科创、产业和人才智慧服务平台方面存在短板，尚未设计线上线下互动、供需精准对接的智能服务系统，对产业链升级和产业发展支撑能力有限。

5. 安全环境监测预警平台建设情况

各试点园区安环监测平台均依托消防、环保、安监等既有业务系统建设，能源管理系统存在短板，监测数据协调难度较大。一是安全监测应急预警系统。各园区依托"雪亮工程"基本实现重点区域全覆盖及视频信号共享。合肥经开区、池州高新区等试点园区，在已有的安全和消防管理平台基础上进行功能升级和区域拓展。二是环境保护监测预警系统。试点园区依托环保、水利等相关业务系统，升级大气微观站、水质监测站、激光雷达、VOC 走航等监测设备，实现对园区内重点排污单位、地表水体质量和空气环境质量的实时监测，宣城经开区建成两期智慧环境监测与预警平台，作为典型案例在全省环保系统推广。三是能源综合管理信息系统建设相对滞后。目前仅有六安经开区、迎江经开区由电网企业建有能源在线监测系统，其他园区尚未建立相关智慧管理系统。四是安环领域数据协调难度大。各园区虽然已依托相关业务部门建立安全环境监测预警平台，但由于环境、安全、消防、能源等监测数据均属于内部保密数据，大部分由专网进行数据交换，无法为智慧园区其他应用开放数据共享公用接口，数据协调难度较大。

6. 企业智能化服务信息平台建设情况

各园区企业智能化服务平台建设相对滞后。一是企业智慧化服务信息平台系统性有待增强。大部分园区未进行系统的企业智能化服务信息平台规划建设。仅有合肥经开区、黄山高新区、博望高新区、马鞍山保税区等部分园区建有相关业务系统，且集中于厂房及硬件租赁、物流配送服务、ERP 系统等"点状"方面，功能尚不完备，集成化程度不高。二是企业建设积极性有待增强。目前已建的相关系统均以园区为建设主体，企业投资建设数字化企业系统积极性不高，传统产业的智能化改造和产品智能化升级有待提升。

7. 公共服务平台建设情况

目前各试点园区公共服务平台已初步建成。一是数字社区服务。各园区依托"皖事通"等政务平台，已基本实现智慧社保等公共服务。此外，合肥经开区等积极打造网格化管理平台，整合服务资源，建立服务平台，实现"一门受理、协同办理"。合肥经开区利用"乐庭·优养"第三方平台，实现智慧养老服务。二是物业管理服务。各园区均利用信息化工具，通过智慧物业 App，实现开发区物业服务的在线申报、流程管理、服务评价等。博望高新区、黄山高新区、蚌埠高新区等园区积极建设智慧路灯和智慧城管，探索对园区各类物业设施的实时感知和动态管理。三是智慧生活服务。该领域第三方商用平台已发展成熟，各园区均对接"大众点评"等第三方平台实现相关智慧生活服务功能。

二、创新型智慧园区建设存在的问题

我省创新型智慧园区试点建设取得一定成就的同时，仍然存在诸多困难和问题，特别是与沪苏浙等地区相比，资金保障压力大、数据共享难度大、标准规范缺失等问题突出。

1. 资金保障压力较大

智慧园区建设前期投资大，特别是信息基础设施建设、升级和维护需要大量资金支持，目前大部分园区缺少稳定长效的财政资金保障机制和行之有效的社会资本引入机制，在有限的资金支持下，只能选择资金投入较小的常规信息化系统重点建设，5G、人工智能、工业互联网、物联网等新型基础设施建设严重滞后。

2. 数据共享难度较大

一是数据共享意识不强，个别部门数据共享意愿不强，导致跨层级、跨部门数据协调难度大，"数据孤岛"现象依然存在。二是数据共享方式落后，部分园区依靠人工定期导出方式实现共享，未能实现数据在线交换，且涉密数据和内部数据安全共享模式缺乏，导致公安、国土、环保等平台对接难度较高。

3. 标准规范尚缺失

一是尚无数据库标准。智慧园区建设涉及部门多，数据多源异构现象突出，目前尚无智慧园区基础数据建库标准，数据整合难度较大。二是缺乏平台集成标准。目前各类智慧平台基于不同底层平台开发，尚无平台集成标准，平台间兼容和对接难度较高，并可能影响未来"省—市—园区"三级平台数据调用。三是未出台建设规范和验收标准，缺少对智慧园区建设的精准指导。

三、推进创新型智慧园区建设的对策建议

针对当前存在的突出问题，应切实在资金保障、数据资源共享、标准规范建立、平台建设优化提升等关键环节出台针对性措施，加大扶持力度，合理引导创新型智慧园区建设，促进开发区创新升级。

1. 加强资金保障

将创新型智慧园区建设作为新型基础设施建设的重要方向和"稳投资"的重要抓手，加大各级政府投资。鼓励各市、县人民政府进一步整合信息化建设专项资金，将创新型智慧园区建设资金和运维资金纳入本级财政预算。拓展投融资渠道。采用"市场换产业、项目换投资"模式，通过政府购买服务、PPP、特许经营等方式，积极鼓励社会力量参与智慧园区建设及运营。

2. 加强数据资源共享

一是依托数字江淮和各市县数据资源中心建设，建成覆盖全省的大数据中心网络和数据开放平台，推进公共数据开放和基础数据资源跨部门、跨区域、跨层级互认共享。二是加强园区资源综合调度能力，推动创新型智慧园区平台与现有各类服务平台及业务系统之间互通整合。三是积极应用数据交互先进技术，实现数据在线实时共享，探索涉密数据交换共享机制。四是持续推进"放管服"，推进市级管理权限下放和授权，实现园区业务流、信息流的闭环。

3. 加快建立标准规范

一是统一数据标准，建立信息资源共享的"标准基石"。全面梳理智慧园区涉及的各类数据源，形成规范化数据目录和结构标准，构建创新型智慧园区数据的标准化处理流程，建立多源异构数据整合入库规范。二是建立平台集成标准，制定并细化基础平台开发标准以及各级各类系统间的数据、功能接口标准。三是制定建设和验收标准。建议省级层面加快形成创新型智慧园区建设和验收的地方标准或行业标准，明确建设内容和质量要求。鼓励各园区在此基础上形成特色化项目标准，并引进第三方评估机构对基础设施建设、数据建设、平台建设等实现

全程管控。

4. 提升产业智慧化管理水平

重点强化智慧产业服务和智慧企业服务等相关平台建设。一是加强与阿里巴巴、华为等知名大数据企业合作，充分利用上述企业掌握的全国企业大数据资源，深度挖掘我省园区企业和产业发展数据，为产业发展提供智慧化、精准化数据服务。二是建议推广企业智慧评级经验，通过产业智慧化管理平台和企业大数据，实现科学化、精准化管理。三是加快 ERP 云服务平台等数字化企业系统建设，鼓励企业建设覆盖全生产过程的智慧化系统，与园区智慧化平台实现对接。

调研组：省发改委地区经济处
　　　　省经济研究院
成　员：徐和生　蒋旭东　徐冉冉
　　　　张贝尔　陆贝贝　田皓洁
　　　　孙京禄
执　笔：张贝尔　陆贝贝　孙京禄
　　　　田皓洁

首届中国宏观经济年会暨第二十五次
全国发改系统研究院（所）长会议观点综述

2020年1月10日—11日，首届中国宏观经济年会暨第二十五次全国发改系统研究院（所）长会议在北京召开。本次会议的主题是"迈向高质量发展的中国经济"，来自中央财经委办公室、国家发展改革委、工信部、财政部、农业农村部、国务院发展研究中心的领导，中国宏观经济研究院及各省、自治区、直辖市发展改革系统研究院（所）的代表参加会议。相关领导及专家学者围绕会议议题做主旨演讲，形成了系列具有指导和借鉴意义的观点。

会议指出，2019年以来，面对国内外风险挑战明显上升的复杂局面，在以习近平同志为核心的党中央坚强领导下，我国坚持稳中求进工作总基调，坚持新发展理念，坚持以供给侧结构性改革为主线，推动经济高质量发展，扎实做好"六稳"工作，经济保持总体平稳、稳中有进的态势。经济增速、就业、物价、国际收支等主要指标都处于合理区间。2019年前三季度经济增长6.2%，在世界经济中保持"风景这边独好"。2020年是全面建成小康社会和"十三五"规划收官之年，我国经济稳中向好、长期向好的基本趋势不会改变。必须正确认识这一经济形势，增强必胜信心。会议强调，要以习近平新时代中国特色社会主义思想为指导，坚定不移贯彻新发展理念，坚持高质量发展不动摇，实现量的合理增长和质的稳步提升，确保如期全面建成小康社会和"十三五"规划圆满收官。

一、以提升全要素生产率为核心，推动经济高质量发展

国务院发展研究中心副主任王一鸣、中国宏观经济研究院院长王昌林和国家发改委经济研究所所长孙学工分别作了《以高标准市场经济建设推动经济高质量发展》《迈向高质量发展的中国经济》和《推进经济高质量发展》的主题报告，从不同角度阐述了高质量发展的内涵，剖析了我国高质量发展的现状和形势，擘画了高质量发展的路径。

关于什么是经济高质量发展。王一鸣认为，高质量发展意味着更高水平、更

优结构、更有效率、更加公平、更可持续的发展，可以概括为"五个转向"：从"数量追赶"转向"质量追赶"，从"规模扩张"转向"结构升级"，从"要素驱动"转向"创新驱动"，从"分配失衡"转向"普惠包容"，从"灰色增长"转向"绿色增值"，其核心是提高全要素生产率（TFP）。王一鸣特别指出，提升全要素生产率并非易事，如果中国要在2035年TFP达到美国的60%（即韩国追赶美国TFP的峰值），TFP对经济增长贡献率要达50%以上。王昌林认为高质量发展是追求幸福生活的发展，其主要特征是高效率高效益，核心是通过"三转"（发展方式转变、经济结构转型、增长动力转换）、"三变"（质量变革、效率变革、动力变革）、"四协同"（实体经济、科技创新、现代金融、人力资源协同），提高全要素生产率，不断增强经济创新力和竞争力，即从"有没有"转向"好不好"。孙学工从经济学理论的角度，将其概括为"三高"：供给体系质量高、投入产出效率高和发展稳定性高，也就是以高效率高效益生产方式为全社会持续而公平提供高质量产出的经济发展。

关于高质量发展的现状与不足。王昌林指出，近年来我国经济高质量发展取得重要进展。一是结构优化，供给体系质量不断提高，高杠杆等重大风险隐患由持续积累转为开始收敛，经济发展转向内需和消费、先进制造业与服务业拉动。二是动能转换，创新驱动发展特征愈发显著，风险投资增长，劳动生产率提高，与发达国家在科技创新和产业发展的一些领域上的差距由"代际"缩小至"代内"，少数领域进入"并跑者"甚至"领跑者"的角色。三是发展方式转变，城乡人民生活持续改善，共享和协调发展取得瞩目成绩。与此同时，我国经济发展进入深刻转型、爬坡过坎的最关键阶段。产业"拐点"已然出现，汽车出现阶段性峰值，重化工业增长空间有限；城镇化进入"60%后"的"变轨期"，增长的速度和峰值节点有待观察；新出生人口"断崖式"下降，储蓄率下降趋势不可逆转，全要素增长率增速趋缓，中美经贸摩擦不确定性较强，债务灰犀牛、房地产风险处于高位，结构性矛盾与体制性因素交织叠加，我国总体进入"高成本时代"。社会风险多维度积累，产业、科技、能源等安全压力加大，生态文明建设任务繁重，面临跨越"中等收入陷阱"的考验。

关于推进经济高质量的路径。王一鸣指出，要强化市场功能，强化优胜劣汰，要提升产业链水平，要增强原创能力，要提升人力资本，特别是低收入群体人力资本，要推动绿色转型，要提高空间资源配置效率。他特别强调，推动经济高质量发展，必须以建设高标准、高水平、高质量经济为保障，以深化改革为根本途径。一是健全公平竞争制度，二是进一步完善产权制度，三是推进要素市场化改革，四是强化科技成果产权激励，五是深化生态环境体制改革，六是建设高水平开放型经济体制，七是建立与约束机制相对应的激励机制。孙学工认为，高质量发展要处理好国际与国内、中央与地方、政府与市场、供给与需求、速度与质量等"五个关系"。具体而言，一是构建创新领域的新型举国体制，更好维护产业技术安全，推动创新体制从"政府主导型"向"政府支持型"转变；二是把握新兴产业发展先机，培育发展新动能；三是优化存量、化解风险，推动传统产业优化升级；四是加强区域协调和都市圈发展，提升经济整体竞争力；五是更好地发挥市场机制作用，推动高效低成本减排；六是以多元平衡、安全高效为导向，推动高水平开放；七是解决中等收入群体焦虑，构筑橄榄型社会结构。

二、贸易保护主义、货币政策转向、地缘政治冲突风险叠加，世界经济维持弱势复苏态势

中国宏观经济研究院副院长毕吉耀作了《全球经济形势及发展展望》的主题报告。他指出，2019年以来，全球贸易、投资、工业生产等活动显著放缓，主要经济体同步下行，部分新兴经济体出现金融动荡，世界经济下行风险加大。

当下世界经济存在四方面的风险：一是贸易保护主义阴影难消。当前，中美贸易摩擦出现阶段性缓和，但全球范围内仍存在多组贸易争端，一旦激化将扰乱全球产业链和供应链正常运转，动摇投资者信心，引发金融市场新的动荡。二是美国经济增长可能持续放缓。目前，美国长短期利率倒挂，一旦陷入周期性衰退将严重拖累世界经济复苏。三是全球货币政策转向引发新的不确定性。在美联储降息的带动下，全球30多个国家央行已经降息，新兴经济体货币政策尚未恢复常态的情况下再度转向宽松，一旦美联储降息空间出清再度重启量宽，在全球债务和杠杆率高企的情况下，资产价格泡沫破灭风险将威胁世界经济稳定。四是地缘政治冲突等非经济因素干扰增多。地缘政治冲突多点频发，风险和不确定因素加速积累。中东冲突乱局、英国"脱欧"变局、美俄博弈迷局以及各种非传统安全问题，都将影响世界经济稳定运行。

世界经济仍将艰难前行。一方面，新科技革命不断催生新产品、新模式、新业态和新产业，并加速向传统产业渗透融合，全球产业链和价值链加速调整重

塑，数字经济、共享经济、智能制造成为全球经济增长新动力；另一方面，过度依赖量宽货币政策刺激经济复苏进一步拉大贫富差距，导致社会政治层面民粹主义盛行，经济贸易领域逆全球化潮流高涨、保护主义大行其道，给全球贸易投资环境带来巨大的不确定性。近期看，世界经济仍将维持复苏态势，但要实现中长期强劲可持续增长，仍需加强经贸合作和政策协调，深化结构性改革，推动建立开放型世界经济。

三、积极培育新支柱产业，夯实高质量发展根基

国家发改委产业经济与技术经济研究所所长黄汉权作了《寻找新支柱产业》的主题报告，从培育新支柱产业的必要性紧迫性、内涵与特征、识别与潜力、难点与建议等方面进行了系统介绍。

关于新支柱产业的内涵与识别。我国亟须培育新支柱产业。原因在于经济稳增长需要产业新旧动能接续转化，高质量发展需要与之相匹配的产业体系，抢占全球经济竞争制高点需要支撑有力的新支柱产业，市场机制不完善需要政府在培育支柱产业中发挥作用。他认为，新支柱产业是具有技术突破、广阔市场容量、强大赋能或关联带动效应，对经济稳增长和高质量发展起到重要支撑作用的产业。除新兴支柱产业外，还包括转型升级后的现有支柱产业。据此，他提出了"4+1"新支柱产业体系图谱，即新一代人工智能、生命健康、文化创意、新材料等4个新兴支柱产业和机械、电子信息、汽车、化工、房地产、轻纺等改造升级后的现有支柱产业。在技术、人才、数据等要素驱动下，通过5G、大数据、云计算、物联网等通用技术连接，形成双轮驱动发展格局。其中，人工智能受技术、平台、应用等多重驱动，接近大规模商业化爆发期；生物技术持续孕育突破，今后5—10年有望走向成熟；文化创意是进入工业化后期许多发达国家的战略和支柱产业；提升产业基础能力和产业链水平的新材料产业需求加速增长，到2025年，这四大新兴支柱产业增加值将达14.5万亿元。与此同时，六大现有支柱产业增加值有望达到37.6万亿元，仍是经济增长主要支撑，"4+1"新支柱产业占GDP比重将达到38.5%。（全国新支柱产业地理图谱显示，安徽在新一代人工智能和新材料领域具有相对优势）

关于新支柱产业培育的难点及建议。他指出，新支柱产业培育存在五大制约因素：一是产业创新发展生态不完善，二是要素市场化配置机制不健全，三是治

理体系和能力与创新要求不匹配，四是现有支柱产业路径转换成本高，五是美国等发达国家对我技术围堵。因此，他提出要提升科技创新能力和技术转化能力，实施企业创新能力提升工程，打造有利于创新要素汇聚流动的政策环境和体制机制，推动传统优势产业高质量发展，加大新型基础设施建设投入，加强知识产权、标准、征信等建设，提升数据治理能力，营造国际一流的营商环境，构建新兴技术风险防范机制，构建高水平开放型经济等十条意见。

四、顺应城镇化发展趋势，优化新型城镇化空间布局

国家发改委国土开发与地区经济研究所所长高国力作了《我国新型城镇化空间布局调整优化研究》的主题报告，从新型城镇化及空间布局的进展特征、未来趋势、总体思路、重点任务和政策建议等五个部分进行了阐述。

关于"十三五"以来的阶段性特征。一是城镇化速度放缓趋势已基本明确，城市常住人口的自然增长对城镇化率贡献提高。二是城镇空间结构在集聚中加快重塑，重点城市群、"两横三纵"轴带人口和经济占比提升，西部陆海新通道集聚明显加快。三是城镇化等级体系调整分化加剧，以副省级以上城市为主体的"头部城市"进一步固化，地级城市发展持续分化，县域发展有所放缓。四是行政建制和区划调整与新型城镇化协同性增强。

对今后时期新型城镇化的认识。他认为，随着我国城镇化率跨过60%，人口将持续向特大城市和大城市集聚，城市分化发展明显，农民工、"小镇青年""老龄化"及大学生成为影响城镇化的"4个2.5亿人"。我国新型城镇化进入快速发展中后期，将呈现"五期"叠加和"四化"互动趋势：处于城镇化速度的持续放缓期、城镇化问题的集中爆发期、人口流动的多向叠加期、城镇格局的加速分化期、城镇化发展的机制转换期，同时，空间布局形态多元化、结构协同化、动力升级化、约束刚性化。

关于调整优化城镇化空间布局思路。他提出，要进一步突出稳规模、调结构、强功能、多形态、高效益。具体而言，一是推动形成多元、开放、高效的城镇化空间。推动胡焕庸线东西两侧分类施策，加快培育陆海新通道，构建现代化都市圈引领空间集约高效开发利用；二是优化重塑产业发展空间布局，加强存量产业空间优化，面向"四新"加强空间形态创新，促进产业有序有效转移承接，开展城市更新；三是引导人口多元集疏、有序流动，要着力培育省域副中心城

市，顺势培育地方性人口集聚中心，主动适应、双向引导农民工回流返乡，发挥各级城市和小城镇集聚功能；四是构建与城镇化布局形态相匹配的交通系统；五是加强生态空间供给提升空间品质。

关于调整优化城镇化空间布局的政策建议。他提出，要尊重客观规律，培育新的动力源，提升中心城市和城市群综合承载力，分类型、分群体、分领域施策。一是推动多元化土地制度创新；二是构建促进人口有序流动的管理制度；三是深化城镇化的投融资体制改革；四是建立都市圈规划、统计监测、考核评估体系；五是积极稳妥推进各级行政区划调整；六是完善多元参与的城镇化空间治理体系。

五、拓展超大规模内需市场，持续优化营商环境

国家发改委市场与价格研究所所长臧跃茹作了《构筑强大国内市场的理论与实践研究》的主题报告，从政策、概念、理论和实践意义的角度对强大国内市场内涵进行了解读，指出当前强大国内市场建设的难点和问题，并在此基础上提出系列建议。她指出，当前强大国内市场建设面临六大难点：一是巨大市场潜力难以转化成实际消费，市场规模拓展受限；二是中间投入品市场被割裂和底端锁定，供应链安全难以保障；三是市场基础设施存在短板，制约市场结构优化和影响力；四是存在区域封锁和地方保护行为，影响全国统一市场建设；五是要素市场化进程严重滞后于商品，资源配置效率尚待提升；六是内外市场及其规则融通不畅，参与全球治理的渠道窄且能力弱。因此，必须抓住我国中等收入群体扩围和消费结构升级的有利内部条件，有效应对全球市场规则嬗变和国际市场环境趋紧的不利外部环境，通过促进消费结构与品质升级、培育高质量的新型价值链体系、补齐市场基础设施短板、增强现代市场体系的规则能力、夯实竞争政策的基础性地位、推动内外市场和规则融通，加快形成规模更庞大、结构更优化、规则更完备的国内市场。从近期看，要强化供需双侧发力，务求破解"收入制约型"需求不足，加快培育"技术引领型"需求增长。中长期，要着力深化重大体制机制改革，健全持续强大市场的长效机制。

深圳市城市发展研究中心主任肖卫群作了《深圳优化营商环境改革和探索》的主题报告，分享了深圳的创新举措，提出了下一步的探索方向。在目标明确的改革方面，深圳市按照市场化改革方向，率先加大营商环境改革力度，形成了系

列创新举措，包括：企业登记实行"秒批"，压缩企业设立审批时限至几十秒，可 24 小时在线申报；率先推出容缺收件模式，政务服务可容缺办理；深化建设项目审批制度"深圳 90"改革，取消施工图审查制度，审批总时长控制在 41 天以内；推出支持民营经济发展的"四个千亿"计划，全面停止收取政府采购投标保证金，停止向入库供应商收取履约保证金等。在企业导向的探索方面，深圳市在对企业营商环境需求调研的基础上，明确改进和探索方向：一是筹备深圳市营商环境咨询监督委员会；二是谋划结构化政策库服务系统，对政策进行智能分析，解决政策解读难点痛点，变被动咨询为主动推送；三是设想全市营商环境一体化平台，依托市政府企业服务综合门户，打通企业服务反馈—监测评价预警—政策评估优化的业务流程闭环，持续改善营商环境。

审　稿：樊明怀

整　理：窦　瑾　江　鑫

抢抓疫情造成的供给短缺窗口期
切实做好复工复产工作

新型冠状病毒肺炎疫情暴发于湖北，对中部地区影响最明显。我省虽受冲击，但在中部地区中形势相对较好。2020 年 2 月 3 日，中央政治局会议明确要求，在做好防控工作的前提下，全力支持和组织推动各类生产企业复工复产。我省需要抢抓供给短缺窗口机遇，提前做好复工复产的研究谋划，在助力疫情防控的同时，为壮大供应链、产业链，推进高质量发展抢得更多先机，全力确保实现决胜全面建成小康社会的目标任务。

一、阶段性产品供应短缺期可能出现

此次疫情突袭而至，叠加春节假期影响，产品库存、原材料库存以及人工储备普遍不足。制造业产业链条长、生产环节多，部分行业可能出现阶段性产品供给短缺，特别是重灾区布局多、复产时间慢的行业可能受到较大冲击。

一是复产时间直接影响供给短缺期长短。目前，各地公布复工时间多为不早于 2 月 9 日 24 时，部分地区不早于 2 月 17 日 24 时。同时，受交通运输管控、外地返岗人员隔离、防疫物资短缺等制约，企业全面复产时间预计进一步延迟。全面复产拖得越久，产品供应短缺问题将越严峻。

二是复产时间长短间接决定供应链转移。企业产品供应链通常要求延续性、稳定性，在供应无法满足的情况下，企业会转而寻找潜在替代供应商。在行业逐步恢复生产、需求既定情况下，复产滞后企业面临供应链被转移替代风险，复产时间过长地区将面临产业链外迁风险。此外，经过此次疫情，企业分散布局供应链也将成为新选择。

三是复产效率是供给短缺期核心竞争力。阶段性产品供应短缺期出现的时间相对不会太长，不同行业不同区域表现有所不同，短则一两个月，长则一两个季度。这一时期，复产效率优先于创新，效率大于创新，竞争的核心是保障供给，有供给就是占得市场，获得更多订单，赢得先机，直接转移相关产品的供给，保障供应链安全，实现高质量发展。

二、我省具备尽快复工复产的良好条件

在湖北等地供给短期难以保障情况下，我省有能力也有必要及时弥补供给短缺，保障国内重点行业稳定运行，确保国家层面产业供给链的安全。

从复工条件看，我省以省内用工为主叠加大量返乡人员，及时复工具有优势。我省毗邻疫情严重地区，受疫情影响程度较大，但在中部六省中，我省确诊人数相对较少。我省省外转移就业目的地以长三角为主，2018 年流向湖北的流动人口仅占全部流出人口的 0.79%。百度迁徙数据显示，1 月 10 日—2 月 5 日，武汉迁出至我省人数占迁出人数的 2.22%。我省企业用工以省内劳动力为主，每年新增回流返乡人员较多，再加上因疫情防控限制而留下的外出务工人员，潜在劳动力资源充足。

从产业协作互补可能性看，我省产品供给能力较强，可及时弥补供给缺口。湖北等疫情严重地区产业受冲击明显，恢复时间可能较长。我省与湖北发展阶段相近，产业结构相似；从传统产业上讲，湖北三大传统支柱产业汽车、建材、化工也是我省主导产业；从新兴产业上讲，我省"芯屏器合"四大新兴产业与湖北"芯屏端网"重合有二，武汉电子信息、汽车、医药三大支柱产业中的前两者也是我省主导产业。在当前产业分工格局加快调整的背景下，我省应把握窗口期，加快企业复工复产，最大程度弥补湖北等地复产滞后对全国产业链恢复的影响。

从国家战略来看，我省承东启西、左右逢源，需勇挑复产复工重担。我省受长三角一体化发展与中部崛起双重战略覆盖，"东向合作、西向竞争"的产业格局对复产保供给提出更高站位要求。东向与长三角具有深度的产业合作关系，我省企业复产快慢影响长三角地区整体进度，加快企业复产对于保障长三角地区产品供给和防止供给链外迁具有重要的现实意义。西向看，我省与湖北、河南等中部地区发展阶段、产业领域等相似，供给具有一定替代性。我省有能力也有必要及时弥补供给短缺，维护国家层面产业供给链的安全。

三、对策建议

特殊时期需要坚定果断有力举措，在拐点到来的后疫情时期，需要把"抢复

产、保供给"作为全省经济工作的核心内容，多措并举，抓实落细。

一是抓紧成立推进复产工作领导小组。根据抢抓企业复产工作需要，尽快在省级层面成立推进复产工作领导小组，统筹协调相关职能部门全面落实好抓复产的相关举措，及时做好全省重点行业、重点领域的复产督促工作，确保我省复产快于全国。发挥各级领导班子作用，构建起统一领导、权责一致、权威高效的体系，实现省市县（区）乡镇（街道）村（社区）五级联动，在体制机制上保障复产举措得到落实。

二是动态做好分阶段复产准备。一要在压实疫情防控责任的前提下，积极争取更多企业进入防控物资生产绿色通道，尽快复工复产。二要做好全省2月10日复工复产前期准备，分区域、分行业、分阶段、分实际，动态做好复工计划，避免"一刀切"。三要在疫情拐点到来后，及时全面扫清复产障碍，严格落实复工复产要求，大力督促引导企业恢复生产。

三是尽快推出一批聚焦复工的举措。聚焦企业复产核心工作需要，尽快谋划储备一批可落地、见效快的支持政策。尽快确定重点复产企业名单，协助企业备齐防疫物资，落实防疫举措，引导企业在落实安全要求前提下尽快实现复工生产。针对企业复产面临的融资、用工、物流等难题，尽快出台阶段性降低社保比例、贷款临时性贴息、税收定额调整等支持政策。

四是积极引导企业拓展市场。产业供给的短期波动往往伴随新市场空间的出现，应充分调动市场主体积极性，抢抓新一轮窗口期给我省电子信息、人工智能等新兴领域发展带来的机遇。要大力激励重点企业扩大供给、填补行业短缺，对积极填补国内外供给严重短缺的企业，根据扩张范围实行激励。

五是有效抓好强有力的宣传引导。疫情防控期间，各类信息交织，各级政府要加强政策舆论引导，及时准确发布企业复工、复产、激励等政策信号。根据疫情发展阶段变化，要第一时间给予企业复产明确要求，督促合肥、芜湖、蚌埠等重点城市尽快制订复工计划并及时发布，杜绝因信息不通畅造成复产滞后现象。同时，将各项复产支持举措宣传到一线企业，明确相关激励政策的兑现时间、条件。

指　导：樊明怀　胡功杰

执　笔：窦　瑾　余茂军

新型冠状病毒肺炎疫情对我省开发区
经济运行影响分析及对策建议

为摸清新型冠状病毒肺炎疫情（以下简称"疫情"）对我省开发区经济运行冲击和影响情况，统筹抓好开发区疫情防控与经济发展稳定各项工作，安徽省发改委地区经济处会同安徽省经济研究院利用开发区调度系统，通过在线问卷调查等方式对省级以上开发区进行相关调研，共发放问卷 126 份，收回有效问卷 88 份。相关人员在调研的基础上开展了综合分析和对策研究。

一、受影响总体情况

随着疫情的不断发展，开发区企业不但面临因疫情管控导致的复工延迟、产能恢复不足、资金流动性承压、成本上升等问题，而且面临因即将复工复产导致的疫情传播风险。超半数的开发区认为此次疫情对短期经济运行影响较大。受影响主要行业为商贸服务及物流业、电子信息、汽车及零部件、农副产品加工、装备制造、纺织服装等（表 1）。经调查估算，26% 的开发区一季度经营销售收入将降低[①]50% 以上，17% 的开发区一季度经营销售收入将降低 40% ~ 50%（图1）；32% 的开发区一季度生产成本将增加 20% ~ 30%，19% 的开发区一季度生产成本将增加 30% ~ 40%（图 2）；26% 的开发区企业利润将降低 50% 以上，22% 的开发区企业利润将降低 30% ~ 50%（图 3）。平均来看[②]，一季度经营销售收入、企业利润等经济运行指标将受疫情影响降低 30% ~ 35%。

---

① 受疫情影响降低，即与原预期指标的降幅，而非同比降幅，下同。

② 按照开发区规模加权平均计算，下同。

表1 受疫情影响主要行业分析

按受影响开发区数量排序		考虑产业规模加权排序	
1	农副产品加工	1	商贸服务及物流
2	装备制造	2	电子信息
3	商贸服务及物流	3	汽车及零部件
4	纺织服装	4	农副产品加工
5	电子信息	5	装备制造

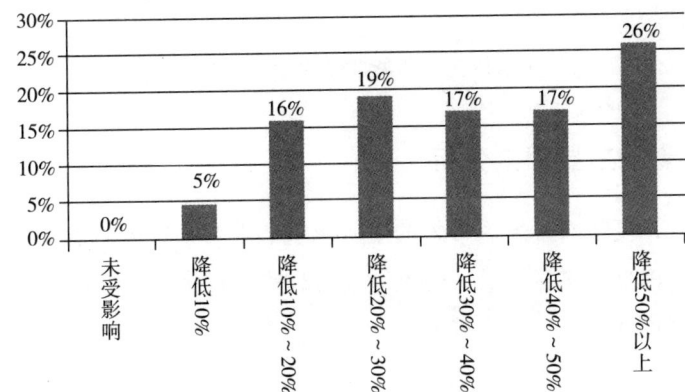

图1 开发区一季度经营销售收入受疫情影响情况估算

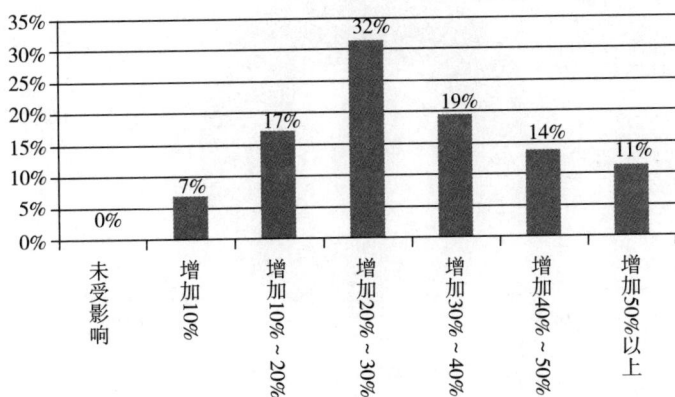

图2 开发区一季度企业生产成本受疫情影响情况估算

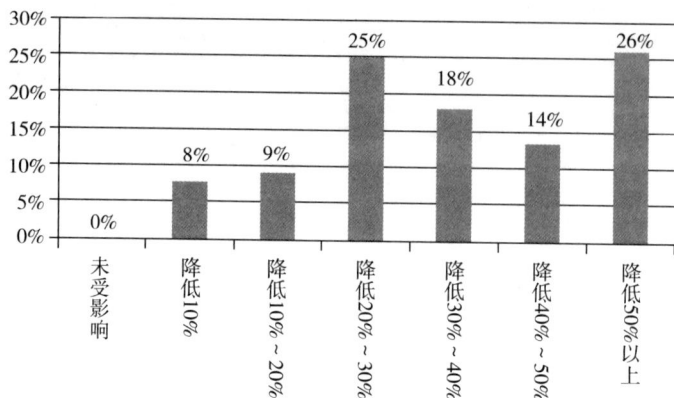

图 3　开发区一季度企业利润受疫情影响情况估算

二、受影响主要因素分析

调查显示，疫情对开发区带来的主要影响依次为物流运输受阻、投资项目难以开工建设、原材料供应不足、防疫导致管理难度加大、企业用工困难、疫情传播风险高等（图4）。

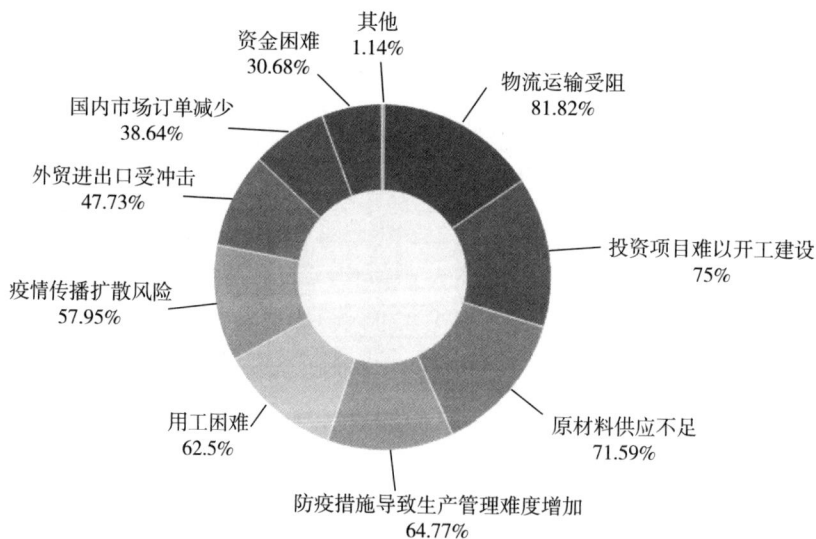

图 4　短期受疫情影响主要因素

1. 防疫管控难度较高

截至 2020 年 2 月 10 日，我省已有新冠肺炎确诊病例 860 例，疫情目前尚未出现拐点。开发区人员较密集、流动率高、工作环境相对密闭①，随着各企业相继复工复产、工人返厂，各企业卫生防疫物资、防疫管理经验和相关人员培训均严重不足，疫情外源输入和内部扩散风险较高。问卷统计显示，58% 和 65% 的开发区将疫情扩散风险和疫情防控难度作为短期重要影响因素。为防止疫情扩散，各地管控措施相继升级，开发区对返岗人员防疫管理周期延长，难度加大。以合肥为例，返肥员工需再隔离医学观察 7 ~ 14 天。预计各开发区复工时间需滞后至 2 月 20 日前后。

2. 对物流和原材料影响

目前国内大部分道路实施交通管制措施，原材料供应难、产品外运难、员工返岗难是开发区普遍反映的问题。分别有 81% 和 72% 的开发区将疫情防控导致的交通物流受阻和原材料供应不足列为短期影响开发区经济运行的主要因素。开发区平均有 56% 的企业出现物流运输困难，尤其是以农副产品加工、化工建材、钢铁等大进大出型产业和商贸物流业为主导产业的开发区，受物流和原材料影响严重。

3. 对开发区企业用工影响

我省各开发区用工主要来源于本市或本县（平均占比约为 75%），其次为省内其他地市（平均占比 10% ~ 20%），外省员工占比较低②，复工复产后人员流动主要以本地流动和省内流动为主，对劳动密集型企业用工存在一定程度影响。经估算，开发区企业复工后平均返岗率约为 66%，比往年春节后返岗率低 15 个百分点以上。

4. 对企业市场订单的影响

开发区企业将呈现订单积压和订单不足双重风险。一方面，受复工延迟和产能恢复不足影响，短期内开发区部分企业将出现订单交付延期，合同违约风险较高；另一方面，受疫情影响，国内市场消费需求总体下降，除卫生防疫、医药健康等相关产业外，其他产业国内市场需求和订单将有所下降。经估算，我省开发

---

① 初步统计，省级以上开发区中，有半数以上主导产业（或占比最高的产业）为轻工、纺织鞋服、农副产品加工等劳动密集型制造业，或物流、商贸服务等人员流动较大的服务业。

② 湖北籍员工占比均不足 3%，省外非湖北籍员工占比普遍不足 5%。

区企业一季度国内市场订单受影响将减少 38% 左右。从国际市场来看，世界卫生组织宣布中国新型冠状病毒疫情构成国际关注的突发公共卫生事件，开发区企业外贸进出口将受巨大冲击，一季度全省开发区外贸进出口总额受影响将下降 43% 以上。

5. 对企业资金链的影响

短期内，开发区企业普遍面临生产运营周期拉长、流动资金紧张、还贷压力增加等问题。调查统计显示，各开发区有 38% 左右的企业受疫情影响资金链压力上升。其中县管省级开发区企业和中小微企业资金链压力更加明显。

6. 对项目建设和投资的影响

受物流运输受阻、用工困难和防疫管理需要等因素影响，开发区重大项目开工时间延期，约有近七成项目进度受影响，整体预计延期 1~2 个月左右。全年预计完成投资可能会比原计划略有下降，平均约降低 20%~25%。

三、对策建议

此次疫情为典型的外部事件冲击，对开发区经济运行造成较大影响。影响主要集中在短中期，主要冲击县管省级开发区、劳动密集型产业和中小微企业。建议相关政策扶持要因地制宜、长短结合。短期政策要"救急"，解决开发区中小微企业"活下来"的问题，长期政策应"升级"，加快提升开发区发展质量和应对外部冲击事件的韧性。

1. 加强开发区疫情防控管理

一是保障防护物资。各市县和开发区要尽快帮助协调解决企业防疫物资不足的突出问题，梳理复工企业防疫物资缺口，及时为企业提供采购渠道。千方百计扩大开发区内口罩等相关企业产能，加强相关物资调配和供给效率，在满足国家物资调配和省内防控需求的基础上，尽可能为复工企业提供防护必需物资。简化审批流程，鼓励有条件的纺织企业转产进行疫情防控物资生产，就近满足开发区内复工企业疫情防控需求。二是规范防疫管理。建立开发区返岗人员台账并实施健康监测。疫情期间开发区企业均实施封闭式、网格化管理，利用摄像头和大数据技术对人员流动情况实施全程监测。强化应急处置管理。鼓励企业实施线上办公、弹性办公、错峰上下班、错峰就餐等。

2. 加快推动开发区有序复工

一是明确复工标准。开发区根据企业防疫物资准备情况、防疫措施完备情况、企业员工构成等制定细化的企业复工标准，建议对有复工意愿、有效落实防控要求的制造业企业不再设规模、行业等复工门槛，符合复工标准的企业应一律允许复工。二是优化复工时序。企业较多的开发区明确时间表实施分批复工，优先保障涉及疫情防控、事关国计民生、经济贡献度高的企业复工复产。组织物流运输企业尽快复工。三是加强复工服务。运用智慧园区建设成果积极开展"线上"办公，推行"不见面审批（服务）"改革。利用智慧园区政务服务平台、政务 App、电子政务网等信息化手段，在线完成复工备案、交通运输通行证核发、返岗人员登记、员工防疫培训等相关复工服务，进一步简化流程、提高效率、减少人员聚集接触。完善开发区智慧产业和企业服务平台，实现防疫医疗物资产能智能调配和产业链智慧化协作。

3. 积极谋划重大项目和发展新经济

一是加快推进重要工程复工。在做好疫情防护的同时，各地、各开发区要对重要工程、项目抓紧组织复工，协调服务项目单位抓紧完善复工前期手续，提前做好人员、设备、材料等施工准备工作。二是积极谋划重大项目。新冠病毒肺炎疫情将加速我省开发区劳动密集、附加值低、同质化高的产业淘汰，倒逼开发区实施"腾笼换鸟"，提升发展质量。全省开发区应按照高质量发展要求，超前谋划储备和实施一批重大项目。加大智慧园区建设、公共医疗卫生、应急管理等项目投资，推动新型基础设施和公共服务设施升级改造。三是大力发展新经济。积极抢抓数字经济、健康医药、智能医疗、服务机器人、在线教育、环保装备、无人零售等领域可能的爆发式增长机遇，结合开发区发展基础培育发展一批新产业、新业态，加快产业转型升级。

4. 精准扶持受影响严重企业

严格落实国家《支持疫情防控和相关行业企业的财税金融政策》，安徽省《关于应对新型冠状病毒肺炎疫情支持中小微企业平稳健康发展的若干措施》，确保将相关优惠政策推送宣传到位。各地市和开发区应针对受疫情影响较大的企业，尽快出台相关暖企、稳企、助企政策措施和具体方案。一是投融资支持。协调银行业金融机构对相关企业给予延期还贷、展期续贷、降低利率和减免利息支持；对历史经营业绩良好、暂时现金流困难的中小微企业提供临时性贴息和过桥资金支持；利用各级投资平台设立纾困基金为受影响严重企业或相关行业给予投融资支持。二是稳岗支持。深化落实援企稳岗政策，疫情防控期间，对新增就业岗位的小微企业发放就业补助，对不裁员、少减员的企业实施稳岗返还失业保险费。三是降低企业成本。落实国有经营性房产租金减免政策，各开发区对受疫情持续影响较大的中小微企业，可适当延长租金减免期，协调社会运营主体减免或缓收租金，并按市场利率给予一定补贴。四是强化交通运输服务。参照防疫物资运输绿色通道，在省内给予复工企业交通物流运输支持，在严格落实疫情防控要求下，开辟紧缺生产原材料和返岗人员绿色通道。

5. 引导滞留人员省内就业

受全国复工进度滞后和疫情防控升级影响，我省目前滞留一批返乡过春节的外出务工人员。省内用工需求紧张的开发区和企业，应充分利用这一机遇，与相关地区尽快对接，综合运用电台、电视台、农村广播、融媒体，以及"圈群"等多种传播渠道，发布省内岗位需求信息，积极开展网上面试和无接触招聘，对回流务工人员给予社保医保转入、子女入学教育、周转房等帮助和支持，引导部分因疫情滞留外出务工人员实现省内本地化就业，加快推动人员回流，解决企业受疫情影响用工难题。

调研组：省发改委地区经济处

省经济研究院

成　员：徐和生　蒋旭东　田皓洁

张贝尔　孙京禄　陆贝贝

执　笔：张贝尔　孙京禄　陆贝贝

田皓洁

新冠肺炎疫情对我省工业影响分析及对策建议

　　此次新冠肺炎疫情突袭而至，导致春节后企业复工延迟，疫情对我省工业企业生产经营的影响已经显现，后续影响有多久、程度有多大？带着这一问题，本研究报告在比较分析 2003 年非典疫情对产业经济影响特征的基础上，就此次新冠肺炎疫情对我省工业发展的影响进行了定量分析和趋势研判，并提出相应的对策建议。

一、2003 年非典疫情对产业发展的影响分析

　　我国非典疫情大致始于 2002 年 11 月中旬。2003 年 1—3 月份，疫情主要集中在广东省；4 月份，疫情开始向其他省份扩散，并逐步向北京、山西、内蒙古、河北和天津市集中；5 月份，全国疫情出现稳中有降态势；6 月份，非典疫情得到有效控制，于下旬取得阶段性胜利。

　　1. 非典对全国三次产业发展和工业增长的影响

　　2003 年非典疫情所处时期，我国刚加入 WTO 不久，开放型经济对国民经济拉动作用不断显现，经济增长处于上升时期，2002—2006 年期间我国 GDP 年均增速为 11.0%。非典疫情的暴发对我国经济造成了一定的影响，主要表现为一、二、三产在 2003 年二季度均出现了不同幅度的增速（累计同比增速，下同）回落，分别回落了 0.7、1.0 和 0.9 个百分点，工业增速回落了 1.1 个百分点。随着 6 月底疫情结束，一产和二产增速在三季度出现了快速回升。而三产的恢复较慢，一直到 2004 年第一季度才出现明显的增速恢复。据测算，2003 年非典对经济造成的损失约为 1100 亿元左右①，约占当年 GDP 规模的 0.8%，主体是第三产业增速下滑造成的损失②。

　　2002 年三季度—2004 年二季度全国 GDP 和三次产业走势，如图 1 所示。2002 年三季度—2004 年二季度全国工业走势，如图 2 所示。

---

　　① 按照 2003 年实际 GDP 增速与 2002—2006 年年均增速对比计算得出，考虑物价因素。
　　② 2003 年全国二产增速为 12.7%，高于 2002—2006 年年均增速 11.86%；三产增速为 9.5%，低于 2002—2006 年年均增速 11.32%。

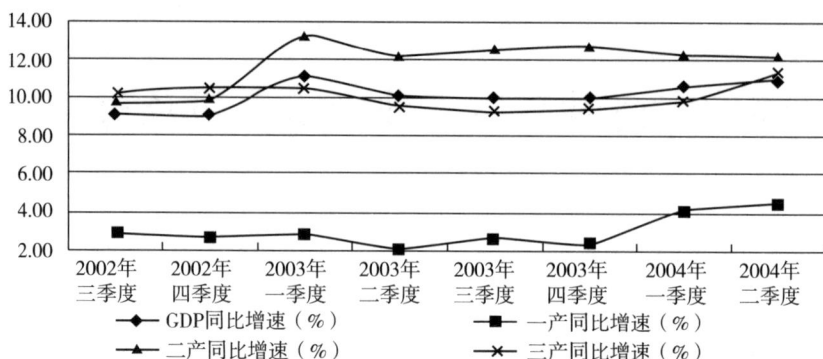

图1 2002年三季度—2004年二季度全国GDP和三次产业走势

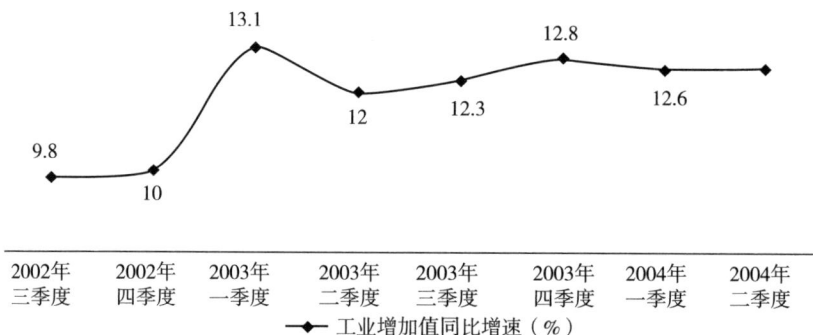

图2 2002年三季度—2004年二季度全国工业走势

2. 非典对疫情核心区广东省三次产业和工业的影响

2002—2006年期间，广东省经济社会发展处于工业化、城镇化快速提升阶段，GDP年均增速为14.1%，工业比重由41.1%上升到47.7%，开始超过服务业比重。非典疫情暴发后，广东经济受到一定的冲击，2003年二季度GDP增速回落0.4个百分点，一产增幅大幅回落出现负增长，二产略有提升，三产回落1.1个百分点。疫情结束后，二产延续快速增长态势，一产和三产增幅缓慢回升，约到2004年二季度恢复至疫情前水平。

从行业看，非典疫情对广东省工业造成了较大的结构性影响。2003年上半年，纳入统计的77类工业产品中，有43类产品产量增速相比2002全年出现回落，回落幅度较大的行业有食品、纺织、化工、化学纤维、建材、家电等。疫情结束后（到2003年底），增速回落的行业种类缩小至35个，食品、纺织、化工、化学纤维、建材、家电等行业均出现了不同幅度的恢复性增长。轻工、机械等产业受疫情影响总体较小，始终保持较快增长势头，汽车行业呈现加快增长势头。

2002 年三季度—2004 年二季度广东省 GDP 和三次产业走势，如图 3 所示。2002 年三季度—2004 年二季度广东省工业走势，如图 4 所示。

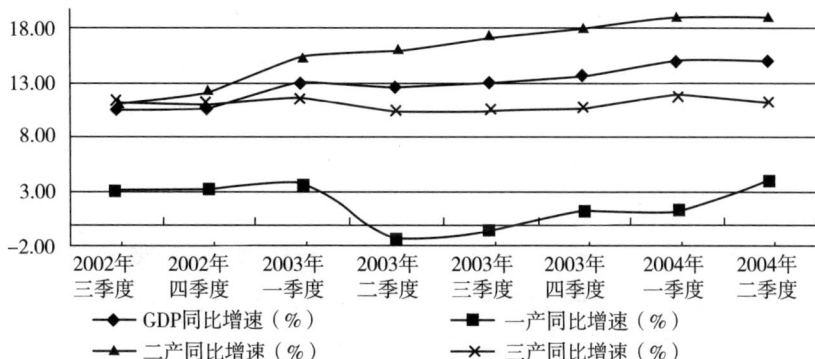

图 3　2002 年三季度—2004 年二季度广东省 GDP 和三次产业走势

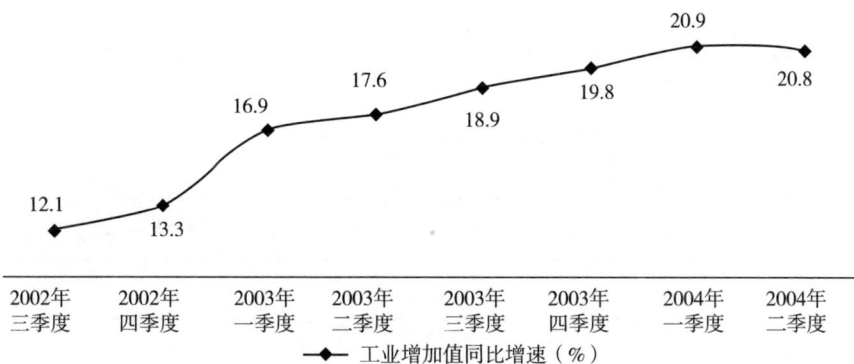

图 4　2002 年三季度—2004 年二季度广东省工业走势

3. 非典对我省三次产业和工业发展的影响

2002—2006 年，我省经济增长形势总体处于上升通道，经济增长上升动力部分抵消了疫情的冲击，2003 年 GDP 增速仅同比下降了 0.25 个百分点，工业和服务业增长仍然保持平稳，农业受疫情影响较大，出现了较大幅度的负增长。疫情结束后，我省工业呈现爬坡增长趋势，工业化率不断提升。

虽然全年工业形势总体较好，但季度数据还是能反映出非典疫情对我省工业增长造成了一定冲击，工业增速在二季度小幅回落，此后逐渐回升，2004 年后进入快速增长通道。从行业看，非典疫情对我省工业的影响也是结构性的。2003

年上半年，纳入统计的44类工业产品中，有19类产品产量增速相比于2002全年的增速出现回落，回落幅度较大的有烟草、纺织品、化肥、钢铁、农机、汽车、家电（部分类别）、电子计算机等。疫情结束后（到2003年年底），烟草、纺织品、钢铁、汽车、电子计算机等行业均出现不同程度的恢复式增长，造纸、化工（部分类别）、建材、机械、白酒等行业保持较好增长势头。

2000—2007年安徽省GDP和三次产业走势，如图5所示。2002年四季度—2004年二季度安徽省工业走势，如图6所示。

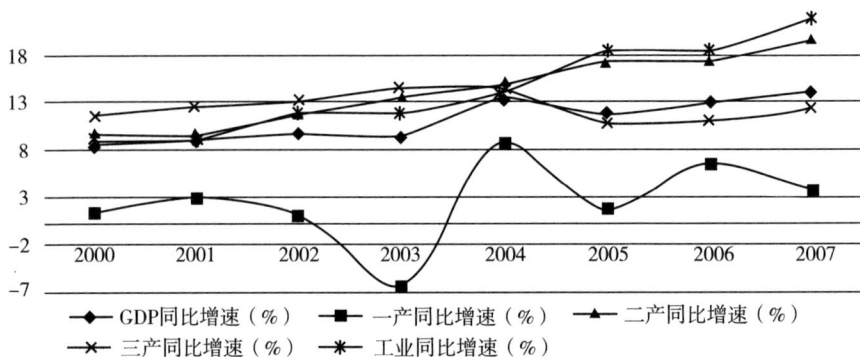

图5　2000—2007年安徽省GDP和三次产业走势

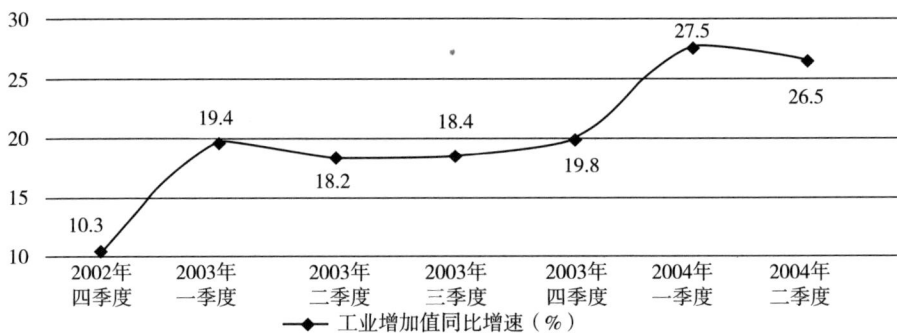

图6　2002年四季度—2004年二季度安徽省工业走势

总结：2003年非典疫情暴发，我国正处于扩大开放、工业化、城镇化进程加快时期，经济总体处于上行通道，非典疫情仅是经济上行期间的一股短暂"寒流"，延缓了实体经济快速抬升的势头。加之非典疫情持续时间有限，经济增长受到的冲击较小，即使是非典疫情核心区的广东省所受到的影响也是有限的、可控的。

从三次产业看，非典疫情高峰期对三次产业均造成了影响，对工业影响幅度小且持续时间短，对服务业和农业的影响大且持续时间长，非典造成的 GDP 增长损失主要体现在服务业上。

从工业行业看，非典对消费工业、经济建设相关行业的短期冲击较大，但恢复也较快；对装备制造业影响总体有限；对满足消费升级需求行业的影响较小，一些行业如汽车、家电等抓住了行业和市场机遇，迎来了较长时期快速发展。

二、此次新冠肺炎疫情对我省工业发展影响分析

此次新冠肺炎疫情演变和防控进程与 2003 年非典疫情有相似之处，但疫情发生所处的宏观经济环境不同、时间节点不同、影响面不同，预期将对我省工业发展造成更大影响。

1. 将对我省一季度乃至全年工业增长造成较大冲击

此次疫情起始于春节期间，由于在全省范围内开展了交通和人流管控措施，企业春节后复工时间普遍推迟，多数企业即使复工后，由于人员短缺、防控物资不足等原因，也难以实现满负荷复工。此外，企业材料、物件短缺、市场需求减少、外贸订单推迟交付等也将对企业生产销售造成影响。可以预期，此次疫情对我省一季度工业经济的影响将大于非典时期。考虑到今年一季度工业开工量比 2019 年一季度减少较多，2020 年一季度我省工业增加值可能出现负增长[①]。

2018 年一季度以来我省工业增加值增长变化情况，如图 7 所示。

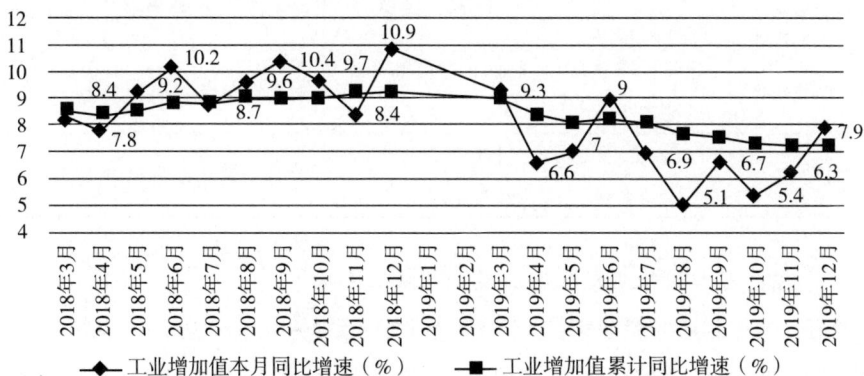

图 7　2018 年一季度以来我省工业增加值增长变化情况

① 根据调查，我省多数企业已于 2 月 10 日之后陆续复工，但开工率的上升是逐步的，考虑到后期赶工，今年一季度相比于往年约减少有效工作日 8～10 天；测算过程考虑到工业正常增长。

此次新冠肺炎疫情和 2003 年非典疫情对产业影响的环境对比，见表 1 所列。参照 2003 年非典疫情的演变进程，此次新冠肺炎疫情大概率在 2 月中旬左右进入缓和期，在 2 月底、3 月初进入平台期。据此预测，一季度后我省工业增长形势将趋于复杂，既有市场受挫、产业链供应链脱节、居民购买力下降、外部需求收缩等消极因素，也有恢复性增长、部分行业扩大产能、新业态不断涌现等积极因素，预计二、三、四季度工业增速将逐季回升，恢复幅度取决于政府政策扶持精准度和对行业新热点、新趋势的把握。

表 1　此次新冠肺炎疫情和 2003 年非典疫情对产业影响的环境对比

不同方面	2003 年非典疫情	此次新冠肺炎疫情	对行业的深度影响
主要影响时间段	二季度	起始于春节期间	影响企业复工；行业停产减产情况更严重
影响范围	双核（广东、北京）	全面、单核（湖北）	行业整体受影响；产业链受影响
宏观经济周期	趋势性周期上行	进入新常态	行业发展面临长期问题和短期困难叠加
外部环境	总体宽松	贸易规则重构、趋紧	行业外部市场面临收缩
人口红利	加快释放	弱化	行业需求空间收缩，人力成本上升
房地产周期	与经济周期共振向上	控制、调整	行业需求空间收缩
技术变革周期	计算机和移动通信逐步普及	第四次科技革命和产业变革关键期	创新行业具有较大潜力
政策空间	财政、货币政策空间充裕	财政、货币政策加强逆周期调节	对行业调控政策仍有空间

2. 将对我省工业行业发展造成显著结构性影响

当前，我省制造业行业结构与 2003 年相比已发生显著变化，总体特征是：传统制造业比重下降，但仍保持主体地位；战略性新兴产业加快发展，正处于爬坡过坎的关键阶段；劳动密集型行业逐步加快向资本和技术密集型行业过渡。由于不同行业受疫情冲击存在差异，我省工业行业将面临结构性"洗牌"：家电、轻纺、汽车、机械等行业受短期销售、供应链等多重影响，行业预期呈下行调整趋势；钢铁、有色、建材等行业受需求波动和价格波动影响大，行业困难加剧；农副产品加工业受到的影响大、期限长；化工和生物制造产业有望迎来重要发展机遇。相比于传统产业，我省战略性新兴产业主要是技术资本密集型产业，疫情对其影响主要体现在对产业生态的影响，且我省战略性新兴产业结构与周边省份有一定的相似性，如能把握产业链、供应链空缺填补机遇，加快培育新市场，有望迎来较快的发展。

我省重点行业和战略性新兴产业受疫情影响及景气程度预测，见表2所列。

表2 我省重点行业和战略性新兴产业受疫情影响及景气程度预测

行业		当前行业景气程度（2019年行业重点产品产量增速/战新产业产值增速；%）	预期受疫情影响的方面	预期2020年景气程度（部分参考一季度行业增速）
产值前十行业	电气机械（家电为主）	8（汇总估算）	影响销售、产业链、供应链；受益于在线消费	偏弱
	有色金属	11.3	短期影响销售	中
	水泥建材	10.3	短期影响销售	中
	电子信息	16.4（为产值增速）	短期受开工不足、产业链供应链中断影响；长期有利好因素	偏强
	汽车制造	8.7	影响销售、产业链、供应链；疫情管控模式会刺激未来汽车消费	偏弱
	农副食品加工	6（汇总估算）	短期受物流、人工不足影响，全年看受原材料不足和价格抬升影响	弱
	化工制造	有负有正	短期受物流影响大；部分行业需求增加	偏强
	钢铁及制品	5（汇总估算）	短期受需求下滑和价格下跌影响；疫情后受益于项目加快，生产销售会反弹	偏弱
	电力热力供应	5.7	受制造业、服务业下滑影响，疫情后有望逐步回复	偏弱
	通用设备制造	32.1（变压器）	短期受物流、开工不足、项目进度影响；疫情后有望回调	偏强

（续表）

行业		当前行业景气程度（2019年行业重点产品产量增速/战新产业产值增速;%）	预期受疫情影响的方面	预期2020年景气程度（部分参考一季度行业增速）
制造业战新产业	高端装备制造	11.6	受产业生态变化影响	中
	新材料	13.2	受产业生态变化影响	偏强
	生物产业	21.4	预期政策支持力度加大，社会投入加大	强
	新能源汽车	10.5	受产业生态变化影响	中
	新能源	17.7	受产业生态变化影响	中
	节能环保	18.1	受产业生态变化影响	中

3. 将加剧我省工业企业生产经营困难

2019年以来，我省工业企业利润总额增速自3月份开始逐月走低，亏损企业亏损额增幅呈现上升趋势。本次新冠肺炎疫情发生后，我省企业面临合同终止、出口订单减少、产品积压、物流中断、资金紧张等问题，如果疫情影响持续较长，企业盈利水平将降低，亏损企业扩面，中小企业存续压力将加大。根据非典防控经验，疫情进程总体可分为爆发期、缓和期、平台期和恢复期，当疫情进入缓和期后，我省工业能否快速恢复生产并准确把握行业新机遇，将是企业企稳发展的关键。值得注意的是，我省一批高技术中小企业正处于培育期，这些企业很容易受到科研中断和资金链断供的冲击，需在这次疫情中得到高度重视。

近期安徽省工业企业盈利和亏损情况变化趋势，如图8所示。2019年4月以来安徽省规上工业产品销售率变化趋势，如图9所示。

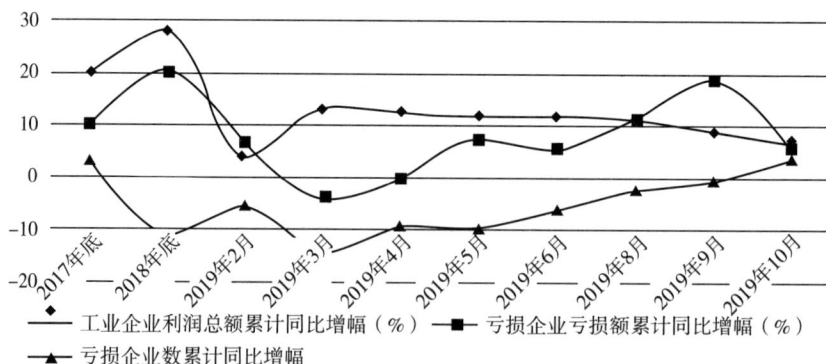

图8　近期安徽省工业企业盈利和亏损情况变化趋势

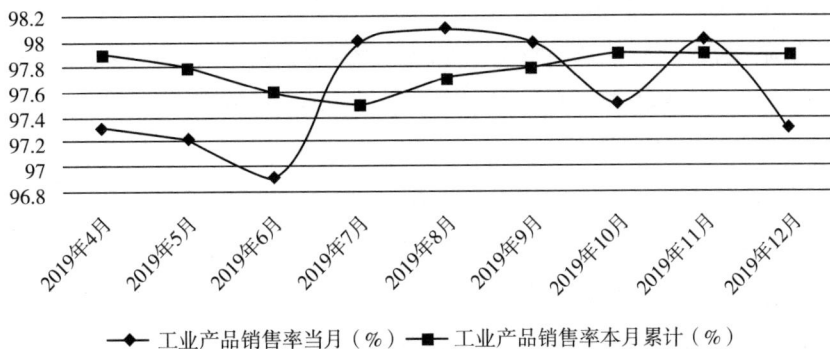

图9　2019年4月以来安徽省规上工业产品销售率变化趋势

4. 我省重点行业可采取的应对之策

钢铁、有色、水泥、化工等传统行业：积极利用此次疫情带来的原材料价格下跌窗口期，加强原材料储备，合理调整生产计划，把握好疫情结束后行业需求反弹的市场机遇。

家电行业：加强低价材料、物件的采购储备，借助近期产能收缩窗口期优化调整供应链，缩减落后产能；加快对家电品种做出战略调整，抢占健康类家电等细分领域市场空间。

电子信息行业：保障供应链和销售渠道畅通，适时开展供应链调整；适应疫情防控催生的生产、消费新模式，瞄准在线教育、在线娱乐、手游、智慧工厂等新领域，加快产业研发升级，抢占新市场。

汽车和新能源汽车产业：加快恢复生产，填补国内汽车产业受疫情重创而造成的零部件断链和市场缺口；加快新产品研发和服务模式创新，积极抢占"一带一路"沿线、三四线城市、农村和二手车汽车消费市场。

农副产品加工业：推动种、养、加协调，加强生产能力保障；抢抓疫情后健康产业市场先机，加大对健康保健食品的开发力度，开展"健康"营销。

医药制造和生物产业：近期做好病毒防治类生化药、核酸检测试剂盒以及医用卫生材料等领域生产保障，长远加大对应急装备、小品种生物制药、基因工程、中药二次开发等投入力度。

三、对策建议

鉴于此次新冠病毒疫情影响的广泛性和深远性，建议尽快将"稳工业"作为我省贯彻落实"六稳"工作的主要措施。通过精准行业帮扶调控、中短期产业政策协调配合等，有效增强我省工业应对外部冲击的韧性。坚定信心，把握好调控有利时机，确保我省工业经济平稳健康、长期向好发展。

1. 及时了解和评估产业受损情况

建议尽快制定产业损失应急评价指标体系，并通过专项平台、行业协调机构等渠道，及时了解工业企业复工状况、防控条件、生产经营困难，梳理和掌握受疫情影响比较严重的行业及受损程度，以便各级政府部门采取相应的补救措施，科学制定扶持政策，精准实施定向优惠政策，帮助受损企业渡过难关、恢复生产，减缓疫情影响。

2. 抓住行业发展关键卡点开展调控和帮扶

针对受疫情防控影响而延迟开工的制造企业，帮助其尽快满足复工条件，突破行业类别和企业规模限制，优化复工时序，做到应复快复尽复；鼓励企业根据自身情况后期适当补工。针对产业链、供应链受创行业，积极利用工业互联网，引导配套转移，提升复产效率。针对物流受阻行业，尽快帮扶其畅通销售渠道和物流渠道，率先打通省内及长三角循环物流网。针对外贸出口受阻行业，帮助其增进与外商的沟通与协调工作，争取受疫情中断的订单继续履约，力保外贸市场份额不丢失。针对疫情中短期稀缺的防护商品，如口罩、消毒剂、卫生防护服等，应加强研判，防止产能盲目扩大。

3. 落实、落细国家应对疫情政策

积极争取国家特别国债和专项转移支付支持，采取更务实更主动的企业帮扶政策，对受疫情影响较大的行业和企业减免政府收费，减征或缓征增值税，发放财政补贴，延迟征收或返还企业社会保险费等，以降低企业运营成本，为企业恢复和发展赢取空间。积极利用各级产业发展资金，支持企业开展低价原材料采购存储，以及加快疫后项目建设和扩大生产。积极利用各级金融支持资金，采取延期还贷、利息减免等方式帮助广大中小企业纾困。瞄准疫情后国家重大项目政策，积极谋划重点产业项目，加快已经确定的重大产业项目的复工实施，增强工业发展后劲。

4. 推动制造业服务化、多方挖掘企业效益

为弥补此次疫情对我省工业企业造成的盈利损失，促进企业可持续发展，可积极引导工业企业推动生产制造与线上研发设计、营销、支付、监测、评价，以

及线下的物流配送、运维等服务环节深度融合，实现制造业由有形产品提供向"产品+服务"转变，挖掘企业生产经营效益。积极发挥省内政策调控主动性，探索出台企业稳岗补贴、重点行业物流补贴、暂停企业住房公积金缴纳等务实举措，帮助企业减支脱困。

5. 千方百计抢抓产业发展新热点、新机遇

历次大的事件后，必然会涌现产业发展新机遇。应多方策力探究和把握疫情危中之机，加大新经济市场主体培育力度，利用5G、物联网、人工智能等新技术，加快省内生产企业平台化转型，大力发展平台经济、宅经济、在线娱乐、在线教育、虚拟商务等。积极引导制造业与时俱进，加快研发生产与平台经济、宅经济、在线经济相关的产品设备，延伸提供相关服务。加快推动5G技术在工业领域的应用，催生智能工厂、工业互联网创新应用、柔性化定制、共享生产平台、总集成总承包、全生命周期管理、供应链管理、工业文化旅游等新业态、新模式。

研究组成员：樊明怀　王业春　张　峰

饶　磊　夏　飞

新冠肺炎疫情对我省服务业
影响分析及对策建议

1月下旬以来，新冠肺炎疫情突袭而至，在以习近平同志为核心的党中央集中统一领导下，全国人民众志成城共同抗击疫情，为避免人口大规模流动和聚集，采取居家隔离、延期复工等防控措施，有力遏制了疫情进一步扩散。与此同时，疫情对经济社会生活造成较大影响，住宿餐饮、旅游休闲、交通运输等人流集聚性服务业首当其冲。目前，服务业占我省经济比重已经过半，有必要充分预判综合影响、提早谋划应对举措，推动服务业早日重回高质量发展轨道、确保顺利实现全面建成小康社会和"十三五"规划目标。

一、非典时期我国及典型地区服务业发展情况

2003年非典与本次疫情具有一定相似性，从非典前后全国、广东及我省产业发展走势看，三次产业中，疫情对服务业影响更为直接，服务业的恢复时滞相较工业也更长，但这并未改变其中长期向好趋势，第二年服务业增速已全面达到或超过往年同期水平。

从全国看，服务业影响持续两个季度，不同行业间分化较大。非典全面集中暴发于2003年4—5月，受此影响，二季度全国服务业增长8.7%，较一季度回落1.8个百分点，回落幅度与GDP总体相当。但与工业三季度快速恢复不同，服务业直至四季度才实现较大回暖，增速在二季度基础上提升1.4个百分点。从细分行业看，二季度交通运输/仓储/邮政业、住宿餐饮业和金融业增速分别较一季度下降5.4、3.6和3.6个百分点，批发零售业得益于刚性消费支出的扩大，增速不降反增。随着疫情逐步控制，三季度交通运输/仓储/邮政业和住宿餐饮业比二季度分别回升5.3和9.5个百分点，金融业降幅收窄3.1个百分点。同时，前期抑制的消费需求在疫情结束后反弹，住宿餐饮业三、四季度增速分别高于上年同期4.4和2.0个百分点。2002年二季度至2003年四季度全国服务业增长情况，见表1所列。

表1　2002年二季度至2003年四季度全国服务业增长情况（%）

	2002 二季度	2002 三季度	2002 四季度	2003 一季度	2003 二季度	2003 三季度	2003 四季度
GDP	8.8	9.6	9.1	11.1	9.1	10.0	10.0
第二产业	10.0	10.5	10.2	13.2	11.3	13.2	13.0
第三产业	9.6	10.9	11.3	10.5	8.7	8.8	10.1
批发和零售业	8.6	8.3	9.8	8.3	10.3	13.8	7.6
交通运输、仓储 和邮政业	3.9	8.5	9.1	7.7	2.3	7.6	7.1
住宿和餐饮业	11.3	12.5	12.3	11.0	7.4	16.9	14.3
金融业	7.2	7.1	8.8	11.3	7.7	7.2	3.7
其他行业	13.4	14.2	13.9	12.1	9.9	6.4	14.9

　　从广东来看，服务业短暂回落后反弹，冲击较大行业恢复明显。作为受非典疫情冲击较大的省份，2003年二季度广东省服务业增长9.4%，较一季度回落2.2个百分点，自2002年一季度以来首次跌破10%，但在疫情有效控制后，增速迅速回升至10%以上，显示了较强韧性。其中，交通运输/仓储/邮政业增速由二季度的3.7%迅速反弹至三季度的10.4%和四季度的14.3%，大大超前期水平。2002年二季度至2003年四季度广东省服务业增长情况见表2所列。

表2　2002年二季度至2003年四季度广东省服务业增长情况（%）

	2002 二季度	2002 三季度	2002 四季度	2003 一季度	2003 二季度	2003 三季度	2003 四季度
GDP	10.8	10.1	11.7	13.0	12.3	13.9	15.0
第二产业	11.2	11.0	14.5	15.3	16.6	18.9	20.2
第三产业	11.3	11.4	10.9	11.6	9.4	10.7	11.4
交通运输、仓储 和邮政业	5.4	4.2	4.0	7.5	3.7	10.4	14.3
金融业	9.1	11.5	11.8	11.7	12.6	11.7	6.7
房地产业	11.3	12.0	12.6	12.4	11.2	4.1	14.7
其他行业	18.2	17.6	15.6	16.2	14.2	14.1	10.8

从我省来看，服务业受到短期冲击较大，但回暖速度快力度大。我省服务业受非典疫情冲击较大，上半年累计增长 9.2%，比一季度回落 2.1 个百分点，回落程度分别大于全国和广东 1.2 和 1.0 个百分点。但随着疫情的结束，我省服务业增速迅速修复，前三季度增速较上半年回升 1.2 个百分点。到 2003 年年底，我省服务业增长已超过疫情前水平。从全年来看，我省服务业增速较上年加快 0.4 个百分点，而全国和广东较上年分别放缓了 1.0 和 1.2 个百分点。全国、广东和安徽服务业累计增长情况如图 1 所示。

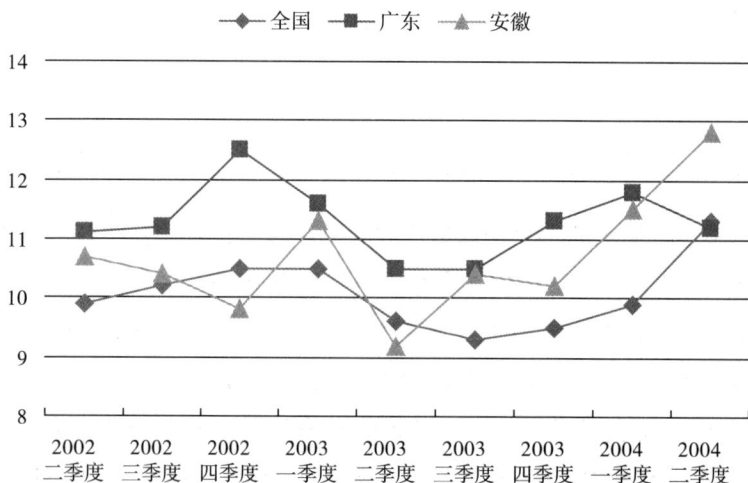

图 1　全国、广东和安徽服务业累计增长速度比较

二、新冠肺炎疫情对我省服务业可能造成的影响分析

尽管新冠肺炎与非典在发生的机理、对服务业的传导路径上具有相似性，但此次疫情的暴发时点、传染性以及我省经济发展阶段、需求结构、服务业自身规模结构、行业抗风险能力均较非典时期有较大差异，因此，当前服务业及内部行业所受影响也将呈现较大差异。

（一）疫情对服务业的总体影响：主要冲击集中于一季度，就业后续影响不容忽视

此次疫情适逢春节假期，突发性的大范围人员和交通管制措施对依赖外出消费的服务行业造成剧烈冲击。与 2003 年相比，我省流通服务业所占比重缩小，不依赖于人流聚集的生产性服务业和新兴服务业发展壮大，抵御疫情冲击的韧性相对更强。从内部结构来看，批发零售、交通运输/仓储/邮政、住宿餐饮、教育文娱等人流聚集性行业占服务业比重由 2003 年的 55.4% 降至 2017 年的 37.7%①。与此同时，商务服务、信息服务等现代服务业从无到有，发展壮大，2017 年占服务业比重达 15.5%，金融业比重由 8.8% 提升至 14.3%。线上金融、网络零售等大范围普及，形成对线下服务的部分替代，一定程度减轻疫情冲击。钟南山院士指出，当前疫情峰值应在 2 月中下旬出现。据此判断，一季度服务业所受冲击最大。后期，随着逆周期调节力度加大，以及服务业扶持政策出台，服务业有望实现恢复性增长。结合非典经验，服务业的总体恢复时长取决于疫情持续时间，在疫情全面解除后的一至两个季度有望恢复到正常水平。2003 年与2017 年我省服务业内部结构对比如图 2 所示。

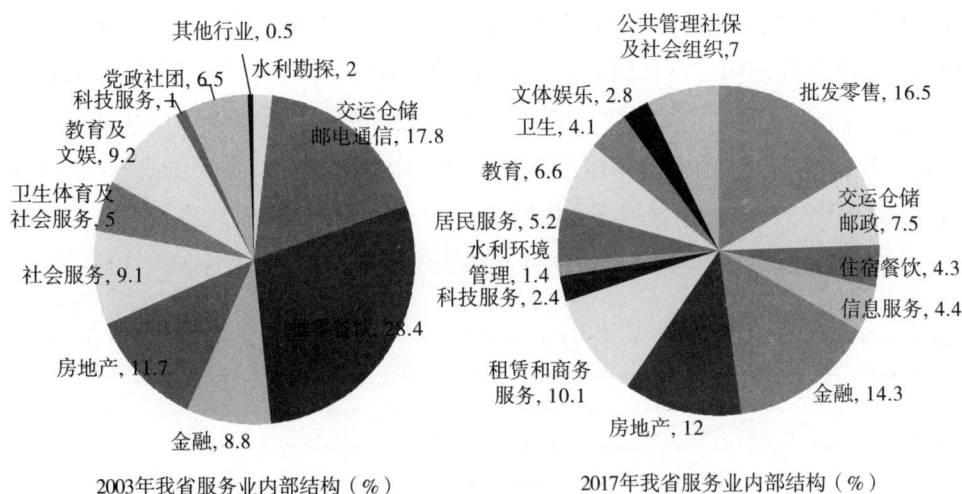

图 2 2003 年与 2017 年我省服务业内部结构对比

特别需要注意的是，本次疫情对服务业就业影响不容忽视。鉴于新冠肺炎的高传染性，多数人流密集型服务行业复工时间还有待疫情拐点确认，在疫情完全解除之前，这些行业发展都将持续承压。我省服务业从业人员约 1800 万人，占全部从业人员的 40% 以上。餐饮购物、旅游、教育培训、休闲娱乐等线下服务

---

① 批发零售、交通运输/仓储/邮政、住宿餐饮三个行业增加值增长较多，2019 年这三个行业占服务业比重有所提升，但总体仍呈下降趋势。由于口径调整后数据不具可比性，故采用 2017 年数据。

行业，以小微企业和个体经营为主，创造了大量就业岗位，这些岗位实行弹性薪酬和计件工资的比例相当高，若发生大量裁员乃至倒闭，将对就业和居民收入造成严重影响，并进一步抑制居民消费，对服务业乃至国民经济将产生持续链式影响。

（二）疫情对服务业重点行业的影响

1. 批发零售业小幅调整，必需品与非必需品消费分化

2019 年，我省社会消费品零售总额规模已达 1.3 万亿元，增速连续多年居全国前列。突发疫情对商品消费具有即时冲击，但持续时间较短，且后期会出现部分补偿性消费。非典时期数据显示，5 月份全国和我省社会消费品零售总额增速均出现大幅回落，分别较 4 月下降 3.4 和 5.6 个百分点，随着疫情缓解，6 月份均已恢复。当前虽然疫情拐点尚无法预测，但随着恐慌情绪的消减以及快递物流业的恢复，居民消费特别是线上消费将先期复苏，并将带动批发零售行业的总体恢复。春节防疫期间，京东到家全平台销售额同比去年春节增长 470%。随着生鲜电商、到家服务等需求激增，更多线下商超拓展线上渠道。初步预计，1—2月将为我省全年社会消费品零售总额的低谷，增速可能较前期下降 3—5 个百分点。3 月份之后，实物消费将逐步恢复性增长，预计全年社会消费品零售总额可完成年度目标。2003 年全国及我省社会消费品零售总额月度增速如图 3 所示。

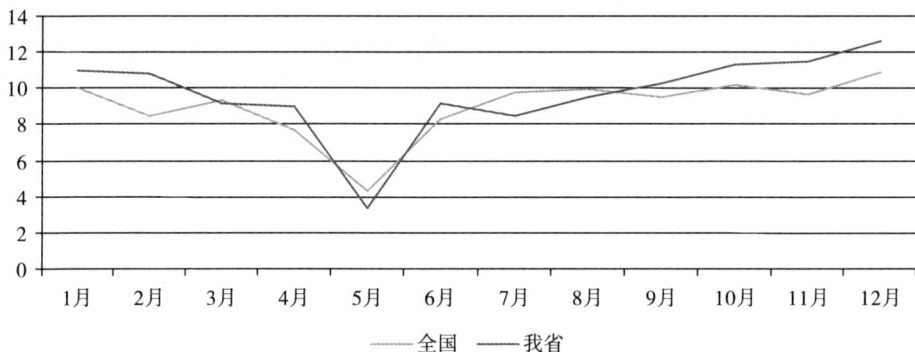

图3　2003 年全国及我省社会消费品零售总额月度增速（%）

具体到不同类别商品消费，则将呈现出分化态势。2003 年我省月度分品类消费品零售情况显示，非典期间，食品类刚性消费稳中有升；受囤货心理影响，日用品、药品在 4 月份短暂上升，随后趋于回落；服装等非必需品零售受疫情负

面冲击明显，但随后快速反弹；家电等耐用品短期受到抑制。当前，新冠肺炎疫情发生后，省内各地一方面加强物资调配，强化居民生活必需品保供稳价；另一方面先后关闭百货商场、批发市场等非生活必需品的公共场所，遏制疫情蔓延。初步预计，食品消费将总体保持稳定，医疗卫生用品需求短暂暴涨后，随着疫情缓和和供给能力的提升，需求将逐步回落。从耐用品消费看，近两年汽车消费持续低迷，1 月份汽车销量同比下降 18%，但疫情的发展可能增加私家车购置意愿，部分地区限行限号措施可能取消，疫情过后汽车销售存在增长空间。2003年我省主要限额以上商品零售额月度增速如图 4 所示。

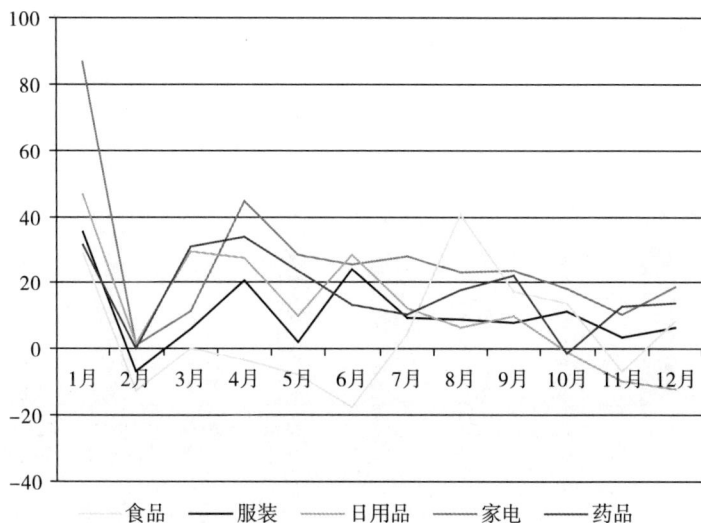

图 4　2003 年我省主要限额以上商品零售额月度增速（%）

2. 住宿餐饮业短期冲击明显，企业生产经营较为困难

受疫情影响，春节各类聚餐几乎全部取消，酒店基本处于停业状态。截至 2 月 10 日，老乡鸡复工营业的店不到一半，营业店面的收入仅相当于正常营业的 1/4。合肥市针对千余家服务业企业调查显示，餐饮、住宿行业认为疫情负面影响巨大的企业占比分别高达 90%、77.7%。春节假期属于餐饮的传统旺季，2019年全国餐饮收入的 15.5% 来自春节期间。中国烹饪协会调研显示，今年年夜饭的退订量达 94% 左右，春节期间 78% 的餐饮企业没有营收。综合判断，我省一季度住宿餐饮业大概率会呈负增长。同时，我省住宿餐饮业以中小企业为主，由于员工工资与房租支出成本较为刚性，在缺少营收的状况下，住宿餐饮业短期面临

较大的现金流压力。本土餐饮连锁企业蒸小皖反映存在现金流断裂风险，在没有续贷情况下，贷款最多维持两个月。二季度随着疫情有所缓解，住宿餐饮类企业陆续营业，情况将有所改善。疫情结束后，随着部分出行和旅游活动增多，住宿餐饮业有望快速反弹，参考非典时期，全国三季度住宿餐饮增加值增速反弹9.5个点，分别超过疫情前（2003年一季度）和上年同期5.9和4.6个百分点，全年仍维持10%以上的正增长，但不及2002年和2004年的水平。由于餐饮是即时需求，一季度的住宿餐饮需求缺口难以弥补。从全年来看，住宿餐饮业增速较2019年可能有所回落。全国住宿和餐饮业增加值的增速（2002—2003年）如图5所示。

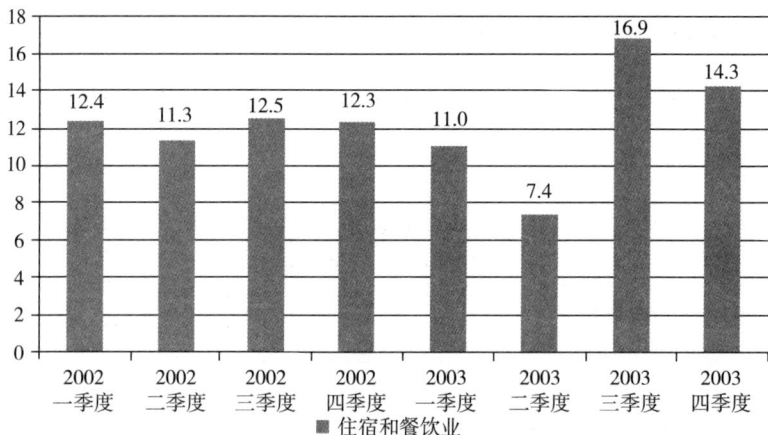

图5　全国住宿和餐饮业增加值增速（2002—2003年）（%）

3. 客货运量短期大幅减少，邮政快递影响相对较小

近年来，我省客运量持续负增长。此次疫情发生在春运期间，由于交通管制、企业延迟复工，居民出行需求减少，客运量下跌幅度将更大。春运前26天（1月10日—2月4日），全省合计发送旅客下降45.78%。交通部预计今年春运40天客流将同比下降45%。后期，随着企业陆续复工，客运量将有所增长，但不会形成返程高峰，特别是旅游客流及商务客流短期难以恢复，一季度我省客运量同比降幅可能较大。从全年来看，客运量预计维持负增长。疫情也一定程度导致货运受阻。由于企业延迟复工、交通管制严格等原因，此次疫情较非典影响更为严重，但是春节是传统货运淡季，去年一季度我省货运量同比增长4.0%，预计在此基础上，今年一季度货运量将有一定幅度下跌，但小于客运降幅。随着企

业陆续复工复产，货运量也将逐步恢复。

疫情对邮政快递总体影响不大。消费者减少外出，更多线下购物转换为线上消费，有利于快递业务量的提升；防控物资需求大幅提升，一定程度也推动了邮政快递业务量的增长。今年 1 月 24—29 日，全国邮政业揽收包裹 8125 万件，同比增长 76.6%；投递包裹 7817 万件，同比增长 110.34%。但由于电商企业库存及订单减少、部分快递生产及投递人员返岗困难、多地小区实施封闭隔离，对短期邮政快递业务量有所影响。2 月 10 日后主要快递企业陆续恢复正常运营，但到中旬产能仅恢复正常水平的四成左右。预计我省一季度邮政快递业务增速略有放缓。疫情结束后，线上消费比例将进一步提高，快递业务量有望随之快速增加。2003 年全国客运量和货运量当月同比增速如图 6 所示。

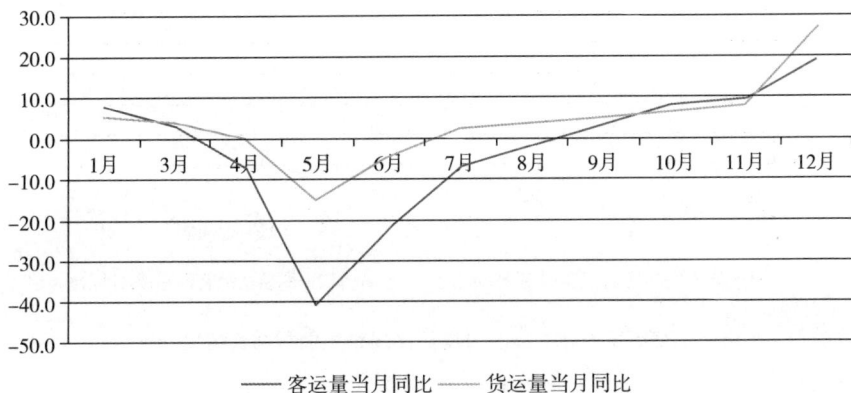

图 6　2003 年全国客运量和货运量当月同比增速（%）

4. 房地产面临较大短期冲击，稳定发展仍是未来方向

受疫情影响，1 月下旬起，各地售楼部、房产中介等陆续强制关闭，春节返乡置业搁置，房产交易迅速跌入冰点。瑞信报告显示，1 月监测的 300 城市销售面积、销售金额分别下跌 45%、21%。新安大数据研究院统计，1 月合肥市新建住宅网签成交套数环比下跌 47.9%，2 月以来持续数日零成交。虽然有不少房企积极探索启动线上销售服务，但短期难以有效替代线下销售。回顾非典时期，彼时全国房地产市场处于上行周期，政策整体宽松，购房需求旺盛，即使是疫情影响较大的广州，楼市也在疫情之后较快恢复。我省房地产受影响程度小、时间短，2003 年 4 月短暂回调后 5 月随即大幅回升，全年商品房销售面积累计同比增速仍较上年提高 21 个百分点。相比较而言，经过近 20 年的快速发展，居民购房

需求逐步释放，房地产市场规模大幅增长动力消减，加之政策调控坚持房住不炒，本次新冠肺炎疫情短期对房地产市场影响将更为显著，一季度房地产销售可能出现负增长。同时，土地交易暂缓、建筑工地停工，房地产投资增速也将显著下行。后期随着疫情缓解，部分积压的购房需求将逐步释放。从经济发展全局出发，预计"稳地价、稳房价、稳预期"仍将是未来一个时期的政策导向，二季度起各项指标有望逐渐修复，全年房地产销售可能延续负增长。2003年安徽、广东月度商品房销售面积增长情况如图7所示。2003年安徽、广东房地产开发投资累计增长情况如图8所示。

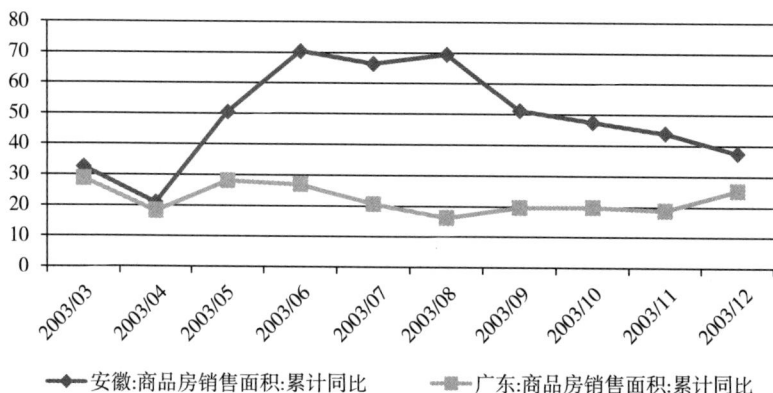

图7 2003年安徽、广东月度商品房销售面积增长情况（%）

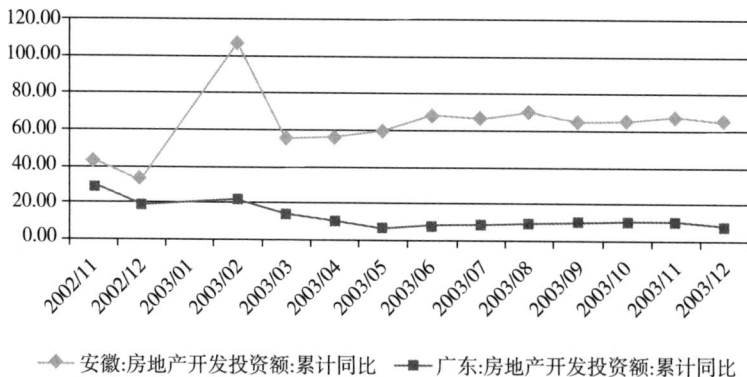

图8 2003年安徽、广东房地产开发投资累计增长情况（%）

5. 文娱教育健康行业短期影响各异，长期需求强劲

文化娱乐和旅游波及面广，影响大。1月下旬起，各地旅行社、主要景区陆

续关闭，网吧、KTV、影院等文化娱乐场所相继停业。疫情暴发正值消费旺季，假日经济出现断崖式下滑，黄山景区计划春节假期黄金周接待 350 万游客，实际却因防控疫情一直关闭。影院影片相继撤档，全行业春节档票房损失约 70 亿元。虽然电子阅读、网络游戏、视频点播等线上休闲娱乐需求增长，但总量有限。当前，居民消费快速升级，文化娱乐、旅游消费需求旺盛，携程关于五一假期的旅客搜索量整体高于去年，需求能否释放仍视疫情持续时间而定。回顾非典期间，我省黄山旅游上半年游客接待量同比骤减 59.3%，下半年显著回升，全年下滑 23.4%。鉴于当前采取的各种应对措施均比非典时期广泛而严厉，且行业占比更高，总体受负面冲击可能更加显著，其中旅游行业损失预计超过 1/3。2001—2005 年间黄山游客接待量如图 9 所示。

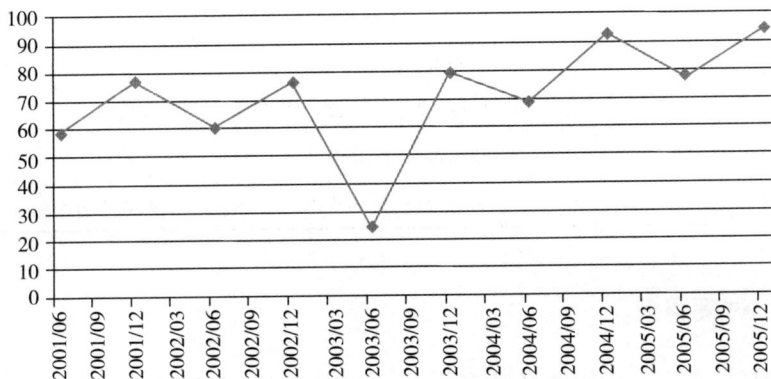

图9　2001—2005 年间黄山游客接待量（万人次）

教育培训向线上转移。通过移动终端进行数字化内容获取和学习更加便捷、高效，网上授课、线上培训等新兴业态日渐成熟。虽然学校延迟开学，线下培训叫停，但多地中小学、高等院校已广泛开展线上教育教学，各类培训机构也纷纷转向互联网平台，行业受冲击程度预计小于非典时期。

健康医疗产业迎来更大发展空间。一方面，当前疫情倒逼医疗健康服务创新思维、工具和方式，通过线上和线下相结合、专家咨询平台、优化分级诊疗等方式，AI+、互联网+等智慧医疗运用，更好提升医疗健康服务体系的整体运行效率；另一方面，社会各界对医疗健康重要性的认识进一步提高，非典疫情带动中药、保健产品需求增长，当前医疗健康需求已逐步由实物产品向服务产品过渡，激发健康养护、医疗保健、运动等行业快速增长。疫情对部分服务业行业及领域影响，见表3所列。

表3　疫情对部分服务业行业及领域影响

行　业	占服务业比重（2017，%）	影响情况预测
批发零售	16.5	小幅波动，预计全年社消零增长目标可完成
住宿餐饮	4.3	一季度负增长，全年增速回落
交通运输/仓储/邮政	7.5	一季度客货运量较大负增长，疫情后缓慢恢复；全年邮政快递维持快速增长
房地产	12.0	房地产销售负增长，投资增速回落
教育	6.6	大范围向线上转移，短期行业收入有所影响，长期利于行业发展
医疗卫生	4.1	快速增长
文化娱乐	2.8	疫情期间负增长，疫情结束后快速反弹
旅游	—	疫情期间负增长，疫情结束后快速反弹
新模式新业态	—	居民线上消费意愿进一步扩大，未来发展空间广阔

三、对策建议

坚持稳定需求与优化供给相结合、短期纾困与长期育新相结合，坚定信心、同舟共济、精准施策，力争将疫情对服务业造成的不利影响降到最低，着力培育长期竞争新优势。

（一）分业分阶段实施精准帮扶

目前我省及一些地方政府出台的政策，或是普惠性政策，或是短期暂时性政策，政策的针对性、连续性、前瞻性有待增强。一是推进分业施策。住宿餐饮、交通运输、旅游、房地产等服务业受到疫情影响较大，应出台专门政策，做到分业施策、精准发力，重灾应重扶。针对企业特别是民营、小微企业面临的信贷、用工成本、租金等难题，尽快建立企业应对疫情专项帮扶机制，出台贷款临时性贴息、降低社保比例、稳岗补贴、减免租金、缓交土地出让金等支持政策。针对重点企业和困难企业等，可实施"一对一"挂钩帮扶。二是提高扶持政策连续性。考虑到疫情控制仍存在一定不确定性，且疫情结束后行业恢复也尚需时日，建议扶持政策有效期保持在半年甚至更长时间，确保救助扶持政策的连续性、稳定性。三是加强疫情后政策研究。住宿、旅游这些同外出消费相关的行业，即便是在疫情消退之后，需求的报复性反弹也不会一蹴而就。应加大疫情后政策储备力度，研究制定促进消费、促进旅游等服务业发展的激励性政策措施，推动疫情结束后服务业恢复性增长。

（二）充分挖掘居民企业和政府消费潜力

受疫情影响，部分居民实际收入减少，建议各地结合实际情况，鼓励"共享用工"、弹性休假，对确有困难居民可暂缓偿还个人住房抵押贷款。同时结合疫情发展情况，采取清明、五一小长假后移等举措，延迟释放旅游消费需求。与此同时，还应进一步释放企业和政府消费潜力。进一步加快 AR/VR、远程办公软件、高清视频设备、云视频会议系统等远程办公终端消费品自主研发和应用推广，对率先运用商用 5G 终端消费品的企业予以一定财政补贴。鼓励汽车分时租赁平台、网约车批量采购新能源汽车，督促机关和国有企事业单位执行办公场所老旧办公电器到期报废和更新换代。进一步完善政府集中采购制度，扩大采购产品目录，简化采购流程，确保同样功效产品价格不高于社会零售平台。继续推动招投标制度改革，探索试行"评定分离"，着力破除招投标中的隐形门槛。

（三）加快新经济新业态新模式落地应用

产业供给的短期波动往往伴随新市场空间的出现，催生出新的服务与商业模式。我省应以新经济为突破口，充分调动市场主体积极性，抢抓新一轮窗口期给我省电子信息、人工智能等新兴领域发展带来的机遇，大力发展信息服务、数字服务、在线服务、分享服务等新兴服务，着力培育我省具有核心竞争力的服务业品牌。针对出现的电影网络首映、新能源网销汽车、线上房地产销售等新业态新模式，在密切关注发展演变趋势的基础上，动态调整创新现有监管模式，营造适宜发展的包容环境。进一步健全和完善服务业投资负面清单制度，加速放宽无人机空域、自动驾驶等准入限制，推动新技术、新服务落地应用。

（四）以信息技术补齐公共服务和社会治理短板

大数据等信息技术在此次疫情阻击战中发挥了重要作用，面对未来社会治理和公共卫生安全提出的新挑战，必须进一步发挥好新技术的有效作用。建议我省以此为契机，进一步加强人工智能、物联网、5G 等新型基础设施建设。围绕提升公共卫生服务能力，加快建设国家区域医疗中心，充分运用"互联网+医疗健康"等先进技术，推动优质医疗资源下沉。进一步优化智慧城市和"城市大脑"规划设计，重点提升公共卫生健康、应急处置和市民服务等功能。着力打破部门之间、企业与政府之间的数据壁垒，建立面向全社会的数据服务体系。

指　导：樊明怀　胡功杰

执　笔：窦　瑾　陈　香

　　　　张淑娟　江　鑫

参与讨论：余茂军

高度重视新冠肺炎疫情对我省
投资的影响，着力加码"稳投资"

与2003年"非典"相比，本次新冠肺炎疫情对经济社会的负面影响更加复杂而深远。投资作为拉动经济增长的"三驾马车"之一，影响如何，直接决定今年我省经济增长目标的实现。本文在分析比较"非典"疫情对疫情核心区广东、全国及我省投资影响的基础上，着重分析了本次新冠肺炎疫情对我省投资的影响，并提出对策建议，对于把握国家宏观政策，危中抓机，转危为机，保持经济平稳增长，如期全面建成小康社会具有现实意义。

一、"非典"疫情对投资影响的主要特点

2003年"非典"疫情从暴发到结束主要集中在第二季度，以广东和北京为主要疫区，呈现出短期局部集中暴发的特点，对投资的总体影响有限。2003年，广东、全国和我省固定资产投资增速均高于2002年和2004年。

（一）"非典"对当年投资增长未形成冲击

2003年"非典"暴发当年，广东固定资产投资增速达26.7%，高于2002年14.4个百分点、2004年6.9个百分点。全国投资增速达27.7%，分别高于2002年、2004年10.8个百分点和0.9个百分点。我省投资增速为30.4%，分别高于2002年、2004年17.6个百分点、0.9个百分点。

（二）影响主要集中在二季度疫情暴发期

从2003年"非典"暴发当年的月度投资（月度累计同比）来看，疫情期间，广东投资增速下降幅度较大，回升较慢。4月投资增速降为全年最低（15.8%），5月小幅回升，6月逐步恢复。全国降幅较小，恢复较快。4月投资增速较3月下降3.1个百分点，5月回升到原有水平。安徽影响有限，反弹强劲。4月投资增速较3月下降6.3个百分点，5月强劲反弹至67.7%，6月继续回升。2002—2004年广东、全国、安徽固定资产投资增速如图1所示。2003年广东、全国和安徽投资月度累计同比增速如图2所示。

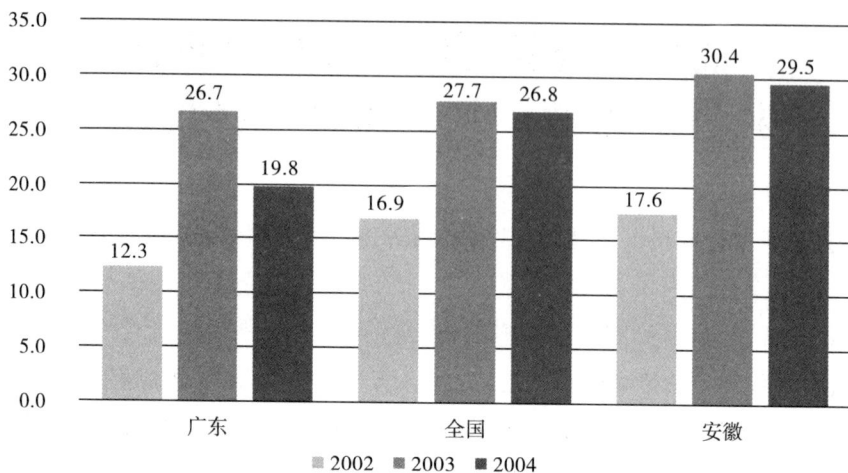

图 1　2002—2004 年广东、全国、安徽固定资产投资增速（％）

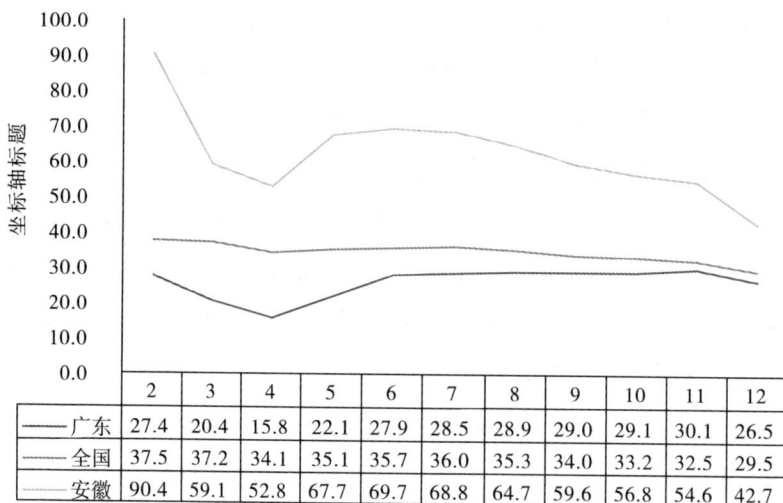

	2	3	4	5	6	7	8	9	10	11	12
广东	27.4	20.4	15.8	22.1	27.9	28.5	28.9	29.0	29.1	30.1	26.5
全国	37.5	37.2	34.1	35.1	35.7	36.0	35.3	34.0	33.2	32.5	29.5
安徽	90.4	59.1	52.8	67.7	69.7	68.8	64.7	59.6	56.8	54.6	42.7

图 2　2003 年广东、全国和安徽投资月度累计同比增速（％）

（三）产业投资影响呈现明显地区差异性

广东制造业投资短期冲击最为明显。2003 年 3 月制造业投资增速降为负数，较 2 月下降 22.3 个百分点，4 月继续下降至全年最低 -10.5％，5 月持续负增长，7 月逐步恢复。2003 年广东固定资产投资月度累计同比增速如图 3 所示。

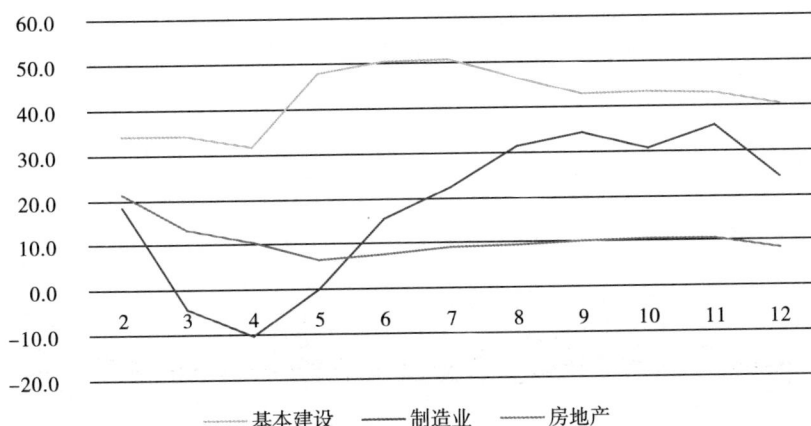

图 3　2003 年广东固定资产投资月度累计同比增速（%）

　　全国二、三产业投资受小幅冲击，二产投资恢复快于三产投资。4 月，全国二、三产业投资较 3 月下降 3 个百分点。二产投资 5 月逐步恢复，三产投资至 7 月恢复。2003 年全国三次产业投资月度累计同比增速如图 4 所示。

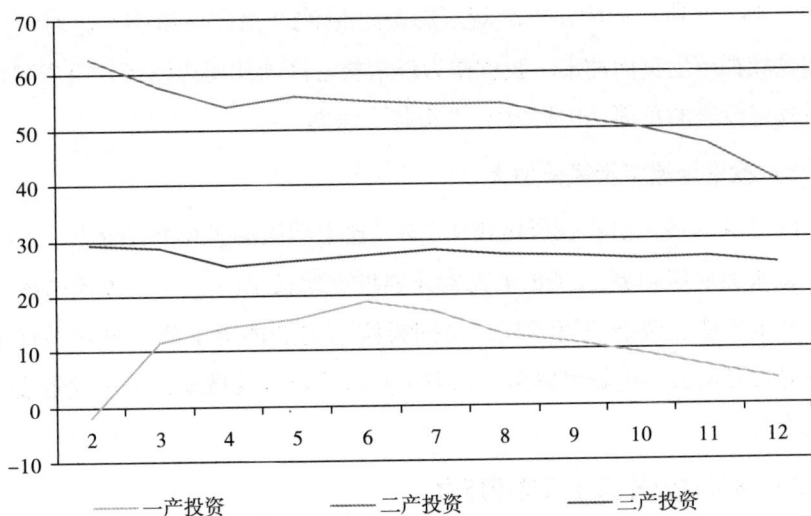

图 4　2003 年全国三次产业投资月度累计同比增速（%）

　　安徽农业、交通等行业均有一定影响。安徽农林牧渔业，交通运输、仓储和邮政业投资短期冲击均较大，4—7 月，环比增速逐月下降，甚至出现负增长，8 月疫情结束后开始回升。2003 年安徽重点行业固定资产投资月度环比增速如图 5 所示。

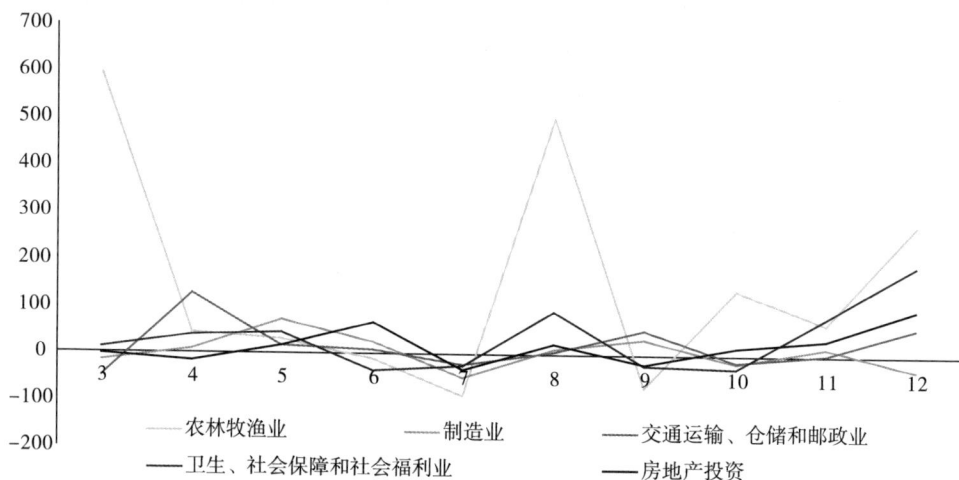

图5 2003 年安徽重点行业固定资产投资月度环比增速（%）

二、新冠肺炎疫情对我省投资的影响

相比于"非典"影响，本次新冠肺炎疫情波及面广、影响大，对全国多数产业和领域都产生负面冲击。我省作为疫情核心区湖北周边疫情较重省份，本次疫情对我省投资的负面冲击远大于"非典"时期。

（一）投资增速下滑风险加大

2019 年我省固定资产投资增长 9.2%，比上年回落 2.6 个百分点，继续"十三五"以来的放缓趋势。2020 年我省计划投资增长 10%。本次疫情造成项目建设复工开工延滞，政府投资承压，民间投资意愿和能力下降，招商引资困难增大，都对投资增长产生较大冲击。如果不及时采取有效措施，今年我省投资增速下滑风险较大。

（二）项目建设复工开工延滞压力

疫情暴发造成我省多数建设项目复工开工延滞。根据近年来我省 2 月份投资额估算，将直接减少投资额约 1600 亿元，影响投资增速 0.4 个百分点。同时由于项目前期工作也受到影响，造成项目开工推迟，一些项目会延迟到明年才能形成投资额，有些消费类产业投资项目甚至会因市场原因取消。总体来看，疫情对完成今年投资计划有较大压力。

（三）产业投资形势不容乐观

本次疫情对产业投资的影响基本涉及所有行业和产业，既有直接压力，更有长远影响。本次疫情对交通运输、住宿餐饮、文化旅游、批发零售等行业影响最直接，投资增长压力也最大。2019 年我省第三产业投资增速为 10.9%，投资比重已接近全部投资的一半，对投资增长的贡献率超过 60%，估计今年疫情将影响我省三产投资增速 2 个百分点左右，直接拉低全省投资增长 1 个百分点以上。2019 年我省第二产业投资增速仅为 8.3%，比上年大幅回落 16.3 个百分点，其中制造业投资更是回落 23.2 个百分点。在本次疫情冲击下，制造业投资形势将更加严峻，估计影响我省制造业投资增速 1 个百分点左右。从第一产业来看，由于疫情正处春耕春播时期，也是非洲猪瘟后畜牧业恢复生产的关键时期，因此，本次疫情对农业投资影响也会大于"非典"时期。

（四）基础设施投资承压

基础设施建设一直是投资增长的"稳定器"。2019 年我省基础设施投资占全部投资的比重为 22%，对投资增长的贡献率为 23.1%，拉动投资增长 2.1 个百分点。疫情造成我省各地基础设施项目复工开工困难，按 1 个月估算，对基础设施投资的影响在 600 亿元左右，影响全部投资大约 0.2 个百分点。另外，疫情对基础设施投资的影响，还来自政府投资资金压力。尽管为应对疫情，国家会采取更加积极的财政政策、增加地方债和专项债规模、加大企业债等，但疫情使我省财政收支矛盾突出，债务风险增加，基础设施稳增长压力依然存在。

（五）房地产开发投资将有所回落

2019 年，我省房地产开发投资在调控趋紧背景下依然保持两位数增长，达到 11.7%，增速比上年提高 5.3 个百分点，对投资增长的贡献率达到 46.4%，仍是我省投资增长的主要支撑力量。本次疫情对房地产行业同样造成较大冲击，房地产企业销售、建设，以及土地出让等全面暂停，不仅对即期投资也对下半年投资产生影响。一些中小房企资金压力增大，破产风险增多，行业后续投资能力受到影响。同时，疫情也对居民收入增长形成不利影响，造成商品房购置能力减弱。总体看，今年我省房地产投资增速会有所回落，对全省全部投资增长也将产生较大影响。

（六）民间投资能力和活力受到较大影响

民间投资一直是我省投资的主力军，2019年占比超过70%。受疫情影响，多数行业企业生产经营活动延滞，企业资金、成本、用工、原材料供应等均出现困难，生产经营压力加大，停产半停产或破产企业增多，企业盈利能力减弱，利润减少，市场不确定因素增多，直接影响企业投资意愿和自筹投资能力。尽管我国将会采取适应财政扩张的货币政策，利率和存款准备金也有一定下调空间，疫情期企业减负政策也陆续出台，但由于疫情期企业生存发展面临考验，市场环境趋紧，今年民间投资稳定增长的压力将会更大，需要持续关注。

三、对策建议

面对今年突发疫情，我省要认真学习贯彻落实习近平总书记在政治局常委会上的重要讲话精神，坚定信心，抢抓机遇、攻坚克难，多措并举着力拉动有效投资，实现稳增长、防风险和惠民生的有机统一，坚决打赢疫情防控阻击战，努力实现全年经济社会发展目标。

（一）抓紧开展建设项目摸排调查并及时调整项目储备

一是协调解决在建重点项目复工难题。全面梳理在建重点项目，对重大基础设施和重点民生项目，实行清单制管理，逐个摸排复工问题，力争能复尽复，能早尽早，实现项目实质性复工。二是立即开展拟新开工项目调查研究。加强市场形势研判和建设项目调查研究，组织相关部门协助解决新开工建设可能存在的问题，增强企业家信心，引导项目如期开工建设。三是及时调整储备一批公共医疗卫生领域重点项目。抓紧谋划一批医疗急救中心、临床医院、疫情防控科研等公共医疗卫生重点领域公共设施项目，争取得到国家更多资金支持，加大省市县项目安排。四是引导帮助企业适时储备项目建设物资。受疫情影响，当前钢材等建材价格下行，我省相关部门应扶持引导相关企业进行储备，协调帮助解决资金等难题，为项目开工建设做好前期准备。

（二）加大医药卫生领域投资补短板力度

一是加大医药卫生技术研发投入。充分利用合肥综合性国家科学中心的科技创新资源优势，依托合肥离子医学中心、大基因中心等创新平台，加大医药研发、临床试验等投入力度，着力提升应对突发疫情协同创新能力。二是加大医疗卫生产业投资。加大体外诊断、低值耗材、医疗设备、家用医疗器械等医疗器械行业投资力度，尤其是口罩、手套、防护服等我省短缺低值耗材防护产品生产的投入。加快省"三重一创"基金募资投资步伐，重点投向试剂类、疫苗类、医疗设备、医疗耗材及生物医药类产业和企业。三是加大基层医疗卫生基础设施投资。加强薄弱地区传染病医院、社区医院等医疗卫生基础设施建设。加大医疗卫生领域数字化基础设施投资，如在线诊疗等平台。

（三）抢抓政策机遇有效扩大政府投资

一是调整财政投资序时。根据疫情情况，加大对一、二季度已开工建设的政府重大基础设施财政资金投放力度，力保政府投资稳定增长。二是优化土地出让计划。对全年土地出让计划重新调整，加大一、二季度的土地供应，稳定政府投资资金来源，促进房地产开发投资尽快形成工程量、投资额。三是加快用足用好企业债、专项债和地方债资金。为应对今年突发疫情，我国将加速扩容地方债尤其是专项债，并及时发行了疫情期企业债。我省要抓住机遇，加大加快用好这些政府建设资金，优先用于交通、医疗卫生等基础设施和民生领域补短板项目，推进补短板、稳投资和促增长项目建设。

（四）千方百计深挖民间投资潜力

一是稳定民营企业投资信心和能力。继续组织"四送一扶"力量，抓紧开展企业疫情影响调研，摸清摸细不同行业企业在疫情期和疫情后生产经营的影响，出台针对性减负增效政策措施，稳定企业家信心，增强民间投资活力。二是进一步拓宽民间投资发展空间。加大 PPP 项目有效落地，建立民间资本推介项目长效机制，近期要选择一些投资回报机制明确、商业模式创新、潜力大的重点领域项目向民间资本集中推介，使民间资本进得来、能发展。如城乡基础设施、公共卫生设施、新型数字基础设施、教育培训、文化旅游、体育、养老等。三是适时调整房地产投资政策。学习借鉴浙江、上海、无锡等省市为房地产企业减负政策，鼓励我省重点城市抓紧研究相关减负举措，力保我省房地产投资相对稳定，不出现大幅下滑。

（五）攻坚克难积极利用省外境外资金

一是多措并举充分利用长三角资金。及早谋划实施我省长三角一体化行动计划中重大基础设施、产业、科技创新重大平台、公共服务、区域生态环保等项目建设，多渠道、多方式利用长三角各类资金。二是想方设法推进招商引资。创新招商模式，加强线上项目推介、网上对接、委托招商、"基金+产业"招商等，鼓励各地实施更加灵活有效的招商引资政策。三是更大力度扩大利用外资。设立外商奖励基金，加强外商投资指引，进一步加大制造业、服务业、农业等领域开放力度，提升外商投资便利。

指　导：樊明怀

执　笔：夏兴萍　王　斌　吕朝凤

新冠肺炎疫情防控期间
我省开发区复工复产情况监测分析

开发区是全省新型工业化主平台，也是"一手抓疫情防控、一手抓经济社会发展"的主阵地。根据安徽省发展和改革委员会印发的《关于建立开发区经济运行调度机制的通知》要求，省发改委地区经济处会同安徽省经济研究院利用开发区调度系统，开展以周为调度周期的开发区复工复产情况监测，并在监测基础上进行综合分析和对策研究。

一、开发区复工复产总体情况

全省开发区实施差异化、精准化疫情防控策略，有序推进企业复工复产。截至 2 月 21 日，安徽省 126 个省级以上开发区[①]，拥有规上工业企业 10 871 家，复产企业 6831 家，复产率 62.8%；复产企业职工总数 138.2 万人，到岗职工数 72.4 万人，到岗率 52.4%；复产企业已恢复产能 2158 亿元，与上年同期相比，已恢复 50.0%。

1. 企业复工情况

全省 36 家开发区（占总数 29%）复工率为 80% 以上，54 家开发区（占总数 43%）复工率为 50% ~ 80%。宣城经开区、旌德经开区、黄山太平经开区、黄山徽州经开区等 4 家开发区实现 100% 企业复工。

2. 员工到岗情况

全省 11 家开发区（占总数 9%）员工到岗率为 80% 以上，67 家开发区（占总数 53%）员工到岗率为 50% ~ 80%。徽州经开区已实现全员复工。

---

① 海关特殊监管区不单独纳入统计，纳入所属开发区。

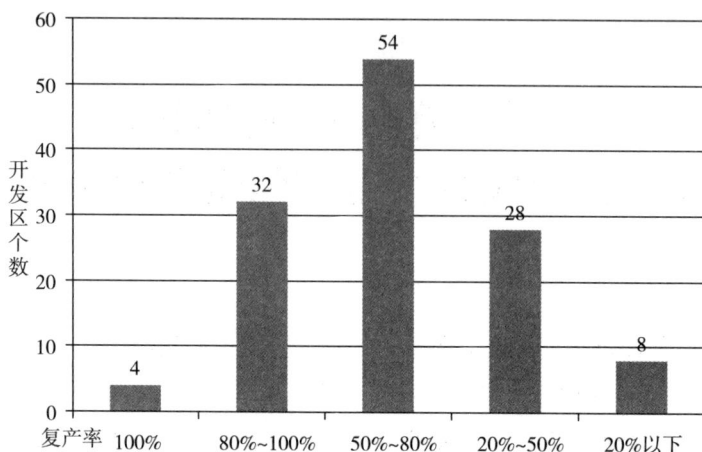

图 1　全省开发区企业复工情况

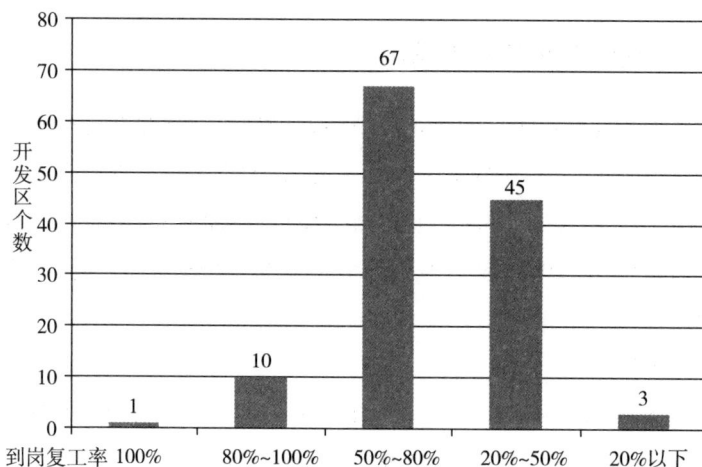

图 2　全省开发区员工到岗情况

3. 产能恢复情况

与上年同期相比，全省 8 家开发区（占总数 6%）产能恢复率超 80%，69 家开发区（占总数 55%）产能恢复率为 50% ～ 80%。蚌埠经开区（92%）、滁州高新区（90%）、迎江经开区（86%）、旌德经开区（85%）产能恢复率居前。

总体来看，合肥经开区等规模较大的开发区复工复产情况较好，产能恢复率普遍为 50% 以上，发挥了工业经济压舱石作用；宣城、黄山等疫情控制较好区域的规模较小开发区，防疫管理难度较低，复工情况也较好。疫情风险较高、劳

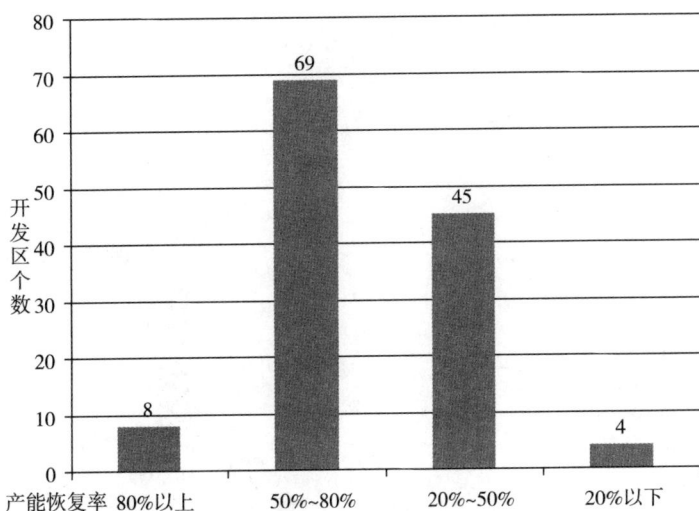

图3 全省开发区产能恢复情况

动密集型产业、商贸服务业为主导产业的开发区复工率较低。

表1 部分产业规模较大开发区复工复产情况①

开发区名称	企业复工率（%）	员工到岗率（%）	产能恢复率（%）
合肥经开区	94	37	53
合肥高新区	81	52	70
合肥新站高新区	67	46	73
肥西经开区	86	56	53
包河经开区	71	41	56
亳州高新区	68	84	72
蚌埠高新区	50	72	65
界首高新区	59	43	60
滁州经开区	86	72	60
铜陵经开区	94	55	73
安庆经开区	85	75	70

① 通过省级以上开发区直报平台，选取部分2019年前三季度经营销售性收入较高的开发区。

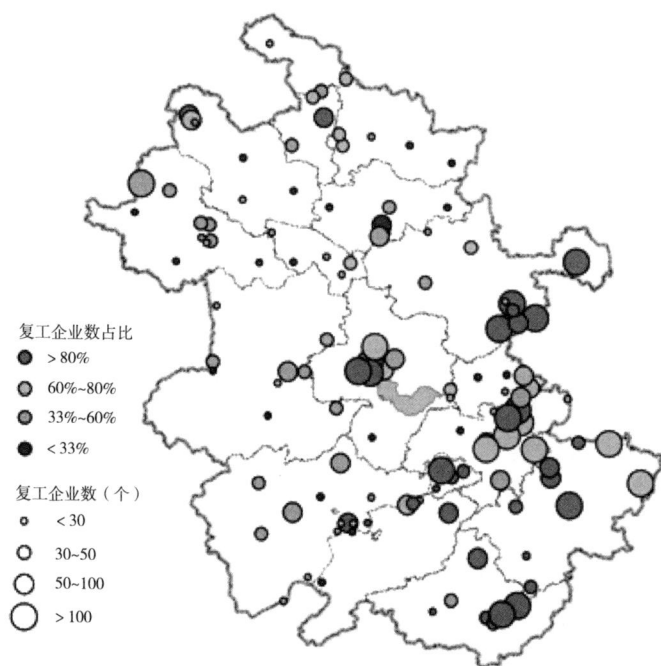

复工企业数占比
- > 80%
- 60%~80%
- 33%~60%
- < 33%

复工企业数（个）
- < 30
- 30~50
- 50~100
- > 100

企业复工情况

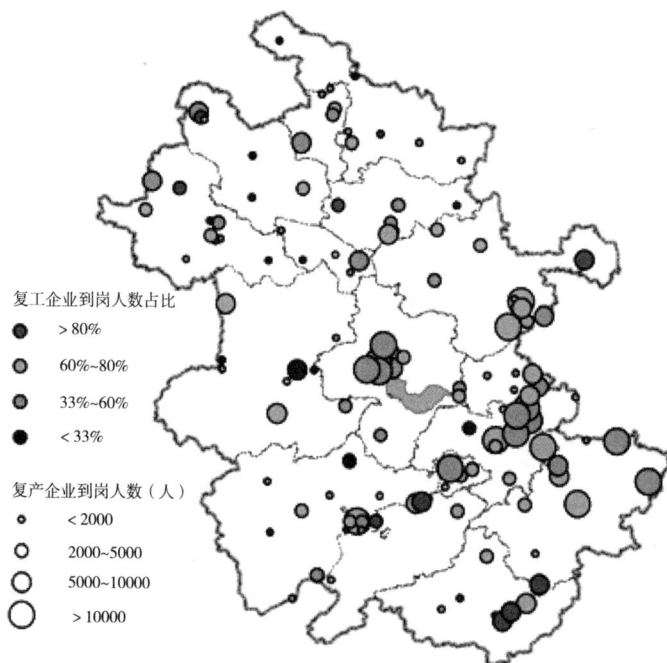

复工企业到岗人数占比
- > 80%
- 60%~80%
- 33%~60%
- < 33%

复产企业到岗人数（人）
- < 2000
- 2000~5000
- 5000~10000
- > 10000

员工到岗情况

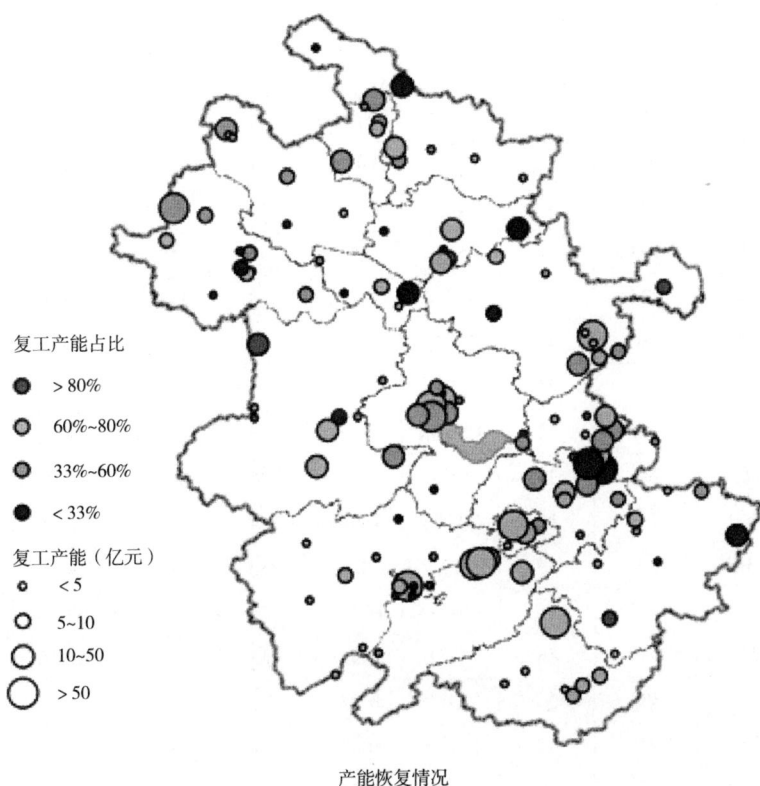

复工产能占比

- **>80%**
- 60%~80%
- 33%~60%
- **<33%**

复工产能（亿元）

- · <5
- ○ 5~10
- ○ 10~50
- ○ >50

产能恢复情况

图4 各开发区复工复产情况图

二、分区分类情况

1. 分市情况

黄山、铜陵、宣城等市开发区企业复工率较高（高于85%），蚌埠、阜阳、淮南等市开发区复工率较低。黄山、池州、滁州等市开发区复产企业员工到岗率较高（高于68%），六安、阜阳、宿州等市开发区复产企业员工到岗率较低。池州、黄山、铜陵等市开发区产能恢复率较高（高于67%），芜湖、蚌埠、宿州等市开发区产能恢复率较低。总体来看，疫情控制好、企业员工数少、本地员工占比高、产业链本地配套率高的地市复工复产情况较好。

表2 各市省级以上开发区复工复产情况

地市名	企业数（个）	复产企业（个）	企业复工率（%）	员工数（人）	到岗数（人）	到岗率（%）	总产能（亿元）	复产产能（亿元）	产能恢复率（%）
合 肥	1404	1038	74	402043	177716	44	854.0	497.4	58
淮 北	352	201	57	33224	17090	51	90.5	50.7	56
亳 州	394	191	48	34031	15911	47	73.6	39.2	53
宿 州	359	194	54	25404	11214	44	268.5	90.8	34
蚌 埠	769	223	29	33734	21427	64	214.6	70.5	33
阜 阳	987	436	44	55922	22257	40	242.7	101.1	42
淮 南	286	130	45	17814	9646	54	88.4	31.0	35
滁 州	865	709	82	128074	84533	66	208.3	109.0	52
六 安	582	266	46	69564	27866	40	196.5	111.4	57
马鞍山	649	355	55	72502	36945	51	163.9	98.3	60
芜 湖	1361	940	69	207774	120210	58	844.9	255.8	30
宣 城	989	847	86	146973	80149	55	115.7	55.3	48
铜 陵	279	239	86	32720	19938	61	214.6	145.0	68
池 州	315	207	66	22167	16833	76	459.7	327.8	71
安 庆	768	402	52	67168	36011	54	161.4	95.8	59
黄 山	512	453	88	32626	26691	82	114.8	79.2	69
全 省	10871	6831	63	1381740	724437	52	4312.0	2158.1	50

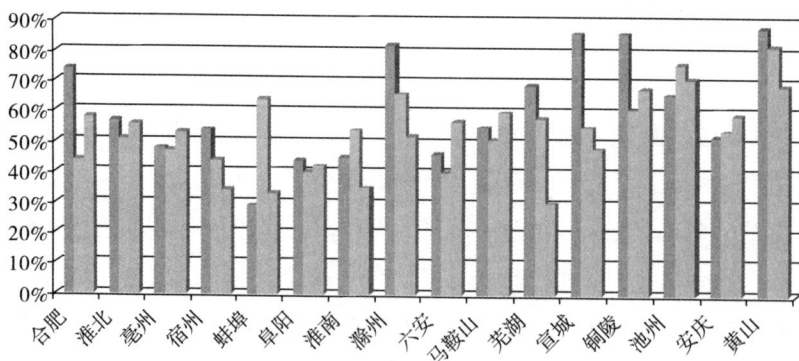

图5 各市省级以上开发区企业复工复产情况

2. 分疫情风险等级区情况①

我省开发区处于高风险区的较少，仅有蚌埠经开区和合肥新站高新区②，上述开发区内有国电蚌埠电厂、京东方等民生保障企业和连续生产企业，产能恢复率超70%。全省处于中风险区的开发区有69个，处于低风险区的开发区有55个。低风险区企业复工率、员工到岗率和产能恢复率均显著高于中风险区。

表3　各疫情风险等级区复工复产情况

风险等级	开发区个数	企业复工率（％）	员工到岗率（％）	产能恢复率（％）
高风险区	2	66	47	74
中风险区	69	56	49	45
低风险区	55	72	58	53

3. 分产业情况

全省各开发区中，化工、新材料、生物医药、食品加工、电子信息、装备制造、家电等产业复工复产情况较好，产能恢复率均超50%。其中化工、新材料等涉及防疫物资及原料生产、需要进行连续生产的产业产能恢复率为75%～80%；生物医药等与新冠肺炎预防、治疗、检测相关的产业产能恢复率为70%以上；电子信息、装备制造等我省支柱产业产能恢复率为65%～75%，农副产品加工和食品加工等生活物资保障产业产能恢复率为58%。

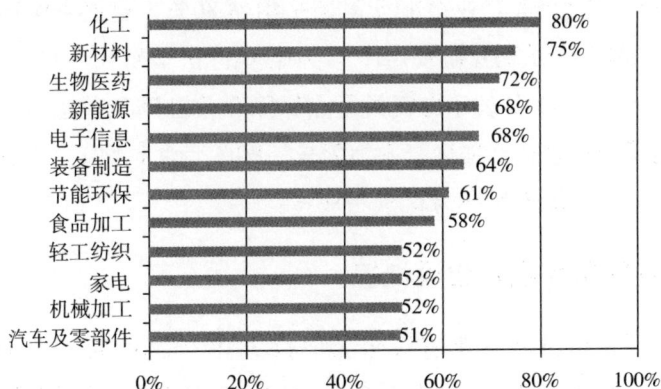

图6　开发区主要产业产能恢复率

---

① 与复工复产监测数据获取时间一致，按照2月22日公布的省新冠肺炎疫情风险等级分类名单。

② 按照行政区划，合肥新站高新区参照瑶海区计算，蚌埠经开区参照龙子湖区计算。

4. 分开发区类型情况

国家级经开区、国家级高新区、省级经开区和省级高新区 4 种类型级别开发区复工复产情况有明显差异。从企业复工率来看，国家级经开区复工率最高（82%），省级经开区最低（57%）；从复产企业员工到岗率来看，国家级高新区到岗率最高（60%），国家级经开区最低（50%）；从复产企业产能恢复率来看，省级高新区产能恢复率最高（71%），省级经开区最低（41%）。

表 4　各类型开发区复工复产情况

类型	开发区个数	企业复工率（%）	员工到岗率（%）	产能恢复率（%）
国家级经开区	12	82	50	53
国家级高新区	6	69	57	64
省级经开区	96	57	52	41
省级高新区	12	68	60	71

三、开发区重点保障企业运行情况

126 个省级以上开发区中，有 100 个开发区有疫情防控重点保障企业，重点保障企业复工复产情况良好。其中防疫物资生产、医药生产与销售、医疗设备生产、医疗基础设施配套等企业产能恢复率平均超 80%，莫尼克医用材料（防护服生产）、安龙基因（试剂盒研发生产）、中俄国际医学研究（口罩生产）、中粮生化（酒精生产）等众多医疗物资类重点保障企业已满负荷运转。京东方、晶合、康宁等电子信息企业产能恢复率为 75%～80%，食品加工、农副产品加工等生活物资保障企业产能恢复率为 60%～80%。

四、开发区重大项目建设情况

省级以上开发区共有各类省级重大项目 3019 个，近期已有 357 个实现开（复）工，复工率为 11.8%。其中合肥打印 OLED 技术平台、千带智能科技有限公司工业机器人应用系统项目，淮北平山电厂项目，蚌埠 8.5 代 TFT-LCD 超薄浮法玻璃基板生产线项目，山西万辉制药亳州现代中药生产项目，铜陵富乐德半导体晶圆再生项目，芜湖松鼠小镇、比亚迪生产基地项目，池州艾可蓝尾气净化产业化项目等一批重大项目已相继开（复）工。

分区域来看，滁州（复工率38%）、淮北（复工率33%）、铜陵（复工率31%）等市重大项目复工率较高，淮南（复工率0%）、阜阳（复工率0.76%）和合肥（复工率3.99%）等市重大项目复工率较低。

表5　各市开发区重大项目开（复）工情况

地　市	重大项目数	开（复）工数	开（复）工率（%）
合　肥	476	19	3.99
淮　北	3	1	33.33
亳　州	172	7	4.07
宿　州	177	20	11.30
蚌　埠	324	14	4.32
阜　阳	131	1	0.76
淮　南	3	0	0.00
滁　州	234	88	37.61
六　安	180	10	5.56
马鞍山	134	18	13.43
芜　湖	259	28	10.81
宣　城	390	42	10.77
铜　陵	68	21	30.88
池　州	152	35	23.03
安　庆	217	24	11.06
黄　山	99	29	29.29
全省汇总	3019	357	11.83

五、需关注的几点问题

1. 开发区后续防控压力依然较大

尽管我省已实现新增病例和疑似病例双清零，疫情形势出现积极向好的趋势，但目前国内部分地区疫情依然严峻，日韩等国外疫情呈扩散趋势，开发区人员较密集、流动性大、工作环境相对封闭，企业防疫物资、防疫经验、人员培训不足，随着企业复工复产、员工返岗，疫情外源输入和内部扩散风险依然存在。

特别应关注境外疫区返岗人员较多的外资企业，外地员工较多、劳动密集型产业较多的开发区以及以现代物流和商贸服务为主导产业的人员强流动型开发区。

2. 部分低风险区开发区复产率不高

一是部分风险较低地市复工率总体偏低。如淮南、芜湖等新冠肺炎确诊人数相对较少、风险较低的地市，目前开发区企业产能恢复率和项目复工率不高（图7）。二是部分位于低风险区的开发区复产率较低。位于低风险区的55个开发区中，有9个复工复产率远低于全省平均水平（复工率低于40%或员工返岗率低于35%或产能恢复率低于30%）。三是部分开发区产能恢复较慢。部分开发区虽然企业复工率高（高于80%），但受制于管理人员和核心技术人员返城后隔离、原料运输供应不畅、产业链临时性中断等多种因素，产能恢复率较低（低于35%）。

上述区域和开发区需进行重点关注，进一步梳理开发区各企业复工复产中存在的障碍和困难，帮助企业和开发区有序加快复工复产进度。

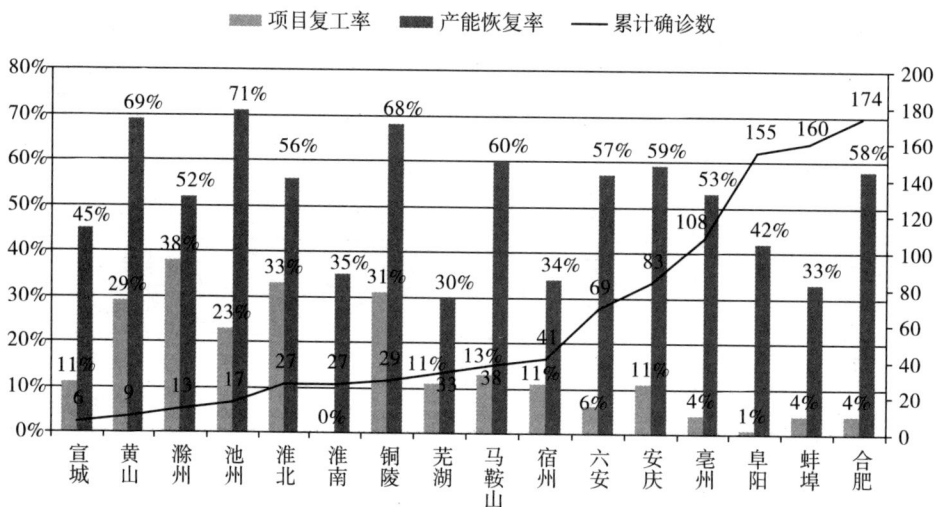

图7　各市疫情与复工复产情况对比

3. 重大项目复工进度较慢

受原料、用工、防疫管理难度等多种因素影响（图8），目前开发区重大项目复工率仅为11.8%，远低于企业复工率。项目开工复工延迟，不仅会影响我省开发区上半年乃至全年投资进度，而且部分工业投资项目可能会因竣工投产延期，错失产品进入市场机遇。

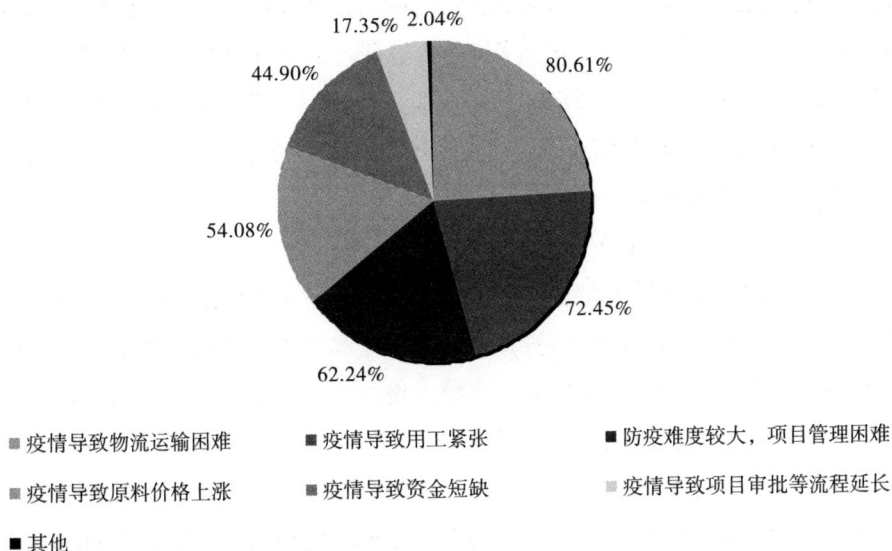

图8　影响开发区项目复工的主要障碍因素①

六、相关建议

认真贯彻习近平总书记"2·23"重要讲话精神，做到"两手抓、两手硬"。各市县、开发区要细化落实分区分级差异化防控策略，因地制宜，靶向施策，全力做好企业复工复产各项保障，努力实现全年经济社会发展目标。

1. 加快低风险区开发区复工复产

一是解除开发区和企业顾虑。建议我省向开发区和复工企业明确，只要在复工期间严格执行了疫情防控规范，采取了相关措施，由复工产生的新增病例不追究开发区和企业责任，解除低风险地区开发区和企业复工顾虑。二是全面开展开发区企业摸排调查。梳理复产企业，确定复产时间表，力争能复尽复、能早尽早，特别是部分低风险区复工率较低、复工后产能恢复率较低的开发区，要逐个摸排，逐一解决企业复工中存在的困难。三是简化复工返岗流程。在低风险区全

① 数据来源为前期对我省省级以上开发区问卷调查数据。

面落实复工备案制和承诺制，简化复工审核流程。为企业管理人员和技术骨干返岗提供绿色通道，对急需返岗人员进行核酸检测，检测结果为阴性且无症状的，应取消隔离期立即返岗。四是提高公共服务保障。位于低风险区的开发区，应按分级管控要求，放开餐饮、商场、住宿等服务业管控，全面恢复职工通勤用公交线路，有序开放开发区及周边公园景区等开敞式休憩场所和娱乐场所，全力为返岗人员做好公共服务保障。

2. 加大开发区复工服务保障力度

一是加强企业防疫物资保障，搭建应急物资生产供应与需求采购对接平台，开发区企业生产的非医用防疫物资，在满足国家和省统一调配基础上，优先供应开发区复工企业。鼓励由开发区管委会统一设立集中隔离点，对不具备自行设置隔离条件的中小企业提供集中隔离场所。二是加强企业服务保障，由市县、开发区管委会向重点企业派出复工专员，由卫生部门为开发区企业提供防疫服务专员，协调解决企业复工生产需求，并为企业提供防疫培训、防疫咨询和防疫管理等服务。利用"大数据+网格化"方法，汇总疾控、通信、电力、交通等部门提供的数据，建立"企业复工申报平台"，分类指导企业，逐步有序恢复生产。三是加强用工保障，利用省内各类求职平台大数据，根据企业用工需求，确定信息推送主体、推送渠道、推送内容，按需对求职登记人员进行精准推送。对于用工需求缺口较大开发区，可集中与省内相关劳务输出地区直接联系，争取将因疫情滞留的本计划外出务工的人员留在省内开发区就业。四是加强供应链保障，梳理开发区主导产业和重点企业上下游供应链关系，充分发挥龙头企业、平台企业带动中小微企业作用，统筹推进重点企业和产业链配套企业复工复产。摸清开发区企业供应链网络，尽快找出供应链断点、堵点，协调相关企业及时建链补链，系统解决原材料供应、上下游协作、物流畅通等问题，确保各开发区主导产业和重点企业至少有1条以上完整供应链。

3. 推进开发区重大项目建设进度

一是实施清单管理。对现有重大项目进行排查，紧盯重大产业项目和新型基础设施建设项目，制定优先保障项目清单，逐个梳理项目开（复）工存在的困难和所需的协调部门，做到"一项一单、一项一策"。二是建立审批绿色通道。采取项目建设前置要件网上审批、承诺告知审批等方式，对确需提交材料原件的，可待疫情结束后补交材料原件。采用"承诺备案制"方式进行项目验收，方便竣工项目尽快投产达产。三是保障土地和原料供给。采取提前预支新增建设用地指标、建设用地计划指标"核销制"、缓交土地出让金等手段，保障项目土地供给。鼓励省内采沙、水泥、钢铁等原料供应企业尽快恢复产能。四是保障交通物流通畅。开通重大项目施工物资、核心设备、工程建设人员绿色通道，协调海关加快工业项目所需进口成套设备报关流程。五是加大资金供给。加大对已开工和具备开工条件的政府投资项目资金投放力度，加快用足用好企业债、专项债和地方债资金，优先用于开发区补短板、稳投资重大项目；加强开发区、项目建设单位和金融机构对接，鼓励金融机构对开发区重大工业项目在贷款份额上予以倾斜。六是做好项目谋划储备。围绕智慧园区、公共卫生、应急管理等新型基础设施建设领域，数字经济、智能医疗、服务机器人、在线教育、环保装备、无人零售等新兴产业领域，积极谋划储备一批重大项目。瞄准国家和省市政策导向和"十四五"规划任务，建立开发区重大项目库，做到成熟一个、启动一个、申报一个，积极争取国家和省市资金支持。

调研组：省发改委地区经济处
　　　　省经济研究院
成　员：徐和生　蒋旭东　田皓洁
　　　　张贝尔　孙京禄　陆贝贝
执　笔：张贝尔　孙京禄　陆贝贝
　　　　田皓洁

我省小微新型农业经营主体发展调研报告

安徽是农业大省、国家粮食主产区，近年来，大力支持新型农业经营主体发展，取得了积极、显著的成效。2020年1月，课题组对六安市霍邱县冯瓴乡3户新型农业经营主体进行了典型案例调查，其中体现出的特点、亮点和堵点，在我省小微新型农业经营主体中具有一定代表性。下一步，有必要精准施策，通过扩大地方自主权、优化专业服务、有序引导农业创业等方式，进一步壮大我省新型农业经营主体。

一、调研案例发展情况

调查区域①位于江淮丘陵地区，发展起一批养殖大户、种植大户、加工厂等，在我省江淮丘陵地区较为普遍。从调查主体②来看，经营规模、收入、风险防控等进展较快。

1. 经营规模明显扩大

近3年来，调查主体持续较快发展，规模均实现翻番。其中，养殖大户养殖规模由2006年的1000只左右提升到2019年的超过3000只，生产投入大件价值约为2016年的3倍；种田大户流转土地超过200亩，2016年不到100亩，生产投入大件价值是2016年的2倍以上；加工厂新增1条生产线，单生产线投入价值超2016年全部投入总额。

2. 经营收入显著改善

在经营规模大幅扩大的同时，生产效益也有积极改善。2019年，养殖大户

---

① 位于六安市霍邱县冯瓴乡，地处淮河南岸，地形以丘陵为主，人口约5万，以农业为主，盛产优质水稻、小麦；外出务工人员多，输出近40万人次，近年来早期返乡创业者逐步崛起，多从事养殖业、种植业、加工业，对地方发展作用日益凸显。

② 从2个相邻行政村内的"养殖大户、种植大户、加工厂"中，各选1户近年发展起来、规模较大、经营良好的主体进行梳理，整体反映区域新型农业经营主体近年发展情况。

家庭纯收入约 30 万元，是 2016 年的 3 倍；种植大户、加工厂纯收入均为 25 万元左右，也均是 2016 年的 2 倍以上。生产投入大件价值大幅增加，也反映了对未来增收向好的预期。此外，收入渠道的拓宽也增加了收入，为经营者稳定增收提供了保障。

3. 逐步实现多元化经营

调查主体均积极创新经营方式，加快推进多元化经营。如养殖大户从初期单纯卖活鹅到现在年初提供焐鹅年底卖成品鹅，经营链条向上下游延伸；种植大户在满足自身发展需要的同时，开始经营小卖部兼营化肥农药等农用品，并利用机械设备优势为周边农户提供耕地、收割等服务；加工厂兼营秸秆打包、树皮收购和销售。

4. 风险防控能力增强

随着现代农业生产规模的不断扩大，对风险的防控要求也大幅提升。经过初创时期的艰难探索，调查主体经营风险意识增强，逐步具备基本防控能力。一是拥有一定资本积累，经历几年发展沉淀了一定规模资本，经得起小范围的经营损失；二是基本掌握生产经营技术，经过几轮周期性发展，熟悉技术、行业周期等变化；三是懂得调整经营模式。

表 1　3 户经营主体经营情况

	家庭纯收入（万元）		生产投入大件	
	2016 年	2019 年	2016 年	2019 年
养殖户	10	30	1. 养殖场（约 5 万）	1. 焐房及设备（约 15 万） 2. 养殖场（约 5 万）
种植户	9	25	1. 拖拉机（约 5 万） 2. 收割机（约 5 万）	1. 拖拉机（两辆，约 10 万） 2. 收割机（约 10 万） 3. 仓库（约 4 万） 4. 铲车（约 3 万）
加工厂	10	25	1. 拖拉机（约 5 万） 2. 铲车（约 3 万） 3. 叉车（约 3 万）	1. 加工线（一条，约 25 万） 2. 拖拉机（约 3 万） 3. 铲车（约 3 万） 4. 叉车（约 3 万）

表2　3户经营主体基本情况（2019年）

	经营内容	规模	户主年龄	户主教育程度	返乡创业时间	家庭人员	享受政策补贴
养殖户	皖西大白鹅	3000只	35	初中	2014	7人，妻子、父母、叔、两孩	养殖大户补贴、贫困户补贴
种植户	水稻、小麦等	200多亩	36	初中	2012	6人，妻子、父母、两孩	农机补贴
加工厂	木材加工等	1条生产线	32	初中	2013	6人，妻子、父母、两孩	农机补贴、秸秆收购补贴

二、几点相关经验启示

调查主体所在江淮丘陵地区，广泛分布于我省中部，区域农业发展条件基本相似。从内部条件来看，农业发展环境一般，经营规模化程度受限。江淮丘陵地区地形起伏较多，大规模机械化生产难以全面普及，人多地少，外出人口多，青年群体偏少。从外部条件来看，吸引力相对不足，资本技术难以大规模进入。除少数市镇周边农村外，绝大多数农村位置偏僻，交通条件不优，难以吸引外部资本大规模承包经营。广大江淮丘陵地区的农业仍然停留在小范围的规模经营，进一步扩大规模困难。

调查主体注重自发探索、因地制宜、持续积累，经营规模持续壮大，对我省特别是江淮丘陵地区农村小微经营主体具有一定的启示意义。

一是注重自发内生，不等不靠，积极进行自主探索。江淮丘陵广大农村地区，不具备外部企业大规模入驻发展的条件，不能寄希望于外资或外力的大举进入带动发展，而要结合地域特色，鼓励有能力、有思想的地方经营者开展农业经营的新实践、新探索，走符合实际"自下而上"的道路。

二是注重因地制宜，充分挖掘区域资源、市场潜力。调查主体能够实现较快发展，主要在于准确把握区域特色，挖掘资源、市场潜力，避免盲目投资。调查范围属于典型的丘陵地区，大型农业机械作业困难，适宜林业、养殖业、特色种植业等发展，如对白鹅的餐饮需求推动皖西大白鹅成为创业的重要选择。再如，2000年前后，地方积极鼓励种植速生经济林（杨树），形成了较大规模的经济林，近年陆续成材，进入砍伐时期，各类木材加工厂应运而生。

三是注重持续积累，稳步实现资本、经验技术沉淀。现代农业投资周期长、回报收益慢，丘陵地区更为突出，在实现规模化经营过程中需要持续积累，逐步实现经营方式的多元、收入渠道的拓展、经营风险的降低，避免折腾，稳步成为具有竞争力的经营主体。3 户户主均在 2000 年后外出务工，2010 年后随着结婚、赡养老人、子女教育等原因陆续返乡创业，经过近 10 年经营探索，初步完成资本、经营技术的积累，已经成为广大农村地区农业发展的重要有生力量。

三、值得关注的问题

调查主体在快速发展的同时，也面临不少成长中的烦恼，进一步壮大发展规模、提升综合竞争实力、增强政策获得感等"三大困扰"值得关注。

1. 规模扩大瓶颈困扰

调查主体对于扩大生产规模均呈不同程度的"做不到、担不起"现象。一是做不到扩大规模的条件要求，如养殖户扩大规模，新聘人员成本高，资金、技术不足。二是担不起扩大规模带来的风险。农业是高风险行业，受市场风险影响较大，市场波动直接影响收入，如每年咸鹅价格波动大，低价年份规模过大难以盈利，在市场不确定情况下，养殖户不敢大幅扩大规模。此外，今年受新冠肺炎疫情影响，市场销售、价格波动等潜在影响不容忽视，进一步扩大规模或受到冲击。

2. 综合发展能力困扰

充分利用更大范围的市场、资源，面临着国内外的多重竞争，调查主体综合发展能力的"内功、外功"仍然薄弱。一是自身综合水平不高。3 位户主的受教育程度仅为初中，自身业务能力和综合能力方面短板突出。二是借用外力相对不足。3 户主体均未借用外力助力经营，仅限于机械设备的使用，借智借力仍然相对较少，如养殖大户尚未借力电商，产品的销售渠道比较单一。此外，3 位户主对行业发展动态了解较少，接受相关的专业培育也不多。

3. 政策覆盖不足困扰

受经营规模等影响，扶持政策支持偏少。调查主体均是小微规模经营，规模多数处于各类政策的边缘。如种植大户规模 200 多亩，县里相关扶持政策的最低标准为 500 亩；养殖大户享受的补贴较低，加工厂享受的补贴是边缘业务秸秆打包收购。总体上看，各类政策缺乏对地方这种"自下而上"模式的支持，影响地方农业自主探索进程。

四、政策建议

培育新型农业经营主体关系我国农业现代化的重大战略，关系群众的"米袋子""菜篮子"，当前需要把稳住新型农业经营主体作为疫后稳农业的重要内容，加大政策支持。

一是鼓励"自下而上"创新发展。进一步赋予基层在支持新型经营者经营类型、规模、品种上的自主权，划出一定比例资金到乡镇，择优培育一批潜在小微新型农业经营主体。同时，合理引导农业经营预期，加强政策宣传解读，避免对农业扶持政策和农村土地回报的投机。

二是加强系统培训拓展营销渠道。组织开展新型农业经营主体专业化培训，针对性推送线上培训资源，利用经营空闲期组织外出参观学习。用好地方商会、乡会等平台，搭建地方特产销售渠道，扩大产品销售规模。加强地方公共品牌创建和维护，引导经营者联合走线上销售道路，支持参与目标市场各类农特产品展销会。

三是鼓励新型农业经营主体多元化经营。按照全产业链要求，支持新型主体发展新产业新业态，鼓励新型主体将农业与教育、旅游、文化等产业深度融合，提升农业价值链，多渠道拓展经营收入。发挥新型经营主体在机械设备、经营技术等方面优势，鼓励新型主体带动普通农户连片种植、规模饲养并提供专业服务和生产托管等各类服务。

四是支持受疫情影响的经营主体尽快恢复生产。后疫情时期，要尽快做好农业生产经营恢复工作。优先做好涉农物资、产品运输保障工作，多渠道协调解决饲料短缺、种禽种苗的运输难题和农产品销售不畅等问题。围绕农业春耕生产需要，加大化肥、农药等生产资料的调配，不误农时，切实抓好春季农业生产工作。

指　导：樊明怀

执　笔：余茂军

关于战疫情稳增长的几点政策建议

新冠肺炎疫情发生以来，我省深入贯彻落实习近平总书记重要指示精神，全面落实党中央、国务院有关决策部署，出台系列政策措施，有力指导了疫情防控和经济社会秩序恢复。随着疫情防控的逐步收效，我省"稳增长"的环境趋好，已形成"止损、补亏"的窗口期。建议在落实已有政策举措基础上，及时捕捉趋势性、苗头性问题，细化实化相关举措，把疫情影响降到最低，确保实现全面建成小康社会和"十三五"规划目标。

一、全力以赴支持工业达产和服务业复工复产

近期，各地都把加快复工复产作为稳增长的核心举措。截至 2020 年 2 月 26 日，我省规模以上工业企业复工率为 94.8%，但企业员工复产率仍然偏低，为 61.8%。当前看，随着人员保障和物流保障力度加大，制约企业复工复产的显性壁垒不断减少，但供需同步收缩、供应链受阻、生产成本上升、资金短缺、新员工效率低下等隐性问题不断显现，对企业稳产达产的制约加大。相比于规上工业企业，小微企业、服务业①、个体工商户的复工率显著偏低，总体复工形势不容乐观。针对新情况，课题组给予以下建议。

一是落实落细复工复产各项举措。借鉴深圳、无锡做法，针对低风险地区、行业，取消事前现场核查环节，允许符合条件企业线上报备直接复工；采取园区统一采购防疫服务、建立隔离点等方式帮助企业克服防疫物资短缺难题。二是要"一业一策""一企一策"深入化解企业稳产达产堵点。针对市场脱节、产业链受阻企业，借助"四送一服"等平台加强企业与市场对接、上下游产销对接，协同推动稳产达产；针对成本居高、资金困难的企业，要开展驻点帮扶，在保生存基础上加强企业脱困谋划，帮助企业适时调整产品结构、经营策略；针对员工"换血"较多企业，帮助其加大员工培训服务力度，安排一定的培训补助。三是

---

① 截至 2 月 26 日，我省规上服务业、限上批发零售住宿餐饮企业复工率分别为 62.5%、46.9%。

加强建筑、批发零售、餐饮、房地产业复工力度。建议各地在分区分级防控大格局下，加快建筑业、服务业复工"松绑"，引导其实施最小活动单元防护措施和少接触施工/营销模式，尊重基层创新创造，营造务实复工复产环境。

二、千方百计助力各类企业降本减负脱困

近期全国工商联对全国 30 个省（自治区、直辖市）、19 个行业、982 家企业的调查结果显示：近六成企业/机构因疫情出现较明显的经营困难，主要表现为营收减少、订单不继、资金成本加大、融资渠道减少、资金无法回笼、交易违约上升等；超过四成的企业/机构短期内会面临资金流动性风险。针对这一困局，应充分重视当前企业困难的普遍性、严重性和影响持续性，发挥社会各界力量，推动企业发展企稳脱困。一是进一步加大企业降本减负力度。落实好已出台的降低企业用能成本、缓交减免税收、缓交减免社保和住房公积金缴费等政策，积极复制外省在失业保险稳岗返还、社保缴费稳岗补助、个体工商户专项扶持等方面的经验做法。二是精准帮助企业金融脱困。除全面落实防疫专项信贷额度、优惠税率、优惠担保费率等政策外，还可积极借鉴外省金融纾困经验，推广存量小微企业自动续贷、服务业帮扶贷、政府采购合同信用贷、"战疫人才贷"、"复工应急贷"、"战疫工资贷"等产品；跟踪梳理企业"三角债"情况，做好风险防范预案；做好对金融系统压力测试，政府安排一定的风险补偿和利益补贴，确保金融系统风险可控。三是增强企业自身降本脱困的内生动力。引导制造业加快服务化转型，从服务中挖掘效益；把握疫情后直接融资渠道松动、成本降低窗口机遇，鼓励企业更多开展股权融资和债券融资；鼓励有条件企业利用期货市场套期保值；加快关联企业间并购重组，整合优化产业链，推动企业互帮互助。

三、多方助力强化项目建设保障和有力接续

相比于工业企业复工复产，当前我省重点项目复工进展较为缓慢。截至 2020年 2 月 26 日，全省重点项目复工率为 48.1%，人员到岗率为 41.4%，资质以上建筑业复工率为 33.4%，基础设施项目已率先启动，制造业、房地产业投资仍大多停滞，全省工业园区项目开工率低位徘徊。当前，特别需要梳理项目复工和推进的难点堵点，加强项目针对性帮扶调度，确保项目对经济增长的拉动作用"不脱力"。一是加强现有项目复工力度。应抓住疫情防控形势趋稳有利时机，积极

推动现有项目人员到位、设备到位，引导项目主体抢抓物料价格低位机遇，开展施工备料，确保项目早复、尽复。二是加快后继项目推进进程。倒排项目推进时间表，压实项目落实责任；借鉴广西做法，推行容缺审批制度，加快推进项目前期工作；实施腾空用地、用能空间专项行动，建立项目要素"周转池"，保障重大项目合理需求。三是着力加大项目资金到位力度。加快各级政府预算内投资资金拨付，积极推动专项债券资金、各类产业资金加快投向重大基础设施项目和产业项目；可借鉴浙江、山西等省做法，发挥开发性金融作用，联合国家开发银行发起设立省级"战疫情稳投资补短板"融资专项，用于疫后开工和续建的重点领域补短板项目；积极引导金融机构加大对产业项目长期投资力度。四是适时对房地产企业减负。鉴于房地产投资具有重要性，可借鉴浙江、上海等省市为房地产企业减负政策的做法，力保我省房地产投资不出现大幅下滑。

四、以提升便捷性为重点促进消费潜力释放

消费是稳定经济增长的压舱石。疫情以来，居民生活必需品消费刚性增长。同时，非必需品及服务消费短期受到剧烈冲击。随着后期疫情管控措施分级分类放宽，要适应新变化回应新要求，提升消费便捷性，释放居民消费潜力。一是提升社区便民服务功能。积极发展社区商业，支持企业在做好疫情防控的前提下，采取团购、无店铺等方式销售，便利社区居民生活。借鉴云南等地做法，将智能品牌连锁便利店、智能快件箱纳入城市公共服务设施体系，打造"互联网+社区"公共服务平台。积极引导群众使用"皖事通"办理医院挂号、婚育服务、工商登记等高频办理事项。二是便捷大宗消费品网络销售。鼓励省内大型汽车、房地产企业开展线上销售，改进房屋网签备案、车辆线上选号登记等办理流程，通过 VR 展示、人脸识别、电子签章等技术手段，实现"掌上办理、不见面办理"，进一步提升便捷消费体验。三是加大消费惠民支持力度。适时提前举办文化惠民消费季，与沪苏浙联合推出长三角文化惠民卡、旅游一卡通，鼓励居民增加文化旅游消费频次。

五、多措并举稳岗稳就业

疫情以来，我省持续强化稳就业举措，发放一次性就业奖补，提前返还失业保险费，积极探索"点对点、一站式"直达运输等方式，推动各类人员有序返

岗，但总体来看，返岗比例仍然不高，全省稳就业压力仍然较大。一是开展用工就业精准对接。加强部门之间信息共享，及时掌握复工复产企业清单，动态发布缺工数量、用工要求，通过"大数据+网格化"相结合方式，逐户摸排劳动力基本信息和就业意向，加强用工单位和农民工双向对接。二是加大线上职业技能培训。扩大线上职业技能培训的覆盖面，可购买政府重点课程免费定向向劳动者推送。鼓励企业在疫情影响停工期间开展技能培训，加强内部建设，进一步提高企业线上培训补贴力度。三是强化灵活就业的政策和法律保障。针对疫情期间出现的"共享员工"等灵活就业模式，要及时跟进，协助开展用工法律援助，防止用工纠纷。同时，进一步提高疫情期间社保缴费灵活度，增强灵活就业期间社保缴费接续的便利性，力保社保关系不断。

指　导：樊明怀

执　笔：王业春　窦　瑾　王　斌

　　　　饶　磊　吕朝凤

厘清疫情"危"与"机"，积极应对，主动作为，保持我省经济平稳增长

2020 年以来，突如其来的新冠肺炎疫情持续蔓延扩散，超出人们预期，对我国经济造成较大负面冲击，但疫情短期影响难改经济长期稳中向好趋势。我们既要充分估计疫情给我省带来的困难和压力，又要客观研判和精准施策，敏锐捕捉疫情给我们带来的机遇和动力，主动作为，化危为机，保持我省经济平稳增长。

一、近年来国际重大疫情及其影响

21 世纪全球经历的几次较大疫情都对国民经济产生一定的负面冲击，但总体影响有限。

一是 SARS（非典型肺炎）。2003 年发生于我国，从第一例 SARS 病例被报告到非典警报被解除，历时 8 个月（2002 年 12 月 15 日—2003 年 7 月 9 日），我国内地累计病例 5327 例，死亡 349 人，全球因 SARS 死亡人数 919 人。非典对我国经济的负面影响主要集中在第二季度，二季度 GDP 增速比前后两个季度平均降低 1.5 个百分点。非典事件结束后，我国经济发展马上恢复正常，当年 GDP 增速达到 10%，比 2002 年提高 0.9 个百分点；固定资产投资增速达到 27.7%，比 2002 年提高 10.8 个百分点；社会消费品零售总额增速为 9.1%，比 2002 年提高 0.3 个百分点。

二是甲型 H1N1 流感（猪流感）。2009 年 3 月 18 日，墨西哥发现首例甲型 H1N1 流感，之后不断蔓延，到 2009 年 4 月 25 日，墨西哥因感染甲型 H1N1 流感致死的人数达 68 人，全国范围确诊病例 1004 人，死亡率为 6.7%，当日世界卫生组织宣布将这次疫情定位为"国际关注的突发公共卫生事件"（简称 PHEIC），这次疫情持续了 16 个月，造成约 1.85 万人死亡，直到 2010 年 8 月世界卫生组织宣布疫情结束。回顾这场疫情对墨西哥经济的影响，可以说是微乎其微。从疫情暴发期到疫情结束，墨西哥 IPC 指数整体上涨了 45%，短期的疫情冲击无法改变市场发展的长期趋势。

三是 MERS（中东呼吸综合征）。2012 年，MERS 在沙特阿拉伯首次被发现。2015 年 5 月底，韩国出现首例中东呼吸综合征患者，疫情在韩国境内快速蔓延。为了应对疫情，韩国境内 2000 多所学校停课，大量公共活动、体育赛事等被取消，整个疫情在韩国持续了 7 个月，最终导致 187 人感染，38 人死亡，近 1.7 万人隔离。这场疫情对韩国短期经济带来重创，社会也陷入混乱，街市空荡冷清，商场、电影院等无人光顾，国外游客望而却步，韩国旅游业为此停滞。对经济的负面影响传递至资本市场，疫情暴发期间，KOSPI 韩国综合股价指数整体下跌了 6.7%，随后触底反弹，至疫情结束期间，指数上涨 7.3%。

四是 COVID‑19（新型冠状病毒肺炎）。此次新型冠状病毒肺炎传播速度快、感染人数多、波及范围广，我国 31 个省市都未幸免。1 月 31 日世界卫生组织宣布将此次疫情定为"国际关注的突发公共卫生事件"。

本次新型冠状病毒传染性强，为控制疫情蔓延，我国立即采取了一级疫情防控应急响应机制。目前来看，疫情防控已取得阶段性成效，但疫情拐点尚未到来，疫情结束还没有明确时间表。短期看，本次新冠肺炎疫情对经济的影响和冲击大于非典。

二、当前新冠肺炎疫情对我省经济带来短期冲击和压力

目前来看，本次新冠肺炎疫情对我省经济发展造成了较大的负面冲击，制造业、消费、投资、出口、企业生产等领域都不同程度受到影响，相关指标出现下滑，短期内我省经济发展承受较大压力。

1. 制造业冲击影响加深

在本次疫情中，受大面积停工停产、复工复产质量不高、企业订单大幅减少等影响，全省一季度规上工业增速预计下滑 2 个百分点左右。重点行业中，钢铁、有色、化工等上游原材料行业疫情期间呈明显下滑趋势（见表 1）。

表 1　2020 年 2 月上旬全国钢铁、有色、化工产品市场价格变动情况

产品名称	单位	本期价格（元）	比上期价格涨跌（元）	涨跌幅（%）
一、黑色金属				
螺纹钢（Φ16–25mm，HRB400E）	吨	3592.3	−178.6	−4.7

（续表）

产品名称	单位	本期价格（元）	比上期价格涨跌（元）	涨跌幅（%）
线材（Φ6.5mm，HPB300）	吨	3734.3	−139.1	−3.6
普通中板（20mm，Q235）	吨	3718.9	−116.3	−3.0
热轧普通薄板（3mm，Q235）	吨	3677.5	−234.7	−6.0
无缝钢管（219＊6，20#）	吨	4568.7	−20.0	−0.4
角钢（5#）	吨	3899.5	−75.0	−1.9
二、有色金属				
电解铜（1#）	吨	45 379.7	−2872.0	−6.0
铝锭（A00）	吨	13 544.3	−590.0	−4.2
铅锭（1#）	吨	14 240.8	−850.0	−5.6
锌锭（0#）	吨	17 603.0	−717.7	−3.9
三、化工产品				
硫酸（98%）	吨	140.0	0.0	0.0
烧碱（液碱，32%）	吨	612.5	0.0	0.0
甲醇（优等品）	吨	2005.6	−154.8	−7.2
纯苯（石油苯，工业级）	吨	5613.7	−237.3	−4.1
苯乙烯（一级品）	吨	6750.7	−608.3	−8.3
聚乙烯（LLDPE，7042）	吨	7087.1	−329.6	−4.4
聚丙烯（T30S）	吨	7496.6	−396.0	−5.0
聚氯乙烯（SG5）	吨	6378.3	−328.4	−4.9
顺丁胶（BR9000）	吨	10 667.5	−477.5	−4.3
涤纶长丝（FDY150D/96F）	吨	7500.0	0.0	0.0

2. 聚集性消费受到重创

疫情使得原本处于春节旺季的购物、聚餐、住宿、文娱、旅游等消费锐减，全国93%的餐饮企业关闭门店、贺岁片集体撤档、影院大规模歇业、绝大多数景区暂停营业。我省春节期间旅游收入下降79.9%，电影票房仅8.6万元。由于快递畅通性下降，包括网购在内的商业零售也受到较大影响，省级重点监测的

47 家商贸流通企业销售额同比下降 20.8%。

3. 投资建设影响明显

疫情造成我省多数建设项目复工开工延滞，截至 2020 年 2 月 25 日，省重点项目复工率为 41%。根据近 3 年 2 月份投资量测算，项目建设延迟开工 1 个月预计影响一季度固定资产投资约 25%。另外，根据近年来基础设施、房地产、二、三产业等重点领域投资比重和贡献率测算，项目建设延迟开复工 1 个月，预计影响全年投资约 1.5 个百分点，其中，影响基础设施投资增速约 0.2 个百分点，影响房地产投资增速约 0.4 个百分点，影响二产投资增速约 0.4 个百分点，影响三产投资增速约 0.5 个百分点。

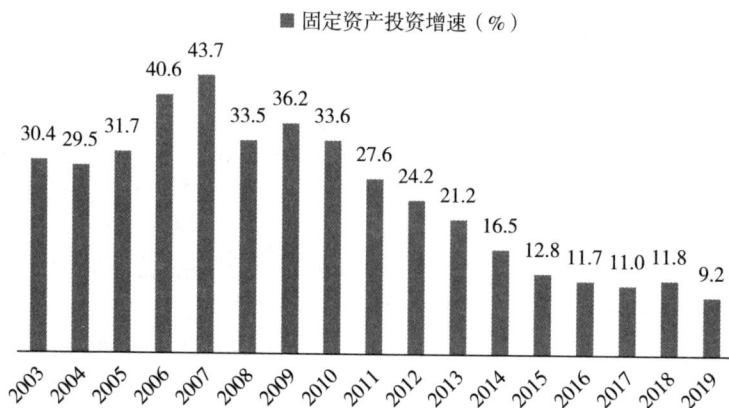

图 1　2003—2019 年安徽固定资产投资增速变化（单位:%）

4. 对外经贸活动基本停滞

疫情期间，130 多个国家和地区对我国采取入境管制措施，我省对外经贸受到较大影响，外贸订单面临签约难、执行难、运输难等多难问题。合肥联宝预计一季度进出口损失约 3 亿美元，省服装公司预计一季度出口下降 50% 以上。

5. 企业生产经营困难加剧

疫情使我省多数企业特别是中小微企业生产经营遭受重创，生存和发展面临巨大压力。服务业企业经营基本停滞，工业企业复工复产困难、订单减少、成本上升、资金紧张等多重困难凸显。据调查，66.5% 的企业预计一季度订单量下降两成以上，52.5% 的企业预计生产成本同比上升，69.3% 的企业面临流动资金紧张，81.6% 的企业投资意愿不足。

三、危中取机，疫情短期冲击不改长期向好发展趋势

从国际典型国家疫情影响和我国"非典"疫情对经济影响的经验来看，决定经济中长期走势的是内在基本面，而不是外部冲击，这种疫情影响是短期的、可控的。长期看，此次疫情不会对我省经济产生实质性影响，反而催生了一些新经济、新机遇、新空间和新动能，只要我们把握机遇、集聚动能、释放潜力，培育长期竞争发展新优势，完全能够继续保持我省经济稳中有进、进中向好的发展态势。

（一）抢抓疫情供给新机遇，培育产业发展新优势

本次疫情对倒逼我省产业结构优化升级是一次难得的机遇。一是疫情催生出大量新技术、新业态、新需求。随着大数据、互联网在疫情期间的深度应用，智能制造等一些新兴产业开始展现出强大成长潜力。同时，疫情孵化和衍生出了如无人配送、在线教育、远程医疗等消费热点，进而催生出一些新的市场供给机会。我省率先抢占这些领域，就有可能在新一轮产业竞争中获取优势。二是我省产业结构与适应新经济发展的契合度更高。"非典"时期，我省产业结构相对不优，二产中以"铜墙铁壁"类传统产业为主导，粗加工、低技术含量产品比重高，互联网、数字化等新技术新业态比重少。当前，我省已进入"芯屏器合"的发展新时代，传统产业高新技术产品比重明显提高，以新产业为主导的制造业结构更加优化，工业产业门类更加丰富，尤其以数字智能为特征的新经济、新业态蓬勃发展，更有利于我省抢抓新兴产业发展机遇（见表2）。三是我省的抗疫"身板"比"非典"时期更加强健。我省经济总量连续超越辽宁、北京、河北，加速向4万亿台阶迈进，区域创新能力连续多年位居全国前列。相比于"非典"时期，我省应对各类冲击，保持经济发展定力的底子更加牢固，为我省降低疫情影响、抢抓发展机遇创造了更多良好条件（见表3）。

表2　2003年与2018年安徽制造业结构与数字经济发展等部分指标对比

年　份	2003	2018
一、制造业规模和结构		
规上工业增加值（亿元）	881.52	11 663.94
规上工业增加值占GDP比重（％）	36.39	38.87

（续表）

年　份	2003	2018
战略性新兴产业占规上工业增加值比重（％）	—	30
主要工业产品门类（个）	37	95
二、数字经济发展 *		
数字经济规模（亿元）	—	7189
数字经济占 GDP 比重（％）	—	26.2

备注：由于2019年全省工业增加值等指标只发布增速，故此表中以2018年数据进行比较；
* 数据来源于《2018年中国数字经济指数白皮书》，为2017年数据。

表3　2003年与2019年安徽经济发展规模、创新实力等部分指标对比

年　份	2003	2019
一、经济发展规模与结构		
地区生产总值（亿元）	3972.38	37114
生产总值在全国位次（位）	14	11
三次产业结构（％）	19.37∶45.09∶35.54	7.85∶41.33∶50.82
财政收入（亿元）	412.3	5710
二、创新实力		
专利申请授权量（件）	1609	79 747
技术市场成交额（万元）	87 959	3 213 131
R&D 经费支出（万元）	324 219	6 489 541
大中型工业企业研发机构（家）	271	5302
大中型工业企业研发人员（万人）	4.1	16.8

备注：创新实力指标为2018年数据。

（二）适应疫情需求新变化，挖掘居民消费新潜力

疫情后消费回补、潜力释放与消费刺激面临较多利好条件和发展机遇。一是消费抵御外部冲击的基础更加坚实。相比于"非典"时期，消费对经济增长的基础作用越来越大，消费率接近50%，服务业占我省经济的比重过半，消费已然成为应对外部压力的"压舱石"。2019年，我省人均GDP、城镇居民可支配收入分别是2003年的9倍、5.5倍，收入水平的提高带动居民消费水平显著提升，

城镇人均消费支出由 2003 年的 5064.3 元上涨到 2018 年的 21 522.7 元，经济总量和居民收入的持续增长，强力支撑着消费稳定增长。同时，我省已全面进入城市化社会，超过 3500 万人在城镇居住、生活、就业，而城镇人均消费水平是农村的 2.5 倍，对消费需求的拉动作用更加强劲。二是消费升级带来更广阔的市场空间。我省城镇居民恩格尔系数由 2003 年的 44.2% 降至 2018 年的 31%，食物等生活必需品消费的比重走低，食物支出之外的更高层次、更大数额的教育文化、健康旅游等消费的比重不断升高，医疗保健、交通通信、教育娱乐文化支出占比达到 29.8%，较 2003 年上升 3 个百分点。智能家电、汽车等大宗消费越来越普遍，教育、医疗、文体、旅游、养老、家政等产品不断丰富，"互联网+"新业态新模式大量涌现，消费领域不断拓宽。随着消费升级步伐的加快，消费潜力将进一步释放。三是疫情倒逼新型消费业态创新发展带来新的消费需求。疫情发生以来，"宅经济""宅消费"应运而生，线上场景加速替代线下场景，如零售行业，沃尔玛、大润发、家乐福等大型商超尽可能开通更多的线上渠道，线上购物也从日用品向生鲜拓展，苏宁菜场、盒马鲜生、易果生鲜、京东生鲜业务量急剧增加，生鲜电商、社区便利店等社区商业再遇新契机。文娱行业，线上电影首发试水，电影《囧妈》实施线上免费投放。云办公、云授课不断开展，在线问诊

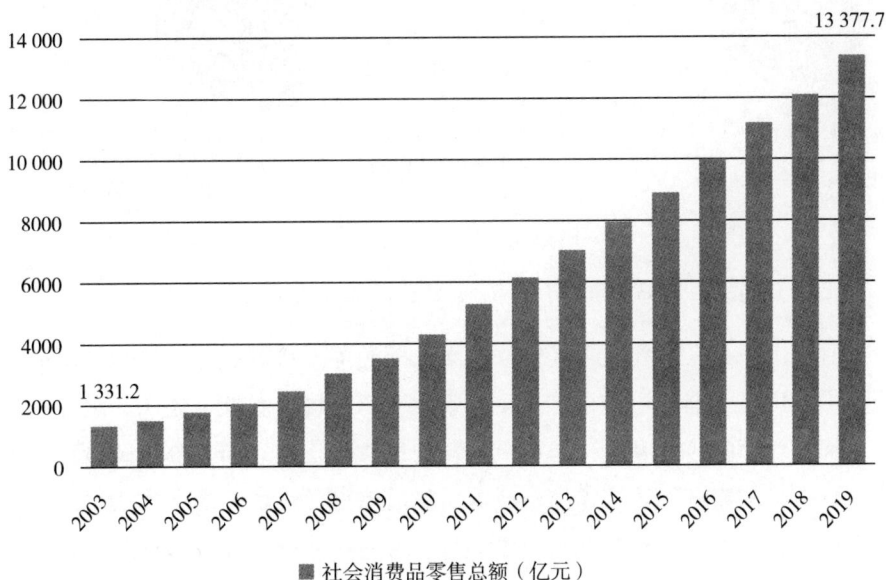

图 2　2003—2019 年安徽社会消费品零售总额变化情况（单位：亿元）

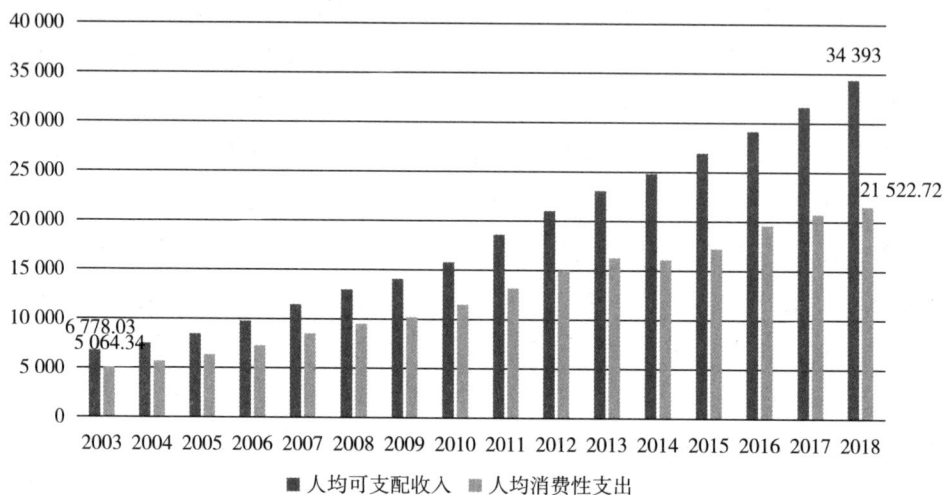

图3 2003—2018年安徽城镇居民人均可支配收入与人均消费性支出变化（单位：元）

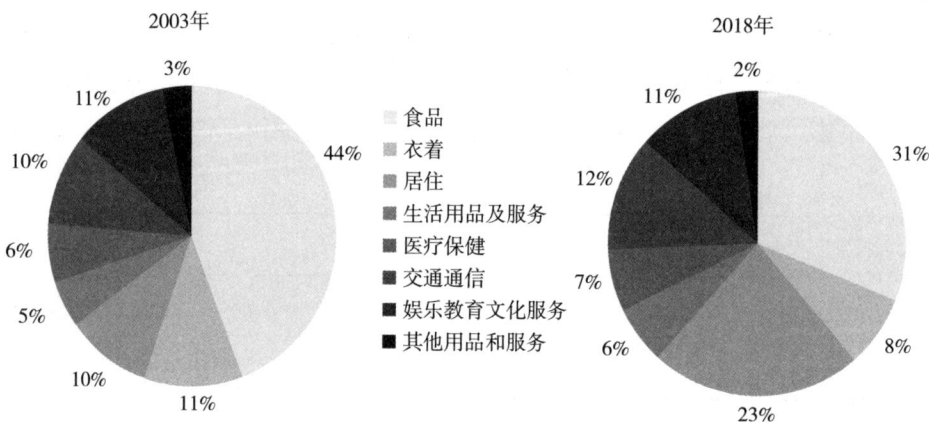

图4 2003年和2018年安徽城镇居民消费支出结构变化图

服务及时推出，无人零售、无人餐饮、无人配送等强势崛起，非接触性服务消费迅速推广。居民的消费习惯正在发生深刻改变，零售、餐饮、娱乐、医疗、教育等行业都迫切面临转型升级，必将带来新的消费增长点。四是疫情政策环境不断优化。日前，国家各部委接连出台政策、释放信号，将扩大消费作为对冲疫情影响的重要着力点之一。商务部出台支持商贸流通企业创新经营服务模式、加快步行街改造提升、发展便利店和菜市、释放新兴消费潜力等一系列措施，同时全年促消费的政策也更加密集、实施力度也加大，有利于消费恢复性增长。

（三）补齐疫情投资短板和弱项，增强经济增长新动力

疫情给投资结构的调整提供了契机和方向，把握疫情带来的机遇，投资增长仍有较大潜力可挖。一是医疗卫生领域等补短板空间大。在本次疫情中，公共卫生设施面临严峻考验，2018 年我省每千人口平均床位数仅 5.19 张，低于全国平均每千人口 6.04 张的水平。基层医疗卫生更加薄弱，基层医疗卫生机构床位数仅占全省的 20.4%，基层诊疗人次占比从 2015 年的 57% 下降到 2018 年的52.8%，与分级诊疗的政策目标差距较大。传染病救治、ICU 重症隔离等基础设施亟待补充，应急管理体系、疾病预防控制体系等建设有待加强。医疗防护用品、消杀用品、医疗药品和医疗器械等产品需求量猛增，相关产业将在短期内迎来繁荣发展。一大批生物医药类企业在疫情中发挥重要作用，如安科生物快速研制出新型冠状病毒核酸检测试剂盒，试剂类、疫苗类、生物医药类等研发投入潜力较大。二是城市改造仍有投资空间。此次疫情充分体现了社区防疫的重要性，老旧小区和城中村改造还需要增加公共卫生服务等内容。旧城改造也暴露出许多死角，如卫生隐患较大的农贸市场、老旧市场等。考虑到"非典"通过下水道等途径传播，以及当前城市中出现的大量废旧口罩等，城市排污系统需要更加环保、无污染，特别要加强对城市垃圾污水处理体系的改造。三是新型数字化基础设施建设需求大。互联网、人工智能、大数据等新一代信息技术在疫情中逆势而上，将智能制造、智慧城市管理、远程诊疗、在线教育、无人零售等推向大众视野，这些新业态都需要大量新型基础设施的支撑，5G、工业互联网、物联网以及更多智能化云平台需求量较大，涉及工业生产、城市管理、教育、文化等方方面面，容易快速形成投资额。四是综合交通、仓储物流等重大基础设施建设是热点。我省许多地区交通运输及接待能力有限，在推进长三角一体化进程中，着力提高城市群、都市圈交通基础设施联通水平是关键。疫情中，仓储物流、物资储备也暴露出很多问题，许多物流企业、地方政府都各自为政，各自兴建自己的物流基地，缺乏沟通协作，下一步，仓储细分升级、物流体系化、整体网络化建设也将是投资的重点方向。

（四）拓展开放合作新空间，培育外贸外资新优势

疫情没有根本改变我省的国内外环境，把握得好，完全可以培育开放合作新优势。一是开放合作空间更大、领域更广、平台更多，开放合作环境和条件更加

优越。与"非典"时期相比，我省开放合作的基础、环境和基本面都发生了根本性提升，利用国内外两个市场、两种资源的能力全面增强。2019年我省外贸进出口总额是2003年的12倍，实际利用外商直接投资为2003年的45倍，利用省外资金为2003年的38倍。目前，我省已与219个国家有贸易往来。我国"一带一路"倡议的深入实施以及我省中欧班列开通运营为我们"走出去、引进来"、实现更广阔的开放合作提供了有利条件。同时我省高层次的开放平台、承接产业转移的平台也更多更大更优。目前，我省有国家级开发区（高新区）17个，省级以上开发区117个，海关特殊监管区域4个，国家跨境电子商务综合试验区2个，世界制造业大会永久落户合肥，这些都是"非典"时期不可比的优越条件。巨大的市场容量也为我省进一步扩大开放合作提供了有力支撑。当前及未来一个时期，我省仍然是国内外投资的重要目的地。二是疫情防控医疗产品和服务贸易将成为新的外贸增长点。目前韩国、日本、意大利、伊朗等国家新冠肺炎疫情不断蔓延和升级，医疗防护用品的国际需求激增，我省在口罩、防护服、核酸检测试剂盒、抗病毒药物、中药材等防护物资方面具有一定的产业基础，口罩日生产能力超过500万个，相关产品的出口规模有望快速扩大。同时，当前我省对外贸易结构正在发生变化，基于信息技术的服务贸易加快发展，我省在服务外包、技术出口、文化出口等方面具有一定优势。"十三五"以来，全省承接服务

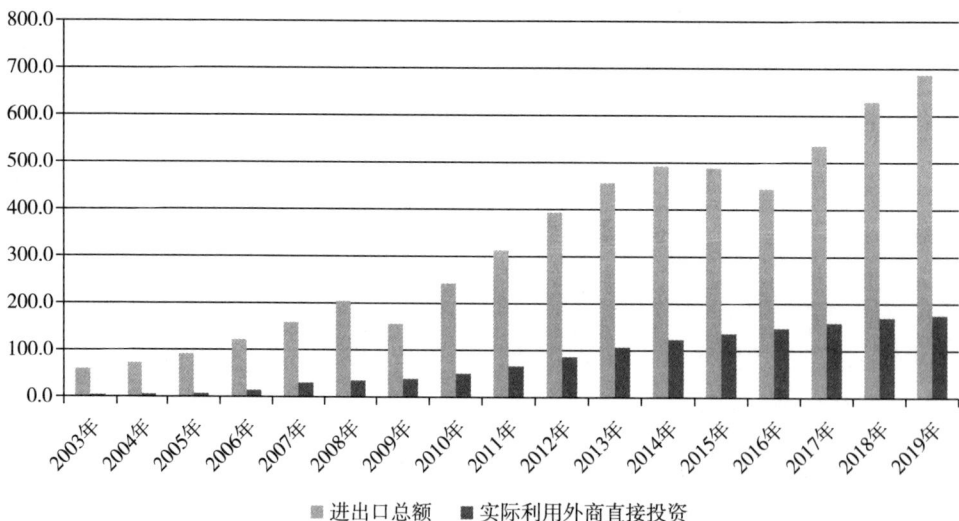

图5 2003—2019年安徽进出口总额和实际利用外资变化情况（单位：亿元）

外包执行额年均增速超过 30%。大力发展服务贸易将有望成为我省进一步扩大开放的重要途径。三是对外经贸的环境或基本面将进一步改善。本次疫情虽然对我国对外贸易产生短期冲击，但疫情后会逐步恢复。目前，中美第一阶段经贸协议正式签署，中美贸易有望逐步恢复，我省对外开放的环境将有所改善。国家正在推动新一轮高水平对外开放，应对疫情稳外资稳外贸政策也在加快落实，我省进一步扩大开放合作的动力更足、空间更大。

（五）激发企业发展内生力，提升企业竞争力

企业是市场的主体、经济的细胞，疫情对企业带来压力和冲击，也会催生一些新企业，为企业发展创造先机。一是企业主体数量增多、实力增强、抗风险能力提升。截至 2019 年年底，全省企业数达到 145.89 万户，连续 6 年实现两位数增长，是 2003 年的 18 倍。规模以上工业企业、高新技术企业数分别是 2003 年的 4.5 倍和 13 倍。上市公司数量达到 107 家，位居全国第 9 位，中部地区第 1 位。全省企业 100 强营业收入总额突破 2 万亿元，是 2010 年的 2.3 倍（见表 4）。二是新产业、新业态加快催生更多创新型企业。历史经验表明，每次重大疫情都会催生一批新产业新业态企业，比如 2003 年"非典"时期，京东、淘宝、携程、新东方等企业成功应对危机，借机发展壮大成为行业龙头企业。在本次疫情中，虽然传统行业企业受到较大冲击，但网络购物、线上课堂、远程办公、在线娱乐、智能制造、医疗健康等新产业新业态展现出强大成长潜力，一批新的创新型企业将加速发展壮大。三是一些企业有望在新一轮产业链布局转移中获得先机，取得突破性发展。本次疫情也对部分行业的全球生产格局造成影响，电子信息等一些领域的产业链关键环节有望形成新一轮"大迁移"。我省在产业基础、创新资源、劳动力供给等方面具有突出优势，合肥综合性国家科学中心建设加快迈进世界一流，安徽区域创新能力连续 7 年位居全国第一方阵。全省农民工总量近2000 万，技能人才达 530.3 万人，高技能人才总量为 148.7 万人。这些有利条件和优势都使我省在承接全球和国内产业链布局和转移中获得机会，催生相关企业落地，形成新的企业竞争优势。四是减税降费等系列支持政策为企业发展创造宽松环境。疫情发生以来，国家和我省先后出台了一系列减税降费、优惠贷款、减免社保等降低企业发展成本的政策措施，后期还会适时出台新的措施，企业发展环境将进一步宽松。近年来，我省着力创优"四最"营商环境取得积极成效，纳税人满意度在全国 31 个省区市中排名第 3 位，知识产权保护社会满意度跃升

至全国第3位，"四送一服"受到企业普遍欢迎和国务院办公厅通报表扬，营商环境也在大力改善，企业发展面临难得的政策机遇。

表4　2003年与2019年安徽企业数量和规模对比表

年　份	2003	2019
企业数量（万户）	8	145.89
上市企业（个）	39	107
高新技术企业（个）	511	6636
规上工业企业（个）	4158	18775
大型工业企业资产总规模（亿元）	1851	16972

四、对策建议

当前，在党中央及省委、省政府高度重视并采取切实有效措施下，疫情蔓延势头得到有效遏制，下一步，我们要统筹推进疫情防控和经济社会发展工作，坚决做好"六稳"工作，坚定信心，化危为机，变压力为动力，努力实现全年经济社会发展目标，确保实现全面建成小康社会和"十三五"规划目标。

（一）持续推进产业调结构促升级

一是大力拓展延伸"战疫"医药健康产业链。紧跟疫情医药健康产业需求升级趋势，补足我省抗病毒类医药健康领域短板，拓展延伸医药产业链条；鼓励生物医药骨干企业加强与全球知名研发机构合作，积极攻克抗病毒药品和疫苗技术难题；发挥中草药特色资源优势，鼓励现代中药企业开发具有抗菌、抗病毒、平喘、止血、解热等药理作用的新产品；支持医疗器械企业充分运用大数据、人工智能等数字技术，不断创新病毒检测、远程诊疗、智慧康复等新技术、新产品；鼓励疫期医用卫生产品扩产，加强口罩、防护服、消毒液等医疗卫生用品生产保障和流通供应能力。二是重点培育以数字智能为优势的新兴产业。借鉴浙江经验，制定我省数字智能产业发展"图谱"，发挥"四个一"创新主平台和"一室一中心"对培育新兴产业的关键作用，引导产业政策、创新资源等向重点领域和骨干企业集中；发挥"中国声谷"在本次疫情中的积极影响力，重点发展身份识别、轨迹感知、智能语音、安全应急、（配送、消毒、测温）机器人等人工智能产业，有力支撑国家新一代人工智能创新发展试验区高水平建设；紧密围绕全省制造业数字化升级需求，积极发展以制造融合为特征的数字经济新业态，重点培育工业互联网、协同创新、在线办公、VR车间管理等新兴领域。三是持续推进传统产业结构升级。紧抓疫后基础设施重大项目开工和产能恢复对原材料需求集中释放的机遇，引导钢铁、水泥、有色、化工等产业积极建立低价收储原材料及疫后扩产预案，同时配套下游机械装备、电子信息、新材料等领域升级需要，充分利用疫情减产期实施技术改造，调整优化产品结构。此外，引导家电、服装、农副产品加工等产业，积极提振线下和发展线上的关系，加快技术创新、模式创新。

（二）多措并举着力扩大消费动能

一是巩固和扩大居民消费基础。针对疫情对居民就业和收入的冲击，完善落实居民增收政策措施，增加社会保障性支出，利用税收、利率、贷款等经济手段提高居民可支配收入，做好针对低收入阶层的消费补贴预案。二是培育壮大疫情期涌现的消费热点。针对居民消费需求和消费行为的新变化，加快开展线上餐饮、文娱等服务消费业务，积极利用假日回补，鼓励适当延长营业时间，开发夜间项目。对增长较快的绿色食品、药品、卫生用品、健康类家电等个人健康类消费需求，进一步加强和优化产品供给，积极推动大健康产业发展。三是大力推动消费模式创新。抢抓疫情带来的线上消费机遇，支持传统商贸主体发展网订到家、网订店取、"无接触配送"等模式。创新"社群式"营销，进一步强化社交、直播等相关功能。发展农产品"生鲜电商+冷链宅配"。支持VR/AR、5G、3D等技术在商业、教育、文化旅游、娱乐等领域的广泛应用，大力发展网络诊疗、在线办公、在线教育、数字娱乐、线上咨询培训等线上服务。引导商业银行与互联网平台合作，更多采用线上作业模式，扩大消费信贷范围，通过信贷联营等方式，满足居民短期的借贷需求。四是加快构建安全高效的消费环境。加强5G技术应用场景建设，加快推进在线消费市场发展、5G技术商业应用等配套政策体系的完善。健全移动支付等领域的法律法规体系，降低线上消费的交易风险。适应居民健康生活习惯转变的要求，建立公共场所消毒保洁规范，提高商场、超市、市场、酒店和饭馆等公共场所的卫生标准。

（三）发挥好投资的关键作用

一是抓紧谋划建设一批疫情中暴露出的短板和薄弱项目。针对疫情防控中的短板和需求，抓紧谋划一批医疗急救中心、临床医院、传染病医院、疫情防控科研、应急保障等公共卫生服务体系建设项目，持续加大生态环保、人居环境整治、老旧小区改造、农村基础设施等民生领域补短板项目建设力度，继续推进医药健康、智能制造、新型显示等产业投资项目。二是全力推进交通等重大基础设施建设。全力推进长三角城市群、合肥都市圈城际铁路、市域（郊）铁路和高等级公路规划建设，全力推进重大水利工程以及智能电网、油气管线、新一代信息基础设施等方面建设。三是进一步拓宽民间投资发展空间。最大程度放开市场准入，加大 PPP 项目有效落地，引导民间资本进入城乡基础设施、公共卫生设施、新型数字基础设施、教育培训、文化旅游、体育、养老等领域，建立项目推介长效机制。

（四）加快打造内陆开放新高地

一是做大平台稳承接。承接产业转移仍然是我省统筹推进疫情防控和经济社会发展的重要任务，要发挥开放平台主阵地作用，优先推进开发区、高新区、海关特殊监管区域、跨境电子商务综合试验区等开放平台内企业和项目复工开工。加快出台皖北承接产业转移集聚区建设规划和支持政策，释放皖北开放合作潜力。积极推进共建"一岭六县"产业合作发展试验区，提升我省"飞地经济"互利共赢水平。二是创新方式稳招商。创新适应疫情的招商引资方式，着力搭建智慧招商平台，推广"网上招商会""网上洽谈会""网上签约会"等云上招商方式。大力推行专业招商、委托招商、产业链招商、"基金+产业"招商、"标准地"招商等新模式，提高招商引资效率和质量。三是加强支持稳外贸。用足用好疫情期稳外贸各项政策工具，切实帮助外贸企业减成本、降风险。在保证自需前提下，加大口罩、防护服、核酸检测试剂盒、抗病毒药物、中药材等防护物资的出口。加强服务贸易基地建设，大力发展服务外包、技术出口、文化出口等知识密集型服务贸易，借机促进贸易结构调整升级。鼓励发展跨境电商，支持合肥、芜湖国家跨境电子商务综合试验区建设。积极申创中国（安徽）自由贸易试验区。四是优化环境稳外资。设立外商奖励基金，加强外商投资指引，建立专班机制，做好重大外资项目签约和推进。进一步扩大制造业、服务业、农业等领域对外开放，提升外商投资便利，增强外商投资信心。

（五）持续增强企业发展新活力

一是加大稳企强企力度。稳企强企要抓大不放小。在贯彻落实好现有国家和省级支持政策的基础上，鼓励市县政府根据自身财力提标扩面，推进中小微企业降本减负政策常态化，加快中小微企业恢复发展。抢抓科创板注册制改革机遇，加快科技型企业上市步伐。加大国企兼并重组力度，做强做优做大国有企业。加大对高成长型企业的扶持力度，培育一批"专精特新""单项冠军""隐形冠军""小巨人""独角兽"企业。二是鼓励新产业新业态新模式创新创业。顺应疫情期间产业发展新趋势，在打造"双创"升级版中对人工智能、智能制造、在线教育、在线办公、网络诊疗、智能配送等新业态新模式加大支持力度，孵化培育一批特色突出的创新型企业。三是紧抓产业布局调整机遇"抢企"。疫情对部分行业的全球生产格局产生重要影响，电子信息等一些领域的产业链关键环节有望形成新一轮"大迁移"。我省应抓住转瞬即逝的难得机会，发挥承接产业转移示范区基础和品牌优势，加快制订疫期"抢企"行动计划。引导省市各级部门围绕重点领域的产业链、创新链和供应链企业引进，精准有力实施各项政策措施。四是加强优化企业营商环境保障。贯彻落实好《优化营商环境条例》和《创优营商环境提升行动方案升级版》，打造更加稳定、公平、透明、可预期的一流营商环境，推动我省营商环境持续走在全国前列。

指　导：樊明怀

执　笔：夏兴萍　王　斌

饶　磊　吕朝凤

对冲疫情影响的消费增长点及对策建议

当前新冠肺炎疫情对居民消费冲击明显，直接影响经济稳定增长。扩大消费是对冲疫情影响的重要着力点之一。后疫情时期，我省有必要聚焦"汽车消费、乡村消费、旅游消费、新兴消费"等四大增长点，加强政策引导，尽快回补、释放潜在消费需求，积极缓解疫情对经济的影响。

一、当前我省消费主要增长点

近年来，一季度往往是汽车、旅游、乡村等消费的旺季，但受疫情影响，消费被冻结、抑制，潜在需求未得到释放。后疫情时期，汽车、旅游、乡村等消费具有较大的回补空间；同时，疫情催生新兴消费释放，在线教育、在线办公等加快发展；促消费具有较大空间，能够对冲疫情影响。

综合消费体量、增长速度、潜在需求来看，汽车、乡村、旅游等是我省当前促消费的重点。2019年，汽车消费占全省限上消费的23.3%，是消费体量的稳定器；乡村消费增长12.2%，领跑城镇消费，是消费增长的稳定器；旅游消费规模相当于全省社会消费品零售额的六成以上，是拉动居民消费的重要动力。

（一）汽车消费

目前，我省汽车消费量整体还相对不高，仍然具有较大的增长空间。从汽车保有量来看，明显低于全国平均水平和周边省份。城镇居民平均每百户家用汽车仅为27.4辆，低于全国6.4辆；同时也明显低于周边所有省份，分别比江苏、浙江、山东、河南、湖北、江西少10.7、17、19.3、2.2、2.5和2辆，位于全国倒数第9位。从潜在需求量来看，汽车是增长空间相对较大的耐用消费品。我省是家电大省，目前多数家电消费品已达到甚至超过全国平均水平，如电冰箱的城镇、农村每百户拥有量均超过100台，全国电冰箱的城镇、农村每百户拥有量均不到100台；空调的城镇、农村每百户拥有量分别超过142台、108.9台，全国空调的城镇、农村每百户拥有量分别仅为109.3台、65.2台。而汽车是耐用消费品中相对普及率较低的产品，潜在需求量较大。汽车属于大件消费品，对经济的拉动作用更为明显。

（二）乡村消费

近年来，我省乡村消费呈现快速发展态势，对全省消费的快速增长起到较大支撑作用。一是增长速度较快，明显领跑全部消费和城镇消费，较好稳定消费增长。2019年乡村社会消费品零售总额增长12.2%，增速领跑全部及城镇消费的态势十分明显，领先幅度分别从2016年的0.3、0.4个百分点扩大至1.6、2个百分点，呈现逐年扩大态势，成为稳定消费增长的重要支撑板块。二是增长潜力较大，持续增长支撑因素多，利于扩大消费规模。2013年以来，我省人口回流趋势明显，一批批早期外出务工人员携带资金、技术、市场等资源进行返乡就业、创业，较好地支撑了乡村地区消费增长，乡村消费占全省的比重从2012年的17.9%提升至2019年的19.7%。后期来看，随着人口进一步回流就业创业、乡村振兴战略深入推进、脱贫攻坚战的全面胜利、电商下乡持续深化，消费增长仍有较大支撑。此外，乡村消费边际倾向较高，促消费的带动作用更为突出。

（三）旅游消费

安徽是旅游资源大省，集聚国内外知名的山、水、文化等自然和人文景观，旅游消费空间较大。一是旅游拉动系列消费，对消费增长的贡献突出。旅游涉及交通、住宿、餐饮等系列消费，支撑消费增长作用较大。2019年，全省国内旅游收入达8510亿元，旅游消费相当于全省社会消费品零售总额的63.6%，较2015年提高18.9个百分点，年均提高约5个百分点，是支撑消费稳定增长的重要动力。二是旅游潜在增长空间大，具有较为广阔的需求市场。近年来，随着收入水平的提升、节假日优化调整、出行方式的改善，我省旅游接待能力持续释放，呈现较快增长速度，接待国内游客从2015年的4.4亿人次增长到2019年的8.2亿人次，年均增长16.6%。当前，我省旅游消费仍有较大增长空间，特别是在入境过夜游、人均旅游消费等方面。

（四）新兴消费

疫情进一步推动新一代信息技术的快速发展，消费的新模式、新业态也快速发展。从新业态来看，以产业融合促进新消费。消费服务重点领域和制造业创新融合产生新兴业态，如发展手术机器人、医学影像、远程诊疗等高端医疗设备，开展健康管理、运动向导、精准照护等增值服务消费。受新冠肺炎疫情影响，在线办公、在线教育、在线医疗等新业态发展进程进一步加快。从新模式来看，体现在线上线下融合扩大消费。随着现代物流、在线支付、关键信息基础设施持续完善，教育培训、医疗保健、文化娱乐等领域在线化消费加快，共享消费、定制消费、体验消费和"智能+"服务消费等新兴模式成为必然趋势。目前，我省新兴消费处于起步阶段，具有较大发展潜力。

二、对策建议

聚焦我省当前消费四大增长点，近远结合，稳促并举，既服务对冲疫情影响的迫切需要，也顺应消费扩容提质的发展趋势。

（一）尽快出台鼓励家用汽车消费支持政策

针对疫情抑制、冻结的汽车消费需求，参考近期湖南、广东等地举措，尽快出台我省支持汽车消费、生产的阶段性政策。一是鼓励无车家庭购置首辆汽车。12月底前，对家庭购置的首辆汽车，由地市全额补贴缴纳购置税；若家庭购置的首辆汽车为新能源汽车，则在已有补贴基础上，由地市对每辆车新增1万元综合性补贴；对于购置江淮、奇瑞等省内产汽车，支持地市和车企按照1∶1原则，每辆按照1万元进行额外补贴。二是鼓励家用汽车更新换代。12月底前，对置换或报废二手车的消费者，在安徽注册登记的汽车销售企业购买"国六"标准新车，由地市按照每辆5000元进行补助；若置换汽车为新能源汽车，在已有补贴基础上，由地市对每辆车新增1万元综合性补贴。三是鼓励车企加快稳定新车生产。12月底前，以2019年整车生产总数为基数，由省级层面进行补贴，对于产量达到去年全年80%的每辆补贴1000元，对于产量达100%的每辆补贴2000元，对超过去年全年产量的部分每辆按照3000元补贴。

（二）适时出台鼓励省内旅游消费政策

尽快研究制定鼓励我省旅游消费的支持政策，在疫情全面结束后，第一时间出台并做好宣传引导，大力支持旅游业恢复。一是鼓励居民省内旅游消费。按照鼓励旅游出行、延长旅游时间原则，研究制定各类省内知名景点区域联票，针对省内居民免费在线申请，重点支持3人、2天以上的集体游，并划分消费时间，避免集中消费。二是鼓励长三角居民过夜游、多景点游。率先将我省旅游资源向长三角地区开放，通过线上申请、线下验证等可免费过夜游、多景点游，重点支持 3 人、2 天以上的集体游。三是鼓励居民省内自驾游。对居民居住地与旅游景点的高速过路费安徽段进行适当补贴，旅游景点停车实行免费，支持景点停车场新能源汽车免费充电。

（三）有序引导乡村消费扩大升级

针对乡村消费发展需要，短期以扩大消费规模为重点，长期以优化消费环境为抓手，综合促进乡村消费发展。一是鼓励乡村耐用消费品升级。支持绿色、智能家电销售，促进家电产品更新换代，鼓励地方政府对于更新产品进行适当补贴；同时，不能将城市淘汰的产品向农村消费市场倾销，而应提升农村消费品质。二是加快支持乡镇中小型商场建设。鼓励大型连锁商场入驻重点乡镇，按照健康有序发展原则，支持一乡镇建设一座中小型商场，解决农村地区的商品供给品质、品类与品牌的短板问题并引导农村消费者逐步形成新的消费习惯。三是加强乡村消费基础设施建设。在新一轮基建过程中，将农村纳入综合统筹范围，按照"设施联通"的要求，与城市同步规划、同步建设，特别是互联网、智能物流等新一代基础设施。

（四）大力支持开展新兴消费

积极顺应新兴消费快速发展趋势，把在疫情防控中催生的新兴消费培育壮大起来。一是加快打造一批信息消费体验中心。每年新建 100 家以上省级信息消费体验中心，突出新产品、新服务、新业态、新模式的新型消费体验引领示范作用。同时，加快统筹推动 5G 网络商用部署建设，满足消费对新一代基础设施的需要。二是开展在线教育、在线办公试点。借助我省目前国内唯一的认知智能国家重点实验室、语音及语言信息处理国家工程实验室技术优势，率先在合肥、蚌埠、芜湖等地开展在线教育试点。加快我省远程办公终端消费品自主研发和应用推广，率先支持省内高校、科研院所等开展在线办公试点。三是支持培育建设合肥国际消费中心城市。以新兴消费为重点支撑，培育建设合肥国际消费中心城市，率先探索引导全省新兴消费发展；尽快规划打造 1～2 个具有较强影响力的新型消费商圈，提升与周边地区的通达性，培育消费品牌形象。

指　导：樊明怀

执　笔：余茂军　窦　瑾

疫情全球大流行下我省外贸需"危"中寻"机"

当前，国内新冠肺炎疫情防控取得积极成效，我省各行业复工复产有序推进，省内重点外贸企业复工率达 100%。而海外疫情加速蔓延，意大利、伊朗、西班牙、韩国、美国等多个国家疫情形势严峻。海外疫情大流行，冲击全球供应链及总需求，对我省仍处于恢复期的外贸行业形成新一轮冲击，但危中有机，国内抗疫率先取得阶段性成果，宝贵的时间窗口为我省企业参与全球价值链合作提供更多机遇。

一、疫情冲击总需求和供应链体系，全球贸易供需双紧

1. 国际需求萎缩，企业出口承压

当前，全球疫情最为严重的欧盟、北美、日韩地区也是全球经济和消费中心。这三大区域占据我省出口市场约 45% 的份额。随着疫情蔓延，相关国家开始逐步实施活动限制、城镇封锁和边境管制，如果这些主要出口市场的疫情持续蔓延，消费品和工业品需求势必萎缩。根据国外研究机构报告，自新冠肺炎疫情暴发以来，全球贸易已减少了超过 35 万个集装箱，其中西北欧、美西北、美东、非洲、东南亚、澳新等航线停航运力占比超过 50%。若防控管制继续升级，更多国际航线面临关闭。订单减少、物流不畅、贸易限制多重因素叠加，企业出口形势严峻。继"中美贸易摩擦"后，我省外贸企业再次面临严峻考验。

2. 外部供应链不稳，下游产业受掣肘

全球产业链、供应链、价值链深度关联，一旦某一关键节点停产或者对外交通受阻，下游企业立刻存在投入品短缺危机。当前主要发达国家占据产业链的重要环节，日本半导体材料、韩国存储器占全球市场份额超 70%，美国汽车及零部件、飞机和相关部件在全球占据重要地位。我省虽是家电、电子产品大省，但核心技术和重要零部件对外依赖较大，中高端的数控机床、电子装备、特种设备、检测设备等多是从欧美、日本等进口，高世代液晶面板所需的部分关键材料被韩国、日本及我国台湾地区等少数厂商垄断。如果海外疫情进一步升级并出现

大规模停工潮，可能诱发省内企业部分零部件、设备断供危机。同时，我省铜矿砂、铁矿砂、原油等原材料及农产品进口占全部进口比重超 1/3，大宗商品价格宽幅波动，物流受阻制约原材料供给，对下游有色、钢铁等行业产生影响。

3. "黑天鹅"风险升级，外贸环境严峻复杂

近日，疫情的加速恶化引发全球市场恐慌，不排除短期经济衰退演变为经济危机的可能。金融和大宗商品市场剧烈动荡，MSCI 指数创下自 2008 年金融危机以来的最大单周跌幅，美股两周内多次熔断，石油黄金比特币同向大幅下跌。主要国家货币宽松预期上升，利率、汇率水平不稳。国际生产经营受影响面逐步扩大，外贸订单延误、拖欠、拒收等信用风险陡增，全球经济脱钩风险进一步提升。

二、危机中见转机，部分行业和企业优势显现

1. 海外疫情升级带动防疫和消费电子需求增长

一方面，随着疫情升级，国外口罩、护目镜、防护服、消杀用品以及医药、医疗器械设施等疫情防控用品需求量大增。经过紧张动员，我省口罩产能恢复呈现指数级增长，2 月底日产量已增加到 650 万只。华培生物研发出新冠病毒抗原常温快速检测试剂盒，兆科药业自研药品重组人干扰素 α2b 凝胶成为疫情防控的紧急战略物资。随着产能迅速扩张、技术加快突破，防疫物资保障能力不断增强，我省在满足自身需求的情况下，可进一步为全球抗疫贡献力量。另一方面，隔离防疫期间，网上办公、线上教育、线上娱乐休闲等成为必然选择，带动移动智能终端、新型显示、电子设备、软件服务等需求大幅增长。合肥联宝科技复工后一个月订单总金额达 100 亿元，其中海外订单约占 70%。凯盛科技的平板显示终端、东超科技的可交互全息空气影像产品进一步开拓国际市场。

2. 抢抓强链补链机遇，更多国际合作成为可能

海外疫情持续蔓延，将进一步加速全球产业链、供应链重构。近年来，我省加大技术研发力度，加快制造业转型升级，已形成一批具有核心竞争力的产品和品牌。当前，省内企业积极复工复产，生产秩序恢复正常化，有机会利用海外供给短缺窗口期，在海外企业传统优势领域分一杯羹。如合肥长鑫是国内唯一的 DRAM 供应商，一旦全球内存供给骤减，其后来居上、成功进军海外市场成为可能。目前三星和 LG 面板厂商的产能出现不同程度下滑，京东方作为全球电视液

晶面板出货量第一巨头有望进一步占据市场主导地位。此外，疫情影响下，部分海外高科技企业可能出现资金、经营危机，为省内企业出海，以资金换技术、换股权提供了契机。通过强链延链补链，有望培育和形成一批覆盖全产业链的产业集群，在稳定全球供应链方面发挥重要作用。

3. 作为疫情避风港进一步吸引外资空间扩大

与海外疫情持续蔓延形成反差，国内疫情形势好转，各类风险降低，可能吸引更多外资和生产线转移避险。目前，Costco、丰田、星巴克等跨国公司加快在国内投资布局的步伐。我省科研创新能力强，新型显示、新能源汽车、集成电路等已形成完整产业链，此前成功吸引多家行业龙头企业进驻，蔚来汽车与江淮汽车合作多年后在合肥设立中国总部，世界顶尖的集成电路设计公司联发科技将其全球第二大研发中心落户合肥。在此疫情窗口期，合肥通过云签约推动高塔半导体等龙头外资企业项目落地，总投资超 600 亿元。下一步，我省有基础、有条件吸引更多研发机构、生产商进驻。

三、对策建议

1. 支持企业拓展贸易渠道

鼓励外贸企业巩固传统市场、开拓"一带一路"等新兴市场，多渠道参与线上线下展会和经贸对接活动，争取更多国际合作机会。整合资源，搭建营销渠道，加快国际营销服务网络建设。支持企业"走出去"建立境外分支机构、零售网点、批发中心、售后维修网点等境外营销服务网点，对设立海外分公司的企业按条件给予一次性资金奖励。强化企业外贸政策业务、经贸摩擦应对和法律风险防范培训，提高涉外市场开拓能力。支持企业分散风险，扩大多元化进口渠道，相近条件下对于依赖度较高的环节优先选择国内产品。

2. 大力扶持跨境电商

加大对本地跨境电商企业支持力度，对跨境电商零售进口商品按个人自用进境物品监管。为重点跨境电商企业统筹解决供货商复工生产、国内仓储物流、国际物流等关键环节问题。支持公共海外仓建设及运营，构建辐射"一带一路"沿线国家及全球重要市场的公共海外仓服务体系，并对相关建设运营费用给予资金支持。积极打造跨境电商孵化中心，加快亚马逊、e-bay、Wish、阿里巴巴等知名跨境电商平台入驻，对引进的跨境电商龙头企业给予融资贷款贴息补贴，鼓励传统外贸企业转型跨境电商。争创国家级跨境电商示范园区。不断完善跨境电商业态模式，积极发展"丝路电商"。

3. 积极推进进口替代

摸排行业发展基础和产品市场份额，针对"卡脖子"技术和高度依赖环节，制定半导体、芯片、汽车高端零部件等关键产品清单。安排专项资金奖补支持企业加大研发投入，继续建设一批企业技术中心、公共研发和检测中心、高新技术孵化和产业化基地、研究实验基地等公共创新平台，对新获批的国家级和省级研发平台给予一次性奖励。深度融入长三角生产网络，深化协作配套和专业化分工，大力培育人工智能、新型显示、智能网联汽车等新兴产业，推动产业链优势企业加速发展，高质量打造世界级产业集群。

4. 加大精准服务和帮扶力度

优化国际贸易单一窗口服务，对接第三方平台提供申报通道和大数据，提升外贸全流程一体化运作水平。尽快落实出口退税、政府贴息、出口信贷和出口融资担保政策。鼓励开发出口信用保险新产品新模式，加大对出运前订单被取消风险保障力度。积极打造数字服务平台，对外贸供需企业进行推送配对。针对重点进出口产品，设立"绿色通道"产品清单制度，加大出口物流仓储支持力度。推广网上洽谈、视频会议、在线签约等网上招商模式，推行不见面审批，加快重大外资项目落地。持续深化利用外资领域"放管服"改革，鼓励外资投向高端制造业和生产性服务业。

指　导：樊明怀

执　笔：张淑娟　窦　瑾

长三角公共服务便利共享的问题和建议

公共服务便利共享既是长三角一体化发展目标，也是主要任务。与沪苏浙相比，我省公共服务差距较大，便利共享存在诸多障碍，如何破解公共服务便利共享的难点和堵点、加快补齐我省短板，是长三角一体化发展需要着力解决的现实问题，也是提高我省人民群众幸福指数的迫切需要。

一、存在的问题

（一）公共服务水平差距明显难以共享

一是基本公共服务领域和范围不统一。目前我省基本公共服务领域与全国一致，包括公共教育、劳动就业创业、社会保险、医疗卫生、社会服务、住房保障、公共文化体育、残疾人服务等 8 大领域，江苏、浙江在此基础上都增加了公共交通、环境保护两大领域，浙江还包括了供水供电供气、生活设施、信息服务等生活服务和社会治安、安全生产等安全服务，我省基本公共服务领域和范围较窄，是长三角公共服务难以共享的原因之一。二是公共服务水平差距较大。我省义务教育巩固率为 94.6%，沪苏浙均达到 100%。医疗资源特别是高水平临床专科等优质资源相对短缺，每千人口床位数，我省为 5.19 张，沪苏浙分别为 5.76 张、5.79 张、6.11 张。公共卫生服务能力较弱，传染病防控、卫生应急能力不强，免疫规划投入不高，沪苏浙已将部分自费疫苗由政府出资免费接种。社会保障等待遇水平总体不高，城乡居民基础养老金最低标准为 105 元/月，仅相当于沪苏浙的 10.4%、65.6% 和 67.7%；重度残疾人护理补贴为 60 元/人/月，分别是上海的 1/5、江苏的 1/2。

（二）公共服务标准规范不统一难以一体

一是基本公共服务标准化不统一。由于经济发展水平和地方财力悬殊，我省与沪苏浙在基本公共服务标准化建设上存在差异，对接较为困难，区域内开展统一的监测评价工作难度也较大。二是行业规范不尽相同。我省教育、医疗卫生等领域在设施建设、人员配置、服务管理等方面与沪苏浙差距明显，普通高中生均教学仪器设备值我省仅是沪苏浙的 14.7%、51.5%、42.3%，疾控中心本科及以上学历人员占比我省为 31.9%，而沪苏浙分别为 57.6%、65.7%、48.2%，疾病诊断标准、临床诊疗规范等尚不统一，支持社会办医、社会资本参与公立医院改革等政策有待衔接，医保的统筹层次、保障水平、报销比例、管理制度等差异较大。三省一市劳动人事争议调解仲裁机构受案范围、政策依据、执行标准等口径不一致。另外，户籍管理等政务服务也存在较大差异，如证明开具工作规范等，这都为区域公共服务便利共享造成难度。

（三）公共服务信息分割难以便捷

一是我省相关省级平台尚未建立。目前，沪苏浙均已完成疾控机构与医疗机构数据交换平台建设，2018 年，浙江省疾控中心就已实现省级平台与全省 9 个市1139 家医疗机构传染病数据实时交换，江苏、上海等全国 16 个省市已建成使用省级严重精神障碍患者信息管理信息系统平台，我省尚未建立。二是地区间、部门间数据共享渠道尚未打通。目前我省住房保障相关数据库建设还停留在市县水平，尚未完成全省住房信息"大数据"建设，而对于低保户资格、收入水平等保障标准认定与民政等部门信息共享渠道还未打通，认定的效率低、难度大，群众的获得感、便利度受到影响。三是与沪苏浙尚未实现平台互联互通。目前，住房、就业、人才、劳动关系等公共服务网络基本由各省自行建设，数据互相割据，不能真正互联互通，影响区域间数据共享和业务协同。以应届毕业生就业为例，目前长三角地区应届高校毕业生信息共享服务平台尚未建立，长三角地区高校毕业生就业信息比对工作无法开展，稳定区域内高校毕业生就业无法进行精准施策。

（四）人才要素流动不畅难以共赢

一是职业资格和技术等级尚未实现互认。目前技能人才的等级认定由各省市进行认证并颁发证书，虽然从政策角度并不存在互认的形式障碍，但从实际操作层面来看，上海地区在落户积分等问题上对于我省颁发的证书等级并不认可，存在技工需要在当地进行重新认证的现象，进一步限制了人才自由流动。二是柔性引才待遇落实存在障碍。柔性引才中相应人才的薪酬待遇问题缺乏明确的政策指引，引才单位囿于兼职取酬等方面的规定无法给予人才相应的待遇，造成双方合作的积极性不高，柔性引才难度大。三是社保转接困扰依然存在。在企业职工基本养老保险省级统筹下，人才跨省流动，单位缴纳部分不能随人转出，直接影响人才流动。四是人才流动存在虹吸状况。我省优质就业资源相对较少，人才集聚能力不强，人力资源呈现向沪苏浙"单向流动"现象，造成我省人才资源短缺。

（五）公共服务保障体制机制障碍难以共建

一是财政体制的制约。我国现有公共服务的建设和保障采取的是属地成本分摊方式，即主要由属地财政保障，而长三角一市三省间财政收入差距较大，各地公共服务水平有明显差距。二是行政管理体制协调推进难度大。受行政管理体制影响，长三角公共服务共建和共享存在一定的行政壁垒，难以适应区域一体化的要求。三是缺乏常态化协调沟通解决机制。目前一市三省间多层次、常态化的协调协商机制还未建立，缺乏权威性、常设性的机构统筹协调一体化工作，一些达成协议的合作事项难以落地，合作的深度和广度需要进一步拓展。

二、对策建议

（一）加大公共服务补短板强弱项投入力度

增加供给，加快补齐短板和弱项，是我省推进长三角公共服务便利共享的前提和基础。一是加大财政投入力度。新增财力优先保障基本公共服务，并向皖北、皖西和皖南等欠发达地区加大转移支付，向农村和弱势群体倾斜。重点投向基层医疗卫生服务、紧急医学救援和应急管理体系建设等短板领域。二是构建多元供给格局。在一体化发展中，充分发挥我省地缘接近、生态环境、土地资源价格等比较优势，放宽教育、医疗、文化、养老等领域社会资本准入门槛，在财政补贴、贷款贴息、税收优惠等方面，加大对市场化供给主体的扶持力度，通过PPP、服务外包、特许经营等模式吸引长三角社会资本进入。同时，加强跨区域公益协同，引导长三角社会组织、基金会等加大对我省贫困落后地区的资金资助。

（二）强化与沪苏浙优质资源合作

充分利用沪苏浙优质资源，是提升我省公共服务落差的有效途径。一是多方式创新合作模式。积极探索集团化管理、共建共管等方式，引进沪苏浙优质教育、医疗等资源。鼓励各类教育机构来皖建立分支机构，积极推动长三角高校协同创新联盟建设，开展协同创新攻关与成果转化应用。依托合肥离子医学中心、大基因中心等创新平台，以医联体、专科联盟、远程医疗协作网等形式开展深度合作。鼓励发展基础较好的地区高标准对标沪苏浙，率先推进学生校际流动与培养互认、临床检查检验结果互认等，打造创新合作示范区。二是着力改善薄弱环节。加强基层教师、医护人员交流培训，鼓励皖南、皖北等落后地区共建教育、医疗人才培训基地，提升基层服务能力。强化公共卫生合作，加强区域突发公共事件联防联控和应急救援能力建设，协同保障救灾物资。

（三）对标并轨沪苏浙公共服务标准规范

标准规范统一，是长三角公共服务便利共享的关键。一是选择合肥等重点城市开展综合试点。综合考虑经济发展水平和财政承载能力，选择合肥、马鞍山等发展水平较好的城市对接沪苏浙，开展长三角公共服务标准化试点城市建设，以典型城市带动推进长三角协同发展。二是选择医疗、卫生等重点领域开展专项试点。重点加强社区卫生、疾病预防控制、医疗废物收集处理以及中医药等领域标准制定与实施，推动区域之间标准衔接，加快形成长三角医疗卫生行业标准。三是推进长三角区域标准化协作联动。认真梳理三省一市基本公共服务事项、政策、清单等内容，对已有的基本服务标准进行简化、统一、对接、互认，逐步将更多领域的基本公共服务纳入标准化范围，加快建立统一的区域基本公共服务标准体系。

（四）打造长三角互联互通公共服务云平台

数字化网络化是加快长三角公共服务便利共享的基础支撑。一是加快补齐我省公共服务信息化短板。顺应疫情后不断扩张的线上服务需求，发挥我省人工智能优势，依托"数字江淮"平台，加快完善教育、健康、公共卫生、应急管理等领域全省一体化数据中心和信息平台，推进跨部门数据交换共享。完善提升"皖事通"平台，不断扩大全省通办、全程网办公共服务范围。二是提升长三角公共服务网络互联互通水平。联合沪苏浙，加快建设长三角一体化公共服务云平台，重点发展云教育、云医疗、云就业、云文化、云旅游等云服务，引导沪苏浙优质服务资源向我省延伸。依托长三角"一网通办"平台，加快拓展我省接入事项和城市范围，不断提升长三角公共服务跨省办理便利化水平。

（五）创新共建共享共赢体制机制

行政壁垒和制度约束是推进长三角公共服务一体化的最大障碍。一是完善协调推进机制。建议加快编制安徽长三角公共服务便利共享规划或行动计划，推进建立长三角公共服务便利共享联席会议制度，协调相关重大事项，确保落到实处。二是探索成本共担利益共享机制。借鉴园区合作共建经验，在学校、医院、培训、养老等公共服务产业领域，探索成本共担、收益共享、税收分成机制，充分调动沪苏浙参与我省公共服务产业发展的积极性，加快提升我省公共服务质量和水平。三是创新柔性引才待遇确定机制。探索建立公共服务领域柔性引才待遇确定机制，允许医院、学校等单位按标准支持劳务报酬，政府给予奖励和补贴，提升对沪苏浙高端人才的吸引力。

指　导：樊明怀

执　笔：夏兴萍　王　斌

吕朝凤　程洪野

安徽省开发区一季度经济形势分析及对策建议

为分析一季度开发区经济运行形势、预判上半年经济趋势、精准谋划开发区应对疫情冲击相关政策，省发改委地区经济处会同省经济研究院，利用开发区调度系统对全省开发区进行了问卷调查①，并赴省内相关开发区开展实地调研，在此基础上形成经济形势分析和对策研究。

一、开发区经济运行情况

疫情发生以来，全省开发区一手抓疫情防控，一手抓复工复产，复工复产率和产能恢复率快速提升。但疫情对开发区经济运行的负面影响和冲击客观存在，一季度开发区生产经营、外贸进出口、固定资产投资等主要经济指标同比均出现不同程度下降。

1. 产能持续恢复

截至 2020 年一季度末，全省开发区企业复工率已超过 99%。调查的 87 家开发区产能平均恢复率为 93.6%，比 2 月底提升 34 个百分点。近八成开发区产能恢复 90% 以上（69 家，占调查数的 79%）；19 家开发区产能恢复 100%（占调查总数的 22%）；有 7 家开发区产能恢复低于 80%（占调查总数的 8%）。各地市、各类型开发区产能恢复率均已超 90%。其中六安、芜湖、马鞍山、阜阳等市产能恢复率超 95%。

2. 主要经济指标下降

新冠肺炎疫情对开发区经济发展带来较大负面影响，一季度开发区经营销售收入、工业增加值、进出口、固定资产投资等主要经济指标同比增速均出现下降。一是生产经营指标下降。全省开发区一季度实现经营销售收入、工业增加值

---

① 共发放问卷 126 份，收回有效问卷 87 份。其中国家级高新区 5 家、国家级经开区 7 家、省级高新区 9 家、省级经开区 66 家。数据截至 2020 年 3 月 31 日。本报告数据均来自问卷调查统计。

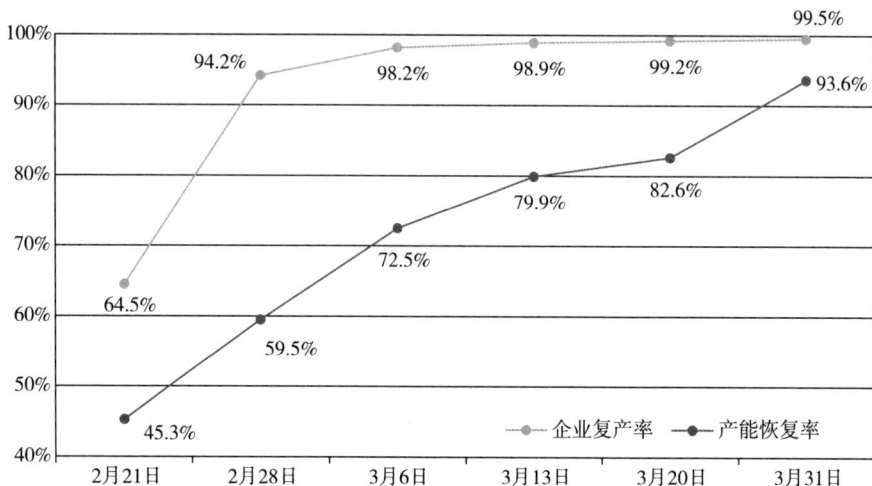

图 1　全省开发区复工复产与产能恢复进度

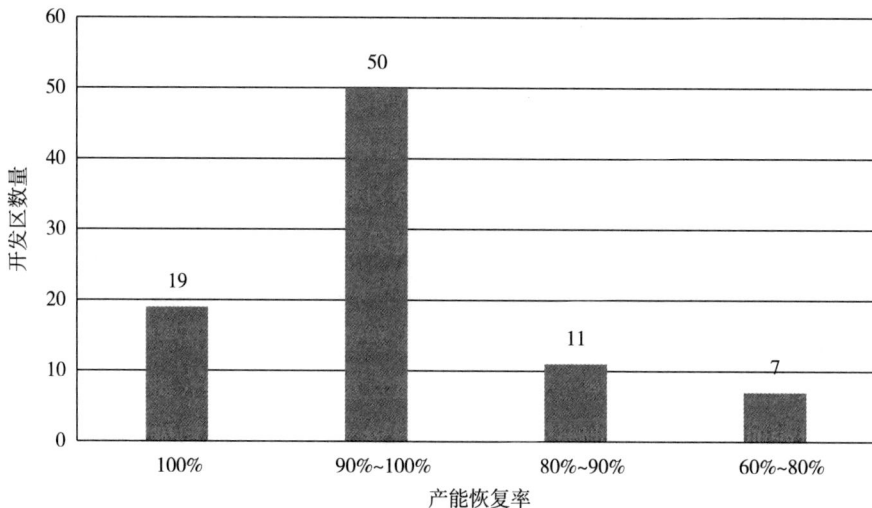

图 2　全省开发区产能恢复总体情况（截至 3 月 31 日）

为 7660 亿元和 1190 亿元①，比上年同期下降 7.5% 和 3.2%。其中有 45%~50% 的开发区一季度经营销售收入、工业增加值呈负增长，15% 左右的开发区降幅较

---

①　全省开发区总量指标，根据各开发区填报数据，以及回收问卷的 87 家开发区占全省开发区规模比重估算，下同。本报告数据来源为各省级以上开发区自主填报，非经省统计局核实的官方数据。仅供参考。

大（下降 20% 以上），另有 15% 左右的开发区虽实现正增长，但增速不足 3%。二是进出口总额大幅下降。一季度全省开发区实现进出口总额为 65 亿美元，同比下降 14%，60% 以上开发区进出口总额下降，降幅最高可达 80% 以上。其中出口 33 亿美元，同比下降 19% 以上，受疫情影响更大。三是固定资产投资下降。一季度全省开发区固定资产投资为 1280 亿元，同比下降 10%。50% 以上的开发区固定资产投资下降，其中 20% 的开发区固定资产投资同比降幅较大（下降 30% 以上）。

表1　开发区一季度产能恢复及经济运行主要指标同比增速[①]

	产能恢复率（%）	经营销售收入增速（%）	工业增加值增速（%）	进出口增速（%）	出口增速（%）	投资增速（%）
全省	93.6	−7.5	−3.2	−14	−19	−10
分地市						
合肥市	93.3	−17.6	−12.5	1.3	−16.2	−22.9
淮北市	94.5	−2.3	−2.3	−23.0	−19.6	25.2
亳州市	90.0	3.3	−2.7	−34.9	−42.4	9.0
宿州市	93.6	−0.3	6.9	8.6	−3.5	−1.9
蚌埠市	92.6	−7.5	−9.4	29.8	0.1	−16.2
阜阳市	96.8	−6.3	−3.8	−21.8	−21.5	−10.1
淮南市	90.7	23.2	26.2	43.0	22.9	−0.7
滁州市	94.2	4.0	6.7	−42.2	−12.1	3.5
六安市	97.8	9.8	6.6	−28.7	−23.3	4.2
马鞍山市	97.2	0.1	3.4	−0.4	−55.6	−0.9
芜湖市	96.9	5.4	−1.3	−22.1	−22.0	−3.5
宣城市	93.0	0.7	2.1	−13.9	−16.5	15.8
铜陵市	87.6	−14.6	−8.9	−22.1	−46.7	3.9
池州市	95.5	−6.9	−4.7	3.7	−9.7	−51.5
安庆市	90.3	−4.8	−1.0	−5.0	0.0	−17.5
黄山市	94.9	−10.7	−1.6	3.4	15.8	−1.7

①　本表数据来源为各省级以上开发区自主填报，非经省统计局核实的官方数据。仅供参考。

（续表）

	产能恢复率（%）	经营销售收入增速（%）	工业增加值增速（%）	进出口增速（%）	出口增速（%）	投资增速（%）
分开发区类型						
国家级经开区	97.4	−11.1	−3.4	−46.7	−34.4	−2.9
国家级高新区	90.6	−10.8	−2.7	−0.1	−0.5	0.3
省级经开区	91.9	−4.8	−4.2	−22.3	−24.8	−11.1
省级高新区	92.6	−4.4	0.8	15.9	−17.2	−21.8

二、当前我省开发区经济运行特征

1. 重点园区受影响大，但恢复速度较快

以国家级经开区为代表的重点园区，区内大企业多、用工需求缺口大、主导产业产业链长、经济外向度更高，受到疫情的短期影响较大。一季度国家级经开区经营销售收入、工业增加值、进出口总额三项指标增速均低于全省开发区平均水平。随着国内疫情有效控制，员工到岗、原料供应、物流运输等制约因素逐步改善，重点园区在大项目建设、大企业招引、大订单争取等方面的优势逐步凸显，生产经营恢复速度快，国家经开区产能恢复率已达97%以上，对全省经济增长和产业链供应链保障起到积极作用。以合肥经开区为例，1—2月工业增加值同比下降幅度超25%，但3月当月已实现同比11%增长。

2. 国内疫情影响有效缓解，国外疫情影响凸显

我国疫情防控向好态势进一步巩固，一季度前半段园区反映强烈的防疫物资不足、员工无法到岗、国内上游供应链停产、原料产品运输困难等问题已基本解决，消费市场逐渐回暖，国内疫情对开发区造成的负面影响已得到有效缓解。3月以来国外疫情蔓延，海外消费需求下降、国际供应链和物流运输链不畅、商务和技术交流困难，已成为影响开发区经济运行的重要不利因素。调查问卷统计显示，超过半数开发区认为国外疫情影响较大或很大。

3. 传统消费需求不足，短期和新兴需求增加

一是传统大宗消费需求减弱。一季度以来，以汽车、家电为代表的传统大宗消费需求持续减弱，国内订单大幅下降，海外延期交付或取消，相关企业和园区受影响较大。芜湖经开区汽车及零部件产业、家电产业产值分别同比下降7.8%

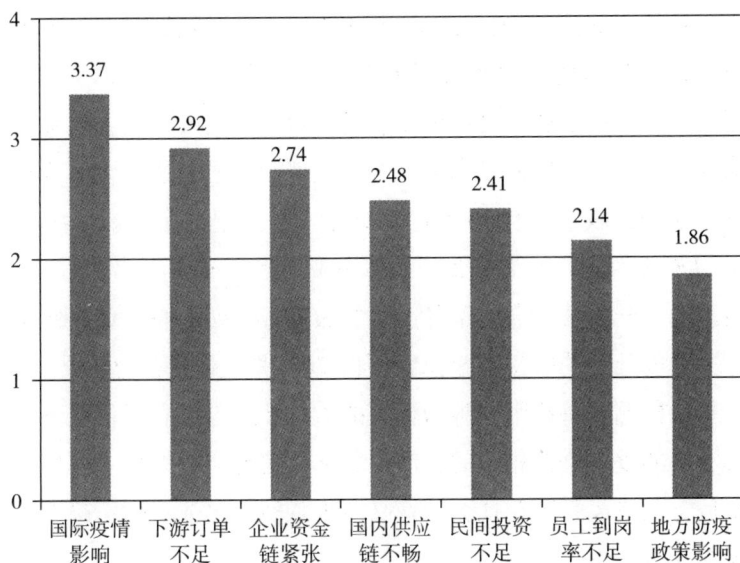

图3　影响开发区产能恢复的不利因素得分

（数据来源：调查问卷）

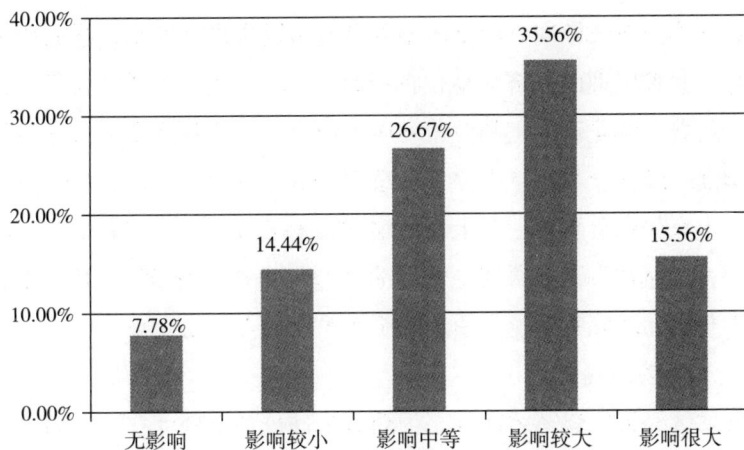

图4　国外疫情对开发区经济运行影响

（数据来源：调查问卷）

和22.9%。包河经开区巨一自动化的新能源汽车配套生产线开工率仅20%。二是短期需求爆发式增长。与疫情防控相关的医药产品、消毒用品、防疫物资等短期抗疫需求呈爆发式增长。如泗县经开区医用口罩和医用手套等产业爆发式增长，一季度工业增加值达 16 亿元，增长 11%，出口增长 11%。淮南潘集经开区，区内龙头企业从事防疫物资原辅料生产，一季度工业增加值增长 270% 以上。三是新兴需求逐渐增加。疫情催生"宅经济"，无人配送、生鲜电商、居家办公、网课教学等新兴消费需求增加，开发区消费电子、快消食品等相关企业保持较快增长。如合肥联宝一季度产值达 165 亿元，同比增长 6% 左右。

4. 生活性服务业受影响大，生产性服务业表现较好

受疫情影响，开发区内商贸服务、餐饮服务等生活性服务业受影响较重，如包河经开区一季度社会消费品零售总额下降 26.8%。但以信息服务、电商销售、环保服务、检验检测、科技服务等为代表的生产性服务业和现代服务业，受疫情影响相对较小，部分与疫情相关的生产性服务业实现逆势增长。依托药品和核酸检验检测服务，包河经开区在社会消费品零售总额大幅下降的情况下，限上服务业营收实现 3.37% 增长。

三、经济运行趋势与需要关注的问题

1. 二季度经济运行趋势预判

长远看支撑经济长期向好的基本条件和基本因素没有改变，随着国内疫情的持续向好，一些被压抑的经济活动正在释放。3 月当月开发区主要指标已实现恢复式增长。随着全产业链复工和政策效应不断释放，全省开发区二季度经济会明显好于一季度。经初步预判，上半年全省开发区主要经济指标将实现止跌回升。经营销售收入有望由负转正，规上工业增加值有望实现 5% 左右增长。随着重大项目复工和"新基建"投资发力，固定资产投资有望实现 5% ~ 10% 增长。进出口总额上半年同比降幅有望比一季度收窄 5 个百分点左右。

2. 需要关注的问题

我省开发区经济形势持续向好，但随着全球疫情发展变化，也将面临一系列新情况新问题新挑战，一些潜在风险和问题需要引起关注。

一是出口订单进一步下降风险。自 3 月开始，各开发区海外订单下降严重，目前生产的多为医疗物资订单和前期积累订单。已签订的订单多面临退单、延期发货等问题，导致企业货物积压、回款周期变长、资金链压力加大，部分企业近期已不敢接手外贸订单，出口加工型企业和外贸企业压力巨大。二季度如国外疫情无根本性好转，海外订单数量将进一步下降。滁州经开区康佳电子对美彩电订

单预计全年减少 22 万台，包河经开区安凯客车尚未接到大额批量出口订单。终端消费品出口订单下降，其风险正在由出口加工企业向产业链上游延伸、由外向度高的开发区向配套园区传导。巢湖经开区内为格力、联想等出口产品配套的机械加工企业订单已显著下降。

二是核心零部件供应风险上升。战略性新兴产业和先进制造业是我省开发区产业发展的重要支柱和增长动力，但多处于产业链中间环节和末端，关键零部件、关键材料、核心技术的对外依存度相对较高，外部抗风险能力不强。受国外疫情影响，境外工厂停产、国际航运受阻，国内较难寻找到替代供应链，生产所需的核心零部件、配套件和关键材料存在供货周期拉长甚至断供的风险。

三是国际物流航运不畅。一方面，国际货运服务减少、海关通关时间延长，导致开发区相关企业产品和原料运输困难、成本上升，海外订单交货困难；另一方面，国际航班大面积取消，境外技术人员入境和国际商务合作交流困难，进口设备到货后无法及时调试安装，国际招标、商务洽谈、项目验收等商务活动无法正常开展。此外，国际物流不畅对跨境电商带来极大冲击，蜀山经开区、巢湖经开区等均反映 3 月以来跨境电商企业经营难以开展。

四是国内消费有待大力提振。目前来看，二季度国内疫情可能出现"拖尾"，对汽车、家电等大宗消费影响可能持续。全省旅游业虽快速恢复，但与上年同期相比依然下降较大。清明假期，巢湖经开区"三瓜公社"客流量同比减少九成以上。二季度国内消费出现类似 SARS 疫情后报复式增长的可能性不高。消费新模式、新业态有待进一步培育和壮大。

五是政策精准性有待进一步强化。疫情以来各开发区均拿出"真金白银"降低企业成本、帮助企业纾困度险。但部分企业反映目前相关扶持政策存在"撒胡椒面"现象，未能把扶持资金集中应用到亟待帮扶的优质企业和有发展潜力的暂时性困难企业。金融机构为防范风险，惜贷现象不同程度存在，小微企业、科技型初创企业、轻资产企业融资门槛和融资成本依然较高，部分企业短期资金链出现紧张。

四、相关建议

1. 实施精准帮扶政策

一是增强扶持精准性。切实落实各级各类疫情防控优惠政策，将降成本各项举措落到实处，推广"一对一"的上门精准服务，全力构建"金牌店小二式"政务服务体系，持续加大用工、融资、物流运输、产业链配套、防疫物资等精准帮扶力度。二是加大扶持力度。在前期帮扶政策基础上，聚焦优质中小企业、产业链关键企业、有发展潜力的暂时性困难企业，加强贷款贴息、税收优惠和用地用能费用减免等支持力度，加大对新增就业、定向返岗、共享员工、员工招聘培训的补贴奖励力度。三是加大金融支持。用好专项再贷款、再贴现、专项信贷额度，落实好贷款延期还本付息等政策。各市和开发区组织开展银企对接活动，搭建银企沟通桥梁。鼓励各银行机构进一步下浮原有贷款利率水平，设立"战疫贷"等贷款产品专项支持中小微企业。确保中小微企业信贷余额不下降，不盲目抽贷、断贷、压贷。鼓励担保机构加大对优质初创企业和轻资产企业融资担保力度，减免担保费用。利用开发区投融资平台为企业提供投融资支持，协助企业解决贷款和流动资金不足问题。四是加快政策兑现。尽快兑现疫情防控各项扶持政策和 2019 年度尚未兑现的各项奖励扶持政策。

2. 帮扶外贸企业渡难关

一是做好外贸企业服务。加快推动外贸融资、出口信保、出口退税等一系列惠企政策的落地。鼓励外贸企业对外"共享员工"，做好用工需求对接、社保接续等服务。为应对疫情导致的合同违约风险，组织行业协会和各地贸易促进机构对企业提供法律服务。二是帮助有条件的外贸企业转产。引导并帮助有条件企业开展防疫物资、医药用品、生活必需品的生产销售，简化转产审批手续，并对转产的改造费用给予一定补助，帮助企业联系转产所需的人才和技术支持。三是引导外贸企业出口转内销。利用国内市场逐渐回暖的趋势，寻找国内销售机会。帮助外贸企业与商超和电商平台合作，搭建线上线下产销对接平台，支持企业开拓多元化新市场，拓展内销空间。鼓励并引导受疫情影响严重的海淘企业、跨境电商企业和园区，开展国内批发零售和商贸服务。

3. 积极打造线上经济园区

依托蜀山经开区等具备较好电商发展基础的园区，积极打造线上经济示范园区，引领全省线上经济发展。一是建设创新型智慧园区。加快建设园区绿色智能、安全可靠的数据中心，形成"省—市—开发区"三级管理平台，打造"园区大脑"。加快园区 5G 通信、工业互联网、智能感知网络、公共安全与公共卫生基础设施网络建设，提升园区数据基础设施水平。二是鼓励线上大宗消费。鼓励省内汽车、家电等制造和销售企业拓展线上销售渠道，发放线上大宗消费品消费券，释放线上大宗消费活力。三是培育线上新业态。积极发展在线办公、数字娱乐、数字餐饮、智慧广电、互联网医疗等新业态，培育平台经济、共享经济等新模式。

4. 加快重大项目谋划建设

一是加强项目谋划。顺应新型消费需求和园区转型需要，依托各开发区产业基础，招引谋划智慧医疗、无接触设备、服务机器人、5G 设备、工业互联网设备等牵动性大的工业投资项目，为园区接续发展提供动力。瞄准国家投资导向，谋划一批"新基建"项目，提高开发区产业承载能力。二是加快项目实施。积极创新推广"云推介""云洽谈""云招商"等招商形式，对在谈项目加快签约，积极招引优质项目。加大项目分类调度和推进力度，推行容缺审批制度，建立项目要素"周转池"，加快政府投资项目拨付速度，对已签约项目加快供地，对已供地的项目倒排工期加快开工，对目前难以现场组织专家验收的项目实施"云验收"，保障项目尽快开工、竣工和投产。

5. 做好关键要素储备

为应对疫情控制后可能出现的内需释放、消费回补和订单增长，园区应帮助企业在技术和人才等方面做好关键要素储备。一是强化技术储备。依托创新资源优势，围绕此次疫情暴露出的新兴产业链条上的堵点、断点和痛点，编制技术创新需求目录，鼓励龙头企业、创新平台、大院大所等围绕目录联合开展技术研发，并对研发活动给予奖励。二是做好人才储备。依托创新型智慧园区建设，推进人力资源服务互联网化，搭建统一的网上职位发布和招聘平台，吸引高等院校、用人企业和人力资源服务机构入驻。瞄准即将到来的高校毕业生就业时间节点，抓紧时间组织开展"云聘会"等线上招聘形式，抢抓优秀人才储备。

调研组：省发改委地区经济处
　　　　省经济研究院
成　员：徐和生　蒋旭东　田皓洁
　　　　张贝尔　孙京禄　陆贝贝
执　笔：张贝尔　孙京禄　陆贝贝
　　　　田皓洁

长三角一体化下合肥都市圈建设的问题和建议

长三角区域都市圈密集、经济实力强、发展水平高、特色鲜明。在长三角五大都市圈中，合肥都市圈联结东中部区位优势突出，创新资源富集，但经济实力较弱。随着长三角一体化进程的加快，区域内都市圈竞争趋于激烈。如何在长三角一体化发展态势下，加快推进合肥都市圈建设发展，不断提升合肥都市圈竞争力，对于支撑我省经济社会高质量发展，加快建设现代化五大发展美好安徽具有重要意义。

一、长三角区域五大都市圈比较分析

在长三角区域内五大都市圈中，江苏、浙江分别有两个都市圈，并均有一个跨我省建设的都市圈。五大都市圈各有特色，南京都市圈是我国跨省建设时间最早、跨省范围最大的都市圈；苏锡常都市圈是区域内先进制造业竞争力最强、人民生活最富裕的都市圈；杭州都市圈是我国最具代表性的数字引领都市圈，是全国信息经济的核心区；宁波都市圈内海洋港口经济突出，宁波舟山港货物吞吐量全球第一；合肥都市圈是全国唯一在省会城市拥有综合性国家科学中心的都市圈，是联结东中部的桥头堡。在长三角一体化态势下，五大都市圈竞合趋势增强，合肥都市圈建设发展既面临机遇，也面临挑战。比较分析合肥都市圈的问题和差距，加强与长三角其他都市圈联动发展，有利于不断增强其综合实力和竞争力，壮大提升全省经济发展核心增长极。

（一）合肥都市圈整体发展水平差距明显

在长三角五大都市圈中，南京都市圈经济总量、面积和人口均排名第一，合肥都市圈面积和人口其次，经济规模和人均水平均最低。从经济总量来看，2019年，合肥都市圈地区生产总值为2.3万亿元，分别为南京、杭州、苏锡常、宁波都市圈的59%、73%、61%、96%，与最高的南京都市圈相差1.7万亿元，是五大都市圈中经济规模最小的都市圈。从人均水平来看，2019年，合肥都市圈人均地区生产总值为7.56万元，分别为南京、杭州、苏锡常、宁波都市圈的67%、

64%、43%、65%，不到最高的苏锡常都市圈的一半（苏锡常都市圈是长三角区域唯一人均GDP超2万美元的都市圈），是五大都市圈中经济实力最弱的都市圈。从财政实力来看，2019年，合肥都市圈财政收入3441亿元，分别为南京、杭州、苏锡常、宁波都市圈的78%、55%、89%、75%，比最高的杭州都市圈少2900亿元，是五大都市圈中最穷的都市圈。从消费水平来看，2019年，合肥都市圈社会消费品零售总额为8221亿元，分别为南京、杭州、苏锡常、宁波都市圈的60%、63%、64%、84%，人均消费支出仅为2.1万元（苏锡常、杭州、宁波都市圈均超过3万元），是五大都市圈中消费水平最低的都市圈。

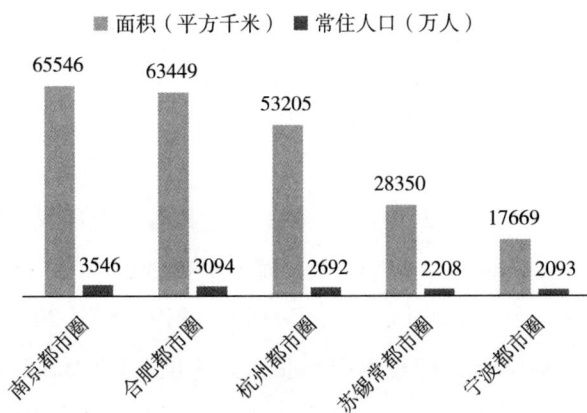

图1　2019年五大都市圈面积、人口对比图

表1　2019年五大都市圈经济状况

区域	地区生产总值		财政收入		社会消费品零售总额（亿元）	城镇常住居民人均可支配收入（元）	人均消费支出（元）
	总量（亿元）	人均（万元）	总量（亿元）	人均（万元）			
南京都市圈	39 919	11.26	4 438	1.25	13 608	50 210	26 435
合肥都市圈	23 401	7.56	3 441	1.11	8 221	40 184	21 705
杭州都市圈	32 038	11.90	6 304	2.34	13 148	61 718	34 344
苏锡常都市圈	38 489	17.43	3 848	1.74	12 888	64 481	34 389
宁波都市圈	24 272	11.60	4 571	2.18	9 824	63 242	32 052

（二）合肥核心城市带动辐射力较弱

在长三角区域五大都市圈核心城市中，杭州面积最大，苏州人口和经济总量最多，合肥面积第二、人口最少、经济实力最弱。

经济总量小。合肥是五大核心城市中唯一 GDP 未达万亿的城市。2019 年，合肥地区生产总值 9409 亿元，为南京、杭州、苏州、宁波的 67%、61%、49%、79%，不到排名第一的苏州的一半。人均 GDP 11.5 万元/人，地均 GDP 0.37 亿元/平方千米，均为五大核心城市中最低。

产业竞争力不强。从反映区域产业优势的指标区位商来看，2019 年，合肥一、二、三次产业区位商分别为 0.44、0.93 和 1.12。第一产业区位商在五大核心城市中最高，表明合肥农业优势明显；二、三产业区位商均为第三，第二产业区位商低于宁波和苏州，第三产业区位商低于杭州和南京，表明合肥制造业和服务业优势均不明显。

科创优势不突出。截至 2019 年年末，合肥共有国家级（重点）实验室 10 个，省级以上工程技术研究中心 139 个，而南京分别为 29 个和 403 个，杭州省级以上工程技术研究中心 250 个，也多于合肥。另外，截至 2018 年年末，合肥、杭州、南京分别有科学研究和技术服务业法人单位 2.02 万、2.40 万和 2.16 万家；从业人数分别为 13.87 万、23.73 万和 23.28 万人，合肥均最少。

财政金融实力较弱。2019 年，合肥财政收入为 1432 亿元，为最高的杭州的 39%，在五大核心城市中实力最弱。合肥金融机构本外币各项存款余额为 16417 亿元，仅为排名第一的杭州的 36%，落后前一名宁波 4000 多亿元，是五大核心城市中唯一存款余额低于 2 万亿的城市。

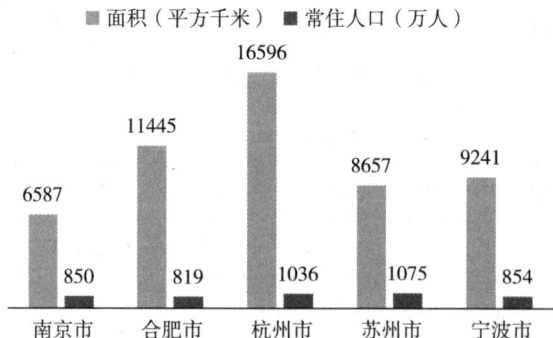

图 2　2019 年五大都市圈核心城市面积、人口对比图

表2　2019 年五大都市圈核心城市经济状况

城市	地区生产总值		财政收入（亿元）	消费品零售总额（万元）	城镇居民人均可支配收入（元）	人均消费支出（元）
	总量（亿元）	人均（万元）				
南京市	14 030	16.5	1 580	6 136	64 372	33 005
合肥市	9 409	11.5	1 432	3 235	45 404	23 433
杭州市	15 373	14.8	3 650	6 215	66 068	40 016
苏州市	19 236	17.9	2 222	6 089	68 629	35 414
宁波市	11 985	14.0	2 785	4 474	64 886	33 944

（三）合肥都市圈产业和创新水平偏低

一是产业发展水平不高。2018 年，合肥都市圈工业增加值为 7818.8 亿元，分别是南京、杭州、苏锡常、宁波都市圈的 57.4%、73.3%、48.3%、83.3%。在五大都市圈中，合肥都市圈一产占比最高，二产占比第四，三产占比第三，高端制造和现代服务业发展均相对落后。二是产业同构现象突出。合肥都市圈内至今未能形成特色鲜明的区域产业带和产业链，合六、合淮产业带主导产业不突出。南京、杭州都市圈区域产业发展导向清晰，如南京都市圈大力发展宁扬绿色化工产业带、南京—扬州（仪征）汽车产业基地等，杭州都市圈规划设计衢杭湖绿色创新走廊、杭黄衢生态文化旅游带等。三是创新优势不明显。合肥都市圈每万人拥有专利 19 件，仅是南京都市圈的 1/2，是杭州、宁波、苏锡常都市圈的 1/3。圈内城市间科技创新合作不紧密，合肥综合性国家科学中心引领作用未得到有效发挥。南京都市圈通过组建产业创新联盟抱团合作，推进扬州新兴科创名城、淮安智慧谷、滁州高教科创城等平台机构协同创新。杭州都市圈按照"研发在中心城市、制造在周边区域，孵化在中心城市、转化在周边区域"的思路，推动节点县市积极对接杭州创新资源。

表3　2019 年五大都市圈三次产业结构对比

区域	三次产业结构（%）
合肥都市圈	5.9：42.5：51.6
南京都市圈	4.6：43.5：51.9

（续表）

区域	三次产业结构（%）
杭州都市圈	2.9∶40.8∶56.3
苏锡常都市圈	1.2∶47.5∶51.3
宁波都市圈	4.0∶46.8∶49.2

（四）基础设施和公共服务同城化水平不高

一是便捷快速交通仍显落后。虽然合肥都市圈公路密度达到154.4千米/百平方千米，仅低于苏锡常都市圈的164.6千米/百平方千米，在五大都市圈中位列第二，但是合肥都市圈内轨道交通一体化建设滞后，合肥与芜湖、马鞍山、滁州之间至今未开通高铁或城际铁路。相比较，杭州都市圈已形成覆盖整个都市圈县级以上节点城市的"高铁半小时交通圈""高速1小时交通圈"，全面实现了都市圈"市市通高铁、县县通高速、镇镇通干线、村村通班车"。南京都市圈基本实现"区至区高速公路，区至镇（街）干线公路"的连通格局，南京与滁州、马鞍山、宣城均开通跨省公交，宁淮、宁滁城际铁路已开工建设，宁扬宁马、宁宣城际铁路签署共建协议。二是公共服务水平偏低、落差大、便利共享不够。以医疗卫生机构床位数为例，合肥都市圈每千人拥有床位数5.4张，分别比南京、杭州、苏锡常都市圈低0.1、0.3和1.1张。在圈内城市教育、医疗共建共享方面，其他都市圈也做得更好。如南京都市圈积极开展圈内中小学合作办学，开通都市圈统一挂号平台，南京的多家三甲医院采用集团化运营、设立分院、建医联体、专科联盟、远程会诊等形式与圈内城市开展合作。

二、对策建议

合肥都市圈作为全国唯一的长三角一体化、长江经济带、中部崛起、"一带一路"四大国家战略叠加的都市圈，战略地位突出，区位优势明显，必须抢抓机遇、发挥优势、登高望远、拉升标杆，进一步做大做强，不断增强对全省高质量发展的辐射带动力和核心支撑力。

1. 着力增强合肥核心城市能级

按照省委关于合肥"五高地一示范"的战略定位，持续提升合肥核心城市的综合实力和发展能级，不断增强其带动力和辐射力。一是进一步做大合肥城市规模。进一步放宽落户条件，大力吸引各类人才和外来人口落户，做大人口规模。适时推进肥西、肥东等撤县并区，加快将上派、店埠、双墩等周边城镇纳入城区范围，改区扩城，扩大城区范围。二是增强合肥金融实力。提升合肥国际金融后台服务基地建设水平，积极引进地方金融机构总部或大型金融机构的区域和功能总部，加快发展互联网金融、金融外包、金融小镇等新业态，打造滨湖区域性金融中心。三是提升合肥公共服务功能。推进安徽省国家医学中心和区域医疗中心建设，建成高水平的临床诊疗中心。鼓励合肥高水平学校通过集团化办学、学校联盟等方式"走出去"，扩大优质教育资源的辐射面。四是提升合肥国际化水平。整合合肥综合保税区、国家跨境电商综合试验区等平台，积极争取设立国家自由贸易试验区。提升世界制造业大会办会水平，力争主办更多行业和综合性国际展会，提升全球影响力。

2. 进一步提升合肥都市圈创新能力

一是发挥合肥综合性国家科学中心的引领作用。推进合肥与圈内城市科创共建，共同建立交叉前沿研究平台、产业创新转化平台和新型研发机构等，加强合肥综合性国家科学中心"高、新、基"全产业链项目库建设，促进更多前沿科技研发在周边区域"沿途下蛋"。二是加强创新基础设施建设。发挥合肥综合性国家科学中心和合芜蚌国家自主创新示范区优势，争创国家实验室，争取更多重大科技基础设施落户，加大科教基础设施、产业技术创新基础设施等建设力度，打造创新基础设施集群。三是加快数字基础设施建设。依托"数字江淮"和合肥国家新一代人工智能创新发展试验区建设，优先在合肥都市圈内建设5G、人工智能、大数据中心、工业互联网、区块链等数字基础设施。借鉴杭州经验，优先在合肥都市圈开展"城市大脑"试点示范。

3. 积极构建合肥都市圈特色产业发展带

加强合肥都市圈城市间产业合作，加快合六经济走廊、合淮蚌产业走廊建设发展，引导合芜、合马、合滁加快形成产业发展带。一是积极推进合芜同城化发展。抓住商合杭铁路通车和G60科创走廊建设的机遇，积极推进合肥与芜湖同城化发展，共同打造合肥都市圈"双核"。二是打造合滁产业发展带。依托合宁高铁和高速等交通廊道，强化合肥综合性国家科学中心科技成果转化，协同发展智能家电、电子信息、高端装备制造、绿色食品等主导产业。三是打造合芜马产业发展带。依托商合杭铁路、长江黄金航道、沿江高铁高速等交通廊道，推进G60科创走廊安徽段建设，协同发展人工智能、机器人、新能源和智能网联汽车、通用航空、轨道交通装备、大数据及产业互联网等主导产业。

4. 全力提升合肥都市圈枢纽地位

抢抓"新基建"机遇，全面推进合肥都市圈内外交通基础设施建设，加快打通东西南北多方向、陆水空立体化对外主通道，积极推进都市圈内轨道交通一体化建设，将其区位战略优势加速转化为经济优势。一是强化合肥都市圈多向立体交通枢纽地位。发挥京港台、沿江等国家综合运输通道十字交汇优势，加快推进北沿江和南沿江高铁建设，提升长江航道和港口功能，向西加强与长江中游、成渝等城市群的联系。加快推进合安九高铁、六安—安庆铁路建设，向北强化与京津冀地区、向南与粤港澳大湾区以及海峡西岸等城市群的联系。优化提升合肥新桥机场航空枢纽功能，建设国家临空经济示范区，打造国际化航空港。二是积极推进合肥都市圈轨道上的一体化。加快建设合六、合淮蚌、合芜、合马、合滁宁、合桐安城际铁路或市域铁路，积极推进合肥城市轨道交通向周边县城和重点城镇延伸，加快构建以合肥为中心的"1小时通勤圈"。

5. 推进与长三角其他都市圈联动发展

加强合肥都市圈与长三角其他都市圈联动发展，是共建长三角世界级城市群的客观要求，也是进一步提升合肥都市圈竞争力的必然选择。一是加快与南京都市圈的"双圈"一体化发展。推进与江苏共同编制《南京都市圈与合肥都市圈协同发展规划》，共同建设宁合双城大都市圈，共同打造长三角西翼核心增长极和长三角辐射中西部的门户枢纽。二是加强与杭州都市圈数字经济合作。借鉴杭州都市圈数字经济发展的先进经验，重点推进与杭州在人工智能、城市大脑、线上经济、大数据、云计算等方面上的数字经济合作，推进圈内城市参与G60科创走廊建设。三是强化与苏锡常、宁波都市圈的产业和港口合作。积极承接苏锡常都市圈产业转移和布局，推广中新苏滁高新技术产业开发区建设经验，加快建设一批产业合作园区。推动与宁波都市圈港口和外贸合作，加强合肥都市圈主要港口与宁波舟山港在联合运输、江海联运等领域的合作，推进合肥、芜湖与宁波开展跨境电子商务综合试验区合作，不断提升合肥都市圈开放水平。

指　导：樊明怀

执　笔：夏兴萍　王　斌

吕朝凤　程洪野

我省上半年重点能源生产企业
运行情况分析及建议

2020 年一季度，我省经济社会发展受到新冠肺炎疫情较大冲击。为深入了解我省能源生产企业一季度生产运行情况，研判上半年生产运行形势，课题组通过在线问卷调查等方式对 18 家重点能源生产企业进行了调研，其中发电企业 9 家（含生物质发电企业 1 家、光伏发电企业 1 家）、煤炭生产企业 4 家、油气生产和销售企业 4 家、电网企业 1 家。课题组在调研的基础上开展了综合分析和对策研究。

一、重点能源生产企业一季度运行情况

（一）能源生产量和销售量下降

13 家企业的能源生产供应量较去年同期下降，占调查企业数的 72.2%，其中 4 家企业同比下降 20% 以上，5 家企业下降 10%～20%，4 家企业下降 10% 以下。火力发电调峰频次增多，发电量降幅明显。火力发电企业参与调峰频次明显增加，6 家火力发电企业调峰次数是去年同期的 2.6 倍；火力发电量为 215.43 亿千瓦·时，比去年同期下降 17.4%。电网用电负荷低。国网安徽省电力有限公司售电量为 518.35 亿千瓦·时，比去年同期下降 7.3%。新能源发电逆势增长。在全省发电量整体比去年同期下降的情况下，由于节后天气以晴好为主，光伏等新能源发电条件较好，新能源发电企业供电量比去年同期增长 18.1%。煤炭、石油行业生产量下降。煤炭产量比去年同期下降 16.3%，各类油品（含液化石油气）生产比上年同期下降 25.1%。天然气销售基本持平。2 家天然气企业天然气销售量比去年同期下降 1.7%，受影响较小。

（二）企业生产经营不确定性增加

受疫情防控、原材料运输和物流管控等因素影响，11 家企业生产经营成本明显上升，涉及调查的各个行业。资金周转困难、安全生产压力加大、重大项目

推进滞后等困难亦不容忽视。

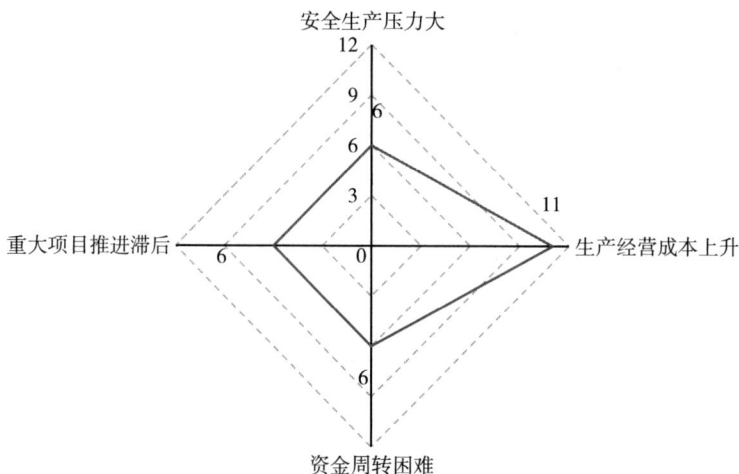

图 1　调查企业一季度经营面临的主要困难

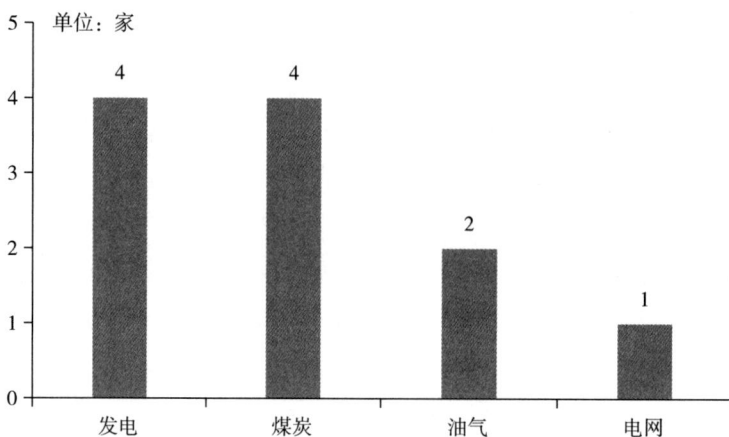

图 2　生产经营成本上升的企业行业分布情况

（三）营收和利润下降明显

与去年同期相比，8 家企业营收下降 10%～20%，4 家企业营收下降 20% 以上，合计占调查企业数的 2/3。各行业营收下降的原因各不相同。生产销售量下降是发电、电网企业营收下降的主要原因，而石油、煤炭企业受销售量和价格下降的双重影响，营收下降较大。

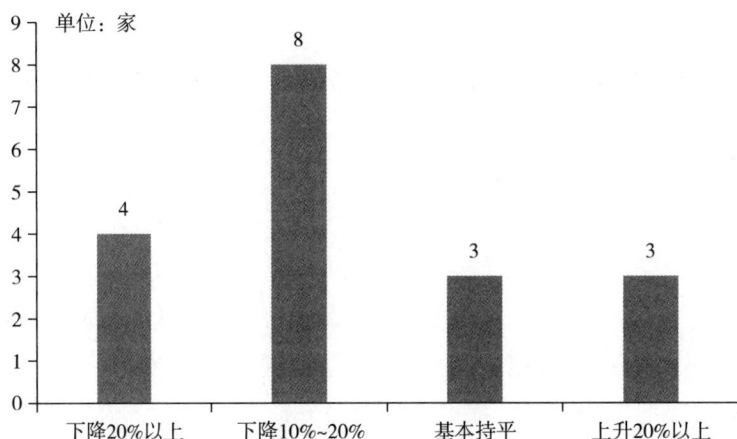

图3　调查企业一季度营收同比情况

利润方面。受营收下降和生产经营成本上升的影响，11家企业一季度利润同比下降20%以上，占调查企业数的61.1%；其中石油生产和销售企业以及3/4的煤炭生产企业利润下降20%以上。

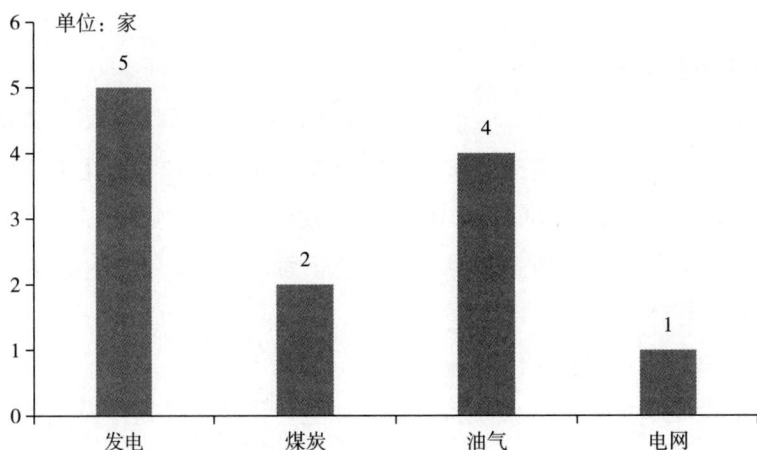

图4　一季度调查企业营收同比下降10%以上的主要行业分布

（四）复工用工情况良好

调查企业均在一季度完成复工生产。12家企业在春节期间未停工停产，4家企业在2月份复工生产，2家企业在3月份复工生产。用工保障充足，未出现明显用工难现象，也没有裁员现象发生。16家企业在一季度用工基本持平，1家企业与上年同期相比用工上升 10% 以上。

二、上半年能源生产将保持回升态势，但潜在风险不容忽视

（一）能源生产将保持回升态势

中央政治局会议提出的"六保"为做好经济社会发展工作指明了方向，各地降低疫情防控等级，实施常态化疫情防控措施，企业复工复产和生活消费加快恢复，全省经济逐步回暖，3 月份限上消费品零售额由前 2 个月同比下降 21.2% 转为增长 0.2%；服务业大型企业产能恢复达五成以上占 76.5%，中小微企业产能恢复达五成以上占 65.1%；医药制造以及互联网、网上零售等新动能增长较快。预计上半年能源生产将保持回升态势。

1. 能源消费需求有望回升

一季度全省原煤产量同比下降幅度比前 2 个月收窄 0.5 个百分点；发电量同比下降幅度比前 2 个月收窄 4.5 个百分点，风电、光电等清洁能源生产逆势增长；3 月规模以上工业综合能源消费量同比增长 1.7%，前期积压的能源需求正逐步释放。二季度服务业、新动能的回升将对电力消费产生较大拉动作用。

2. 企业经营情况有望好转

发电企业预计二季度用工、产品价格与去年同期相比保持稳定，大部分企业判断营收和利润与去年同期持平，少部分企业判断营收和利润比去年同期上升 10% ~20%，仅 1 家企业判断下降 10%；石油加工、天然气销售企业预计二季度原材料价格下降 10% ~20%，甚至 20% 以上。综合研判，上半年能源生产企业经营情况有望好转。

3. 重大项目建设有望加快

11 家企业正积极推进重大项目建设，在建、待建、谋划建设项目共 28 个，投资金额合计 465.8 亿元，涉及输配电、煤电、风电、煤炭生产和煤化工等领域。随着经济社会秩序的恢复好转和各项优惠政策的落实，重大项目建设进度有望逐步加快。

（二）需要关注的潜在风险

当前，国际疫情形势不容乐观，我省发展内外部挑战加大，外向型企业外贸风险依然存在，经济尚未稳定运行；国际能源消费出现负增长，能源价格剧烈波

动；二季度度夏需求上升，极端气候事件增多。受此影响，我省上半年能源生产不确定因素较多，需要密切关注潜在风险。

1. 煤炭企业运行风险

目前，全国电煤采购价格指数结束持续下跌，趋于低位运行；5 月 8 日电煤采购价格指数中 5500 大卡动力煤价格最新指数为 464 元/吨，较 3 月底下跌 12.8%；从国际来看，国际油价持续下跌，对煤炭价格的影响加大，进口煤价拖累国内煤价下行风险依然存在；预计煤炭价格将长时间处于低位，我省煤炭企业运行风险加大。

2. 新能源发电的消纳风险

截至 2020 年 3 月底，我省电力全社会装机容量为 7411.9 万千瓦，其中风电 274.1 万千瓦、太阳能 1256.0 万千瓦，分别占全省装机容量的 3.70% 和 16.90%。二季度，我省光伏、风力发电气候条件较好，粮食主产区小麦、油菜等农作物秸秆集中上市，新能源发电的消纳风险加大。

3. 设备运行风险

随着我省复工复产持续推进，政府一系列扩大社会消费动能的政策措施落地，以及度夏需求逐步显现，能源消费有望反弹回升。同时二季度台风、高温等极端气候事件增多，发电机组、电网、油气管网等设备运行外部条件复杂多变，设备运行风险加大。

三、几点建议

1. 确保企业经营稳定

密切关注国际油价走势和进口煤政策的变化，研判对我省煤炭价格的冲击。加强能源生产企业运营情况的分析，采用适度减税、发放临时性补贴、银行信贷等方式及时帮扶经营困难企业，稳定企业的正常经营；引导煤炭生产企业强化行业自律，保持煤炭价格相对稳定；加强电力需求监测和预警分析，提前做好调峰预案，对参与调峰的企业给予一定的补贴。

2. 保障能源安全生产

加强煤电对接，强化煤炭中长协合同履约情况监管考核，确保履约率不低于 90%。加强安全生产，督促能源企业严格落实安全生产主体责任，避免发电机组、电网、油气管道出现安全事故，影响能源安全稳定供应。提前做好应对高温、台风、暴雨等极端天气、自然灾害的应急预案，及时组建抢修队伍，配置车辆和备品备件。

3. 加强重点项目调度

加快大唐滁州电厂、潘集电厂、信湖矿井、中石化炼油转化工结构调整项目、芜湖 LNG 内河接收（转运）站等重大项目建设，开通绿色通道，简化项目前期手续流程，加快核准速度，做好开工前各项准备；及时协调解决建设中出现的问题，在用工、融资、物流运输、防疫物资等方面加大保障支持力度，确保重点计划开工项目上半年全部开工建设。

4. 引导新能源行业稳定发展

目前，新能源装机占比持续提高，应合理引导新能源装机布局和投产时序，使新能源发展与电力系统的接纳能力相匹配；加快储能技术研发，适时谋划推进天然气调峰电站建设，提升新能源吸纳能力。做好新能源消纳预案，充分挖掘燃煤发电机组调峰潜力并发挥抽水蓄能电站移峰填谷作用，做好长三角省间支援。

5. 提升能源生产智能化水平

长期看，应充分抓住"新基建"机遇，提升能源生产智能化水平，促进企业节能降耗、降本增效。推进智能化采煤工作面建设，推广智能化开采系统，积极构建完善的煤矿智慧生产系统；实施发电行业能耗在线监测系统，强化大数据分析和预测功能。加强数字管道建设，实现油气管道的可视化、智能化管理；加快石化生产企业市场销售、物料供应、生产计划、过程控制等数据的融合，实现生产动态优化调整，打造一体化的"供、产、销"智能化管理体系。加强生产侧和需求侧对接，完善安徽电力交易平台等电子商务平台功能，推进生产和消费协调匹配，提高能源配置效率。

指 导：蒋旭东

执 笔：杨 庆 徐 鑫

汤丽洁 檀竹姣

当前我省外贸出口形势及对策建议

当前，全球疫情蔓延，国际市场需求大幅下降，不确定性、不稳定性因素显著增多，外贸面临的挑战前所未有。结合近期调研和我省的外贸结构看，我省出口形势总体较为严峻。下一步，有必要加强形势研判，通过降低外贸企业运营成本、搭建转内销平台、加强法律指导、支持拓展国际市场等方式，积极稳定外贸形势。

一、基本情况

受益于复工复产加快、企业抢工期补订单、防疫物资出口大幅增长等影响，我省外贸形势总体较好，前4个月出口增长1%，较一季度加快9.1个百分点，4月当月增长26.8%，比上月加快21.9个百分点。从调研结果来看，受外贸订单2~3个月不等的处理周期等影响，前4个月，订单基本饱和，企业受疫情冲击总体不大，但目前，订单延迟或取消较多，特别是5月以来多数企业订单不足、外销受阻较为普遍，对地方经济发展影响逐步显现，潜在的不确定性风险较大。

一是国际市场需求萎缩，订单延迟、取消较多，外销普遍受阻。受国外疫情持续蔓延影响，除电子信息、防疫物资等少数行业外，大多数外贸行业普遍受阻，家用电器、纺织服装、毛发柳编等市场收缩明显。合肥市家电产业外销受到较大冲击，一季度海尔洗衣机出口订单下降40%~50%，长虹预计二季度海外订单下降20%、全年出口下降50%。同时，企业反映，订单不断被取消，特别是欧美国家，6月底前的订单都被取消或延迟执行。截至2020年5月20日，芜湖市汽车及机械零部件、空调等电器、鞋服及家纺行业，申报出口退（免）税额同比分别下降13.2%、14.6%、26%。广大外贸中小企业尤其困难，前4个月，合肥市40%以上的中小型企业出口停摆，合肥市外贸企业办理退（免）税额降幅达40%。此外，外贸企业还面临因国际物流长期受阻带来运输管理成本显著上升、上下游供应链不畅等问题而停产的风险。

二是出口转内销困难，面临标准、需求等差异，潜在空间有限。国际疫情蔓延以来，外贸企业积极探索转战国内市场，但由于内外贸市场环境、产品需求差异性大，出口转内销面临一系列具体问题。一方面，拓展销售渠道难，外贸出口多为订单式销售，转向国内销售缺少市场销售渠道，如芜湖市从事跨境电商的慕晨电子，主营的消费电子、智能穿戴类产品和国内使用版本不同，未考虑出口转内销业务；另一方面，外贸产品标准、工艺不符合国内市场，出口产品多是根据外商特定需求设计生产，难以满足国内消费需求，如某电器出口企业外销产品使用电压为110V，无法直接在国内使用，且此类产品定价较高，在国内市场无价格优势。此外，外贸企业还面临生产线调整、产品认证、缺乏平台等问题。

三是聚焦外贸主业，保持谨慎乐观，国际市场仍然是重要方向。从调研结果来看，目前，出口企业暂不存在大规模倒闭、裁员、降薪等情况，多数企业能够通过缩减产能、调整生产线、调休等方式维持运转。关注疫情缓解、市场恢复，聚焦主业、深耕国际市场仍然是不少企业的重要考虑方向，多数企业对下半年国际市场恢复持乐观态度，并积极做好市场恢复期进一步巩固拓展海外目标市场的准备。如亳州市企业反映，只要港口不限制，货运通畅，还是要发展外贸。再如从事液晶电视机出口的安徽海洋电子，考虑到国内市场已经饱和且竞争激烈，在外贸订单延期、价格下降情况下，仍然重点考虑海外市场，做好及时提交订单的准备。

二、值得关注的问题

目前，外销受阻、出口转内销困难问题在全国普遍存在，但受外贸体量、外贸结构、外贸主体规模、出口对象等因素约束，我省外贸企业应对疫情面临四"难"。

一是产业集聚集群弱，有针对性解决"难"。2019年，我省进出口总额仅为4742亿元，分别仅为江苏、上海、浙江的10.8%、12.8%和15.3%。外贸出口体量小，产业集聚集群发展弱、区域布局相对分散，各地市均有一定体量的外贸产业，但在地方产业发展中的地位不突出。受此影响，各地外贸企业困难难以得到高度关注，难以像宁波、青岛等沿海外贸产业集中地市出台专项帮扶政策，稳定集群产业发展。

二是中小企业数量多，自身转型应对"难"。我省出口企业以中小企业为主，市场竞争能力不强，应对外贸风险挑战的办法不多。2019年，全国出口百强企业中，我省仅 1 家（联宝、排名 28 位）；进出口实绩企业平均进出口额为 826 万美元，仅为全国平均水平的 90%，合肥市 90% 以上的企业出口额在 1000 万美元以下。相对于大型外贸企业较大的谈判空间、较多的应对措施、较强的发展韧性，广大中小企业受到的冲击更直接、影响更深刻。

三是关联企业范围广，规避连带风险"难"。外贸出口企业涉及诸多行业，生产联系紧密，外贸订单减少直接影响配套企业。一方面，近年江苏、浙江、上海等沿海省市积极来皖投资，成立了生产配套企业，提供出口配套，在外贸普遍受阻情况下，我省大量为沿海外贸提供配套的企业直接面临生存压力；另一方面，省内外贸企业中有不少就近配套企业，一旦外贸出口受阻，这些企业受到连带风险，如纺织服装业外贸风险关联了为其配套的地方拉链、纽扣等企业，芜湖市某集团在繁昌县的 9 家服装相关企业，今年外贸订单平均下降 40%，3000 多名从业人员面临失业压力。

四是出口国家重灾区多，市场快速恢复"难"。与全国相比，我省出口重点地区中重灾区偏多，墨西哥、伊朗、巴西、智利、俄罗斯等国是我省出口重点地区，出口额占比超过 10%。目前，这些国家新冠肺炎确诊人数仍处于上升期，尚未达到峰值，特别是墨西哥和巴西的疫情形势不容乐观。与全国相比，我省外贸市场全面有效恢复需要的时间更长。

三、对策建议

针对当前出口企业外销受阻、转内销困难等现实问题，有必要高度重视，加强研判，根据短期形势变化、长期发展需要，综合施策，帮助企业解决问题，确保外贸平稳运行健康发展。

一是推动降低企业运营成本。在短期内国家出口退税率未变动情况下，参照原出口退税率 16% 水平，研究在目前 13% 基础上阶段性实行 3% 的出口补贴，按照出口额补贴企业。在省级层面，研究设立政府救助资金和专项补贴，为优质中小型出口企业提供无息贷款，补贴具有良好发展前景和潜力但陷入困境的中小企业。加强部门间联动合作，为企业进出口贸易行为减少政策流程卡点，缩减企业外贸订单接收和处理时间，更快处理出口退税相关业务，助力企业资金流动。扩大出口信用保险的理赔范围，降低出口信用保险的费率。

二是搭建出口转内销平台。在做好疫情防控前提下，聚焦家电、纺织服装等重点出口行业，在省级层面统筹、举办大型出口产品展会，引导符合国内市场需求的外销受阻产品在国内销售，既向消费者让利优惠，也推动外销产品销售。积极研究搭建全省统一的线上销售平台，积极设立"安徽外贸产品网上展销会"，组织省内出口转内销产品线上展销。

三是加强开展法律援助。开展法律援助服务培训，组建专业法律培训力量，针对疫情发生以来贸易双方以及与海运企业就仓储费用增加、船舶滞期费、交货、结算等难免发生争议的事项，指导理清准据法的选择适用、争议解决途径和争议解决原则，引导企业积极寻求降低损失的合理补救措施和替代履行方案，避免产生不必要的费用增加。

四是搭建行业交流沟通平台。充分发挥省内行业协会作用，研究搭建行业内供需平台，努力实现省内产业链循环，助力企业抱团取暖，如宣城市永昌金属受疫情影响，订单减少、运营困难，经与同园区的海龙机械沟通后，为其配套生产配件，既降低了配套企业的成本，也使企业稳定市场、有效生产。在省级层面研究成立省内重点行业产业链供需对接平台，提供行业断点堵点需求信息采集、发布和管理服务，为省内重点行业企业牵线搭桥，实现高效对接。

五是精准拓展国际市场。疫情严重冲击了国际市场格局，对现有的供给、需求体系产生较大影响。各个国家疫情缓解时间不一，生产能力、市场需求恢复有明显的时间差，越早恢复生产能力的国家对国际市场越具有优先供给机会。在巩固传统市场基础上，要大力支持外贸企业聚焦主业，抢抓疫情带来的国际市场格局变化机遇，精准进行目标区域布局、扩大国际市场。研究设立外贸企业开拓国际市场专项基金，支持企业拓展国际市场。精简企业开拓国际市场的审批环节、流程，为企业"走出去"提供签证、参展等诸多便利。

指　导：樊明怀

执　笔：余茂军

参与讨论：窦　瑾　陈　香

　　　　　张淑娟　江　鑫

关于我省中等收入群体的情况报告

4 月 17 日，中央政治局会议指出，要坚定实施扩大内需战略。培育和发展中等收入群体、扩大中等收入群体比重，对形成强大国内市场、推动经济社会高质量发展具有重要意义。近期，我们对我省中等收入群体的总体规模和发展情况进行了研究测算，以期摸清本底、找准路径，推动我省中等收入群体扩容提标，加快释放内需潜力。

一、中等收入群体的界定

中等收入群体是指一定时期收入及生活水平稳定保持在中等或相对平均水平的居民群体。这一群体是维护社会稳定的中坚力量，也是释放消费红利的主力军。世界银行将中等收入标准定为成年人每天收入 10 美元~100 美元，按美元与人民币 1∶7 汇率计算，为年收入 2.5 万~25 万元人民币。按此标准估算，我国中等收入群体大致占 30%~40%。国家统计局将中等收入标准设定为三口之家年收入 10 万~50 万元人民币，并测算得出 2017 年全国中等收入群体人口超过 4 亿人。

二、我省中等收入群体的现状和特征

（一）中等收入群体不断壮大，但规模依然偏小

近年来，随着居民收入的持续增长，我省中等收入群体规模不断扩大。按照国家统计局三口之家年收入 10 万~50 万元（即人均收入 3.3 万~16.7 万元）的标准①，结合居民收入五等份数据，我们对我省中等收入群体规模进行测算。结果显示，全省中等收入群体规模由 2015 年的 1090 万人增加到 2018 年的 1681 万人，占全省人口的比重由 17.7% 提高到 26.6%，但是总体仍低于全国 7.6 个百分点。根据发达经济体发展规律，中等收入群体比重达到 60%，才能形成较为

---

① 以 2017 年为基期，标准每年根据居民消费价格指数调整。

合理的橄榄形社会结构，我省距离这一比重差距仍然较大。

表1　近年来我省中等收入群体规模测算

年　份	2015	2016	2017	2018
人数（万人）	1090	1331	1528	1681
占比（％）	17.7	21.5	24.4	26.6

（二）中等收入群体范围向下拓展，但金字塔形分配格局仍未改变

随着居民收入水平的总体提高，我省中等收入群体范围逐步由统计意义上的中高收入户向中等收入户扩散。从城镇居民五等份收入分组①来看，2015年，中高收入户中仅有收入较高的55%人群进入中等收入群体；到2018年，所有中高收入户以及接近15%的中等收入户均进入了中等收入群体范围。但是，目前居民收入的中位数远低于平均数，仍有57.0%的城镇居民收入低于中等收入标准的下限（约3.3万元），仅有不足1%的居民收入超过中等收入标准的上限（约16.7万元）。由于收入水平差距较大，分配格局呈现底部较大的金字塔形。

（三）中等收入群体城乡分布失衡，农村中等收入者偏少

"十三五"以来，我省城镇和农村居民人均可支配收入年均分别增长8.6%和9.2%。尽管农村居民收入增速较快，但是长期以来形成的城乡差距短期内难以改变。2019年，我省农村居民人均可支配收入为15 416元，仅为城镇居民的41.1%，相当于中等收入下限的46.2%。根据测算，2018年，我省仅有约200万农村人口属于中等收入群体，占中等收入群体的12%左右，相对于农村人口占全部人口44.2%的比重较为失衡。

（四）中等收入群体行业集中度较高，就业容量大的行业收入水平偏低

从行业工资水平来看，烟草、电力、石油等垄断性行业，教育、卫生、科技研发等知识密集型行业，金融等资本密集型行业以及信息服务、电子信息、汽车等新兴行业收入水平较高，是中等收入群体的主要就业领域，但这些行业吸纳就业总体有限。2018年，在所有行业中烟草制品业工资水平最高，达17.67万元，

---

①　城镇居民人均可支配收入按照五等份分组，处于最高20%的收入群体为高收入户，以此类推依次为中高收入户、中等收入户、中低收入户、低收入户。

与之对应的是全省烟草制品业从业人员仅为 0.72 万人。对就业贡献较大的住宿餐饮、居民服务、纺织服装、农副产品加工、农业等行业平均工资处于末位水平，其中住宿餐饮业工资仅为烟草行业的 22.7%。

（五）中等收入群体消费升级需求巨大，潜在中等收入群体改善需求尚未释放

中等收入群体一般具有稳定收入和较高消费倾向，是消费结构升级的主力军。从我省城镇居民五等份收入分组来看，随着收入的增加，高档耐用品拥有量显著提高。2018 年，高收入户每百户家庭拥有汽车、中高档乐器、健身器材数量分别达到 48.98 辆、16.09 台和 12.29 套，分别是低收入户的 2.6 倍、8.5 倍和 5.3 倍。同时，中等收入群体更新消费需求更高，2018 年，中高收入户每百户家庭购买电冰箱 7.56 台、洗衣机 6.8 台、彩电 5.9 台，所购数量均为各分组中最多。相比而言，中等收入户和中低收入户家电等耐用品基本普及，改善型需求尚未释放，当年购置数量在各分组中靠后。

三、扩大我省中等收入群体的路径与着力点

提高中等收入群体比重，要以"提低""稳中"为政策着力点，既要稳就业促发展，推动更多有增收潜力的群体迈入中等收入门槛，又要用改革的办法释放活力，拓展居民增收空间和增收途径，壮大中等偏上收入群体规模，促进人口收入曲线波峰右移，努力形成橄榄形收入结构。

（一）聚焦城镇农民工和小微个体等重点人群

随着居民收入水平的提高，中等收入群体范围向下兼容是大趋势。当前和今后一个时期要着力提高接近中等收入门槛的潜在人群收入水平。一是把城镇农民工作为中等收入群体扩容的重点人群。截至 2019 年年末，我省省内就业农民工 1056.8 万人，占全省就业人员的 1/4 左右，农民工外出务工月均收入 5230.8 元，基本超过了中等收入群体门槛，可以说，农民工是未来中等收入群体增加的主要来源。要加强农民工公共就业服务体系建设，加强农民工就业前培训和在岗培训，提高就业适应能力，全面扫除农民工在省内城市落户的隐性门槛，加快农民工市民化进程。二是激活个体小微创业人员增收动能。截至 2018 年年末，我省个体经营户达 379 万户，平均不到 6 户人家中即有一户个体经营，此外还有大量灵活就业人员。这部分群体构成了城镇就业的"蓄水池"，也是中等收入群体的

"后备队"。要堵疏并举、宽严相济，优化创新创业营商环境。继续深化简易登记、简易注销等"放管服"改革，合理设定无固定经营场所摊贩管理模式，实施"零门槛准入""信用红牌""轻微免罚"，优化社保服务、商业保险等多层次劳动保障，通过放水养鱼，助力更多小微创业者增收致富。

（二）拓展就业增收的新领域新空间

近年来，我省煤矿、道路运输等传统高收入部门在产业结构调整中趋于衰退，而新兴产业接续不足，一定程度制约了中等收入群体的形成。下一步要把培育新兴产业与促进居民增收统筹起来。一是承接新型劳动密集型产业布局。用好我省劳动力资源优势，抢抓承接产业布局和转移契机，推动传统劳动密集型产业向高新技术产业链上的劳动密集型环节转变，加快急需工种等技工人才培养，以优工优价提高一线技能型员工薪金报酬。依托金融后台、大数据中心等平台资源，大力发展信息技术外包、知识流程外包、业务流程外包等服务外包，面向国内外领军企业，承接布局供应链、呼叫中心、互联网营销推广、金融后台、采购等运营服务，打造若干数字服务出口基地。二是拓展新经济新业态就业空间。顺应消费升级、产业升级、需求升级，促进"设计+""物流+""电商+""旅游+""健康养老+"等跨界融合发展，开发一批协作化在线医疗、在线教育、在线新零售等线上服务应用场景，鼓励直播带货、社群营销等新型就业模式。优化提升特色小镇发展路径，创建一批省级农村产业融合发展示范园，引导农民在乡村旅游、农村电商等新业态中就业创业。

（三）健全人力资本提升的内在动力

中等收入群体壮大的基础是人力资本，公平的教育机制、高效的职业技能培训制度和人才流通渠道，是推动人才向上流动的基石。一是健全职业教育长效机制。适应产业升级和消费升级需要，加大智能制造、学前教育、家政服务、养老服务等招生规模。根据市场需求，在教学方案确立、软硬件设施建设和专业市场实践等方面通力协作，构建"职校理论教学+企业实践基地+市场定向就业"的培养模式，促进教学、实践与就业无缝对接。加强劳动者社区教育和终身职业技能培训服务，探索建立通用的个人网络培训学习账号和学分累计制度。二是推动高等学历教育"双证"改革。完善学历教育与培训并重的职业教育体系，对具备条件的专业实行"学历证书+技能证书"的"双证"教学课程改革，实现更多的单一型的知识型人力资本向知识与技能复合型人力资本转变。三是消除阻碍人力资本流动的制度刚性约束。打破体制界限，打造人才在政府、企业、智库间有序顺畅流动的"旋转门"。加快推动人力资本征信制度建设，完善流动人员人事档案、社会保障等公共服务。

（四）夯实持续增收的制度保障

以要素市场化改革为契机，坚持初次分配和再分配调节并重，建立居民增收的长效机制。一是落实增加知识价值为导向的收入分配制度。进一步提高科研人员成果转化收益分享比例，开展赋予科研人员职务科技成果所有权或长期使用权试点，探索建立人才流动中对前期培养的补偿机制，对科研人员等实行灵活多样的分配形式。稳步提高机关工作人员收入。在规范津贴补贴基础上实施地区附加津贴制度，重点向基层一线人员和业绩突出人员倾斜。二是加快落实农民土地财产权。要以土地要素市场化改革为契机，推动城乡土地同权化，完善农村集体经营性建设用地入市的收益分配制度，探索利用农村集体建设用地建设长期租赁住房、工业化厂房，使农民公平分享土地增值收益。适度放活宅基地和农民房屋使用权，盘活农民闲置宅基地和闲置农房资源。尽快明确农村集体股份经济合作社市场主体地位，拓宽村集体经济增收渠道，增强自身"造血"功能。三是健全再分配调节机制。健全社会保险的动态调整制度，引导参保人员通过多缴长缴等方式提高养老保险待遇水平。将自由职业者等纳入住房公积金缴存范围，允许异地接续存缴、异地提取使用贷款，扩大住房公积金投资领域，投资收益直接计入个人缴存账户。适时提高失地农民补偿标准，开发公益性岗位，健全收入来源渠道。

指　导：樊明怀

执　笔：窦　瑾　张淑娟　陈　香

参与讨论：余茂军　江　鑫

进一步加大改革创新力度
推进省际毗邻开发区做优做强
——宁国、广德、郎溪等开发区调研报告

开发区是全省改革创新的重要阵地，位于省际毗邻区的开发区（以下简称省际毗邻开发区）是我省深入参与长三角一体化发展的桥头堡。为深入分析省际毗邻开发区改革创新和开放合作情况，省发展改革委地区经济处与省经济研究院组成联合调研组，赴宁国、广德、郎溪等地代表性园区开展专题调研。现将相关情况报告如下。

一、基本情况

省际毗邻开发区位于安徽"东进"的最前沿，是沪苏浙产业"西移"的第一站，经济发展呈现活力强、韧性足、结构优的良好态势。2019年宁国经开区、广德经开区、郎溪经开区分别实现工业产值467亿元、530亿元和255亿元。2020年以来，受新冠肺炎疫情影响各开发区稳增长压力较大，但3月份以来已整体回升，调研的3家开发区1—4月规上工业增加值转负为正，实现1.5%～3%增长，其中郎溪经开区预计全年可实现两位数增长。

1. 市场主体培育情况

截至2019年年底，宁国经开区、广德经开区、郎溪经开区分别拥有规上工业企业236家、240家和178家，市场主体数量居全省开发区前列，已成为全省市场主体增长最快的区域之一。其中，郎溪经开区预计今年还可增加30～50家规上工业企业，宁国经开区已自主培育5家A股上市企业。

2. 新兴产业发展情况

省际毗邻开发区瞄准细分市场和配套产业，引进培育"单打冠军"和"小巨人"企业，形成特色鲜明的新兴产业集群。郎溪经开区东贸科技皮带机技术全球领先，广德经开区慈兴轴承在全国轴承行业稳居前六，宁国经开区中鼎集团为

中国橡塑密封行业领军企业。目前，宁国经开区、广德经开区已入选全省首批战略性新兴产业集聚发展基地或县域特色产业集群（基地）。2019年广德经开区战略性新兴产业企业占比达45%，在全省位居前列。宁国经开区、郎溪经开区战略性新兴产业增加值占工业增加值比例达40%和60%，比全省平均水平高5～25个百分点。

3. 外贸进出口情况

省际毗邻开发区位于我省开放合作的前沿，经济外向度高、外贸进出口活跃。广德经开区建成全国唯一设在内陆县（市）的保税物流中心（B型）。宁国经开区积极打造中德国际合作智能制造产业园和中德制造小镇，并将其作为宁国1号工程。2019年宁国经开区、广德经开区、郎溪经开区实现进出口总额为42091万美元、54079万美元和34486万美元，排名均处于全省开发区前20%。今年受疫情影响，各开发区外贸进出口呈分化趋势，1—4月郎溪经开区、广德经开区进出口下降15%～30%，一季度宁国经开区外贸进出口实现近20%增长。

二、改革创新举措

省际毗邻开发区学习发达地区改革创新经验，探索园区间合作共建模式，着力提高承接能力、合作水平和综合竞争力，取得良好成效。主要改革创新举措如下。

1. 发挥区位优势，积极承接产业转移

一是整体承接、形成集群。省际毗邻开发区充分发挥区位优势，抢抓沪苏浙等省市园区"腾笼换鸟""产业溢出"机遇，实行"点对点"招商和"产业链"招商，承接沪苏浙等地产业集群式转移，迅速壮大产业规模和竞争实力。如郎溪经开区设立无锡工业园和常州工业园，集群式承接无锡和常州100余家工业企业，使郎溪由农业县迅速成长为工业县，该县规上工业企业也几乎全部来自近10年江浙产业转移。二是聚焦主业、专业招商。各开发区围绕主导产业，分类组建专业招商队伍，不断建链补链，实施目的明确的招商引资。广德经开区组建6支专业招商队伍，2019年签约的45个项目主导产业契合度高达93.3%。三是挑商选资、提升质量。各开发区重点承接战略性新兴产业企业、上市（准）企业、细分领域领军企业和高成长性企业，积极引入企业总部和研发中心。建立完善的项目联合预审制度和准入负面清单，严防"低端产能"转入。如广德经开

区在招商引资中明确"污染环境、产能落后、浪费资源、危及安全、消耗人力"等五个不招。

2. 深度融入长三角，推进园区合作共建

省际毗邻开发区与沪苏浙各级政府、园区、企业开展多层次、多方位合作，积极发展"飞地经济"，形成多种园区合作模式。一是政府主导型。建设主体为双方政府或开发区，在我省"飞入地"共建合作园区，导入沪苏浙"飞出地"优质企业，并进行税收分成。利用"飞出地"产业基础和品牌优势，提升"飞入地"产业层次和运营水平。如郎溪经开区与上海青浦工业园共建"青浦郎溪产业园"，已成功引入华茂电梯零部件等 10 余个项目。二是混合治理型。由政府、园区与开发公司合作共建园区，共同对园区进行管理。如郎溪县、浙江海宁经编产业园与鸿翔控股集团三方共建"郎溪（中国）经都产业园"，目前已集聚60 余家纺织企业。广德经开区引入上海相关智能制造龙头企业，共同出资建设"上海奉贤智能制造产业园"。三是企业主导型。由"飞地"双方园区或企业共同成立的合资公司负责规划开发、招商引资和经营管理等。如郎溪经开区与中国锻压协会、中融信创等联合成立"中金联供应链管理公司"，建设"新材料智能制造产业园"，为入园企业提供采购、销售、金融、设备、培训等全方位配套和支持。

3. 学习浙江经验，实施"标准地"改革

省际毗邻开发区学习浙江"标准地"改革经验，围绕"事先做评价、事前定标准、事中做承诺、事后强监管"等关键环节，积极推动"标准地"改革试点。一是明确亩均标准。深化"亩均论英雄"理念，对各地块进行差别化标准设置。在省级开发区标准基础上适度提高容积率、投资强度、能耗、亩均税收、环境控制等标准，倒逼企业"量入为出"拿地，提高亩均效益。二是推进"标准地+承诺制"。在标准地改革基础上，变"先批后建"为"先建后验"，实现企业投资项目标准量化、服务前移、承诺即办，最大限度精简审批环节，使企业拿地后在最短时间内办结各类审批手续。三是强化事后监管。制定"标准地"市场主体信用评价办法、奖惩办法等配套政策，对守信企业给予政策支持和奖励，对违反承诺企业予以联合惩戒。目前宁国经开区已划定 1000 亩标准地试点，广德经开区已完成"区中园"规划环评和区域评价等"标准地"改革前置工作。

4. 整合平台资源，开展"跨区托管一区多园"试点

为巩固开发区优化整合成果，提升开发区竞争力，宁国经开区在国家级宁国

经开区和原港口园区整合基础上，实施"跨区托管一区多园"试点。一是统一园区品牌。对外统一用"国家级宁国经济技术开发区"的牌子，利用"国字号"品牌效应，增强开发区综合实力。二是统一园区管理。形成"一套班子"，安排一名副主任负责合并后的港口产业园日常工作，统一两个园区人事管理，两个园区的财政性资金收支一律纳入开发区财政预算管理。三是统筹产业发展和空间格局。明确两园区差异化发展导向，并对园区空间规划和产业布局规划进行修编，实现资源集聚、要素集约、功能集成。四是日常管理充分放权。除"三重一大"事项外，其他事务给予港口产业园充分决策权。港口产业园印章用于内部运转，开发区各部门"见章跟章"。

5. 弘扬企业家精神，打造最优营商环境

调研组发现，除区位优势外，优良的营商环境是长三角企业落户省际毗邻开发区的重要因素。一是大力弘扬企业家精神。鼓励创新创业、敢闯敢试、追求卓越的企业家精神，提升企业家地位和荣誉感。广德投资建设企业家群英馆，遴选优秀企业家入馆，宣传企业家先进典型，营造了亲商、重商、爱商、安商、富商的良好氛围；郎溪县与华东理工大学合作，开办"百强优秀企业家高级研修班"，打造优秀企业家人才队伍。二是着力优化营商环境。对标沪苏浙，复制推广相关先进政策，打造无缝对接的体制机制。广德市围绕打造零审批、零障碍、零距离、零容忍"四零"营商环境目标，深入推进承诺制审批制度改革；郎溪县在全省率先成立"马上办"办公室，取消工程四大合同备案制，开展重大项目"绿色通道""容缺审批"等特色服务。三是探索开发区薪酬人事制度改革。郎溪经开区打破人员身份和编制管理限制，探索全员聘用和公司化运营模式，实现园区扁平化管理、公司化运营、绩效化考核，有效激发干部职工干事创业的热情和干劲。

三、需要关注的问题

调研发现，省际毗邻开发区在取得改革创新和开放合作显著成效的同时，也存在一些不足和发展瓶颈。

1. 长效合作机制尚不健全

一是合作层次有待提升。目前开发区合作内容多集中于承接产业转移，承接的主要为沪苏浙等地退出的传统产能。市场共建、人才合作、研发合作、创新成果转化合作等深层次合作相对较少。如郎溪经开区前期承接的多为环太湖和天目湖流域治理迁出的传统企业。二是"飞地经济"共建共享机制不健全。从共建模式看，以"硬基础"共建为主，"软环境"共建滞后，市场环境、服务配套等方面未实现无缝对接。从共享模式来看，以短期内税收分成为主，长期利益再分配机制缺失，统计考核、要素资源、人才技术等共享机制尚未建立。这些因素导致"飞出地"合作积极性不高，"飞入地"发展后劲受限。

2. 要素配置与发展定位不匹配

一是资源要素约束严重。省际毗邻区承担对接沪苏浙、参与区域合作竞争的重要使命，已由农业化地区发展为工业化地区，但由于历史上长期处在发展边缘，土地能耗等指标按农业区给予配置，与当前发展定位和实际不匹配。广德经开区2019年支付11亿元购买土地指标，且能耗指标无法通过交易购买，导致大项目落地受阻。二是人才要素存在短板。新兴产业是省际毗邻开发区重要发展方向，对人才要求较高，然而该区域人才资源总量不足，且长期受周边城市"虹吸"。2018年，宣城市10万人大专以上学历人数仅为全省的70%，全年中专和职业中学毕业人数不足9000人，远不能满足产业发展需求。企业本地招工仅能满足普工技术要求，研发人员需从外地引进，技术工人需经历1~2年培养期方能上岗。

3. 体制机制改革有待深入

一是经济管理权限不明晰。调研发现，省际毗邻开发区均没有明确的管理权限目录，目前享有的经济管理权限主要集中在项目审批、备案等方面，土地、规划、环保等事项依然需由所在市（县）审批办理。与沪苏浙等地开发区相比，存在管理权限授权不到位、享有权限不明晰等短板。如江苏省2017年已公布全链审批赋权清单，明确赋予国家级开发区220项市级管理权限。二是去行政化任重道远。目前各开发区法定机构改革和人事薪酬制度改革尚不到位，开发区管委会乃至区内各专业园区和合作园区仍以政府派出人员成立机构，包办园区建设和运营。第三方专业化运营机构参与较少，市场化运作能力和专业化管理能力较弱。

四、相关建议

1. 打造高能级合作平台

加快推进"一岭六县"生态优先绿色发展集中试验区建设。联合沪苏浙编制试验区规划，争取国家支持，形成一本规划、一体推动。引导广德—长兴开发区相向拓展，在省际交界区域形成地域相接、功能配套、产业耦合、错位发展的合作园区，引导郎溪—白茅岭农场发展"生态+"产业，建设具有较强影响力的全产业链大健康产业基地。通过打造高能级合作平台，进一步打通产业链、资金链、人才链，围绕"创新链"延伸"产业链"，引导沪苏浙等地区核心配套企业向合作园区转移，鼓励相关企业总部和研发中心来合作园区落户，吸引"高、新、绿"产业化项目向合作园区集聚。

2. 优化共建共享机制

完善跨省市迁移的财税分成制度，协商建立对双方有利、为企业发展留存一定比例税收发展基金的三方共赢的税制；创新跨行政区统计和经济核算制度，允许 GDP、工业产值、税收、固定资产投资额等统计数据在合作地区之间分解；探索跨区域经济发展的政府考核办法，将"飞地经济"发展状况纳入政府绩效考核范围；建立长效环境污染治理机制，共同出资或通过留存专用资金用于环保治理。加强跨省空间协调，做好跨区基础设施、合作园区的规划对接。

3. 充分发挥市场化机制

一是构建市场化建设运营机制。积极采用企业化方式开展园区合作建设，由我省省际毗邻开发区与沪苏浙园区共同出资成立合资公司，并引入市场化投资主体，多方共同开展合作园区建设。引入专业化管理机构，探索管建分离的园区运营模式，运用市场力量激发园区活力。二是充分发挥企业主体地位。鼓励龙头企业、行业协会、民间商会等建设"专业化园区"，在产业导入、孵化器培育和人才引进等方面扮演关键角色。三是创新金融支持方式。鼓励合作园区内具有投资功能的孵化器设立天使投资基金或机构。积极与长三角地区银行业金融机构对接，引导银行业金融机构加大对省际毗邻开发区科技型中小企业和小微企业的信贷支持力度，按照"政府+银行+担保"合作模式帮助企业取得授信。

4. 强化要素资源保障

一是加强资源要素供给保障。根据长三角一体化赋予的新发展定位，动态调整省际毗邻区的建设用地、能耗总量等指标基数。在加强当地污染物排放总量和能源消耗总量控制前提下，对省际毗邻开发区污染物排放和能源消耗量指标优先予以调剂。在本轮国土空间规划中，优选适宜区域预留相对集中连片建设用地，用于合作园区建设。加快建立排污权、用能权有偿使用和交易市场。二是加强创新要素供给。积极参与 G60 科创走廊相关产业联盟建设。与沪苏浙合作共建创新公共服务平台、创业载体、中试基地、孵化器创新创业平台。依托 5G、智慧园区等实现对沪苏浙创新人才的柔性引进和资源共享。加强与沪苏浙等地职业院校或龙头企业合作，委托培养相关技术人才。

5. 加快开发区体制机制改革

推动省际毗邻开发区与沪苏浙实现"软环境"等高对接。一是扩大并明确开发区经济管理权限。聚焦市场准入和投资建设审批的全链条，参照国家级开发区，赋予省际毗邻开发区部分市级经济管理权限。各市制定明确的开发区享有市级管理权限清单。部分暂时无法赋予的权限，采用"见章跟章""2号章"等审批方式简化审批流程。二是剥离部分社会管理职能。明确并加强开发区招商引资、产业发展、对外开放等核心职能。选择部分省际毗邻开发区率先开展社会事务管理职能剥离试点，剥离开发区社会治理、征地搬迁等社会事务管理职能。三是持续推进人事薪酬制度改革。打破身份界限，赋予开发区用人自主权，向全社会公开选聘开发区管理人员，推行全员聘任（用）制和分级雇员制，实现由"身份管理"向"岗位管理"转变。

调研组：省发展改革委地区经济处

省经济研究院

成　　员：徐和生　蒋旭东　田皓洁

张贝尔　孙京禄　陆贝贝

执　　笔：张贝尔　陆贝贝　孙京禄

田皓洁

关于谋划建设省域副中心城市的建议

近年来，我省深入实施"一圈五区"发展战略，各区域比较优势得到充分发挥，中心城市和城市群逐步发展壮大。特别是，合肥市 2019 年 GDP 达到9409.4 亿元，2020 年有望突破万亿元大关，拥有建设长三角副中心城市的坚实基础和良好态势。合肥市以及周边郑州、武汉、成都等城市的发展路径，充分证明"中心城市强，则省域强"的硬道理，也形成了"做大合肥中心城市、做强合肥都市圈"的广泛共识。

与此同时，合肥之外的 15 市 GDP 均低于 4000 亿元，排在第 2 位的芜湖市相当于合肥市的比重由 2010 年的 49.6% 下降到 2019 年的 38.4%。15 市城镇化发展战略选择、全省新增城市人口落户到哪里，将成为"十四五"时期影响我省发展的重要变量。经过调研分析，我们认为：在坚定不移做大做强合肥中心城市的同时，可以考虑在皖北、皖江各谋划建设一个省域副中心城市，加快培育壮大皖北、皖江地区核心增长极，构建助力我省高质量发展的区域经济布局。

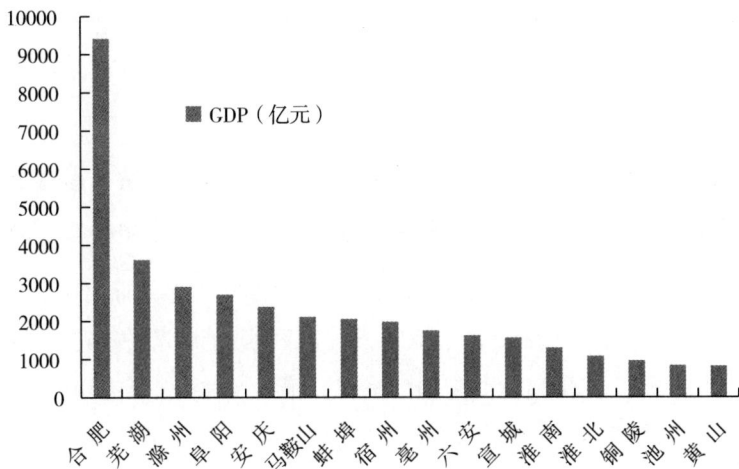

全省各市 2019 年 GDP 基本情况

一、建设省域副中心城市的必要性

（一）从战略布局看，谋划建设省域副中心城市，契合国家区域发展战略，有助于培育新的区域增长极

近年来，党中央、国务院在统筹推进东中西和东北四大板块协调发展的同时，更加注重效率，突出发挥京津冀、长三角、粤港澳、成渝等重点区域的引领作用，力争在关键核心技术、战略性新兴产业发展、改革开放等领域率先突破，成为有力应对复杂严峻国际环境的中坚力量。特别是，习近平总书记在中央财经委员会第五次会议上明确指出要"增强中心城市和城市群等经济发展优势区域的经济和人口承载能力"。因此，"十四五"时期，在皖北、皖江区域谋划建设省域副中心城市，培育区域核心增长极，完全契合国家区域发展战略，对推动全省更高质量发展具有重要意义。

（二）从现实需要看，依据都市圈和中心城市相关理论，合肥市作为省域单中心无法对皖北、皖江地区形成有效带动

目前，合肥市已经成为推动全省经济高质量发展的重要引擎，具备集聚、辐射、枢纽等中心城市功能。但根据都市圈理论和合肥城市能级，其辐射半径在100千米左右，仅能带动淮南、六安、桐城、肥东县、肥西县等周边城市和城镇发展，对广阔的皖北、皖江地区辐射作用有限。此外，合肥市经济总量占全省比重较大，其经济增速的变化对全省经济的影响较大。因此，需要在皖北、皖江地区各建设一个副中心城市，带动周边城市发展，为全省经济社会平稳发展提供更加平衡、多元的支撑。

（三）从基础条件看，我省区域文化特色鲜明、新型城镇化率相对低位、区域交通条件大幅改善，具备在皖北和皖江地区各建设一个副中心城市的条件

一是我省区域文化特色鲜明。我省南北长约600千米、东西宽约400千米，长江、淮河贯穿全境，并在皖北、皖中、皖江和皖南形成了特色鲜明的淮河文化、庐州文化、皖江文化和新安文化，皖北、皖江设立副中心城市具备文化认同基础。二是新型城镇化发展潜力较大。2019年，我省常住人口城镇化率为55.81%，比全国平均水平低4.79个百分点。户籍人口城镇化率仅为34.56%，比全国低9.82个百分点。此外，还有约1000万在省外务工的优质劳动力资源，城市规模、城市人口都有较大的提升空间。三是产业平台及干部人才储备日趋强化。南北合作共建园区以及南北干部交流选派，为皖北地区产业培育和城市壮大提供了良好基础；皖江各市不断完善产业链、壮大产业集群，具备实现更高质量发展的条件。四是交通网络逐步完善。随着商合杭高铁的开通，覆盖皖北、皖江地区的高铁网络初具规模，北上京津冀、南下广闽赣、东融沪苏浙、西向豫陕甘的通道全面打通，加之完善的高速公路网、航空机场和良好的水运条件，具备在皖北、皖江各培育一个省域副中心城市的基础条件。

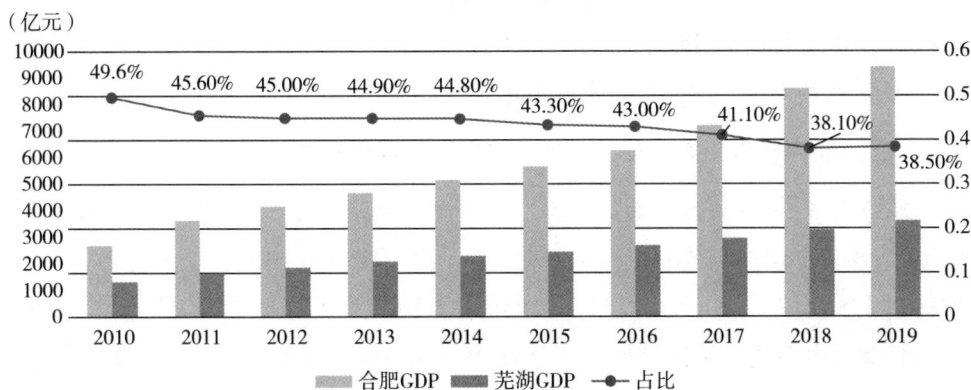

（亿元）

芜湖市 GDP（全省第 2）与合肥市比较（2010—2019）

（四）从区域竞合态势看，加快培育壮大省域副中心城市，将在省内形成鲇鱼效应，增强各市提升城市能级的紧迫感、使命感，有效防止创新、劳动力等优质要素资源外流

从省内来看，建设省域副中心城市，不仅能实现副中心城市能级的快速提升，还将打破原有城市定位，对合肥市和非副中心城市形成双向压力，弥补省域中心城市辐射带动力不足的问题，加快形成以城市群为主体，大中小城市、小城镇协调发展的格局。从省域间来看，南京都市圈拉上了芜湖、马鞍山、滁州、宣城，黄山市也加入了杭州都市圈。建设省域副中心城市，可以防止我省广大腹地被域外城市（南京、杭州、徐州等市）过度影响，促进我省劳动力、人才等优质资源回流并就地城镇化。省域副中心城市将成为我省中心城市（合肥市）与南京市、杭州等省域外城市协同发展的战略支点，在省域间区域竞争合作中占据有利位势。

二、周边省份建设省域副中心城市的主要做法

（一）湖北省较早提出建设省域副中心城市

2003 年，湖北省委、省政府出台《关于加强城镇建设工作的决定》，提出宜昌和襄樊两市要充分发挥区位交通和周边城镇相对密集、形成强有力的群体效应，更好地发挥其对省域西南部地区和西北部地区辐射带动作用，与武汉一起形成"三足鼎立"之势，带动全省城镇整体发展。2019 年，襄阳（原襄樊市）、宜昌两市 GDP 分别达到 4812.8 亿元、4460.8 亿元，仅次于武汉市，位列湖北省第 2、3 位，有效支撑了湖北省新型城镇化建设。

（二）江西省出台务实举措支持省域副中心城市建设

2017 年 12 月，江西省政府印发《关于支持赣州建设省域副中心城市的若干意见》，按照 2020 年、2035 年两个时间节点提出赣州市 GDP 占全省比重、中心城区建成区面积、城市人口总量等多项目标指标，并从重大基础设施建设、产业平台打造、中心城区和区域性中心建设等 4 大方面，出台 21 项务实政策措施，支持赣州建设省域副中心城市，打造江西省南部重要增长板块。

（三）山西省提出"一主三副六市域中心"空间布局

2019 年 12 月，山西省委经济工作会议提出，要按照"一主三副六市域中心"空间布局，强力打造太原都市区核心引擎，加快打造大同、长治、临汾三个省域副中心城市，加快六个市域中心城市建设，高质量推进城镇化建设。同时，强化产业带动、提升基本公共服务，吸引人口集聚，积极推进大县城建设，大幅提升就地城镇化水平。

（四）江苏、浙江两省城市发展呈现"多级支撑"格局

苏浙两省虽然未设立省域副中心城市，但多极支撑的格局已初步形成，不存在"一城独大"问题。江苏省，2019 年 GDP 排位第 2 的南京（14 030 亿元）、第 3 的无锡（11 852 亿元）、第 4 的南通（9 383 亿元）分别相当于第 1 位苏州（19 236 亿元）的 72.9%、61.6%、48.8%。浙江省，2019 年 GDP 排位第 2 的宁波（11 985 亿元）、第 3 的温州（6 606 亿元）分别相当于第 1 位杭州（15 373 亿元）的 77.9%、43%。

2019 年长三角和中部地区 GDP 排第 1、2 位城市比较

（单位：亿元、%）

城市及 GDP 省份	安徽	浙江	江苏	江西	河南	山西	湖南	湖北
GDP 第 1 城市及总量	合肥 9 409	杭州 15 373	苏州 19 236	南昌 5 596	郑州 11 590	太原 4 029	长沙 11 574	武汉 16 223
GDP 第 2 城市及总量	芜湖 3 618	宁波 11 985	南京 14 030	赣州 3 474	洛阳 5 035	长治 1 652	岳阳 3 780	襄阳 4 813
第 2 占 第 1 的比重	38.4	77.9	72.9	62.1	43.4	41	32.7	29.6

三、谋划建设省域副中心城市的几点建议

（一）在皖北、皖江地区各建设一个省域副中心城市，加快构建"一主、两副、多支点"的城市发展格局

综合考虑各市地理人文、人口数量、经济总量、交通状况、产业发展因素，建议分别选择皖北、皖江地区的阜阳市和芜湖市作为省域副中心城市加以培育。通过发挥市场和政府的双重作用，到 2025 年将省域副中心城市培育成主城区常住人口 200 万至 300 万，经济总量 5000 亿元至 8000 亿元，主要经济指标占合肥市 50% 左右的大城市，加快构筑推动安徽高质量发展的"左膀右臂"，实现由"一强、多点"向"一主、两副、多支点"的城市发展格局转变。

（二）加强统筹协调，处理好省域副中心城市与合肥市、省内其他城市以及长三角区域重点城市的关系

按照全省"一盘棋"的思路，找准省域副中心城市与省域中心城市、其他城市以及省域外城市协同发展路径。第一，省域副中心城市要"担当作为"，加快实现自身发展壮大，积极争取国家层面的各类试点示范，用实实在在的发展质量、速度、成效，做到"名副其实"。第二，要"当好副职"，主动加强与中心城市（合肥市）的互动配合，发挥好对周边城市的带动作用，构筑起推动全省高质量发展的"中坚力量"。第三，要不断扩大"朋友圈"，加强与长三角区域重点城市的合作，充分利用省内外资源、市场，实现由单纯竞争向竞争合作转

变，实现共商共建共赢。

（三）结合"十四五"规划纲要及专项规划编制，在城市定位、产业发展、交通布局以及新型基础设施建设等方面给予省域副中心城市大力支持

在总结"十三五"、谋划"十四五"的关键时期，建议支持省域副中心城市，以全球视野、全局思维，从城市发展定位、城镇人口集聚，产业高质量承接、科技创新、社会事业提质等方面加强战略谋划，扎实推进"两新一重"建设，不断提升城市能级。省里从国家重大政策、项目争取，新型基础设施建设、重点产业发展、重大政策先行先试以及干部选配等方面，给予省域副中心城市更多支持。特别是，加快打造与合肥市高效联通的综合立体交通网络，缩短省域中心城市与副中心城市之间的时空距离。

（四）结合省域副中心城市的谋划建设，不断丰富完善区域发展政策，推深做实省委、省政府"一圈五区"发展战略

按照省委"一圈五区"区域发展要求，充分发挥省域副中心城市、其他城市（包括工业强市、农业大市、资源型城市、劳动力输出大市）的比较优势，不断丰富完善小单元、个性化的区域发展政策。充分运用规模经济规律，加快小尺度、次区域一体化发展步伐，统筹推进芜（湖）马（鞍山）、淮（南）蚌（埠）同城化，铜（陵）池（州）、淮（北）宿（州）一体化，率先实现市与市之间的合作共建共享。

全省 15 市 2019 年主要指标情况

城　市	GDP（亿元）	常住人口（万人）	高铁通达主要城市	机　场
芜　湖	3618.3	377.8	上海、南京、杭州（商合杭全新开通后将通达长三角、京津冀、中原地区主要城市）	芜湖宣州机场（在建）
滁　州	2909.1	414.7	北京、上海、南京、杭州、郑州、福州、厦门	—
阜　阳	2705.0	825.9	北京、上海、合肥、杭州、南京、郑州、西安	阜阳关西机场
安　庆	2380.5	472.3	郑州、北京、上海、合肥、杭州、南京、济南、天津、西安	安庆天柱山机场

（续表）

城　市	GDP（亿元）	常住人口（万人）	高铁通达主要城市	机　场
马鞍山	2111.0	236.1	上海、南京、杭州	—
蚌　埠	2057.2	341.2	济南、天津、北京、杭州、济南、合肥、上海、武汉、长沙、西安、福州、广州、厦门、南京、郑州、兰州	—
宿　州	1978.8	570.0	合肥、济南、北京、上海、杭州、西安、南京、郑州	—
亳　州	1749.0	526.3	上海、西安、郑州、南京、福州、合肥、西安、杭州	—
六　安	1620.1	487.3	合肥、武汉、长沙、广州、济南、北京、天津、南京、上海、杭州、武汉、重庆、成都	—
宣　城	1561.3	266.1	主城区无高铁	芜湖宣州机场.（在建）
淮　南	1296.2	349.0	济南、天津、北京、武汉、长沙、合肥、广州、西安、郑州、上海、南昌、杭州	—
淮　北	1077.9	227.0	合肥、北京、上海、南京、杭州	—
铜　陵	960.2	164.1	合肥、上海、南京、福州、济南、天津、北京、西安、郑州、兰州、广州、长沙、南昌、杭州	—
池　州	831.7	148.5	合肥、上海、南京、济南、天津、北京、西安、郑州、杭州	池州九华山机场
黄　山	818.0	142.1	合肥、福州、郑州、西安、兰州、长沙、广州、南昌、北京、天津、济南、上海、杭州、南京	黄山屯溪机场

执笔：张云 董楠 江鑫

危中寻机、变中求胜，奋力推动服务业行稳致远

——上半年全省服务业发展形势分析

为准确把握服务业发展形势、促进服务业平稳健康发展，近期省发改委贸易和服务业处会同省经济研究院赴合肥市开展调研，召开全省部分市和相关企业负责同志座谈会，并与省直相关部门会商，听取意见和建议。总体来看，我省服务业恢复发展态势良好，但持续回稳的基础仍然不牢，在疫情防控常态化的新阶段，需立足稳消费、促循环、释活力，推动服务业平稳健康发展。

一、上半年服务业发展稳中向好

2020年以来，全省上下认真落实党中央、国务院决策部署，统筹推动疫情防控和服务业复工复产，聚焦重点、综合施策。随着疫情形势的好转和"六稳""六保"政策措施的落实，上半年尤其是二季度以来服务业企稳回升势头明显，为全省经济社会平稳健康发展提供了有力支撑。

1. 服务业发展总体企稳回升

服务业企业复工复产成效明显，截至2020年7月15日，全省规上服务业企业4828家，复工率、复产率分别达到98.4%和88.6%。省经济运行监测调查平台显示，3月以来全省服务业企业运行指数持续回升，6月当月首次升至荣枯线以上，达到50.1%，基本恢复至年初水平；6月预计收入上升或持平的服务业企业占比达到75.9%，较一季度末提高28.6个百分点。上半年全省服务业增加值同比增长0.4%，较一季度回升4.1个百分点，高于全国2.0个百分点。

2. 服务业投资持续发力

上半年，全省服务业固定资产投资同比增长7.5%，增速领先长三角地区，高于全国8.5个百分点，较一季度回升15.1个百分点，分别高于制造业、全部投资19.9、6.5个百分点，其中教育、卫生、信息服务业固定资产投资分别增长45.8%、35.3%和80.7%。合肥市空港国际小镇一期、东华软件长三角城市群中

心总部基地、中科检验检测高科技服务业集聚区等重点项目签约落地，服务业发展后劲正在积蓄。

3. 生产性服务业发展势头良好

得益于产业链供应链协同复工复产相关扶持政策落地见效，金融、物流、信息服务、科技服务等生产性服务业快速恢复。金融业逆势增长，6月末全省人民币存贷款余额同比增长12.7%，环比上升1.0个百分点，上半年新增贷款量达到去年的95%；1—5月证券交易额、保费收入同比分别增长7.0%和2.1%。物流业景气指数为50.1%，连续3个月处于景气区间。"蚌西欧"班列开通以来发运量月均增长300%。信息技术服务、租赁商务服务、科技服务稳步发展，前5个月营业收入分别增长13.7%、3.7%和3.0%。

4. 新业态新模式加快发展

疫情发生以来，线上购物、网络订餐、直播带货、夜间经济等新业态新模式增长迅猛。全省限额以上网上商品零售额增长38.7%，占限额以上消费品零售额比重由去年同期的8.7%提高至12.3%。社区零售企业——生鲜传奇上半年销售额和毛利同比分别增长59.3%和43.5%。黄山市积极推动与抖音、淘宝、拼多多等电商平台合作开展直播带货，带动快递业务快速增长，前5个月快递业务收入增长18.7%。

5. 服务消费市场稳步改善

得益于互联网快速发展以及消费券等政策刺激效应，服务消费持续回暖。上半年全省社会消费品零售总额为8456.5亿元、下降3.5%，降幅较一季度收窄8.4个百分点，浅于全国7.9个百分点。5月当月全省餐饮收入由上月的下降0.9%转为增长10%，为今年以来首次正增长。据同庆楼反映，5—6月份营业收入已经恢复至去年同期九成左右。

二、服务业持续回稳面临诸多困难挑战

虽然二季度以来全省服务业主要指标持续回升，但服务业面临困难仍然较多，企业预期不佳、信心不足，持续回稳动力不足，1—5月份，全省规上服务业10个门类中仍有6个行业增速同比下降。

1. 小微企业生存艰难

服务业受疫情冲击最直接、最严重，目前影院等密闭场所复工营业限制刚刚

解除，大型会展、体育赛事等暂停审批，省际班线客运实载率不足20%，小微型、传统生活性服务业企业营收大幅下降，资金紧张，关停、注销情况增多。省经济运行监测调查平台也显示，6月份小微企业景气指数低于全部服务业企业1.6个百分点，处于衰退区间。

2. 重点区域支撑乏力

合肥市服务业增加值占全省的30%左右，今年一季度服务业增加值同比下降5.5%，降幅高于南京、杭州，预计上半年难以达到全省平均增速。黄山服务业占GDP比重近60%，今年一季度服务业增加值下降6.5%，预计上半年仍为负增长。亳州、阜阳、宿州等近年来服务业发展较快的地区，也均面临较大回落压力。

3. 新经济面临体制机制障碍

调研中，一些企业反映，虽然新业态新模式发展较快，但与之相适应的制度环境还没有完全建立。比如，服务业新经济企业用工灵活，与现行社保、个税制度不相容，容易造成合规性风险；新经济大多为轻资产企业，融资难、融资贵问题较为突出。此外，还有企业反映，目前我省民办非企业单位转制为公司通道不畅，影响企业经营。

4. 就业和维稳风险凸显

受生存困难、预期下降影响，服务业企业用工需求明显减少，劳资纠纷、履约纠纷不断增多。服务业吸纳就业能力下降，滁州市230家规上服务业企业用工数量减少15%，蚌埠市二季度服务业用工数量同比下降9.3%。一些企业虽然采取稳岗政策，但最低工资、基本工资难以留人，员工流动性明显增加。调研还发现，劳资纠纷、房租、还贷、订单履约等问题日益显现，维稳风险上升。

三、相关建议

当前，新冠疫情、中美经贸摩擦与洪涝灾害叠加冲击，全球经济陷入衰退，国内消费市场受到抑制，各地自贸区（港）、大型平台企业虹吸效应显现，我省服务业恢复增长承压。我们也要看到，我国发展韧性、发展潜力和回旋空间巨大，长三角一体化国家战略优势凸显，国家和省相关政策效应正在叠加释放。要立足危中寻机、变中求胜，更加积极主动作为，因时因势调整工作着力点和应对举措，着力推动服务业持续平稳健康发展，为"十三五"圆满收官奠定坚实基础。

1. 抓好行业企业精准帮扶

结合"四督四保""四送一服"等活动，落实好前期帮扶政策，持续做好重点行业重点企业包保服务，研究企业经营困难清单化管理措施。在做好常态化防疫的前提下，会同各地抓紧推进旅游景区、旅行社、影院等复工复产，推动住宿餐饮、批发零售、交通运输等行业纾困解困。加强中小微企业发展研判，强化财税、金融等与就业政策协同联动。支持外贸企业转型发展，推动外贸产品出口转内销。

2. 聚力培育服务业新业态

打造产业数字化转型的公共服务平台，鼓励传统商贸、文旅等企业将业务系统向云端迁移，拓展业务范围，调整优化业务结构。以数据资源和场景应用为吸引，加大头部平台企业招引力度，从省级层面加强与相关平台企业的战略合作，争取在我省设立区域性总部、第二总部。支持省内垂直型、社区型服务企业不断改善用户体验，打造一批"小而美"的线上品牌。以工业互联网为主抓手，推动供应链系统和生产系统精准对接，促进先进制造业与现代服务业融合发展。

3. 持续优化服务消费环境

在总结前期消费券效用的基础上，聚焦重点领域、重点人群，研究发放定向消费券。把握跨省团队游放开的政策契机，加大安徽旅游品牌精准营销和推介力度。不断丰富夜间经济产品业态，建设一批夜间文旅消费示范区。进一步拓展线上消费场景，探索创新线上服务内容，增加消费"黏性"。鼓励消费金融机构与线上线下商户合作发展，针对教育、零售、租房、旅游等场景，开发基于线上、线下真实消费场景的精准消费信贷产品。

4. 创新服务业要素保障机制

探索构建服务业弹性工作的规范化发展机制，探索适应跨平台、多雇主间灵活就业的权益保障、社会保障政策。依托相关大型平台企业打造"共享用工"服务平台，实现人力资源供需双方精准对接，积极开发资金结算、个税代征等增值服务。适应中小服务业企业轻资产特征，积极探索基于互联网和大数据的金融科技创新试点，推动政银担合作模式创新，扩大对中小微企业的融资覆盖面。

5. 推动服务业集聚创新发展

继续发挥服务业集聚区辐射带动效应，推动企业抱团发展、联动发展。按照

"产城融合、集聚布局、集群发展"思路，引导各地服务业集聚区优化提升，打造功能多元的服务业发展新空间。适应服务业线上化、融合化发展趋势，探索放宽集聚区空间限制，突破行业分类，打造若干虚拟型、综合型的新型服务业集聚区。创新要素资源配置机制，优先支持和保障集聚区重大项目用地需求。组织开展服务业集聚区考核评估，建立严格考评和动态调整机制。

调研组：省发展改革委贸易和服务业处
　　　　省经济研究院
成　员：胡功杰　陆加军　王志锋
　　　　窦　瑾　陈　香　张淑娟
　　　　江　鑫

把推动中等收入群体扩容提质作为
现代化建设的重要任务

中等收入群体是一个集政治、经济、社会、文化等内容于一体的综合性概念。习近平总书记强调，扩大中等收入群体，关系全面建成小康社会目标的实现，是转方式调结构的必然要求，是维护社会和谐稳定、国家长治久安的必然要求。当前，我国正处在"两个一百年"奋斗目标的历史交汇期，受新冠肺炎疫情等多种因素影响，国际政治经济格局正在发生深刻变化，面对构建国内国际双循环相互促进的新格局新任务，特别是立足我省在全国发展位势逐步提升、全省人民对美好生活期望值更高的新阶段，应当充分认识中等收入群体对我省实施扩大内需战略、推动经济高质量发展乃至现代化建设的深远意义，找准问题、认清差距、厘清思路。近期，省发展改革委赴有关地市开展了调研，现将有关情况报告如下：

一、深刻认识新时代推动中等收入群体扩容提质的重要性和紧迫性

（一）中等收入群体扩容提质有利于趁势而上推动全面小康向现代化建设迈进

从国际上看，拉美等国家曾经落入中等收入陷阱的主要原因，就在于对低成本发展模式的路径依赖，未能及时改善收入分配、培育中等收入群体，进而跨入高收入社会。党中央高度重视培育中等收入群体，早在党的十六大就提出"扩大中等收入者比重"，十八届三中全会强调"扩大中等收入者比重，逐步形成橄榄型分配格局"，党的十九大报告中把"中等收入群体比例明显提高"作为2035年基本实现社会主义现代化的重要特征和目标。今年我国将全面建成小康社会，许多困难和低收入群体在收入提升的同时，对民主法治、公平正义、安全环境等美好生活向往也在日益增长。顺势而为、趁势而上，推动中等收入群体扩容提质，将有效拓展经济增长空间，有利于成功跨越中等收入陷阱，开启现代化建设新征程。

（二）中等收入群体扩容提质有利于增强经济质量优势和发展新动能

中等收入群体总体文化素质高、创新能力强，是供给侧重要的生产要素，这一群体的壮大对经济高质量发展具有深远意义。中等收入群体是高素质劳动者的主要来源。绝大部分中等收入群体具有较高的知识技能水平或谋生能力，这一高技能、专业化群体的不断壮大，有利于形成一个劳模精神、工匠精神充分弘扬的高效职业社会，形成新经济发展需要的知识型、技能型、创新型劳动者大军。中等收入群体是创新动力的主要来源。中等收入群体倾向有品质、有态度的生活，对推动思想观念更新、科学技术创新、商业模式创新等积极性较高，持续扩大这一群体，有利于培养具有国际水平的战略、科技、管理、商业、金融等方面创新队伍。

（三）中等收入群体扩容提质有利于更加有效实施扩大内需战略

党中央提出"坚定实施扩大内需战略"，一个重要考虑就在于我国拥有世界最大的中等收入群体，这是建设强大国内市场的重要依托。中等收入群体引领消费需求、带动产业升级。根据马斯洛需求层次理论，高收入群体大件消费趋于饱和，消费倾向较低；低收入群体消费愿望强烈，但实际购买力不足，无法形成大规模有效需求。而中等收入群体已满足基本生活需求，更加注重消费品质，既有消费能力，又有消费愿望，是稳定的消费贡献者乃至消费潮流创造者。中等收入群体具有巨大的潜在创新创业和投资需求。中等收入家庭恩格尔系数较低，拥有一定数量的储蓄以及各类实物资产和金融资产，具有分享经济增长红利的内在需求，是资本市场重要的资金来源，也是创新创业及相关投资理财活动的重要参与者。

（四）中等收入群体扩容提质有利于增强社会凝聚力、提升社会治理能力和水平

社会学研究表明，中等收入群体往往心态稳定，在满足物质基本需求后，更加关注自身精神塑造和社会环境提升，是维护社会稳定和促进社会进步的中坚力量。中等收入群体是践行社会主义核心价值观的主体。中等收入群体往往对社会整体价值观有着高度认同，能够继承、吸收各类优秀文化，不仅希望社会和谐进步、国家强大富足，也通过自身的示范，传递社会正能量，对低收入群体努力向上流动、践行社会主义核心价值观形成示范带动效应。中等收入群体更加适应不断深化的改革。中等收入群体的社会认知相对理性，对安稳的社会环境有强烈依赖，对社会规则和制度环境有较强的政策关切，扩大这一群体有利于我们开展各项体制机制探索，巩固完善社会主义市场经济体制的群众基础，加快治理体系和治理能力现代化。

二、我省中等收入群体的现状和特征

国家统计局将中等收入标准设定为三口之家年收入 10 万～50 万元人民币，并测算得出 2017 年全国中等收入群体人口超过 4 亿人。基于该标准①，我们结合居民收入五等份②数据和实际调研情况，对我省中等收入群体进行了调研分析。

（一）从总量来看，中等收入群体持续壮大，但整体收入结构呈"扁平金字塔"形态，分配格局仍有待优化

经测算，2013 至 2018 年，全省中等收入群体规模由 804 万人增加到 1681 万人，占全省人口的比重由 13.3% 提高到 26.6%，但仍分别低于全国 7.6 个百分点、江苏 21.6 个百分点。由于收入水平差距较大，分配格局呈现底部较大的"扁平金字塔"形态。从城镇居民五等份收入分组来看，近 6 成城镇居民收入低于中等收入标准下限（约 3.3 万元），仅有不足 1% 的居民收入超过中等收入标准的上限（约 16.7 万元）。

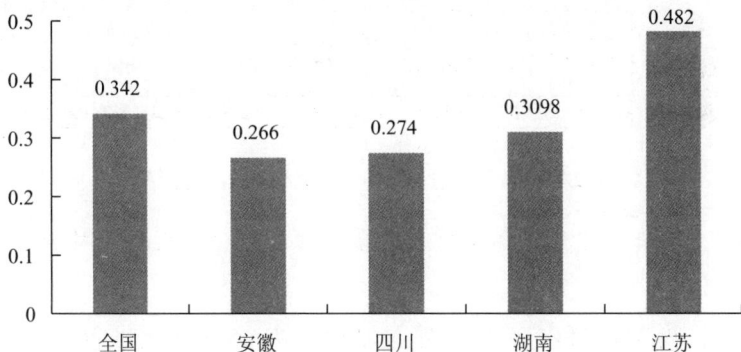

图1　2018 年我省及全国部分省份中等收入群体占比情况

---

① 以 2017 年为基期，根据价格指数调整。

② 城镇居民人均可支配收入按照五等份分组，处于最高 20% 的收入群体为高收入户，以此类推依次为中高收入户、中等收入户、中低收入户、低收入户。

（二）从结构来看，中等收入群体区域城乡行业差异大，补短板中蕴含增收空间

1. 区域差异大，皖江地区中等收入群体数量较多，皖北皖西地区比重相对较低

中等收入群体比重与当地经济发展水平呈正相关关系。合肥、马鞍山、芜湖等人均 GDP 水平较高的城市，中等收入群体数量较多，2018 年三市中等收入群体比重分别为 54.0%、51.2% 和 42.9%，明显高于全省平均水平。中等收入群体比重较低的城市集中于皖北、皖西地区。宿州、亳州、六安三市中等收入群体比重分别为 17.9%、17.4% 和 14.8%。

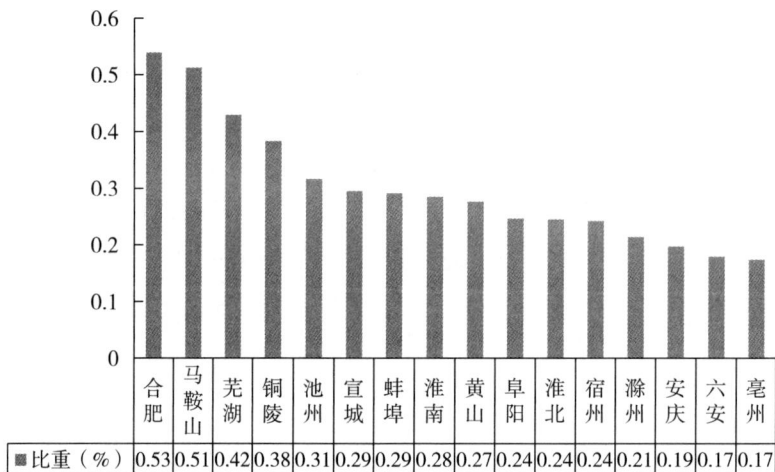

	合肥	马鞍山	芜湖	铜陵	池州	宣城	蚌埠	淮南	黄山	阜阳	淮北	宿州	滁州	安庆	六安	亳州
比重（%）	0.53	0.51	0.42	0.38	0.31	0.29	0.29	0.28	0.27	0.24	0.24	0.24	0.21	0.19	0.17	0.17

图 2　2018 年我省 16 市中等收入群体占比情况

2. 城乡差异大，城镇是中等收入群体分布的主体，农村中等收入群体数量极少

2019 年，我省农村居民人均可支配收入为 15 416 元，仅为城镇居民的 41.1%，相当于中等收入标准下限的 46.2%。根据测算，2018 年，我省仅有约 200 万农村人口属于中等收入群体，占中等收入群体的 12% 左右，相对于农村人口占全部人口 44.2% 的比重较为失衡。

3. 行业差异大，中等收入群体行业集中度较高，就业容量大的行业收入水平偏低

从 2018 年我省行业工资水平来看，中等收入群体主要集中于烟草、电力、

石油等自然垄断性行业，教育、卫生、科技研发等知识密集型行业，金融等资本密集型行业，以及信息服务、电子信息等新兴行业。对就业贡献较大的住宿餐饮、居民服务、纺织服装、农副产品加工等传统行业和劳动密集型行业收入水平总体较低。

（三）从贡献来看，中等收入群体消费升级倾向明显，消费贡献相对较高

2018 年，我省城镇中等收入群体以占城镇 42.4% 的人口贡献了 58.8% 的消费。从城镇居民五等份收入分组来看，随着收入的增加，高档耐用品拥有量显著提高。2018 年，高收入户每百户家庭拥有汽车、中高档乐器、健身器材数量分别达到 48.98 辆、16.09 台和 12.29 套，分别是低收入户的 2.6 倍、8.5 倍和 5.3 倍。同时，中等收入群体更新消费需求更高，2018 年中高收入户每百户家庭购买电冰箱 7.56 台、洗衣机 6.8 台、彩电 5.9 台，所购数量均为各分组中最多。

三、我省中等收入群体扩容提质面临的主要制约因素

综合分析，当前我省中等收入群体比重偏低，主要制约体现在"四个滞后"。

（一）产业升级滞后，低劳动成本路径依赖仍然较强，高收入岗位供给不足

产业结构深刻影响收入结构和社会结构。多年来，低廉的劳动成本一直是我省承接产业转移的重要优势。但成本优势并非一成不变，随着省内工资水平逐步上涨，部分企业或转向更低成本地区，或通过机器换人降低劳动力需求，最终反向影响省内就业、冲击居民收入。同时，经济增长对低劳动成本、低技术含量、低产业环节的依赖，阻碍省内科创、生态、区位等优势创造性发挥，我省能够提供中高收入的产业载体较为缺乏。

（二）新型城镇化滞后，中心城市集聚功能不足，对收入的正向拉动有限

新型城镇化带来的就业机会、商业利润等，是中等收入群体发展壮大的重要条件。2019 年，我省常住人口城镇化率达 55.8%，低于全国 4.8 个百分点；户籍人口城镇化率达 34.7%，低于全国 9.7 个百分点。长三角区域经济总量超4000 亿元的城市，江苏有 10 个，浙江有 7 个，我省仅有合肥 1 个。此外，目前统计的城镇化率中有很大一部分来自县改市、县改区、农村改社区等形式的区划调整，生产组织方式、居民生活水平并未有同步提升。滁州市反映，一些划为城镇管理的农村地区，老年人员仅有 110 元/月的城乡居保养老金及零星收入，总

体较为困难。

表1　2019 年长三角地区及中部各省常住人口城镇化率

地区	安徽	江苏	浙江	湖北	山西	江西	湖南	河南
占比（%）	55.8	70.6	70.0	61.0	59.6	57.4	57.2	53.2
差距	—	-14.8	-14.2	-5.2	-3.8	-1.6	-1.4	+2.6

（三）人力资本引育滞后，高素质人才外流、年轻群体劳动参与率低、老龄化持续加深

我省高等教育学校 119 家，居全国第 9 位，但人才吸引力却远难以与沪苏浙等相比。中科大在过去三年里流失了 6 位院士，分别流向北京、上海、深圳等地。2019 年，49.6% 的省内高校研究生和 37.9% 的本科生选择省外就业，选择省内就业的毕业生中省外生源仅占 3.7%。选择省内就业的年轻群体对收入预期相对不高，但普遍要求更低的工作强度、更多的休闲时间。调研中多个企业反映，虽然我省工人工资低于沪苏浙，但工作时间和生产率也同样较低。全省技能劳动者中高技能人才总量占比 28%，明显低于沪苏浙。此外，我省劳动年龄人口持续缩减老化，2019 年，全省 65 岁以上人口比重为 13.9%，即将迈过深度老龄化门槛，老年人口收入来源以转移性收入为主、标准较低，难以达到中等收入下限标准。

（四）部分领域体制改革滞后，要素市场化水平低，价格机制和流动渠道不健全

要素市场化配置和市场决定价格机制是释放要素活力、提高居民收入的关键。以土地为例，在农村建设用地与国有土地同等入市的改革导向下，金寨县第一宗入市的全军乡熊家河村地块每亩成交单价为 20.1 万元，大体相当于同区域国有商业用地价格。但是，尽管市场化改革方向已经明确，近年来各地也多有探索，改革进展仍不及预期。调研中多地反映，农村宅基地流转局限于集体经济组织内部，但真正的需求在外部，农民房屋财产权难以真正变现。以学历、论文为导向的人才评价机制仍然坚固，科研人员科技成果价值难以有效实现。烟草、电力、石化等垄断行业收入显著高于其他行业，但并未带来生产效率的同步提高。

四、政策建议

中等收入群体的培育壮大，是新时代安徽经济高质量发展的重要基础。基于谋划构建我省内需新体系的要求，建议按照"三增两强一深化"的思路，把政策关注点从"脱贫"转向"致富"，推动中等收入群体扩容提质，带动形成"中等收入—中高端需求—中高端供给"的经济循环，为建设现代化五大发展美好安徽奠定坚实的内需基础。

（一）增"政策"，构建中等收入群体扩容提质政策体系

围绕到2035年基本实现社会主义现代化目标，建立健全与我省发展实际相适应的中等收入群体扩容提质政策体系。一是强化整体战略导向。把中等收入群体扩容提质作为"十四五"乃至更长时期的战略导向，按照国家有关要求和部署安排，研究提出具体推进目标、工作路径和任务安排。二是推动新一轮重点群体增收激励行动。以技能人才、新型职业农民、科研人员、小微创业者、企业经营管理人员、基层干部队伍等增收潜力大、带动能力强的群体为重点，分类制定差别化收入分配激励措施，鼓励有关地市和部门结合实际开展专项试点探索。

（二）增"资本"，增强中等收入群体人力资本储备

针对我省人力资本存量特别是中高端人才存量不足问题，加大人才培育引进力度，持续扩大人力资本。一是提升教育供给能力和水平。加大名师培育力度，推动教师"无校籍"制度改革，推进城市教育资源均衡配置，保障农民工子女公平享受优质教育资源。扩大高等教育招生规模，提高劳动年龄人口受教育年限和文化程度。推进农村地区远程课堂建设，提高农村基础教育质量。二是加强职业技能培训。完善企业用工委托培养体系，提高就业技能培训的针对性和有效性。健全现代职业教育体系，鼓励各类在职人员参加专业技能测试，形成与中高收入工作岗位相匹配的人力资源。三是推动更加开放高效的人才引进。深入实施新时代"江淮英才计划"，加大对"高精尖缺"人才的引进力度。创新引智政策和服务保障机制，制定更具竞争力的高层次人才引进政策，强化专业技工、高校毕业生等人才引进措施，促进人力资源加速聚集、高效流动。

（三）增"价值"，增强中等收入群体价值创造能力

中等收入群体扩容提质，归根结底还是要提升自身创造经济价值的能力和在

经济循环中的地位。一是以前沿性创新推动新的价值创造。加快合肥综合性国家科学中心建设进度，进一步拓展科学中心平台体系，更好承载创新活动、提供更多创新服务。继续推进全面创新改革，增强集聚创新要素的体制优势和环境优势，吸引科学家、企业家以及各类创新机构在我省开展高水平创新活动，推动创新链产业链融合拓展，创造更多中高收入机会。二是强化创新创业创富制度保障和模式探索。鼓励各类主体开展灵活多样的创新创业，研究制定支持跨领域多点执业、兼职就业、副业创业的具体办法，通过新模式、新业态开拓中高收入岗位和收入渠道。以最大程度降低创业成本和风险为方向，完善创业支持保障体系。三是着力挖掘劳动生产率潜力。以提升工作效率为目标，强化"勤者多得、能者多得"的政策导向和浓厚氛围，支持企业加快员工培训、设备升级、技术迭代、管理优化和模式创新，提高劳动强度和技术含量，加强劳动权益保障，优化工作环境，更好调动和激发职工工作积极性和创造性。

（四）强产业，拓展中等收入群体增收领域空间

与沪苏浙等地区相比，我省科技创新能力、产业基础能力、资源转化能力还有很大提升空间，要大力完善创新型产业体系，创造更多中等收入的就业岗位。一是以战略性新兴产业集聚高素质人力资本。聚力壮大新一代信息技术等十大新兴产业和未来产业，培育一批处在产业链核心环节、具有较强市场竞争力的创新型企业，建成一批具有国际竞争力的战略性新兴产业集群和重大基地，以大容量、高效益的优质项目带动中高收入群体扩容提质。二是开展数字经济新业态培育行动。要支持大众基于互联网平台开展微创新，建设数字供应链，带动"物流+""电商+""健康养老+"等产业的跨界融合发展。打造跨越物理边界的"虚拟"产业园和产业集群，组织数字化转型伙伴行动，促进企业联动转型、跨界合作。支持合肥线上经济创新发展试验区取得突破，适时在部分具备条件的地区推广。三是承接布局新型劳动密集型产业。积极承接产业布局和转移，用好我省劳动力资源优势，强化新装备、新技术、新模式应用，推动传统劳动密集型产业向高新技术产业链上的劳动密集型环节转变。四是以消费升级带动产业创新。发挥中等收入群体对消费升级的支撑作用，加强消费心理研究和市场预期引导，以更高品质消费需求倒逼产品提升品质和附加值。

（五）强城镇，加快有效集聚涵养中等收入群体的新型城镇化

城市是中等收入群体培育和集聚的主要空间，要围绕中等收入群体美好生活需要，加快新型城镇化建设。一是增强中心城市对中等收入群体的吸附力。提升合肥城市能级，加快大科学装置集聚区、世界级骆岗中央公园等标志性项目建设，注重资源聚合、功能融合，形成对顶尖创新人才、高端创新团队、领军企业集团、国际知名组织等的吸引力。强化中心城市"养人、育人"功能，构建更加包容的"新老市民"融合体系，畅通不同收入群体向上流动通道。二是提升合肥都市圈卫星城镇群对中等收入群体的承载力。利用中心城市与周边村镇的发展势差，创造性挖掘合肥周边特色村镇资源，重点打造合肥都市圈卫星城镇群。重点围绕干线通道和都市圈市际中间地带，统筹进行一批高能级小城镇布局，拓展城市人口就业、投资空间。三是建设有效集聚人口、引领产业升级的创新社区。更好地统筹战略性新兴产业基地、服务业集聚区、新型消费集聚区、特色小镇等建设模式，更加注重围绕产业升级布局新要素、新功能，形成功能融合、三生一体的新型城镇化有效载体。

（六）深化要素市场化配置改革，激发中等收入群体创新创造活力

围绕提升中等收入群体的要素配置和价值实现能力，深化要素市场化配置改革，完善基础制度条件。一是健全科技成果产权制度。加强知识产权创造、保护和运用，深化科研经费、科技成果转化收益分配、职务科技成果所有权或长期使用权、国有科技型企业股权和分红激励等改革，推广实行年薪制、协议工资或项目工资等灵活多样的分配形式。二是以土地要素市场化配置带动农民增收。紧紧围绕实施乡村振兴战略，以增加农民收入为重点，积极争取国家新一轮农村宅基地制度改革试点，开展农村闲置宅基地和闲置住宅盘活利用省级试点示范，适度放活宅基地和农民房屋使用权，促进农民公平分享土地增值收益。三是激发数据要素流通新活力。推进实物生产资料数字化，促进数据要素流通，引导增值开发应用，激活数字化对实物生产资料倍增作用。四是全力打造"四最"营商环境。深入推进"放管服"改革，全面实施市场准入负面清单制度，落实公平竞争审查制度，依法保护民营企业和企业家合法权益，加快构建亲清新型政商关系。

供　稿：省发展改革委政策研究室
省经济研究院
执　笔：张　云　杨　洋　窦　瑾
王小将　江　鑫

破解瓶颈制约，推动开发区高质量发展

——合肥市开发区高质量发展调研报告

2020年7月14—16日，安徽省经济研究院与合肥市发改委区域处联合对合肥经开区、高新区以及庐阳、长丰、肥东、肥西、居巢经开区进行调研。调研发现，合肥市开发区积极推进"二次创业"，加快园区高质量发展，已取得初步成效，一些经验做法值得全省开发区借鉴，同时，一些制约因素需要引起各方面的高度关注，应通过先行先试有效破解。

一、值得借鉴的经验做法

1. 创新"孵化—产业"一体化机制，打破科技成果转化藩篱

各开发区积极搭建孵化器、加速器、众创空间等创新平台，并创新"孵化—产业"一体化机制，促进"创新链"与"产业链"精准对接。其中，合肥高新区推动中科院创新研究院创新"孵化—产业"一体化机制，使之成为集"研究院、公司、技术转移机构、产业育成中心"于一体的市场化主体，完全按企业模式运行，以协议方式约定技术开发成果，并通过专利转让、技术合作、技术入股等方式开展引导性股权投资，从而构建长期系统化的政产学研合作体系，实现科技创新就地转化、就地孵化，目前已累计孵化企业65家。此外，合肥经开区引入清华大学合肥公共安全研究院二期、复旦合肥先进产业研究院等平台项目，推动"孵化—产业"一体化，形成了"清华方案、合肥模式"。

2. 采用"人工智能+创新券"科技服务模式，加速产业转型升级

各开发区高度重视发展现代服务业，推进"两业融合"，尤其通过创新科技服务模式，推动创新服务与人工智能深度融合，加速产业转型与高质量发展。其中，合肥高新区创新"人工智能+合创券"服务模式，即通过整合园区政务、市场、互联网数据资源，对园区企业进行人工智能"画像"，同时配套设计发行有价电子凭证，推动企业按需申领、即领即用，并由市场化服务机构兑现以提供专

业化创新服务，从而加快企业智能转型与产业升级。截至目前，合肥高新区已累计帮助 2700 余家科技中小企业领取 1.7 亿元政策资金，提供过万次科技中介服务，受服务企业合计营业收入增长 37.1%。此外，合肥经开区通过发放科技创新券，加速家电、汽车、电子信息等主导产业智能转型与迭代升级；庐阳经开区对"IE 果园"企业进行全链条跟进、全要素保障、全方位服务。

3. 实施"'亩均效益'评价+分类处置"，提高开发区集约化水平

各开发区通过处置低效用地、鼓励建设高层厂房、挖掘地下空间、推进"腾笼换鸟"等，提高集约化发展水平，实现效率变革。其中，合肥经开区率先在全省建立以"亩均效益"为核心的企业绩效综合评价制度，对占地工业企业实施综合绩效考评和 ABC 分类差别管理，从生产要素、政策奖补、金融支持等多方面分类施策，有效建立起"退低进高""退劣进优"的激励和倒逼机制，累计盘活低效用地近 5000 亩。2018 年，合肥经开区实现亩均税收 22.41 万元，增长9.1%。肥西经开区对 2010 年以来的工业用地逐宗核对，对摸排出的低效闲置用地企业，按照已签约推进慢、未按期完成建设、产值低三种类型，逐宗提出整改处理意见，实行定期调度、清单销号。居巢经开区根据中小微企业亩均税收情况，实行 0.6%~1.2% 的浮动担保费率。

4. 营造金融服务"生态圈"，提升招商引资吸引力和水平

各开发区积极创新"产业+基金+招商"运营模式，充分发挥各类基金的招商辅助作用，促进招商项目成功落地。其中，合肥高新区把打造安徽省基金集聚区作为招商引资的战略部署，出台全省首个基金集聚发展的专项政策，由政府出资，引导基金集聚，创新金融产品，构建覆盖企业种子期、初创期、成长期、成熟期全周期的金融服务"生态圈"，目前集聚各类股权投资基金总规模达 1800 亿元。针对种子期及初创企业，高新区设立了安徽省首支种子基金、天使基金、双创孵化引导基金；针对成长期企业，以政府引导基金为重点，构建股权融资产品链；针对成熟期企业，为企业在境内外上市融资提供专业服务。比如，安徽华米信息有限公司全程享受高新区各类金融服务，其中获得天使初创投资 5000 万元，目前，该企业主打的产品小米手环出货量位列全球第一。

5. 推行"智慧+文化+管家式服务"，全面提升营商环境

各开发区将营商环境作为高质量发展的根基，深化"放管服"改革，创新管理与服务，不断提升开发区吸引企业、集聚要素的核心竞争力。其中，长丰经

开区已建成智慧城市指挥中心和智慧城市管理系统，率先开展智慧园区管理，同时创新服务方式，为入园项目提供全流程精准化"保姆"式服务，开发区全体成员 265 人包联企业（个体户）6980 家，切实帮助企业特别是中小微企业和个体工商户纾困解难。合肥经开区构建经贸、安监、社区委、第三方"四位一体"服务体系，上线企业服务平台及微信公众号，打造"管家式"精准服务品牌，并引导企业构筑"五彩之梦"企业文化。合肥高新区上线安徽首个区级"智慧城管"平台，以"一个平台、一个规划、一大政策、一支团队、一只基金、一系列活动"的六个一"管家式"服务，打造一流的营商环境。

6. 多方位搭建合作平台，提高开放合作水平

各开发区以开放平台为依托，不断深化区域合作，提高对外开放水平，充分利用国内外要素和资源，促进开发区高质量发展。其中，合肥经开区搭建空港、综合保税区、水运港、国际物流园等开放平台，与上海漕河泾开发区合作共建园区，与杭州经开区合作谋划南艳湖特色小镇，与宁波港合作共建派河物流园，多方集聚开放元素，促进开发区高质量发展。肥东经开区通过路网贯通对接、相邻地块置换、共建电子信息应用产业园等方式，大力推进"二次创业"拓展区与合肥新站高新区无缝对接，主动承接新站高新区产业辐射和长三角产业转移，尽快形成产业发展的集聚效应。

二、需要破解的制约因素

1. 低效用地"腾笼换鸟"难

加快处置低效用地，推动"腾笼换鸟"，是开发区实施效率变革、实现高质量发展的必由路径。但调研发现，低效用地收储难、周期长、"腾笼"慢，不仅导致新项目因错过市场窗口期而无法签约、落地，而且影响开发区营商环境，延缓"换鸟"进程，是开发区反映最集中的问题之一。以庐阳经开区为例，在处理闲置低效用地过程中，有三点最为"头痛"：一是用地收储周期长，以工业用地价格收储土地企业不愿意，以商业用地价格收储土地需以地块规划调整为前置条件，导致收储进程较慢，土地闲置期过长；二是土地产权分割存争议，在开发区创立初期，为了鼓励企业入驻，允许工业地产商以整个地块打包的形式与国土部门签订土地合同，建成的标准化厂房可以先租后售，但由于国土部门对企业签订的土地合同中有"不得出租、分割、转让"的条款，使得分块租售的标准厂

房拿不到土地产权证，从而导致这些厂房无人租购而闲置；三是开发区缺乏执法手段，主要通过环保高标准倒逼低效企业退出，但对拒不退出的企业没有约束力。

2. 用人体制出现"回归"

开发区作为体制改革的试验区，在用人机制方面作出了积极的探索创新，除由政府班子成员兼任的领导岗位外，大多数专业性岗位均采取聘用方式，占总就业人数的比重约达30%～50%，这些专业人才为开发区经济发展做出了重要贡献。但是，近年来，由于受人事管理体制等约束，开发区用人体制出现体制"回归"迹象。以长丰经开区为例，工作人员分为公务员编制、事业编制和区聘干部三类。由于开发区中层正职干部为区管正科级，必须由组织部门任命具有公务员或事业编制的工作人员担任，因此，尽管聘用人员业务能力突出，一律不能被聘到中层正职管理岗位，专业人才的作用得不到充分发挥，影响了聘用人员的工作积极性。调研发现，省级开发区均不同程度地存在这一问题。

3. 部分省级开发区疲于应付社会事务

调研发现，省级开发区在是否直接承担属地社会管理职能上采取了不同的制度安排，如庐阳、长丰、肥东经开区采取了"政区合一"的模式，即由开发区统管经济发展和属地社会事务管理职能；居巢经开区采取"政区分离"模式，即属地社会管理归当地政府管，开发区管委会集中力量行使经济发展职能。从运行效果来看，"政区分离"模式契合省级开发区"一区多园"管理格局，有利于开发区管委会集中精力搞经济建设。"政区合一"的设计初衷是加强人力资源整合和工作协调，但由于部分开发区人员配备不足、职责划分不清，执行效果不尽人意。

4. 发展空间与规划空间错位制约新项目落地

这一问题在居巢经开区最为突出。近年来，居巢经开区积极顺应开发区转型升级趋势，大力推动产城融合发展，同时依托资源和交通优势，聚力发展镁基新材料产业，已实质上形成了亚父产城融合主园区、夏阁镁基合金新材料和大交通轻量化产业园、半岛生态工业科学城"一区三园"的空间格局。但根据国家六部委发布的《中国开发区审核公告目录》，仅4.06平方千米的亚父园区和1.98平方千米的银屏园区在开发区国批范围内，其中，银屏园区因受到生态保护红线、永久基本农田控制线划定制约，已不适合发展。与此同时，夏阁镁基合金新材料产业发展势头良好，产业链正由上游冶炼加工向下游高端制造延伸，已有中国宝武等龙头企业项目入驻，但因为夏阁园区不在开发区国批范围内，其项目规划、土地审批、环保审批均受到制约，陷入了项目落地停滞的困境。

三、推动高质量发展的对策建议

1. 制定用地评估和处置制度

针对开发区没有低效用地处置的相关规章制度，导致收储难、周期长、"腾笼"慢的问题，建议先以市级属地政府为单位，比如合肥市政府在总结合肥经开区、肥西经开区等经验的基础上，借鉴山东济南、临沂等地盘活利用闲置低效用地做法，先行研究制定全市开发区低效用地衡量标准和收储办法，待条件成熟后，我省可制定出台全省开发区用地评估与处置意见，强化开发区与环保、安监、国土规划、市场监管等多部门协同发力，依法推动开发园区土地收储再利用工作规范、顺畅开展，促进开发区亩均效益提升与高质量发展。

2. 推进"标准地"改革

针对开发区供地周期长、项目落地慢的问题，建议借鉴浙江经验，加快出台"全省推进标准地改革的实施意见"，建立省发展改革委牵头的"标准地"改革工作协调推进机制，构建"标准地"区域评估和出让指标体系，制定《企业投资工业项目"标准地"管理规范》省级地方标准，规范出让前准备、按标出让、审批服务、按标施建、对标验收、监督管理等主要环节的全过程管理操作流程，支持更多有条件的开发区开展"标准地"改革试点，力争试点开发区新增工业用地全部按"标准地"出让，为开发区"换鸟""引凤"提供最快捷的土地要素保障。

3. 探索创新开发区"能进能出、能上能下"的选人用人机制

针对开发区用人体制"回归"问题，建议我省适应高质量发展对体制机制的要求，制定实施推动全省开发区体制机制改革创新的实施意见，明确开发区作为"体制改革试验区"的定位，给予开发区更多的选人用人自主权，支持各开发区探索完善"能进能出、能上能下"的选人用人机制。第一，合理确定开发区管委会内部选拔和外部引进人才比例，多渠道选拔适合开发区工作的优秀人才；第二，结合岗位特点和专业要求，设置"共性+个性"的组合条件，打破编制身份限制，对内设机构及部门负责人全部实行聘任制管理，把最合适的人才选拔到最需要的岗位上；第三，建立开发区与市、区机关干部的日常性交流机制，

鼓励各级干部到开发区任职、挂职，推动优质干部人才资源向开发区集聚；第四，探索建立开发区不同身份人员的弹性转化机制，以充分吸收经过实践检验、业绩优秀的人才进入体制，不断提升人才队伍水平。

4. 进一步理顺开发区与属地政府之间的职责关系

针对部分省级开发区疲于应付社会事务的问题，建议分类采用适宜的管理模式。对于层级高、区域大、集中连片开发的开发区，如国家级开发区，可采用"政区合一"模式；对于多数省级开发区，宜采用"政区分离"模式；对于已实行"政区合一"的省级开发区，不能一"合"了之，要针对各开发区的实际情况和特点进行优化、细化设计，做到机构精简、职能清晰、领导有力和管理高效。比如，庐阳经开区可在现有统一管理框架下，实施部门职能、人员职责的重新清晰界定，探索法定机构改革，进一步打破开发区管理和属地社会管理的制度鸿沟，做到部门职责合理清晰、人员身份统一、绩效管理高效和人才晋升畅通，切实释放出创新管理活力。肥东经开区管理队伍偏小、人员结构老化，应积极做到事权和人员配备相匹配，可招聘大学毕业生统一分配至开发区，通过人员补充迭代，逐步提升开发区知识层次和管理执行能力，同时采取与岗位职责相匹配的考核机制，让专业的人干专业的事情，充分激发各部门员工工作积极性。

5. 实事求是、因区施策破解开发区空间制约难题

针对开发区实际发展空间与规划空间错位制约新项目落地的问题，建议省、市政府尽快开展一次针对开发区空间问题的集中调研，梳理共性问题，查找个别典型，推动精准、差异化施策。针对规划空间与实际发展空间明显错位的开发区，应在国家政策允许范围内，结合国土空间规划修编窗口期，加快实现开发区空间优化调整。如支持居巢经开区据实开展移区，将银屏园区1.98平方千米国批面积调整至夏阁园区，确保重大项目尽快落地。针对现有空间已经饱和、外围尚有建设发展余地的园区，应结合"十四五"规划编制、国土空间规划修编等，统筹做好片区规划，支持开发区适度向外扩展。

指　导：樊明怀

执　笔：张　峰　王业春　饶　磊　王　蕾

参与调研与讨论：

合肥市发改委：张卫东　刘　磊　高　婵

安徽省经济研究院：吴葆红　夏　飞

洪涝灾害对我省开发区经济运行影响分析

2020年6—8月，我省出现多轮强降雨，16市均发生洪涝灾害，造成直接经济损失300多亿元。为分析本次洪涝灾害对我省开发区经济运行影响、谋划相关政策措施，省发展改革委地区经济处会同省经济研究院，利用开发区调度系统对全省开发区进行了问卷调查①，在此基础上形成分析报告。

一、开发区受洪涝灾害影响情况

截至2020年7月31日，受调查的117家开发区中，共有86家开发区受灾，其中44家直接受灾，约占调查总数的38%。巢湖经开区、岳西经开区、砀山经开区截至7月底仍有部分区域积水。41家开发区受到洪涝灾害间接影响，约占调查总数的35%②。

从受灾企业数来看，直接受灾企业约占开发区企业总数的5%，间接受影响企业约占开发区企业总数的10%。从受灾面积来看，各开发区平均有4%面积直接受灾，其中歙县经开区、六安经开区等开发区受灾较重，直接受灾企业占比高于60%，直接受灾面积占比高于55%。

1. 直接受灾情况

洪灾对开发区造成的直接损失主要包括房屋受损、设备受损、原料产品受损、道路电力等基础设施受损、厂房进水导致停工等。调查显示，原料产品受损（损失程度中等以上27家）和基础设施受损（损失程度中等以上21家）相对较重。截至7月底，洪涝灾害造成全省开发区直接损失达51亿元，其中歙县经开区直接经济损失达23.8亿元，占全省开发区直接经济损失的46%以上，占该开发区上年度经营销售收入的9%左右。

---

① 共发放问卷126份，收回有效问卷117份。本报告数据均来自问卷调查统计。
② 直接受灾指由洪水直接导致的损失，间接受灾指由于洪灾间接导致的停工停产、生产经营困难等。

表1　开发区直接损失情况表　　　　（单位：家）

	严重	较严重	中等	较轻	无损失
房屋受损	1	3	9	40	64
设备受损	2	4	12	40	59
原料产品受损	3	6	18	38	52
道路、电力等基础设施受损	3	9	9	46	50
厂房进水导致停工	2	4	11	36	64

2. 间接影响情况

洪灾对开发区的间接影响主要包括交通运输不畅、原料价格上涨、人力资源不足或成本上涨、恶劣天气导致施工受阻、能源电力供应中断等。调查显示，施工受阻（中等以上影响的开发区达39家）、交通运输不畅（中等以上影响的开发区达24家）、能源电力供应不稳定（中等以上影响的开发区达17家）对开发区影响较大。截至7月底，洪涝灾害造成全省开发区间接损失超100亿元，其中歙县经开区、六安经开区等地受洪灾影响间接损失较重。

表2　开发区间接损失情况表

	严重	较严重	中等	较轻	无损失
交通运输不畅	2	6	16	50	43
原料价格上涨	2	4	6	51	54
人力资源不足、成本上涨	2	2	6	40	67
恶劣天气导致施工受阻	3	11	25	52	26
能源供应不稳定	2	2	13	35	65

3. 产业受影响情况

调查统计显示，开发区各主导产业中，与农产品生产密切相关的农副产品加工、食品加工等产业受灾明显，化工、新材料、装备制造、生物医药等大进大出或设备密集型产业也受到较大影响。

4. 园区生产自救情况

面对洪涝灾害，各开发区和企业积极采取了自救措施。一是加快排涝。积极组织队伍，购置抽排水设备、疏通排水管网，加快园区排水，指导企业开展消毒防疫工作，减少企业损失。二是加强基础设施修复。积极抢救电力、供水等基础设施，加快企业内部电路检修，修复受损道路，畅通企业生产运输通道。三是帮助企业协调金融、保险等机构，积极参与灾情核验，加快保险赔付，缩短政策兑现周期，加强银企对接，缓解企业融资难等问题。

二、需关注的几个问题

1. 部分受灾企业亟待救助

本次灾情具有短期性、局部性和暂时性等特征，对开发区整体经济运行造成的冲击较小；但对部分受灾严重开发区的个别企业冲击较大，重资产企业设备受损甚至报废，部分茶叶加工、农产品加工、纸制品加工等企业原料或产品被洪水浸泡损毁，企业财产受损严重。后期还存在厂房、设备维修，原料重新采购等问题。企业发展将面临资金不足、订单无法交付等诸多困难。部分中小企业甚至因灾倒闭。

2. 项目建设进度急需加快

由于恶劣天气导致施工受阻，全省有81家开发区（占总数的68%）存在不同程度的项目建设滞后情况，其中66家开发区项目建设预计将延期1~2个月，11家开发区项目建设进度将延期2个月以上。洪灾导致的工期延误与前期新冠疫情导致的复工延迟叠加，将对开发区重大项目建设和全年投资进度造成较大影响。

3. 开发区防灾能力有待提升

一是部分开发区和企业防洪排涝基础设施建设标准偏低，局部地区市政排水管网和排水泵站存在功能性和结构性缺陷。二是洪水影响评价机制尚不健全。根据调查，全省61家开发区（占总数的52%）开展了洪水影响评价或防洪影响评价工作，尚有56家开发区（占总数的48%）未开展此项工作，相关基础工作有待加强。

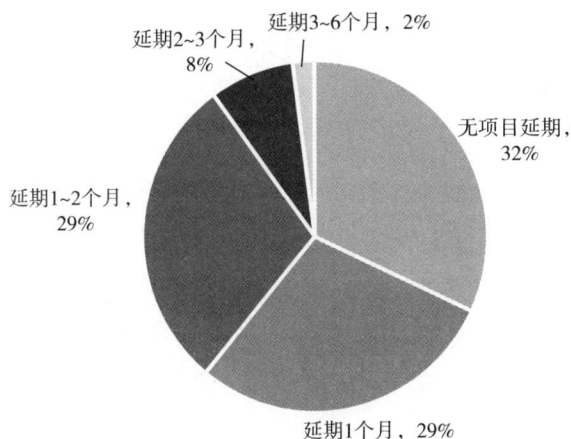

图1　开发区受洪涝灾害影响项目延期情况

三、相关建议

1. 加强对重点受灾企业的政策扶持

全力支持洪灾受灾企业抗灾自救和复工复产工作。通过贷款贴息、融资担保贴费、信贷支持、贷款增信、暂时性税费减免等方式，帮助企业解决流动资金困难问题。针对防灾意识、灾后自救方法等方面，组织开展开发区企业防灾救灾培训，指导企业实施灾后修复，加快复工复产。

2. 加快基础设施修复

加快修复受损的道路、水利等基础设施和公共设施，恢复提高电力、通信保障水平。设立专项资金，支持开发区加快补短板，实施易涝点治理和损毁设施修复，加快排水管网提升改造等园区基础设施建设。

3. 推动因灾延期项目提速建设

实施清单管理，对受灾延期项目进行排查，紧盯"两新一重"和重大产业项目，制定优先保障项目清单，逐个梳理项目建设中遇到的困难和所需协调部门，做到"一项一单、一项一策"。

4. 提升园区防洪救灾能力

根据有关规定和开发区地理位置等实际情况，编制洪水影响评价报告或防洪影响评价报告，准确分析河道洪水对开发区的淹没影响，以及开发区建设对河道行洪安全、河势稳定、防汛抢险等影响，提升园区防洪能力。依托创新型智慧园区建设，探索实现园区地下管网监测、暴雨预警、积水预报等即时监控和处置功能，为灾害影响评估、灾后重建的安全评价、复工流程制定等提供决策支持，提升园区救灾能力。

调研组：省发展改革委地区经济处
　　　　省经济研究院
成　员：徐和生　蒋旭东　田皓洁
　　　　张贝尔　孙京禄　陆贝贝
执　笔：张贝尔　孙京禄　陆贝贝
　　　　田皓洁

积极推进我省不动产投资信托基金（REITs）试点，为"六稳""六保"拓宽融资渠道

近期，国家发展改革委和中国证监会联合发布通知，开展基础设施领域不动产投资信托基金（REITs）试点工作，这是我国金融制度改革史上具有里程碑意义的创举，是基础设施投融资机制改革的重大创新，对于我省盘活基础设施存量资产，拓宽社会资本融资渠道，减轻项目企业资金压力，降低地方政府债务负担，加大基础设施领域稳投资补短板强弱项力度，扎实做好"六稳"工作，全面落实"六保"任务，具有重要的现实意义，应抢抓机遇，积极推进，抓紧开展 REITs 试点工作。

一、REITs 概念和特点

1. 概念

REITs，是英文 Real Estate Investment Trusts 的缩写，即房地产投资信托基金，又名不动产投资信托基金，于 1960 年起源于美国，是美国政府为支持房地产业发展推行的一种房地产证券化信托产品。当前，投资领域已由最初的房地产拓展到商场酒店、工业地产、基础设施等其他能产生收入的不动产领域。目前，全球已有 40 多个国家发行 REITs，美国是全球规模最大、最为成熟的 REITs 市场，日本和新加坡发展也较为迅速。

我国在 21 世纪初引入 REITs 概念，目前尚没有标准化的 REITs 产品，但在购物中心、写字楼、零售门店、租赁住房、基础设施、酒店和工业园区等领域进行了类 REITs 的探索。截至 2019 年年末，相关类 REITs 产品规模已超过 1400 亿元。

目前我国正在开展的 REITs 试点工作，不同于国外 REITs 和我国之前的类 REITs。在投资领域方面，当前我国开展的 REITs 试点范围主要包括 7 大重点行业，以及国家战略性新兴产业集群、高科技产业园区、特色产业园区等。在发行方式上，明确了以公募方式发售，可依规申请在证券交易所上市交易。而我国过

去的类 REITs 产品，均为私募，且不能上市交易。

2. 基础设施 REITs 融资模式的特点和优势

一是资金来源渠道较宽。PPP 以资金实力雄厚的大型机构投资者为主，REITs 除大型机构外，也为中小机构和个人投资者提供了参与基础设施投资的渠道；可以公开发行并在交易所上市，个人、机构投资者都可参与认购、交易，具有一定的二级市场流动性，体现了可流动、可扩募、投资群体广泛等特性。

二是有效盘活存量资产。REITs 可为企业提供有效的退出渠道，还能成为企业投资和融资的双平台，盘活经营期内存量基础设施资产，提前回笼资金，缩短投资回报周期，提升基础设施资产的流动性、盈利能力以及企业的再投资能力，实现滚动投资的良性循环，是区别于其他投融资模式的最大特点。

三是有效缓解政府财政债务负担。基础设施多为公益性，其资金来源以财政资金、专项债等为主。近年来，随着基础设施规模的不断扩大，政府财政债务压力不断增大，政府财政收支矛盾更加突出。REITs 能广泛筹集项目资本金，缓解政府和国有企业基础设施建设债务负担，加快基础设施补短板、强弱项进程。

四是降低实体经济杠杆。企业作为降杠杆的第一责任主体，REITs 可优化项目企业资产负债结构，降低企业成本，减少企业资金占用，加快资金周转，有效控制企业杠杆率，帮助企业在资产负债管理上树立创新形象，提高企业的知名度，打造企业优质品牌。

二、当前我省推进基础设施 REITs 试点的问题和障碍

1. 基础设施运营项目底数不清

改革开放以来，我省基础设施建设累积了较大规模的存量资产，开展 REITs 试点具有较好基础，但由于多数基础设施项目为公益性，具有盈利能力或稳定现金流的项目不多，且运营主体和主管部门分散，项目信息、权属、运营及盈利情况等基础数据缺乏，全省基础设施项目底数不清、情况不明等问题比较突出，在一定程度上影响 REITs 试点工作的推进。

2. 协调推进机制不完善

REITs 试点工作涉及项目筛选、试点申报、基金设立、管理运营、后期监管、政策支持等多个领域和环节，相关职能分散在发展改革、财政、证监、地方金融监管、国资、税务等部门，需要多部门的信息共享、协调配合和政策协同。

但目前我省尚未明确 REITs 试点部门责任分工，相关工作协调沟通机制还没有建立，亟须在省级层面建立完善组织协调机制，保障我省基础设施 REITs 试点工作顺利开展。

3. 配套服务能力不足

REITs 试点工作，对基金管理人、托管人等专业服务机构在资质等方面提出了较高要求，并要求有相应的会计、审计、资产评估、法律、信用等中介服务配套。从目前来看，我省符合条件的服务机构不多，总体 REITs 配套服务能力较弱。两家省属券商国元证券和华安证券均未取得公募基金牌照，本地高水平会计、审计、法律、资产评估、信用评级等中介服务机构不多，普遍缺乏 REITs 项目服务经验，将一定程度影响我省 REITs 发展。

4. 政策支持亟须建立

基础设施 REITs 产品涉及底层不动产产权的剥离和重组，会造成项目原始权益人一定的税收负担，同时基金募集也会产生资产评估费、财务顾问费、会计师费、律师费等费用，这些税费增加了企业融资成本，直接影响企业参与 REITs 试点的积极性和主动性，影响 REITs 试点工作的顺利推进。

三、对策建议

1. 优先支持国资背景优质项目开展试点

基础设施 REITs 开好局、起好步，对于下一步持续稳定推广应用 REITs 意义重大。因此，我省在筛选推荐 REITs 试点项目过程中，要聚焦省、市、县重点行业的优质项目，重点推荐具有国资背景的产权清晰、运营平稳、收益良好的基础设施或产业园区项目进入国家试点，既能积累经验，发挥良好的示范带动作用，又能保证回收资金继续用于我省基础设施补短板、强弱项项目，促进投资良性循环，保障广大中小投资者的利益。

2. 建立 REITs 常态化协调推进机制

建议在试点阶段，建立省级层面 REITs 联席会议制度，定期召开由省发展改革委、省证监局、省财政厅、省国资委、省税务局、省地方金融监管局等相关部门参加的会议，围绕项目申报、政策配套、基金发行、后期监管等，明确各部门职责分工，加强部门间的协调配合，形成政策合力，保障 REITs 试点工作的顺利推进。鼓励有条件的市县政府成立相应的协同推进机制或工作机构，提高地方政府推进 REITs 工作的积极性。

3. 培育壮大 REITs 中介服务机构

抢抓 REITs 试点和放宽公募牌照限制的机遇，支持国元、华安等省属证券公司向中国证监会申请公募基金牌照，鼓励省内证券公司、基金公司及第三方中介服务机构开展类 REITs 业务。充分利用我省加快发展现代服务业的政策和资金，大力发展会计、审计、法律、资产评估、信用评级等 REITs 第三方中介服务，积极引进具有 REITs 服务经验的国内外知名服务机构或专业人才，重点支持合肥、芜湖等市加快建设一批金融商务服务业集聚区。

4. 加快制定 REITs 配套支持政策

建议比照上市企业奖励办法，对成功发行基础设施公募 REITs 产品的企业给予奖励支持。进一步加强税收调研，及时反映相关涉税政策诉求及建议，在符合国家税收相关政策的前提下，加快出台地方性税收支持政策，对公募 REITs 设立、运营、分红等相关交易环节及企业管理人员给予一定的税收优惠，切实减轻税收负担。将符合条件的 REITs 基金管理、基础设施经营管理等领域高层次人才纳入省相关人才计划。

5. 加大 REITs 宣传培训教育力度

REITs 作为基础设施领域新型融资渠道和新兴金融工具，政策性强、专业要求高，需要政府部门和社会广泛宣传，普及相关知识。要充分利用国内外金融培训资源，定期开展形式多样的专题培训活动，提升企业利用 REITs 融资能力。加强投资者教育和保护，提高投资者风险识别能力和应对能力。

指　导：樊明怀

执　笔：夏兴萍　王　斌

　　　　吕朝凤　程洪野

关于宣纸产业振兴的调研报告

宣纸，被誉为"纸寿千年、墨韵万变"，迄今已有1000多年历史，作为国家非物质文化遗产，承载了大量中华文明的知识和智慧。"十四五"期间，如何做大做强我省宣纸产业，探索宣纸产业的振兴之路，不仅对我省文化产业发展，更对中华文明的继承传播具有重大意义。近期，安徽省经济研究院组织力量对宣纸产业的发展现状、存在问题进行调研，提出对策建议。

一、发展现状

（一）立足传承保护，品牌知名度不断提高

2008年北京奥运会开幕式首个节目，是在象征宣纸的长卷上，由唯一原产地泾县表演队徐徐展开中华五千年文明史。近年来，泾县先后入选国家第一批非物质文化遗产名录，被授予全国最具影响力国家文化产业示范基地、全国首批研学游示范基地，是中国美术家协会和中国国家画院创作写生基地。全县获准使用"宣纸原产地域保护产品"专用标志的企业有16家，拥有"红星""汪六吉"等十几个著名品牌。泾县宣纸已经成为具有世界性和人类文明的标志性品牌，是中华文明中一颗璀璨的明珠。

（二）积极增产书画纸，产量下滑有所遏制

2019年，全县共有宣纸、书画纸生产及加工企业和个体户500余家，其中规模企业7家，从业人员1万多人；生产销售各类宣纸、书画纸1.75万吨，占全国的11.6%；实现销售收入8.3亿元，占全国的16.9%。2015年以来，随着宣纸市场环境的变化，礼品类宣纸销量下滑，全县宣纸产量由最高峰时1500吨下降到2019年850吨。书画纸因"书法进校园"、价格亲和、线上交易便捷、依托宣纸品牌等机遇而迎来较好的发展期。2019年，书画纸生产销售量1.67万吨，实现销售收入5.54亿元。

（三）拓展应用领域，文创成为新的增长点

宣纸传统市场已进入瓶颈期，而个性化消费需求却在不断增长。面对这一

市场新动态，泾县主动出击，加大宣纸产品文化创意力度，先后成功开发出历史古籍、书画装裱、邮票、摄影、纸扇、电视墙、灯罩、艺术笔记本、重大节日纪念宣等各类宣纸文创产品，还与民生银行、南方文交所、重庆文交所、上海自贸区艺术品交易中心等合作推出"传世民宣、梅兰竹菊"系列理财、企业定制收藏等金融衍生类产品。目前共有 1000 多种文创产品，开辟了新的效益增长点。

（四）深挖宣纸文化内涵，文旅融合深入推进

宣纸生产历史悠久，文化内涵丰富，泾县发展宣纸文化旅游业具有得天独厚的条件。2018 年 1 月，投资 1.5 亿元的中国宣纸文化园获批国家 4A 级旅游景区，包含中国宣纸博物馆、宣纸古作坊、宣纸古籍印刷、文房四宝体验园、宣纸陈列室等部分，是集宣纸技艺展示、研学、写生、亲子、体验、休闲于一体的综合性文化旅游项目。2019 年，文化园接待游客达 20 万人，单日最大接待量突破 2000 人。目前，投资 24.8 亿元、占地 2.83 平方千米的宣纸特色小镇正在全面推进建设，建成后将会支撑宣纸文化旅游业迈上更高的台阶。

（五）推动创新驱动，核心竞争力持续提升

近年来，泾县不断加大对宣纸产业的科技创新投入，仅中国宣纸集团获得的专利就达 81 项，其中发明专利 26 项，巩固和提升了宣纸品质。中国宣纸集团参加制定宣纸和书画纸国标，主持制定燎草、古艺宣、宣纸邮票纸三项行业标准和宣纸用青檀毛皮地方标准，三丈三宣纸突破了宣纸的生产极限，行业话语权稳居全国第一；弘扬"工匠精神"，加强人才储备，拥有宣纸技师和高级技师 100 多名，涌现大国工匠 2 名、中国宣纸大师 4 名、省级和国家级传承人 7 名。

（六）落实环保政策，可持续发展得到加强

宣纸主要原料青檀树皮在蒸煮过程中会产生大量的黑液，成为行业发展的主要瓶颈约束。县里投资 2500 万元，成立以中国宣纸集团为主体的檀皮蒸煮黑液综合利用中心，进行黑液综合利用技术攻关，实现黑液和中水回收利用。全县其他宣纸生产企业，则将檀皮蒸煮黑液运至中国宣纸集团统一集中处理，彻底解决了全县宣纸产业污染治理中的最大难题。中国宣纸集团牵头实施相关无氯漂白试验，并已得到国家环保部门的许可。书画纸生产过程中主要污染物是龙须草纤维或木纤维，经三级沉淀处理后，即可达标排放。

二、存在问题

（一）开放力度不够，内生动力亟须激活

泾县宣纸书画纸企业数量多、分布广、规模小，多为家庭作坊式的生产单位。2019 年，仅有中国宣纸集团年营业收入超过 1 亿元，其他生产单位均在 2000 万元以下。全县尚没有一家县外、境外投资控股的企业，更无战略投资者介入。全国全方位深层次开放在经历了 40 多年后，泾县的宣纸行业仍缺少开放气息，多数企业小富即安，不主动开放，甚至抗拒对外合作。由于泾县宣纸行业封闭性较强，面对急剧变化的市场，反应较慢，内生活力较弱。

（二）宣纸价高难及，基本群体亟须保障

目前，宣纸的价格已经脱离了其基本功能——书、画，一张普通宣纸（60cm×138cm）平均价格在 20 元以上，而年代久远的更是价格不菲，例如：一张 2000 年生产的"红星牌"千禧宣 4000 元、一张清代宣纸平均价格超过 1.2 万元。价格过高，导致美院的师生、书画爱好者们望纸兴叹，只能使用书画纸作画写字。由于书画纸特性与宣纸的特性差异较大，习惯了书画纸作画写字，就很难再使用宣纸。长此以往，缺少广大消费群体支撑的高价宣纸，必然是空中楼阁。如何满足基本群众的消费需求，事关宣纸产业的长远发展。

（三）延伸发展遇阻，产业生态亟须完善

泾县宣纸产业延伸拓展的方向主要有两大重点：一是向超高档市场，即向西洋画用纸、名画家用纸、收藏纪念及金融衍生品方向拓展，每刀纸的价格可达 1 万元，单张在 100 元以上；二是向量大面广的文创产品市场拓展，多数增值率在 5～10 倍之间，有的甚至更高，市场需求空间大，前景广阔。这些转型需要大量的资金、人才，更需要庞大的产业集群生态给予支撑。现有企业规模普遍偏小，投融资能力弱，研发创新人才又十分匮乏，很难将上述思路付诸实施。

（四）土地瓶颈严重，发展空间亟须扩大

全县宣纸书画纸产业集聚区主要集中在丁家桥镇、榔桥镇和泾川镇（县城）。丁家桥镇以中小微企业为主，电商较多；榔桥镇拥有中国宣纸集团、宣纸文化产业园、宣纸特色小镇，宣纸文化旅游发展较好。主要产业平台有：已经建成尚未投入运营的占地面积 40 多亩的丁家桥宣纸书画纸大市场、谋划建设的占

地面积 400 亩的丁家桥小微企业创业基地（电商产业园）、城西智慧物流园内规划建设的占地面积 50 亩左右的宣纸书画纸仓储项目、拥有建设用地 975 亩的宣纸特色小镇项目等。"十四五"期间，宣纸、书画纸工业新增用地和电商仓储新增用地均不足 300 亩，土地需求缺口较大。

（五）市场秩序较乱，行业管理亟须规范

宣纸与书画纸概念上是清晰的，实物对比差异较大，也易于分辨。但在实际购买、使用中，不少消费者不太了解。主要原因在于：一是生产经营者对两者的区别宣传不到位，二是有不少生产经营者故意混淆两者区别。有些企业购进质次价低的书画纸，冒充宣纸销售；更有甚者贴上泾县原产地地理标志、国家非物质文化遗产等标志，打上宣纸或名牌宣纸商标对外销售，鱼目混珠，扰乱市场。市场秩序混乱，行业自律性较差，已经严重影响了宣纸产业的良性发展。

（六）宣传有待加强，支持力度亟须提高

宣纸在我国传统文化中具有举足轻重的地位，泾县是宣纸的唯一产地、书画纸重要产地。大多数人并不知晓泾县是"宣纸之乡、世界唯一产地"，不了解宣纸的"纸寿千年、墨韵万变"特性，更不掌握"灯下可见云朵花"这一最简单易学的鉴别方法。在全国文房四宝艺术博览会以及北京、上海相关展会上，泾县宣纸及宣城文房四宝展厅所处位置一直不明显，非但起不到应有的宣传作用，反而削弱品牌形象。更有甚者，少数商家在线上市场贬低泾县宣纸，严重降低了"宣纸之乡"的美誉度。

三、对策建议

泾县宣纸产业发展已经到了"遏制下滑、探索新路径、加快振兴"的关键时期，必须以市场为导向，以开放为牵引，以创新为动力，跳出固有藩篱，解放思想，延伸两头，与文创、电商结合，走出一条"大宣纸"发展之路，努力实现"在中国人生活中找到宣纸位置，为中国人生活提高文化品位"的目标定位。

（一）解放思想，扩大开放，让外来要素资源担负起产业脱胎换骨的重要力量

要牢牢把握"发展才是硬道理"的思想，通过持续性的发展进步，解决好泾县宣纸产业发展中面临的诸多问题。要走大开放这一发展的必由之路，勇于拥抱开放，善于利用开放，让外来资本、人才、技术、管理担负起产业脱胎换骨的

主力军，将泾县的比较优势化为经济优势。要加快推进宣纸股份公司二次主板上市，更要制定支持鼓励政策促进量大面广的中小微企业"走出去、引进来"，形成以企业为主体的对外开放新格局。

（二）持续强化对宣纸的体验、认知和黏性，切实保障专业群体、书画爱好者的需求

要采取多种方式、多种办法加强与专业群体、书画爱好者的合作，将泾县打造成美院师生等专业群体、退休人员等书画爱好者切磋沟通的首选基地，持续增强其对宣纸的体验和认知。抢抓书法进校园、老龄化加快、国内主循环发展、智能数字化等机遇，制订泾县宣纸产业振兴计划，成立泾县宣纸产业投资基金，在不影响宣纸质量和特性的生产加工制造环节尽可能多地采用自动化生产工艺技术，推动产业规模上台阶、质量大提高，切实保障专业群体、书画爱好者对宣纸不断增长的需要。

（三）高中端同步发力，着力强化高端引领，进一步巩固和提升宣纸的魅力

坚持创新驱动，稳步扩大"名画家用纸、金融衍生收藏用纸、西洋画用纸"三个高端用纸的研发生产制造，将高端用纸打造成宣纸的金字招牌。坚持宣纸文创大发展快发展战略，依托宣纸特色小镇，发挥产业投资基金的作用，建设线上宣纸文创社区。坚持纸旅融合，推进和完善宣纸特色小镇及宣纸文化产业园的开发建设，以高端平台承载高端产业。进一步扩大线上市场规模，着力推动网红、直播、带货等新兴营销方式融入宣纸营销，逐步将线上营销打造成宣纸对外销售的主渠道。

（四）充分发挥龙头企业的带动作用，强化产业配套，加快构建宣纸产业集群生态圈

要充分发挥龙头企业在宣纸振兴中的作用，担当起核心技术攻关、产品创新、装备自动化、新营销、环境保护、行业协调的责任。鼓励培育一大批中小企业，与龙头企业以订单、股权等为纽带，融入宣纸产业的分工协作体系中，形成紧密配套、分工协作的企业集群关系。要进一步强化行业自律，改组完善规范泾县宣纸行业协会，使其能够切实履行组织、协调、服务职能，充分发挥其在企业与政府间的桥梁和纽带作用，打造富有吸引力、根植性强、内生活力旺盛的产业集群生态圈。

（五）强化底线思维，在开发中搞好保护，传承弘扬中华文明

强化宣纸地理标志产品和地理标志商标的保护工作，加大重点企业申报中国驰名商标、名牌产品的力度，大力鼓励宣纸、书画纸企业创优创牌，积极引导企业诚实守法经营，打击模仿、冒充、伪造各类知名品牌的行为。加强宣纸技能人才的培养和宣纸制作技艺的培训。加大宣纸传统技艺研究与传承的力度，鼓励各类大师、宣纸工匠、传承人建立大师工作室，积极申报宣纸专业技术职称和荣誉称号。继续保持环保监测、巡查、管理力度，大力推行清洁生产，严厉打击超标排污等环境违法行为，促进宣纸书画纸产业良性发展。

指　导：樊明怀

执　笔：潘　淼　王　涛

王　燕　周云峰

筑牢战略基点 探索安徽路径 助力构建新格局

——安徽省扩大内需的现状及思路建议

2020 年 8 月 21 日，习近平总书记在听取安徽省委、省政府汇报时明确强调，要牢牢把握扩大内需这个战略基点，努力探索形成新发展格局的有效路径。新形势下，扩大内需，不仅是当务之急，更是长远之策，具有多重意义。近年来，我省供需两侧有效发力，收入端显著改善，内需快速成长，但也面临优质供给、有效需求、收入支撑"弱"等问题。下一步，有必要加快攻坚"高"、突出"重"、聚焦"新"、全力"促"，加快探索安徽路径，积极承担长三角区域率先形成新发展格局重担，在构建以国内大循环为主体、国内国际双循环相互促进的新发展格局中实现更大作为。

一、扩大内需是统筹短期与长期的战略选择

面对国内外复杂严峻的形势，2020 年《政府工作报告》提出"坚定实施扩大内需战略"，7 月 30 日中央政治局会议进一步强调"牢牢把握扩大内需这个战略基点"。新一轮扩大内需战略，不同于 1998 年应对亚洲金融危机、2008 年应对国际金融危机提出的扩大内需战略，实现从"短期应对"向"短期应对与中长期战略并重"转变，是新发展阶段加快形成新发展格局的核心内容，对于当前和今后一个时期更具现实意义。

从短期来看，扩大内需是应对疫情冲击、促进经济回升向好的重要动力。当前，国际疫情持续蔓延，世界主要经济体普遍陷入严重经济衰退，不稳定、不确定性因素显著增多，经济下行压力持续加大。我省经济对外依存度相对偏低，内需是经济增长的重要动力，坚定实施扩大内需战略，加快释放被疫情抑制的居民消费潜力，增加重大民生基础设施、新兴产业、新基建等方面的有效投资，能够积极巩固经济回升向好势头。

从长期来看，扩大内需是化解风险挑战、增强发展自主性的重要方式。坚定

扩大内需战略，不仅是当务之急，更是长远之策。经济发展要依赖市场支撑，当前，全球市场受到多因素冲击，各种风险挑战显著增加，实施扩大内需战略，既能够加快培育强大国内市场、有效应对风险挑战，把风险和损失降到最低，也能够根据国内实际需求，培育从研发到消费的产业链，并和其他产业相互创造需求，在未来全球产业链、供应链和价值链调整格局中居于主动，牢牢把握住发展的主动权。

从战略来看，扩大内需是新发展格局中实现更大安徽作为的有效路径。习近平总书记在安徽考察时强调，要牢牢把握扩大内需这个战略基点，努力探索形成新发展格局的有效路径，在构建以国内大循环为主体、国内国际双循环相互促进的新发展格局中实现更大作为。习近平总书记在推进长三角一体化发展座谈会上明确提出，长三角区域要率先形成新发展格局。这对安徽扩大内需提出了明确具体的要求，要在扩大内需这个战略基点上探索形成有效的路径，把扩大内需作为新发展格局中实现更大作用的有效路径，助力长三角地区率先形成新发展格局。

二、我省扩大内需的基础与潜力

近年来，我省内需积极扩大，需求、供给两侧加快壮大，收入端显著改善。但与进一步扩大内需现实比较来看，需求满足"弱"、供给匹配"弱"、收入支撑"弱"仍然突出，扩大内需的内在空间、潜力、动力有待进一步挖掘。

（一）需求侧"扩"与"弱"并存，需求满足"弱"，扩大内需的"内在空间"仍然较大

一是投资保持较快增长，但后劲相对不足，医疗卫生、基础设施等还有较大空间。全省投资总体保持快速增长，近4年年均增长10.9%，高于全国4.4个百分点。基础设施投资"稳定器"作用明显，去年已提前完成"十三五"预定目标。在重点基础设施建设中，新基建项目数量占比为22%，位居全国第9位。但还面临不小压力，一方面，投资增速明显放缓，2019年投资增速为9.2%，首次下滑至个位数；另一方面，投资后劲偏弱，新开工项目数仅增长0.4%。特别需要关注的是，今年疫情、汛情反映的公共卫生、重大水利基础设施短板突出，民生领域的重大投资仍然不能满足现实需要。

二是消费"量质双升"，但后续动力有待巩固，对扩大内需的支撑作用还有待增强。全省消费市场较快发展，2016—2019年，社会消费品零售总额年均增

长 11.6%，高于全国 2.2 个百分点，年度增幅已连续两年居全国第 2 位。信息消费快速增长、领先全国，3 市入选全国 25 个国家级信息消费示范城市、居全国第 1 位。近 4 年网上商品零售额年均增长 41.6%。消费保持较快增长的同时，也面临边际消费倾向降低风险，居民收入预期较弱，边际消费倾向下降，2019 年仅为 0.53，不到 2016 年的 80%。

三是进口规模快速扩大，但结构仍需进一步优化，扩大进口还面临较大不确定性。大力推动高水平对外开放，2019 年进口规模是 2016 年的 1.8 倍。进口结构不断优化，机电产品和高新技术产品进口增长较快，2019 年增速分别为 7.7%、14.1%，分别高于全部进口 1.4 和 7.8 个百分点。跨境电商发展势头迅猛，4 个综合保税区获国家批准设立。但一些问题还比较突出。一方面，核心零部件进口比例较高，被"卡脖子"的局面亟待扭转；另一方面，传统产品进口比重较高，2019 年，铜、铁矿砂、农产品进口分别增长 11.9%、37.6%、21.9%，合计占进口总量的 41.3%，比高新技术产品高 10.7 个百分点。

（二）供给侧"升"与"弱"并存，供给匹配"弱"，扩大内需的"内在潜力"释放滞后

一是产业门类持续健全，但产业规模总体偏小、质量偏低，还难以满足扩大内需的优质市场主体保障。目前已形成家电、有色、汽车制造、电子信息、通用设备和钢铁等 9 个千亿级以上产业，产业门类较为齐全。智能家电、电子信息、新能源和智能网联汽车、新一代人工智能等 5 大新兴产业集群培育形成，4 个集群入选国家级战略性新兴产业集群。但总体来看，缺少"大块头"产业和企业，主营业务收入达到 5000 亿元的产业仅有 1 个家电产业，比江苏少 8 个。中国企业 500 强仅有 10 家，远低于江苏、浙江的 48、43 家。

二是产业链不断完善，但基础能力偏弱，还难以满足扩大内需的产业链供应链稳定安全保障。近年来，我省"芯屏器合"新兴产业发展亮点纷呈。集成电路形成从材料装备、研发设计、晶圆制造、封装测试的完整产业链条。新型显示实现"从沙子到整机"全产业链布局，正加速向世界级集群迈进。工业机器人形成了"伺服电机—减速机—控制器—整机—系统集成—示范应用"特色链条，六轴机器人产量居全国首位。但总体来看，新兴产业"缺芯少魂"问题突出，生产高世代液晶面板所需的部分关键材料被韩国、日本及我国台湾等少数厂商垄断；智能语音产业，龙头企业体量小、带动力弱。

三是供给结构不断优化，但高品质产品和服务偏少，还难以满足扩大内需的关键自主核心技术产品服务保障。我省加快构建现代产业体系，以战略性新兴产业为先导，以工业为主导、服务业为支撑，不断促进产业升级。但六大高耗能产业占工业的比重约30%，商贸、餐饮、住宿等传统型消费服务业仍占主导地位，高品质产品和中高端服务仍然供给不足。休闲旅游、文化娱乐、健康养老等供给尚难有效匹配居民多元化、个性化需求。数字经济、共享经济等新业态新模式发展尚处于跟跑阶段，产品、服务的竞争力亟须提升。

（三）收入端"增"与"弱"并存，收入支撑"弱"，扩大内需的"内在动力"不够强劲

一是居民收入持续快速增长，但整体水平仍然相对偏低，扩大内需的居民收入支撑较弱。得益于经济社会的快速发展、收入分配制度的持续完善、就业结构的不断优化，我省城乡居民收入保持较快增长速度。2019年，居民人均可支配收入是2016年的1.32倍、居全国第7位。横向比较来看，我省居民收入水平较低，2019年居民收入仅为全国平均水平的86%，相当于沪苏浙的38%、64%和53%。总体上，较低的收入水平约束扩大内需的增长动能。2019年，居民人均消费支出仅为全国平均水平的88.8%，支撑作用急需进一步增强。

二是企业经营效益总体保持良好，但呈现分化、回落态势，扩大内需企业效益支撑较弱。随着供给侧结构性改革深入推进以及降费减税等普惠政策的持续落实，我省企业整体保持良好的经营效益。2019年，全省规模以上工业企业利润总额总体上处于近年较高水平。但企业间出现显著分化态势，国企保持较好增长势头，2018年利润总额较2016年增长87.7%；私企、外企利润总额分别下降5.4%、10.9%。随着疫情在全球范围内持续蔓延，国际国内有效需求萎缩，企业收入持续稳定增长面临较大压力，存在较多风险和挑战。

三是财政收入持续快速增长，但财政收支平衡的矛盾日益凸显，扩大内需的财政支撑较弱。近年来经济社会保持稳中向好、企业效益和居民收入持续提高，政府财政收入保持快速增长。2019年，地方财政一般预算收入是2016年的1.2倍。但受减税降费政策的持续深入推进等因素的影响，地方财政收入增长放缓明显，2019年仅增长4.4%，为近年最低。同时，一般预算支出增长12.5%，为近年最高增速。随着疫情对经济社会发展造成的冲击持续，民生、医疗等领域的刚性支出显著增加，财政收支平衡压力将进一步增加。

三、关于我省扩大内需的几点建议

当前，有必要发挥优势、形成特色，重点攻坚"高"、突出"重"、聚焦"新"、全力"促"，加快探索安徽路径。

一是攻坚"高"，以高质量供给适应、引领、创造新需求，积极满足需求发展新方向。安徽是国内家电、汽车等大宗工业消费品的重要供给地，加强高质量供给是保障扩大内需的重要内容，要不断提高供给质量创造市场新需求。一是融入新技术、新业态、新模式，适应新需求，省内家电、冰箱等消费型产业必须尽快顺应新技术、新业态、新模式，推动生产供给升级，适应智能化、数字化、信息化等新趋势。二是聚焦自主性、关键性、核心性，引领新需求，我省具有优势的智能语音、人工智能、机器人等重点领域，要加强对高质量产品的研发投入，掌握关键自主核心技术，形成一批优势突出的核心竞争产品企业，引领新需求发展。三是注重个性化、品质化、高端化，创造新需求，文化、旅游等我省具有明显独特资源优势的服务业，要推动产品、服务不断向个性化、品质化、高端化方向升级，创造新需求。

二是突出"重"，谋划实施一批重大工程、重大项目，充分发挥示范引领支持带动作用。聚焦重大战略、重点领域和薄弱环节努力扩大有效需求。一方面，实施一批重大工程，聚焦长三角一体化发展、合肥都市圈、乡村振兴等重大战略，谋划一批重大工程，做到引领、示范、带动需求的扩大；另一方面，实施一批重大项目，聚焦科技创新、新兴产业、公共服务平台等领域，谋划实施一批重大项目，进一步推进重大项目建设，引育一批在全国有影响力的头部、龙头、"链主"型大企业，建设一批战略性新兴产业重大基地。针对百年一遇的汛情，聚焦河流湖泊安全、生态环境安全、城市防洪安全，谋划建设一批基础性、枢纽性的重大项目。

三是聚焦"新"，发力新领域、新技术、新业态、新模式，加快培育拓展国内有效需求。当前，科技创新加快推动经济社会发展，国内有效需求呈现更多新特征，要借助新技术、新业态、新模式实现快速释放。投资领域，要发力"新基建"，深入实施"数字江淮""五个一"创新主平台等重大战略，加强通信网络、数据中心、工业互联网、大科学装置等布局；探索推动主导产业与新基建融合，在"信息新网络""融合新业态""创新新平台"上谋划更多重大项目。消费领域，大力推进 5G 大规模商用，深度培育和积极开展 5G 相关产品的推广和应用。大力发展线上消费、智能消费、定制消费等消费新业态、新模式、新需求，全方位做大国内消费新需求。

四是全力"促"，加快促就业、促增收，切实加强扩大美好生活需要的内生动力。以扩大中等收入群体为重点，聚焦就业、增收、增长要求，扎实做好扩大国内需求的内在保障。一是扩大中等收入群体规模，据测算，目前全省中等收入群体规模在 1700 万左右，占全省人口比重不足 30%，总体明显低于全国平均水平；同时，根据发达经济体 60% 的"橄榄型"结构，扩大中等收入群体规模还有较大空间。二是实现更高质量更加充分的就业创业，促进高校毕业生、农民工、退役军人、下岗失业人员等就业创业。深入实施技工大省建设，大力发展现代技工教育。打造一批创业载体，加大对大学毕业生等群体创业激励力度，对在指定园区创业的给予资金支持。

指　导：樊明怀　陶宗华

执　笔：余茂军　窦　瑾　李红梅

补短板、锻长板，积极推进我省
构筑双循环格局新优势

2020 年 8 月 21 日，习近平总书记在安徽考察调研期间，对安徽提出了殷切希望和明确要求："要在构建以国内大循环为主体、国内国际双循环相互促进的新发展格局中实现更大作为"。深入学习贯彻习近平总书记重要讲话精神，深刻认识双循环的新特征新要求，我省要准确把握在双循环新发展格局中的定位，着力补短板、锻长板，加快建设国内大循环的重要节点、国内国际双循环的战略链接，在构建国内国际双循环新发展格局中彰显安徽力量、做出安徽贡献。

一、深刻认识国内国际双循环新发展格局的新特征新要求

构建国内国际双循环新发展格局，是我国适应内外环境变化的必然要求，是重塑我国国际合作和竞争新优势的战略抉择。这主要包含以下五个方面内涵：一是要更加注重产业链供应链的自主可控。维护国内产业链与供应链安全，着力提升产业链供应链的稳定性和竞争力。二是要把满足国内需求作为发展的出发点和落脚点。充分发挥我国超大规模市场优势，抢抓扩大内需和消费升级机遇，加快构建完整的内需体系，做好消费这篇大文章。三是要充分发挥投资对扩大需求和改善供给的关键作用。把民生提质、消费升级、产业链优化、数字化转型作为投资的重点，聚力"两新一重"建设和公共服务补短板，形成投资良性循环，促进经济供需内循环。四是发挥好科技创新对畅通国民经济循环的核心作用。大力提升自主创新能力，尽快突破关键核心技术，抢占科技创新制高点，着力破解重点领域关键核心技术的"卡脖子"难题。五是要以国内大循环促进国际大循环形成全面开放新格局。通过发挥内需潜力，使国内市场和国际市场更好联通，更好地利用国内国际两个市场、两种资源，实现全方位全领域开放新格局。

二、我省参与构建国内国际双循环新发展格局的优势及短板

（一）优势或有利条件

1. 制造业产业链加快向中高端迈进，有利于我省在双循环新发展格局中提升供给能力

一是新兴产业加快集聚发展。以"三重一创"为工作引领，全省战略性新兴产业加快发展，产值占规上工业比重达到32%，智能家电、电子信息、新能源汽车、机器人和人工智能等行业地位不断提高。二是传统产业不断升级。化工、有色、建材等优势传统产业启动了大规模技术改造，加快了智能化、绿色化、品牌化转型升级，传统制造业领域"专精特新"隐形冠军也加快涌现。三是省会合肥全国新兴制造业中心地位凸显。合肥家电产业正由"制造"向"智造"蝶变，"芯屏器合"产业异军突起。不断厚积的制造业基础和加快凸显的行业优势，有利于我省在双循环供给端发力，抢占更多的内需市场份额。

2. 收入结构和人口结构调整带动消费升级，有利于我省在双循环新发展格局中激活消费潜能

一是消费升级带来巨大增长空间。当前，我省居民消费不断升级，新的消费增长点层出不穷，推动高档耐用消费品、文化旅游、健康养老、信息等消费需求快速增长。二是居民收入提高为消费升级奠定基础。2019年，全省人均GDP突破8000美元，达到中等偏上收入国家的均值。中等收入人口达到1700万人，占全省人口的27%左右。三是老龄人口持续增加带来新的消费增长点。人口老龄化增加经济中"消费型"人口，为扩大消费特别是健康养老等服务型消费提供机遇。2019年，我省65岁以上人口为886.8万人，占总人口的13.9%，老龄人口占比居全国第7位。四是消费新业态新模式发展迅速、潜力巨大。近年来，线上消费、无接触服务等新业态新模式不断涌现、快速增长。2020年上半年，全省限上批发零售企业网上商品零售额同比增长38.7%。

3. "两新一重"建设空间较大，有利于我省在双循环新发展格局中释放投资潜力

一是城市群、都市圈、城镇化等发展空间大。我省常住人口城镇化率尚未超过60%，长三角基础设施互联互通、产业承接转移、公共服务共建共享、生态环境共治共保、社会治理和公共安全等蕴含着巨大的投资机会。二是基础设施和

公共服务缺口大、欠账多。我省铁路、高速公路密度分别仅是上海的42%、25%，每千人口床位数（5.2张）低于全国平均水平（6张）。三是新基建相关投资领域成长空间大。新基建为数字经济提供支撑，将有效推动我省产业转型升级，带来数万亿的投资需求。

4. 以合肥综合性国家科学中心为引领的创新策源地加快建设，有利于我省在双循环新发展格局中抢占科技制高点

一是整体创新能力保持全国前列。区域创新能力连续8年位居全国第一方阵，合肥、芜湖、马鞍山在2019年全国72个国家创新型城市中分别排名第10位、29位和39位。二是创新平台能级高。合肥综合性国家科学中心等"五个一"创新主平台和"一室一中心"分平台建设加快推进，拥有中科大、中科院合肥研究院、中电科38所等一批"国字号"创新平台。三是重大科技基础设施数量多。全超导托卡马克、稳态强磁场等建成或在建大科学装置数量仅次于北京和上海，世界一流的重大科技基础设施集群正在加快建设。四是重点领域或产业创新能力强。量子通信、聚变能、稳态强磁场、类脑智能等前沿领域保持全球领先优势，集成电路、智能语音、新型显示、新材料等产业技术创新能力处于全国前列。

5. 综合交通区位优势日益凸显，有利于我省在双循环新发展格局中进一步提升枢纽地位

我省承东启西、连南接北，处于长三角国际大循环战略支点与国内大市场联通枢纽的双重叠加区。特别是近年来我省铁路、水运、航空、国际运输等能力协同提升，截至2019年年底，我省高速铁路里程数全国排名第一，亿吨港口数跃居全国内河省份第2位，高等级航道里程达到1433千米。合肥成为全国19个综合铁路枢纽之一，高铁动车直接通达全国4个直辖市和17个省会城市，15条国际客运航线及合肥至美国洛杉矶国际货运航线顺利开通，2019年开行"合新欧"国际货运班列数全国排名第7位。借由通达的交通网络，我省正由传统的内陆腹地转化为双循环格局中发展枢纽经济的战略高地。

（二）短板和弱项

1. 产业在双循环中的核心竞争力不强

一是产业自主发展能力不强。我省产业链主导型产业不多，本土龙头企业较少，且多集中于产业链的制造环节。多数制造业企业在行业中地位不突出，企业

多而不大、大而不新、新而不强，集成电路、基础软件、互联网、高端装备等重点产业面临技术和设备"卡脖子"的风险较大。二是产业高端要素配套支撑仍然不足。我省科技与产业的契合度不高，很多本土研发成果在异地转化。高端人才引进难、留住难、输出多；科技与金融耦合程度不高。三是制造业和生产性服务业两业融合不够。相比于沪苏浙，我省生产性服务业发展能级不高，现代金融、科技服务、信息服务、智慧物流、高端商务等高端服务业发展不足，制造业和服务业分割情况比较普遍，制造业系统集成能力和核心竞争力偏弱。四是数字经济为制造业赋能还有待提升。我省利用大数据、工业互联网、物联网推动制造业智能化升级力度还不够大，缺乏平台型企业，智能工厂、线上经济发展还有待提升。

2. 消费参与双循环的潜力有待进一步挖掘

一是我省消费水平偏低。2019年我国居民人均消费支出为21 559元，我省为19 137元，我省仅为全国平均水平的89%，分别为苏浙沪的72%、60%、42%。二是中高端消费需求外流。我省的家电、汽车、食品等消费品工业产品以中低端为主，可穿戴设备、智能家电、高端食品等新型消费产品供给不足。文化旅游业态单一，特色不鲜明，低端化、同质化现象突出，吸引力较弱。三是消费环境有待完善。一方面，乡村基础设施建设有待完善，电子商务网点少，快递服务能力相对较弱；另一方面，服务软环境发展仍然滞后。2019年，全省受理消费者投诉举报共计35.5万件，其中餐饮和住宿服务、电信服务、互联网服务等列前位。四是收入水平偏低影响消费能力。2019年，我省城镇和农村常住居民人均可支配收入分别比全国低4819元和605元，且近年来居民收入增长持续放缓，直接影响消费能力。

3. 投资参与双循环的基础支撑薄弱

一是产业投资面临需求制约。2020年上半年，我省制造业投资下降12.4%，内外需求萎缩、中小企业生存困难、企业利润下滑、中美贸易摩擦影响持续等不利因素，短期内难以有效改善。二是企业、政府投资面临较大资金压力。受新冠肺炎疫情冲击，民间投资下降，政府投资债务负担加重，直接对产业投资改善供给、基础设施补短板强弱项造成影响。三是土地等外部环境约束力日益增强。我省作为农业大省的粮食等农业生产责任增大，建设用地矛盾突出，能源、环境等指标约束也进一步强化。

4. 创新链和产业链的衔接能力有待提高

创新链与产业链之间联系不紧密,科技成果转移转化能力薄弱。2019 年,我省技术合同成交额仅排名全国第 14 位。一是高质量可转化科技成果相对不足。量子、核聚变、强磁场等我省处于优势前沿科技成果短期内难以转化应用。2019 年,高校和科研院所输出技术合同交易额只占全省总量的 3%。二是企业的创新主体地位不突出。2018 年,我省有研究与试验发展活动的企业占全部规模以上工业企业的比重仅为 23.8%,低于全国平均水平(28%)、浙江(34.9%)和江苏(42.5%)。三是科技成果转化平台建设相对滞后。我省认定的新型研发机构仅为 46 家,而江苏、广东新型研发机构分别达到 438 家和 297 家。省级以上科技企业孵化器 106 家、众创空间 184 家,仅分别为浙江的 40.2% 和 37.6%,江苏的 19% 和 23.3%。四是科技成果转化服务质量有待提升。安徽科技大市场和省知识产权对接交易平台建设仍然处于起步阶段。科技服务业发展不足,缺少一批专业化、高质量的科技中介服务机构。

5. 开放型经济国际循环大链条有待完善

一是经济开放水平不高。2019 年,我省经济外向度为 12.8%,分别低于沪、苏、浙 76.4 个、30.7 个和 36.6 个百分点,在全国靠后。二是对国际市场、全球资源的利用很不充分。高质量的境外世界 500 强企业落户投资数量不到沪苏浙的 1/2。三是对外联通能力较弱。航线航班次数少,旅客吞吐量 1367.7 万人,仅分别为沪、苏、浙的 11.2%、23.4% 和 19.5%。合肥全年开行的中欧货运班列数不足郑州的 40%。四是开放大平台缺乏。既没有自由贸易试验区,也没有国家级新区,全省只有 4 个海关特殊监管区,分别比沪、苏、浙少 5 个、17 个和 6 个。

三、我省参与构建国内国际双循环新发展格局的建议

(一)加强制造业强链延链补链和"两业融合",增强参与国内国际双循环新发展格局供给实力

一是推动优势产业再升级,锻造安徽制造新"长板"。瞄准智能化衍生的新需求空间,加快推动"芯屏器合"等优势产业抱团延伸互促发展,打造"大人工智能"产业生态圈,培育"万亿级产业航母"。抢抓新能源汽车产业发展机遇,推动大众江淮、蔚来汽车新项目产业规模和技术水平同步提升,抢占国内市

场。二是依托数字化和先进制造业与现代服务业融合发展，提升安徽制造新质效。坚定数字赋能产业发展方向，推动重点行业数字化转型，加快大数据、5G、人工智能、区块链等在制造业中的创新应用，大力推动产业数字化、数字产业化。积极发展服务型制造、线上新经济，打造若干在全国具有影响力的引领性、平台型产业。三是瞄准产业消费"双升级"，对接抢占安徽制造新空间。瞄准医疗、康养、文化、旅游等消费升级的新趋势，对接质量、安全、能效、环境和技术标准的新需求，积极开发适销对路的新产品和新设备，抢占安徽制造新空间。四是加快高水平产业承接布局，共塑长三角产业协作新格局。推动省内先发地区产业补链式承接布局，提升集聚度和显示度，推动各市县、各园区积极打造特色明星产业，塑造行业内产业转移集聚首选、优选目的地。

（二）拓展消费新空间，激发参与国内国际双循环新发展格局内需潜力

一是大力培育消费新增长点。抢抓数字消费升级新机遇，建设一批线上线下融合的新消费体验馆，开展"云购物""云看展""云旅游"等活动。依托龙头企业，开展在线教育、在线办公、智慧医疗等试点。二是稳定和扩大消费热点。尽快出台以旧换新、汽车下乡、购置补贴等鼓励家用汽车消费支持政策，加快释放城乡汽车消费潜力。加强旅游品牌精准营销和推介，进一步扩大旅游消费。加快电影市场复苏扩容，更好满足城乡居民文化消费需求。积极挖掘各地特色，围绕特色步行街改造升级，不断丰富夜间产品业态，建设一批地标性夜间经济集聚区。引导社会力量参与，合理布局一批健康养老基地。三是积极推动农村消费升级。支持新型家电、智能手机、空调等产品销售，促进农村家电产品更新换代。增加教育、母婴、体育、文化等方面服务，满足农民多元消费需求。支持品牌连锁便利店到农村，加大县城、乡镇中大型商场建设力度，提高农村商品品质。

（三）加大投资补短板强弱项力度，夯实参与国内国际双循环的基础

一是聚焦新基建和科技创新，加大投资力度。围绕5G基站、特高压、新能源汽车充电桩、大数据中心、人工智能、工业互联网等新基建，以及国家实验室、大科学装置、新一代人工智能试验区等大平台，强化数字转型、智能升级、融合创新等基础设施投资。二是加大长三角一体化、合肥都市圈、新型城镇化建设投资。聚焦长三角一体化等重大战略、河流湖泊安全等重点领域，谋划建设一批基础性、枢纽性的重大交通、水利项目，推动传统基建智慧化改造提升，加快城乡、城际、省际基础设施互联互通。加大城市升级、县城城镇化、城市防灾备灾等补短板投资力度。三是围绕新需求强化民生补短板投资。加大互联网医疗、线上教育培训、在线办公、娱乐直播等"在线新经济"投资，加快补齐卫生防疫、紧急医学救援、应急管理等领域短板。四是拓宽基础设施市场化融资渠道。积极稳妥推进基础设施不动产信托投资基金 REITs 试点，鼓励开展类 REITs、资产证券化等业务，支持企业上市融资，加快形成投资良性循环。

（四）打好关键核心技术攻关攻坚战，提升参与构建国内国际双循环新发展格局的核心竞争力

一是积极主动参与国家关键核心技术攻坚战。面向国家战略需要和我省重大需求，研究制订我省"卡脖子"关键核心技术攻关计划或方案，设立关键核心技术攻关专项资金或基金，在动态存储芯片、新材料、智能语音、柔性显示、超薄玻璃、工业机器人伺候器等重点领域和关键环节组织联合科技攻关，积极参与国家、长三角等区域重大科技攻关，加大新材料、新产品、新技术的研发投入，争取在关键核心技术领域产品和技术上取得新突破。二是加快推进前沿科技"沿途下蛋"。强化基础研究的产业化意识，聚焦核聚变、强磁场、量子通信、下一代人工智能、超导材料、干细胞技术、基因检测、质子医疗等我省处于领先地位的前沿科技领域，及时将相关阶段性科技成果转化为现实产品，抢占未来产业发展制高点。三是支持企业参与行业关键核心技术攻关。支持行业龙头企业联合高校和科研院所组建产学研用联合体，共同承担"科技创新 2030–重大专项"、科技重大专项、重点研发计划等国家和省重大科技计划项目。大力推广以骨干企业为主体、以创新联合体为依托，高校、科研院所积极参与，产学研深度融合的协同攻关模式。

（五）借力国家战略开展多层次开放，打通参与构建国内国际双循环新发展格局的双向通道

一是把长三角一体化作为我省参与双循环的战略依托。紧密对接沪苏浙创新链产业链，实现错位补链和专项强链，使产业迎头赶上去；深度挖掘适应长三角重点消费人群和多样化消费需求特点，把消费请过来，共建长三角供需小循环。借力长三角自贸区平台、进博会平台、上海单一窗口和通关一体化平台等高水平开放平台，积极参与国际外循环。二是着力打造大平台大通道。进一步聚焦自贸区试验主题，争取早日获批。提升拓展综合保税区、跨境电商综合试验区各类开放载体平台功能。携手沪苏浙建设通达东南沿海的轨道交通和高速公路，提高合肥陆海空"一带一路"枢纽地位。三是加快国际化招商引资引智。引进制造业领域关键环节，推动我省重点跨国并购项目返程投资。建设多种形式的特色创新示范园区、国际合作园区和智慧园区。围绕主导产业发展，重点瞄准日欧等创新源头国家和地区，建设一批离岸型科创中心。四是加强国际新市场开拓。支持外贸企业利用网上交易会、采购商考察交流会等新平台拓展企业外销渠道。鼓励企业收购和租用国际品牌，兼并国际品牌企业及建设境外生产基地。引导企业面向"一带一路"组团式走出去，与"一带一路"沿线国家相关企业合作建设产业园。

（六）强化保障，为参与构建国际国内双循环新发展格局营造良好发展环境

一是释放要素市场化配置潜力。开展科研人员职务科技成果所有权或长期使用权试点，进一步提高科研人员成果转化收益分享比例。建立全省统一的技术成果转化公开交易市场，鼓励技术开发、转让集成化服务。二是提升"四最"营商环境吸引力。全面实施市场准入负面清单制度，确保"一单尽列、单外无单"。推动跨部门跨层级跨区域的政务服务再造，实现系统集成、数据共享、业务协同。大力弘扬服务市场主体"有呼必应、无事不扰"的"店小二"精神，构建亲清政商关系。三是发挥重大工程项目牵引力。围绕"两新一重"、战略性新兴产业等重点领域，加大力度谋划事关全省和区域长远发展、引领性支撑性强的重大项目，实现投资项目量质齐升。

审　稿：樊明怀

执　笔：省经济研究院"安徽如何参与构建
　　　　国内国际双循环新发展格局"课题组

长三角"'十四五'时期经济社会发展重大战略问题"学术论坛观点综述

为学习贯彻落实习近平总书记在扎实推进长三角一体化发展座谈会重要讲话精神，2020年9月25日，由江苏省战略与发展研究中心主办的"'十四五'时期经济社会发展重大战略问题"学术论坛在昆山举行。长三角三省一市发展改革委系统研究单位的专家学者，以及江苏各地发展改革委的有关领导和代表参加论坛，共研共商长三角"十四五"时期经济社会发展。论坛期间，上海、江苏、浙江、安徽四方发展改革系统研究院（中心）签订战略合作协议，旨在建立四方主要领导联席会议制度，在交流研讨、调查研究和互派专家等方面加强合作，聚焦长三角一体化国家战略，共同开展战略性、前瞻性、全局性问题研究。

论坛上，上海市发展改革研究院副院长阎加林、江苏省战略与发展研究中心主任林康、浙江省发展规划研究院院长周华富和安徽省经济研究院院长樊明怀就长三角"十四五"时期经济社会发展重大战略问题发表主题演讲，形成了具有指导和借鉴意义的系列观点，现将相关观点摘要如下。

一、上海"十四五"规划编制的主要考虑

"十四五"规划是上海向着全面建成"五个中心"、国际文化大都市和具有世界影响力现代化国际大都市目标迈进的第一个五年规划。上海市发展改革研究院副院长阎加林指出，完成好党中央和习近平总书记交付的重大战略任务，是"十四五"上海发展的核心要务。要把"四个放在"作为"十四五"发展的重要战略基点，把规划编制同落实习近平总书记交办的三项新的重大任务与强化"四大功能"紧密结合起来，更好地体现上海在全国发展大局中的坐标和方位，以及当好全国改革开放排头兵、创新发展先行者的定位和站位。

把"四个放在"作为"十四五"发展的重要战略基点。第一，放在中央对上海发展的战略定位上，就是要加快构筑面向未来与面向全球的战略新优势。要继续高举浦东开发开放旗帜，加大自贸区新片区制度型开放的先行先试力度，推

进科创板基础性制度改革，加快构建长三角更高质量一体化发展体制机制，打造进口博览会开放市场、拥抱世界的重要平台，借助"四大功能"引领带动"五个中心"能级提升。第二，放在经济全球化的大背景下，就是要在百年未有之大变局中准确识变、科学应变和主动求变。"十四五"外部环境挑战更加严峻、产业转型升级更加迫切、对外开放力度更加扩大。上海要抓住关键核心技术、高端产业集群、过硬的质量品质三个重要环节，加快制造业高端发展、创新发展和转型发展。在高标准国际投资和经贸规则的先行先试上率先走出一步。第三，放在全国发展的大格局中，就是要在迈向第二个百年目标新征程中引领推动高质量发展。一是"十四五"五个中心建设任务更加艰巨。要围绕引领"五个中心"功能跃升的要求，进一步增强经济中心综合实力以及金融中心资源配置功能、贸易中心枢纽功能、航运中心高端服务功能和科创中心策源功能。二是"十四五"高质量发展态势更加明显。要围绕增强城市能级和核心竞争力的要求，谋划好一批百亿级、千亿级、万亿级规模的新产业，拉长产业链条、培育产业集群、打造产业生态。三是"十四五"体制机制改革更加深化。要紧紧围绕习近平总书记交办的三项新的重大任务，大胆创新、大力改革，尽快形成一批具有竞争力、影响力和显示度的制度创新成果。四是"十四五"高品质生活追求更加多元。要围绕"幼有善育、学有优教、劳有厚得、病有良医、住有宜居、老有颐养、弱有众扶"的要求，打造令人向往的品质生活高地。五是"十四五"超大城市治理更加精细。要把握超大城市发展和治理规律，大力推进城市共建、共治、共享，努力交出一份"一流城市要有一流的治理"的满意答卷。第四，放在国家对长三角发展的总体部署上，就是要进一步发挥好核心城市龙头带动作用。要把握"一体化"核心内涵与"一盘棋"实践要求，聚焦打造长三角活跃强劲增长极的目标，发挥龙头城市核心带动作用，既要努力拉长长板，更要积极贡献长板，为苏浙皖三省发展赋能提速。

围绕三个要求提炼发展主线。一是突出"增强城市综合实力、能级和核心竞争力"的要求，特别是要强化"四大功能"，更好地引领"五个中心"能级跃升，进一步彰显上海代表国家参与国际竞争的定位和站位；二是突出"推进高质量发展、创造高品质生活"的要求，顺应美好生活期盼，对接美好生活需求，体现"质量第一、效益优先"发展原则，以及"以人为本、内涵发展"的本质要求；三是突出"国家战略引领、开放创新驱动"的要求，以开放的最大优势谋求更大的发展空间，以创新为驱动带动产业转型升级与城市能级及其核心竞争力的更大提升。

发展目标在于取得"五个更大进展"。一是在浦东开发开放再起步再出发、深入推进"三大任务"、发挥好进博会平台溢出效应上取得重大进展，二是在强化"四大功能"与引领"五个中心"核心功能提升上取得重大进展，三是在持续提升城市能级、核心竞争力和综合实力上取得重大进展，四是在打造国内大循环中心节点与国内国际双循环战略链接上取得重大进展，五是在民生保障与超大城市治理上取得重大进展。

聚焦八个方向做实主要任务。一是强化高端产业引领与培育发展新动力，二是拓展内需空间与释放消费市场潜力，三是提升城市核心功能与强化全球资源配置功能，四是深化市场改革与引领改革开放再出发，五是实施创新驱动战略与强化创新策源能力，六是建设生态宜居城市与增强超大城市安全保障能力，七是保障和改善民生与共创高品质生活，八是推动长三角高质量一体化发展与生态绿色一体化示范区建设。

二、践行以人民为中心的发展思想

习近平总书记指出，必须坚持以人民为中心的发展思想，把增进人民福祉、促进人的全面发展作为发展的出发点和落脚点。"十四五"时期，我国进入新发展阶段，处于全面建成小康社会向社会主义现代化国家迈进的历史性关键节点时期。江苏省战略与发展研究中心主任林康认为，在"十四五"规划编制过程中，要适应新形势新变化新要求，特别是我国社会主要矛盾的变化，全面践行以人民为中心的发展思想。

实现以物为本向以人民为中心的经济增长方式的转变。中美经贸摩擦、新冠肺炎疫情防治常态化的背景下，供给端、需求端都面临困难和挑战，需从收入端着手，更好落实以人民为中心的发展思想，以此推动经济增长。一是高度重视就业。更加重视更高质量的就业，开发提供更多的体面就业岗位、适应年轻人的就业岗位，大力发展知识技术密集型行业。二是提升人力资本质量。实施义务教育向前（学前阶段）或向后（高中阶段）延伸，实现教育均等化，从第一轮的人口红利到人才红利转变。做好在职培训，深化产教融合、校企合作。三是提高劳动报酬。保障劳动、资本、技术和管理等要素按贡献参与分配，提高职工收入在一次分配中的比重，提高中等收入人群数量。四是建设科创型城市。更加注重要素的组合创新，在创新模式、创新业态上下功夫。打造"从0到1"的产业，打通技术研发与产业需求之间的关键环节。

更加重视人民群众对高质量发展的空间需求。从人的需求出发，合理划分生产、生活和生态三大空间。生产空间要集约高效开发，提高土地产出效率。合理确定用地比例，调整工业、服务业用地空间，合理规划创业空间。实行人地挂钩政策，人口密集地区用地规模要扩大、效率要提高，确保新增建设用地产出不下降。生活空间要优化、便利化、高品质。突出城镇公共服务供给，适度扩大公共设施空间布局。通过市井生活和创新街区唤醒城市活力，通过生活集聚留下新居民和年轻人；通过小尺度、慢生活节奏、步行化设计，形成有活力、有内容的城市空间组织模式，提高城市温度。生态空间着重体现绿色、自然，建设人与自然的生命共同体，总体要求生态空间不减少。突出江苏的水韵特色，统筹江海河湖协同发展，彰显地域景观风貌。增加绿化空间，在江淮、里下河地区建设江苏的绿心绿肺绿核心。保持生物多样性，做好国家公园、自然保护区的保护工作。

打造人民群众满意的高品质生活。"十四五"时期要在八个方面大力补齐民生建设短板，包括发展更好的教育、更稳定的工作、更满意的收入、更可靠的社会保障、更高水平的医疗卫生服务、更舒适的居住条件、更优美的环境、更丰富的精神文化生活。

三、探索建立重大项目一体化研究谋划机制

浙江省发展规划研究院院长周华富做了题名为《探索建立长三角一体化重大项目研究谋划机制的若干思考》的演讲。周华富院长指出，2020年以来，长三角地区统筹推进疫情防控和经济社会发展，重点合作事项深入推进，一体化优势进一步凸显。新形势下，共同谋划推进一批长三角一体化重大项目，是落实党中央和习近平总书记决策部署的具体行动。

重大项目是落实长三角区域一体化发展国家战略的重要抓手。首先，重大项目建设能够有效支撑新发展格局。加快形成以国内大循环为主体、国内国际双循环相互促进的新发展格局，战略基点是扩大内需，通过重大项目建设扩大有效投资，是长三角地区率先形成新发展格局的有效手段。其次，重大项目建设能够加速科技和产业创新。当前，新一轮科技革命和产业变革加速演变，长三角地区要

集合科技力量，聚焦集成电路、生物医药、人工智能等重点领域和关键环节，尽早取得突破。为此，通过谋划实施一批科技和产业类重大项目，有利于加快构建战略科技力量体系。最后，重大项目建设能够切实推进改革开放，改善营商环境。从项目本身来看，重大项目建设需要一批高水平的科学家和工程师队伍，需要项目上下游各方及项目所在地政府的通力合作，这种吸引海内外人才和企业安家落户的现实需求，是营造国际一流的营商环境的重要动力。从项目宏观谋划来看，认识和明晰各地比较优势，着眼于合理分工谋划项目，是各地各部门发挥聪明才智，以一体化思路打破行政壁垒的有效载体。

研究谋划长三角一体化重大项目要把握三个原则。一是突出"一体化"。有利于发挥长三角地区三省一市比较优势，实现更合理分工；有利于激发超大规模国内市场，率先畅通国内大循环；有利于打造改革开放新高地，凝聚更强大发展合力和国际竞争力，促进国内国际双循环相互促进的"大好高"项目。二是突出"高质量"。发挥长三角区域人才富集、科技水平高、制造业发达、产业链供应链相对完备和市场潜力大等优势，具有国内引领力、世界影响力、长远持续力，能够助力长三角地区勇当我国科技和产业创新开路先锋的"大好高"项目。三是突出"重大性"。投资大、作用大、影响大，对长三角地区率先形成新发展格局、促进一体化高质量发展具有重要意义，能够形成标志性重大成果的"大好高"项目。

探索建立长三角一体化重大项目研究谋划机制。长三角三省一市发展改革系统研究院（中心）是支撑沪苏浙皖党委与政府决策部署和发展改革重点工作的一支重要力量，要发挥长期研究谋划重大项目、重大战略、重大政策、重大改革的优势，将长三角一体化重大项目研究谋划作为发改智库战略合作的重要内容。围绕落实长三角一体化国家战略，共同谋划"十四五"重大项目，研究项目落地生效机制，为国家和长三角一体化发展改革提供智力支持。

四、在新发展格局中实现更大作为

习近平总书记在安徽考察期间，在扎实推进长三角一体化发展座谈会上对安徽提出殷切希望和明确要求，要在构建以国内大循环为主体、国内国际双循环相互促进的新发展格局中实现更大作为。安徽省经济研究院樊明怀院长做了题名为《新机遇　新挑战　新作为，推进安徽在长三角一体化发展中做出新贡献》的演讲，提出安徽要准确把握在长三角一体化发展中的定位，抢抓机遇，直面挑战，在长三角一体化发展和构建国内国际双循环新发展格局中彰显安徽力量、做出安徽贡献。同时，樊院长对"十四五"长三角一体化发展提出了具体建议。

共同打好关键核心技术攻坚战。共同研究制订长三角"卡脖子"关键核心技术攻关计划或方案，三省一市依托长三角科技创新共同体和科创走廊，大力推动上海张江、安徽合肥综合性国家科学中心建设。设立关键核心技术攻关专项资金或基金，对集成电路、基础软件、生物技术、人工智能关键环节联合攻关，力争突破一批关键核心技术。发挥企业的创新主体作用，推进政产学研用创"六位一体"、深度融合发展。

共同打造全球高端制造业基地。加快推进出台长三角制造业协同发展规划。要依托长三角良好的制造业基础，联手打造世界高端制造业的基地。加快推进长三角制造业协同发展规划，为共同打造全球高端制造业基地提供规划指引。加强产业分工协作，共同构筑现代化产业链。

共同建设高水平开放平台。当前三省一市实现了自贸区的全覆盖，长三角对外开放的门户地位进一步提升，在"十四五"时期要推动长三角自贸区的协同发展，力争上海自贸区新片区政策能够在长三角区域内进行复制推广。积极对接全球电子商务新模式新规则新标准，合力打造全球数字贸易新高地。积极争创国家服务业扩大开放综合示范区，共同打造全球服务贸易新高地。

共同营造国际一流营商环境。对标国际一流标准，不断提升区域投资贸易自由化、便利化水平。全面实施外商投资准入前国民待遇加负面清单管理制度，以开放、服务、创新、高效的发展环境，吸引海内外人才和企业家安家落户。推动跨区域政策制度的协同，打造沪苏浙皖无差别的营商环境，建设成全国办事效率高、投资环境优、市场主体和人民群众获得感最强的省份之一。

省经济研究院宏观部　整理

加快发展优势消费型产业，
积极探索新发展格局安徽路径

习近平总书记视察安徽时强调，要牢牢把握扩大内需这个战略基点，努力探索形成新发展格局的有效路径。大力发展优势消费型产业是实施扩大内需战略的重要抓手，是畅通供需循环的关键环节，对推动形成以国内大循环为主体、国内国际双循环相互促进的新发展格局意义重大。安徽是全国重要的制造业中心，形成一批优势消费型产业①。新阶段，有必要以加快发展七大优势消费型产业为突破口，以高质量供给适应引领创造新需求，积极探索新发展格局的安徽路径。

一、发展消费型产业意义重大

当前，国家大力实施新一轮扩大内需战略，实现从"短期应对"向"短期应对与中长期战略并重"转变，服务于新发展格局构建。在此背景下，加快消费型产业发展尤为迫切。

（一）提升优质产品服务供给能力，是实施扩大内需战略的必由之路

目前，国内模仿型、排浪式消费阶段基本结束，逐步由生存型消费向发展型消费升级。但国内优质供给明显滞后，中高端消费外流问题突出。充分发挥我国超大规模市场优势和内需潜力，必须加快壮大一批消费型产业。

（二）推动产业转型升级，是适应经济社会高质量发展的内在要求

我国已经初步建立门类齐全、独立完整的工业体系，但高质量发展的水平和层次还不高，主要产品或服务的品质、品牌、品位还相对一般，加快优化产品产能、增加优质便捷的服务，是经济社会高质量发展的应有之义。

---

① 目前，国内学术界和官方均未对消费型产业进行严格定义，也表述为消费型行业、消费行业、消费产业，结合消费发展实际和我省消费发展现状，本文中的消费型产业主要是指"直接用于居民消费或服务居民消费的产品或服务行业"，主要包含消费品工业和生活性服务业，为便于研究分析，部分产业上下游业态也纳入重点优势产业分析中。

（三）适应高品质生活需求，是满足人民日益增长的美好生活向往的需要

我国社会主要矛盾已经转化为人民日益增长的美好生活需要和不平衡不充分的发展之间的矛盾。居民收入大幅改善，人们对文旅、健康养老等高品质消费大幅增加，推进满足高品质生活需求，必须大力发展消费型产业。

（四）发挥产业比较优势，是安徽服务长三角率先形成新格局的着力点

安徽是长三角地区重要消费品供应基地，在新发展格局中承担着重要的消费品供应角色。四大家电、笔记本电脑优势明显，新能源汽车产量超江苏、浙江总和，茶叶等供给能力处于长三角领先位次。加快优势消费型产业发展，是助力长三角率先形成新发展格局的重要抓手。

二、我省消费型产业发展现状

近年来，安徽工业消费品生产能力积极提升，生活性服务业持续增长，初步形成七大优势消费型产业。

一是产业规模持续扩大，主营业务收入超3万亿元，有力支撑产业发展，成为经济发展重要动力。七大优势领域均呈现快速发展态势。家电产业，2019年家用洗衣机产量占全国总产量比重达到31.3%，比2015年高7.6个百分点。汽车产业，2019年全省汽车产量92.1万辆，其中，全省新能源汽车实现产销11.6万辆，目前占全国13%左右；农副食品，2019年，规上食品企业2700多家，产值过万亿元，皖北、合肥都市圈、沿江和皖南四大农副食品加工密集区初见规模；文化产业，2019年，营业收入达到2700亿元，占GDP比重超全国平均水平；旅游产业，2019年，总收入达到8510亿元，"十三五"年均增长19.9%；大健康产业，2019年，生物医药等重点领域蓬勃发展，产值达到8000亿元左右；电子商务，2019年，网上零售额达641.9亿元。

二是产品结构持续优化，重大创新平台加快布局建设，加速向智能化、高端化、品质化发展。主要消费品加快智能化、信息化发展。消费产品加快向智能化转型。家电行业以用户和产品为中心，推动效率提升与产品升级，拥有国家家电产品质量监督检验（合肥）中心等平台，4个国家级企业技术中心、3家国家级绿色工厂。2019年全省首条自动驾驶汽车5G示范线在合肥正式开通。消费场景加速向线上转移。线上经济跨越发展，网购用户规模不断扩大，网上零售额占社

消总额比重从 2015 年的 1.3% 升至 2019 年的 4.8%。合肥、芜湖、马鞍山入选国家信息消费示范城市。

三是市场活力显著增强，新兴产业势力积极布局发展，引领行业发展的企业主体加速成长。市场主体增长潜力持续释放。文旅企业发展强劲。2019 年，全省有规上文化企业 2449 家，名列全国文化企业 30 强中有 2 家。其中安徽出版集团列第 17 位，版权输出连续 10 年位居全国前列；安徽新华发行集团列第 18 位，公司重点读物发行位居全国前列。造车新势力加速布局。规上企业近 1000 家，主营业务收入超 2500 亿元；蔚来、威马等造车新势力积极布局。医药健康企业快速发展。医健企业总数达到 8 万家以上，上市公司超 30 家，5 家药企入选医药百强品牌企业，认定 22 个"十大皖药"产业示范基地。

四是发展平台持续壮大，高能级主体逐渐增多，支撑产业发展壮大的载体初步形成。产业创新平台、集聚平台持续发力。家电产业形成高质量集聚基地，合肥、滁州、芜湖三市的产业基地已成为全球重要的家电制造中心。汽车产业支撑平台不断壮大，拥有 2 个国家级工业设计中心、6 个国家级企业技术中心。电子商务平台发展快速，拥有合肥、芜湖、安庆 3 个国家级跨境电子商务综合试验区、3 家国家级电子商务示范基地。文化体育产业平台快速增长，现有省重点扶持文化产业示范园区 20 家、省级战略性新兴产业基地 2 家，合肥、芜湖入选国家文化消费试点城市。健康养老平台发展迅猛，形成以合肥、亳州、阜阳为集聚地的大健康产业集群。

五是区域消费品牌逐步形成，领军行业、领军品牌、领军产品持续出现，初步汇聚一批影响力较好的品牌。七大领域集聚了一批在国内具有较强影响力的消费品牌。智能终端设备，品牌全球领先。家电品牌集中度居全国第一，集聚了全国几乎所有知名品牌。新兴领域，形成以科大讯飞、华米等为支撑的"中国声谷"。汽车领域，集聚江淮、奇瑞以及蔚来、大众、威马等新造车势力品牌，在未来新能源汽车领域具有较大影响力。食品领域，拥有芜湖大米、怀远糯米、含山大米等区域公共品牌，白酒知名品牌众多，六安瓜片、黄山毛峰等国内外畅销。旅游领域，安徽省旅游集团、黄山旅游集团、祥源集团连续跻身中国旅游集团 20 强。电子商务领域，三只松鼠等品牌在全国具有较强影响力。

与此同时，与居民日益增长的美好生活需要相比，与全国及长三角比较，我省消费型产业发展不平衡不充分问题较为突出，距离高质量产业仍有较大差距。

一是市场主体相对不强，龙头企业集聚带动效应有待提升。大规模工业企业数量少。目前，食品制造业、医药制造业、汽车制造业企业资产仅为江苏的一半左右。服务业消费品企业品牌力与竞争力明显不足，在中国服务业企业500强榜单中，仅入围11家，数量远低于上海（53家）、江苏（44家）、浙江（46家），且多集中在商贸、房地产、交通、文化传媒等传统消费领域，信息服务、科技服务、研发设计服务等新兴领域缺乏龙头企业。二是产品服务品质相对不优，重点领域亟须创新发展。对工业消费品的研发投入相对不足，目前制造业企业研发经费支出还不到江苏的20%，工业消费品技术含量相对较低，家电领域企业多为生产基地，而研发基地在外地。传统消费型产业仍占主导地位，科技服务等支撑不强。三是规模仍然相对偏小，人均消费水平还不高。消费品工业与生活性服务业体量不大。2019年，社会消费品零售总额仅为江苏的37.9%、浙江的49.2%；旅游收入仅为江苏的59.5%、浙江的78.1%；每千人口医疗卫生机构床位数5.5张，居全国第26位，比全国平均少0.8张，仅为上海的55.9%、江苏的86%。

安徽省七大优势消费型产业概况

产业领域	产业体量	产业集聚	产业创新	龙头企业	发展前景
智能终端设备	2019年，主营业务收入约5000亿元，产量居全国第二	2个国家级战略性新兴产业集群，2个省级战略性新兴产业基地	4家国家级企业技术中心，21家省级企业技术中心	科大讯飞、海尔、美的、格力、长虹美菱、TCL、荣事达等	体量大、高成长
新能源和智能网联汽车	2019年，主营业务收入约2500亿元，能源汽车占全国10%	2个国家级汽车及零部件出口基地，2个省级战略性新兴产业基地	2个国家级工业设计中心，6个国家级企业技术中心，2个工程技术研究中心	大众、江淮、奇瑞、蔚来、威马等	体量大、高成长、带动强
农副食品	2019年，规上食品企业2700多家，产值超万亿	15个国家级农业产业化示范基地	4个技术研发专业中心，109个国家和省部级创新平台	国家级龙头企业49家，古井集团营业收入超百亿元	体量大、增长稳定

（续表）

产业领域	产业体量	产业集聚	产业创新	龙头企业	发展前景
文化产业	2019 年，规上文化企业 2449 家，营业收入 2700 亿元	5 个国家级文化产业示范园区（基地），2 个省级战略性新兴产业基地	重点骨干企业创新能力居全国前列	省出版集团、新华发行集团入选全国文化企业 30 强	体量大、高成长
旅游产业	2019 年，旅游总收入 8510 亿元	5 家国家全域旅游示范区，11 家 5A 级景区	都市休闲、主题公园、生态旅游、健康养生持续培育涌现	省旅游集团、黄山旅游集团、祥源集团入选中国旅游集团 20 强	体量大、高成长
大健康产业	2019 年，总产值 8000 亿元左右	2 个省级战略性新兴产业基地，1 家国家级旅游度假区	多项技术产品居国内外领先水平	贝壳制药、美亚光电、同仁堂亳州饮片等	体量大、高成长、带动强
电子商务	2019 年，网上零售额 641.9 亿元	3 个国家级跨境电商综试区，4 个省级跨境电商产业园	新业态、新模式加快创新发展	三只松鼠等	高成长、带动强

注：综合产业体量、集聚水平、创新能力、龙头企业、未来潜力等因素筛选得到。

三、对策建议

当前，我省七大优势消费型产业，必须加快扩大高质量供给，以高质量供给适应引领创造新需求，在全国扩大内需中发挥安徽作用，积极服务于长三角新发展格局率先构建。

（一）适应新需求，推进"三个对标"，扩大优质供给

聚焦七大领域，加快推动适应国内当前消费新需求的趋势要求，注重个性、品质、高端发展。一是支持行业对标，制定 100 个左右行业领先标准。引导七大产业，全面对标国际、国内一线质量标准，全面推进生产消费品尽快达到甚至超过国外质量。积极探索形成高于全国平均水平的安徽标准，鼓励标准制定专业机

构对企业公开的标准开展比对和评价，五年内支持指定 100 个以上行业领先标准。二是支持企业对标，培育 100 个左右领军企业。全面对标国内外一流企业，加强企业间合作，加强企业现代化管理，注重并加强产品质量管控，提升企业知名度，打造一批产品优质的企业，鼓励优势企业抢占细分市场。支持七大优势领域，五年内形成 100 家以上细分领域专精特新领军企业。三是支持产品对标，形成 100 个左右行业引领产品。围绕消费品性能、品质、稳定性等要求，支持企业开展进口替代行动，全面参与全球竞争，积极适应国内市场品质化新需求。发挥七大产业省级行业协会作用，完善品牌推介等公共服务体系。

（二）引领新需求，加快"两个集聚"，打造产业高地

聚焦七大消费产业创新引领发展需要，通过产业集聚、创新集聚、要素集聚，推进消费型产业进一步集聚创新发展。一是支持产业集聚，打造全球人工智能、新能源汽车高地。围绕七大产业领域，进一步推动产业集聚发展水平。发挥家电产业基础优势，借助合肥国家人工智能产业集群、国家人工智能试验区，加快把人工智能产业打造成为全球生产高地。支持造车新势力进一步在安徽布局发展，依托蔚来、江淮、大众等造车新势力，加快建设成为全球新能源汽车产业高地。二是支持创新集聚，培育形成高端要素集聚高地。积极支持七大消费型产业重大创新平台建设，在智能设备、新能源汽车、食品加工等领域，推进重点国家创新平台在安徽布局。支持文化、旅游、大健康产业创新投入，在省"三重一创"等资金安排中，进一步加大支持力度，引导创新投入。推进重点创新平台共建共享发展，发挥语音及语言信息处理国家工程实验室等创新资源优势，引导集群企业创新共享。

（三）创造新需求，建设"一个平台"，创新业态模式

借力新技术、新业态、新模式，加快建设合肥国际消费中心城市，打造消费大平台，在新兴消费领域创造适应大众消费的新需求。一是打破传统思维。摒弃传统消费中心城市建设思维，坚持互联网"买全球、卖全球"思路，依托自贸区、合肥线上经济创新发展试验区、跨境电商试验区等平台载体，充分利用国内外两种资源、两个市场空间，借助新技术、新业态、新模式力量，完全有条件、有可能积极建成。二是聚焦新兴领域。合肥在珠宝、服装等传统奢侈品领域不具备建设国际消费中心城市优势，重点攻坚新兴消费领域，如鼓励发展线上消费、线上教育、线上医养等业态，鼓励推广线上办公、线上商务、线上制造等业态的发展。三是创新业态模式。依托国际消费中心城市建设，创新体制机制，支持新业态、新模式发展。加快在七大领域布局和拓展新兴业态，推进新技术与传统行业相融合产生的新业态，支持电子商务、移动支付、共享经济、高铁网络等创新引领。支持七大领域加快以新零售、新服务等为代表的新模式探索，从创造新需求角度，拓展新模式对消费发展的带动作用。

指　导：樊明怀

执　笔：余茂军　窦　瑾　江　鑫

参与讨论：陈　香　张淑娟

我省煤炭消费现状、趋势及"十四五"
煤炭消费控制对策建议

我省作为长三角地区能源大省，煤炭消费总量大、占比高，以煤为主的能源结构支撑了全省经济快速发展，但也带来了环境污染等问题。开展煤炭消费总量控制对优化我省能源消费结构，尽早实现碳达峰、推动经济高质量发展，具有十分重要的现实意义。

一、我省煤炭消费现状与特征

1. 消费占比不断下降，消费总量持续上升

"十二五"以来，我省对煤炭的依赖度有所缓解，煤炭消费量占能源消费总量比重逐年下降，从2011年的77.1%下降到2018年的70.9%。但与全球和全国相比，所占比重仍处于相当高的水平，能源结构"高碳"特征明显（图1）。煤炭消费量从2011年的1.41亿吨增加到2018年的1.67亿吨，年均增长2.19%（图2）。七年间仅2015年煤炭消费总量比上年略有下降，其他年份均上升，且近几年上升速度加快。在长三角地区和中部省份中，仅有安徽、山西、江西三省2017年煤炭消费量比2011年高。

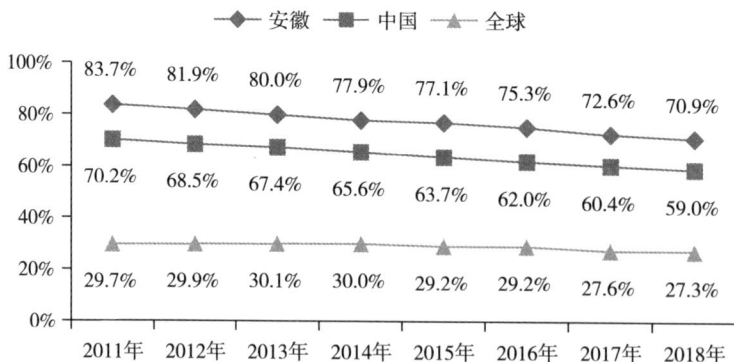

图1　全球、中国及我省2011—2018年煤炭消费占一次能源消费的比重

（万吨）

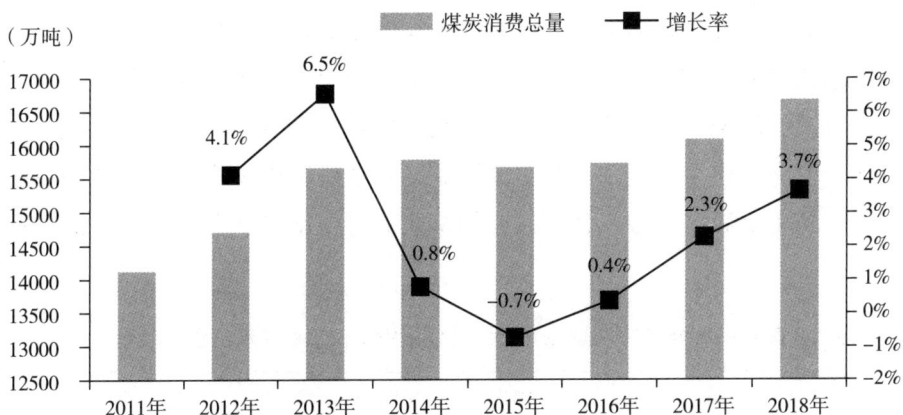

图 2　我省 2011—2018 年煤炭消费量及增长率

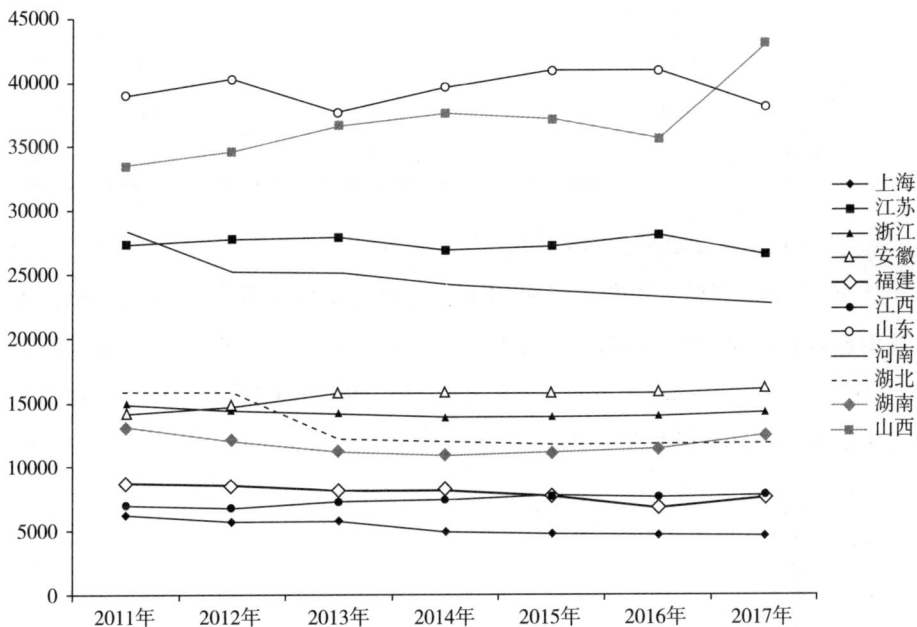

图 3　我省及周边省份 2011—2017 年煤炭消费变化趋势

2. 工业占绝对主导地位，行业消费高度集中

目前我省工业领域煤炭消费占比在 97％以上，农业、建筑业、交通运输等领域耗煤量较少。2019 年，从细分行业来看，电力、热力生产和供应业，非金属矿物制品业，黑色金属冶炼和压延加工业，化学原料和化学制品制造业，石油、煤炭及其他燃料加工业，煤炭开采和洗选业，这六个行业占工业煤炭消费总量的比例为98.1%。其中，电力、热力生产和供应业的煤炭消耗量占比最高，占比为62.8%，第二是以建材为代表的非金属矿物制品业，占比为12.1%。电力、建材、钢铁、化工等行业煤炭消费量快速增长是我省煤炭消费居高不下的主要原因，做好这些行业的煤炭消费控制是全省控制煤炭消费总量的关键。

表1　2015—2019年部分工业细分行业煤炭消费占工业煤炭消费的比重（%）

细分行业	2015年	2016年	2017年	2018年	2019年
电力、热力生产和供应业	52.50	54.77	58.47	61.09	62.82
非金属矿物制品业	13.56	13.51	13.13	11.92	12.12
黑色金属冶炼和压延加工业	8.27	8.29	7.89	7.56	7.70
化学原料和化学制品制造业	7.15	7.18	6.70	5.89	6.69
石油、煤炭及其他燃料加工业	2.41	2.56	2.50	2.66	5.52
煤炭开采和洗选业	12.54	10.07	8.06	7.96	3.20

3. 区域差异比较明显，与GDP产出不平衡

从2017年各市煤炭消费占比和GDP占比情况中可以看出（图4），我省煤炭区域消费存在煤炭消费与GDP产出不匹配、不平衡现象。淮南、淮北消耗了全省20.1%和13.1%的煤炭，仅贡献了3.4%和3.9%的GDP；合肥、芜湖消耗了全省10.1%和7.6%的煤炭，贡献了25.9%和10.9%的GDP。

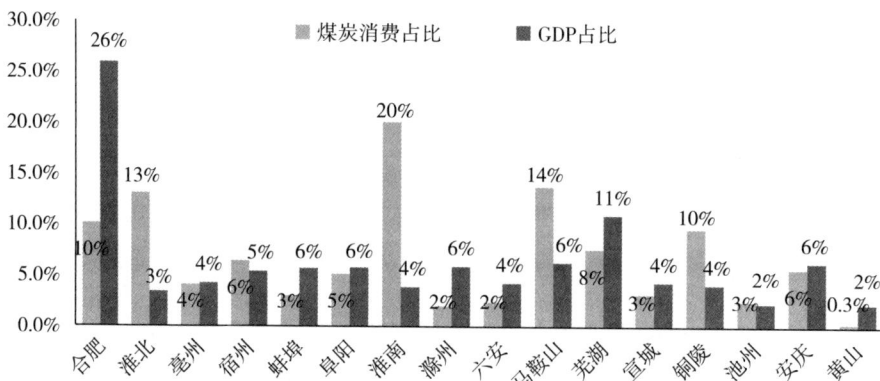

图4　2017年各市煤炭消费占比和GDP占比

二、我省煤炭消费趋势分析

1. 控制煤炭消费是高质量发展的必然选择

全球绿色低碳发展进程不断加速，世界能源生产和消费正在进行重大结构性转变。习近平主席在 2020 年的第七十五届联合国大会上庄严承诺，我国将力争于 2030 年前达到二氧化碳排放峰值、2060 年前实现碳中和，这既表现出了中国的责任担当，也提出了中国从高速增长向高质量发展转变的坚定决心和要求。"十四五"时期是开启现代化新征程的第一个五年规划期，经济社会发展以高质量发展为主题，以供给侧结构性改革为主线，能源消费、煤炭减量替代、温室气体排放等方面必将有更严格的目标，可再生能源比例必将稳步提升，能源消费必将向低碳清洁方向转型。

2. 我省能源刚需仍呈增长态势，控煤难度越来越大

我省与长三角其他省份相比，GDP 总量和人均水平存在较大差距，2019 年我省城镇化率不到 60%，仍处于工业化中后期，发展是第一要务，能源需求依然旺盛。据预计，我省"十四五"期间重点行业新建重大项目年综合能源消费量可能将超 5000 万吨标准煤。目前，我省偏重的产业结构没有得到明显的改变，并且经过多年节能技术改造，有关行业、企业节能挖潜已相对有限，能耗强度指标进一步下降的空间明显减少，控煤难度越来越大。

3. 我省煤炭消费总量预计到 2030 年左右达峰

从全国来看，2013 年全国煤炭消费总量达到 42.4 亿吨标煤，2017—2018 年煤炭消费历经三连降后小幅上涨，但中长期下降的趋势不会逆转，能尽早达到煤炭消费峰值。从安徽来看，2019 年我省地区生产总值为 37 114 亿元，2025 年我省地区生产总值力争达到 6 万亿元。按照低碳发展情景，估算 2025 年我省煤炭消费量为 17 926 万吨。若"十五五"时期，我省地区生产总值年均增速保持在 6.0%，则到 2030 年左右我省煤炭消费量可能达到峰值为 17 983 万吨。

三、"十四五"期间我省煤炭消费控制对策建议

1. 持续推进高耗能产业去产能

一是促进重点部门"瘦体强身"。结合重点行业发展特点，综合考虑能效、环保、安全、质量等因素，改变"一刀切"工作办法，建立去产能工作的"绿

色标尺"。改变单纯依靠行政手段去产能方式，鼓励采取用能权交易等手段进行产能置换。二是禁止新建落后产能项目。开展重点用能行业重大在建项目的全面筛查，确保重大耗能项目建设符合国家产业规划、节能环保标准和生态红线要求，新建重点用能项目能耗和煤耗须控制在总量目标范围内。严格控制煤电装机和煤化工项目建设，落实等量减量替代要求，对不符合节能环保标准要求、未批先建的项目全面叫停。

2. 加快向可再生能源转型步伐

一是加快智能电网建设。加快建立智能化电力调度运行机制，提升电网运行的灵活性、稳定性。优化可再生能源电力发展布局，优先发展分散式风电和分布式光伏发电。完善跨省跨区可再生能源电力调度技术支持体系，鼓励可再生能源就近开发利用。加快抽水蓄能电站、燃气电站和先进储能技术示范项目建设，推动先进储能技术应用。二是压实可再生能源电力消纳责任。探索将可再生能源电力消纳责任权重纳入各市经济社会发展考核体系，开展绿色电力证书交易，探索建立清洁能源消纳长效机制。

3. 挖掘重点部门节煤替煤潜力

一是推动重点工业企业以节能环保国际领先为标杆，实现减量升级发展。加快实施行业煤耗对标，根据国际、国家先进值，有针对性开展重点耗煤企业煤耗对标，引导重点行业以国际领先为标杆实现煤炭减量升级发展。探索建立园区煤炭消耗标准体系建设，适时开展园区煤炭消耗评估监测，结合园区循环化改造，开展低煤耗园区建设试点。二是在重点行业实施煤炭的减量替代。鼓励工业企业利用闲置厂房、地块建设光伏发电站，支持上网电量抵扣用电量，加快地热能应用。加强江淮运河、货运铁路建设，积极发展铁路、水运运输，推进"铁水"联运，优化长途货运结构。完善就地光伏发电和高效生物质利用，逐步淘汰农村住宅煤炭使用。大力推动可再生能源在建筑领域应用，鼓励使用自然通风和照明。强化新兴领域用电、用气等需求侧管理措施，完善峰谷价格、差别价格、阶梯价格政策。三是深度挖掘跨部门、跨区域工业余热等低成本清洁能源潜力。将淘汰锅炉任务和工业企业"入园"、优化区域能源系统等工作结合起来，推广工业园区集中供热、供应蒸汽，建立"集中式动力站"，以系统最优、成本最小的方式实现煤炭的减量和高效利用。在热负荷集中的开发区、工业园区，根据热电联产规划，优先建设非煤热电联产机组、超低排放背压式热电机组和天然气分布式能源，整合替代分散燃煤锅炉。四是增加天然气利用规模和储气调峰能力建设。把增加储气设施建设、培育储气服务市场作为节煤替煤的重要抓手，吸引社会资本投资、建设、运营天然气基础设施，推进我省煤制天然气、页岩气勘探开发、燃气调峰电厂等工程建设，提升天然气利用规模，降低利用成本。

4. 积极创新为煤控注入新动力

一是从能源体制改革中寻找突破口。进一步完善市场化控煤政策机制，以煤炭为重点，探索跨区域、跨行业用能权交易机制，在满足地方合理用能增长需求的同时，实现行业和地区之间能源资源高效配置。确立煤炭科学产能，化解产能过剩，提供优质清洁的煤炭供应。健全生态保护补偿机制，完善转移支付制度，增加老煤炭基地生态修复资金。鼓励合同能源管理、电力需求侧管理、综合能源服务、"大数据"节能等商业模式发展。二是推动能源领域技术创新。坚持供给和需求双侧发力，发挥合肥综合性国家科学中心创新优势，加快核聚变、绿色清洁可再生能源、储存输配关键技术研发，加快煤炭生产智能化技术、清洁煤炭利用技术、煤炭减量化技术研发，提升煤炭生产、清洁高效利用技术水平。三是探索差别化的区域政策。皖电东送等项目对促进长三角一体化发展发挥了不可替代的作用，多渠道建议国家层面制定差别化的区域政策，且充分考虑以我省为代表的一些内陆省份的实际状况，将一些提供能源的机组、煤炭清洁高效利用等项目作为原料的煤炭消费增量从煤炭消费总量中扣除。同时，结合省情探索省内差别化政策，研究出台各地市以及重点行业煤控目标，建立健全控煤和能源长效约束体系。

执　笔：蒋旭东　杨　庆

汤丽洁　徐　鑫